Début d'une série de documents en couleur

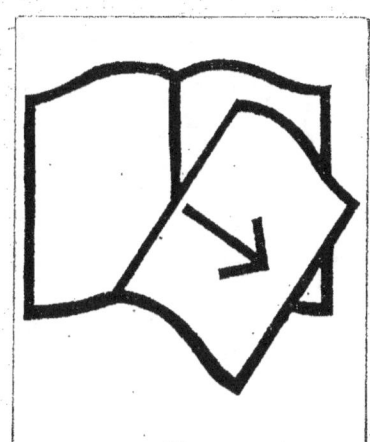

Couverture inférieure manquante

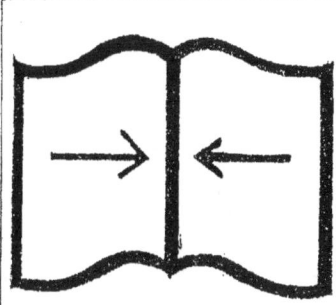

RELIURE SERREE
Absence de marges intérieures

VALABLE POUR TOUT OU PARTIE DU DOCUMENT REPRODUIT

281

5082

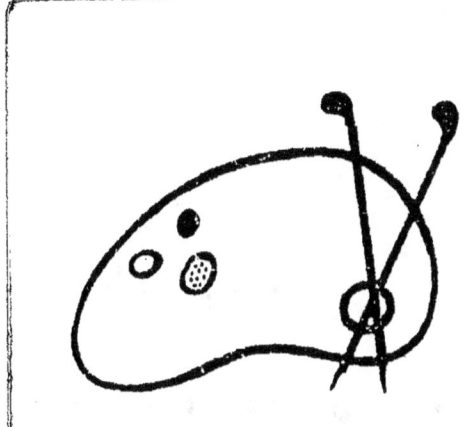

Fin d'une série de documents en couleur

LES SENS
ET
L'INTELLIGENCE

LIBRAIRIE FÉLIX ALCAN

AUTRES OUVRAGES DE M. AL. BAIN

TRADUITS EN FRANÇAIS

La logique déductive et inductive, traduit de l'anglais par M. Compayré 2 vol. in-8°. . . . . 20 fr.
L'esprit et le corps, traduit de l'anglais. 1 vol. in-8°. 4e éd. . . . 6 fr.
Les émotions et la volonté, traduit par M. Le Monnier. 1 vol. in-8°. 10 fr.
La science de l'éducation. 1 vol. in-8°. 6e éd. . . . . 6 fr.

AUTRES TRADUCTIONS DE M. E. CAZELLES

JOHN STUART MILL. **La philosophie de Hamilton**, traduction de l'anglais.
   1 vol. in-8°. . . . . 10 fr.
HERBERT SPENCER. **Les premiers principes.** 1 fort vol. in-8°. . 10 fr.
   —   **Principes de biologie.** 2 vol. in-8°. . . . . 20 fr.
   —   **Principes de sociologie.** 4 vol. in-8°. . . . . 36 fr. 25

TOURS. — IMPRIMERIE E. ARRAULT ET Cie, RUE DE LA PRÉFECTURE, 6.

LES SENS

ET

L'INTELLIGENCE

PAR

ALEXANDRE BAIN

PROFESSEUR A L'UNIVERSITÉ D'ABERDEEN

TRADUIT DE L'ANGLAIS

Par M. E. CAZELLES

TROISIÈME ÉDITION

PARIS
ANCIENNE LIBRAIRIE GERMER BAILLIÈRE ET Cie
FÉLIX ALCAN, ÉDITEUR
108, BOULEVARD SAINT-GERMAIN, 108

1895
Tous droits réservés

PRÉFACE DU TRADUCTEUR

Les meilleurs ouvrages de psychologie publiés en France depuis dix ans ont dû s'appuyer sur l'autorité de M. Bain, ou faire connaître ses tendances et le rang éminent qu'il occupe dans l'école expérimentale anglaise. Les critiques mêmes dont les idées de M. Bain ont été l'objet chez nous sont en définitive autant de confirmations de la portée considérable de son œuvre. Il est temps de la faire connaître par une traduction qui la mette dans son entier sous les yeux des personnes qui s'intéressent aux questions philosophiques. Peu de gens lisent assez couramment un livre écrit en langue étrangère pour se familiariser avec les doctrines qu'il apporte. Ces doctrines restent toujours à l'état de curiosités, que de rares spécialistes tâchent d'acquérir au prix de grands efforts, mais qui ne sauraient exercer une influence réelle sur nos méditations et sur le développement de nos croyances philosophiques, tant qu'elles ne nous sont pas présentées sous les formes usuelles de la langue vulgaire.

I

M. Bain, né en 1818 à Aberdeen, entra en 1836 dans l'un des établissements d'enseignement supérieur que possédait cette ville *(Marishal College and University)*. Ses études finies, il y resta encore, de 1841 à 1847 : d'abord en qualité de professeur auxiliaire de logique et de philosophie morale, puis comme professeur libre de sciences physiques. En 1849, il entra dans la carrière administrative et servit le gouvernement comme secrétaire du Conseil de salubrité *(General Board of Health)*.

Dès 1841, M. Bain commença à écrire. Les sujets sur lesquels il s'exerça d'abord furent la psychologie et la physique. Non seulement il fournit à une publication périodique célèbre, la *Westminster Review*, divers travaux relatifs à ces deux sciences, mais il publia plusieurs ouvrages élémentaires à l'usage des élèves, sur la physique, la logique, la psychologie, la rhétorique et la philologie.

En 1852, M. Bain donna une édition de la *Moral Philosophy* de Paley, enrichie de notes et de commentaires. En 1855, il fit paraître la première édition des *Sens et l'Intelligence*, et cet ouvrage capital lui assura d'emblée une place au premier rang des philosophes anglais contemporains. Quatre ans après, en 1859, il compléta son œuvre par la publication d'un autre volume, *les Émotions et la Volonté*.

La composition de ces importants travaux ramena M. Bain à la carrière du haut enseignement. Il y rentra d'abord comme examinateur de logique et de morale à l'université de Londres, institution, comme l'on sait, indépendante de toute attache confessionnelle, bien que relevant de l'État, et que nous appellerions en France une université *laïque;* fondée non pour distribuer l'enseignement, mais pour constater par la collation des grades l'aptitude des jeunes gens que leurs croyances religieuses écartaient nécessairement des antiques universités d'Oxford et de Cambridge, que leur constitution rattache étroitement à l'Église anglicane. Bientôt après, en 1860, il fut nommé professeur titulaire de l'université d'Aberdeen, récemment constituée d'une manière officielle par la fusion en un seul corps des deux anciennes institutions Marshal College et King's College.

Les devoirs universitaires n'empêchèrent point M. Bain d'ajouter à la liste déjà longue de ses ouvrages, par des applications des données de la science mentale à divers sujets. C'est ainsi qu'en 1861 il publia une étude *sur le Caractère*, passant en revue les diverses combinaisons des qualités intellectuelles, morales et organiques, qui constituent par leur arrangement les types variés qu'on observe dans la nature humaine sous les noms de tempérament passionnel, de talent et de génie. C'est en partant des mêmes données que plus récemment il a publié une grammaire (*A first English Grammar*, 1872) fondée sur une étude préalable des notions logiques du particulier, du général, de l'abstrait, du genre, etc., des éléments de la proposition, de la combinaison des propositions pour former les phrases et le discours. C'est dans la même voie qu'il a écrit un *Traité de composition et de rhétorique*, un résumé de psychologie et d'éthique considérées au double point de vue dogmatique et historique, sous le nom de *Mental and moral Science* (1867), et un traité de logique (*Logic, deductive and inductive*, 1867).

Tels sont aujourd'hui les titres de M. Bain à l'attention des hommes éclairés. Si l'on en juge par l'activité prodigieuse qu'il a déployée jusqu'ici dans ses compositions, toutes inspirées des doctrines de son œuvre maîtresse, toutes destinées à en vulgariser certaines parties essentielles et à en propager l'esprit général, on prévoit que M. Bain n'en restera pas là. En effet, cette année même il doit faire paraître dans une collection internationale qui sera publiée simultanément en Angleterre, en Amérique, en France et en Allemagne, une exposition des rapports du physique et du moral (*the Relations of Mind and Body*).

On a reproché plusieurs fois à M. Bain de n'être pas complet; et ce n'est pas seulement à ses œuvres philosophiques qu'on a adressé ce reproche, c'est aussi à une œuvre à l'égard de laquelle nous devons décliner toute compétence, celle intitulée *Première Grammaire anglaise*. On a dit que M. Bain ne considérait son sujet qu'à un seul point de vue, qu'il n'avait recours qu'à une seule méthode, et que, par suite, il se condamnait à laisser sans solution des problèmes qui ne peuvent se résoudre que par l'intervention d'un autre point de vue. Pour la grammaire, on aurait voulu qu'il fît jouer un grand rôle à l'élément historique; pour la psychologie, on a exprimé le regret qu'il n'y ait pas introduit comme instrument d'explication la théorie de l'évolution. Si l'on se bornait à signaler ce que M. Bain n'a pas fait, si l'on n'avait pas d'autre prétention que d'indiquer une voie plus large, où il serait possible de constituer sur un plan plus vaste la science mentale, la remarque (nous n'y saurions reconnaître un reproche fondé) aurait sa véritable place dans un examen critique des fins poursuivies par l'auteur. A-t-on bien le droit de reprocher à un écrivain de n'avoir traité son sujet que d'après le plan qu'il avait conçu? Ce qu'a voulu M. Bain, c'est expliquer à l'aide des faits les facultés intellectuelles, leur manière de procéder dans l'acquisition des connaissances, la construction des croyances et la création des œuvres du génie. Pour cela, il a puisé dans ce vaste répertoire d'observations accumulées depuis le commencement du siècle par les physiologistes; il n'a pas même dédaigné de se servir des faits recueillis par les observateurs du somnambulisme, décriés d'ordinaire, et souvent avec raison, pour leurs procédés d'explication arbitraires ou entachés de mysticisme.

L'ouvrage que nous publions est le résultat de ce travail; c'est la théorie la plus développée qui ait encore été faite du rôle de l'association dans le jeu des facultés mentales. M. Bain s'est placé dans la voie indiquée par Hobbes et Hume, ouverte décidément par Hartley, où Th. Brown plus récemment s'est engagé et où James Mill s'est distingué de ses devanciers par une plus grande rigueur scientifique. M. Bain prend le fait de l'association comme un résidu irréductible de l'analyse des produits de la pensée, et suit les combinaisons multiples des éléments fournis par l'expérience dont ce fait est comme le ciment, à travers les idées des choses concrètes, les idées générales, les opérations de l'éducation intellectuelle et morale, les procédés d'*entraînement* de la volonté et des mouvements dans l'apprentissage des arts mécaniques ; il les poursuit ainsi dans le raisonnement, les merveilles de la sagacité inventive du génie scientifique, comme dans les splendeurs de l'imagination artistique.

Un tel livre ne ressemble à aucun de ceux que les psychologistes ont l'habitude d'écrire ; l'esprit n'y est point découpé en tranches, et ces tranches n'y sont point considérées à part sous le nom de facultés. Il est à craindre peut-être que par son originalité même il ne produise un effet que la théorie de l'association permettrait d'expliquer facilement. Il paraîtra confus, parce qu'il n'offre pas le genre d'ordre auquel nous sommes habitués ; incomplet, parce que les détails qu'on voudrait voir réunis dans un même chapitre, sous un titre commun, sont séparés, dispersés, éloignés même, et placés sous des titres qui ne suggèrent pas tout d'abord à la pensée l'idée d'une étroite affinité. Cependant nous croyons que les lecteurs qui auront fait l'effort nécessaire pour vaincre ce premier obstacle opposé par nos habitudes françaises, se convaincront que ce volume de l'œuvre de M. Bain est un exposé complet « du mécanisme de l'intelligence, une exposition systématique des facultés cognitives qui comprend toutes les facultés vulgairement admises et en explique les fonctions ».

Nous avions l'intention de publier en même temps le volume intitulé *les Emotions et la Volonté*, et nous l'aurions réalisée, si les événements douloureux des dernières années ne nous en avaient empêché, aussi bien en détournant l'attention du public vers des questions qui s'imposent aux méditations de tous dans le trouble de l'heure présente, qu'en créant aux particuliers des devoirs peu compatibles avec les travaux patients que réclament les froides études de la psychologie. Depuis, ce retard s'est prolongé par une autre raison. Sous l'influence peut-être des critiques soulevées par *les Emotions et la Volonté*, M. Bain s'est proposé de faire subir à cet ouvrage une revision semblable à celle qu'il a déjà opérée sur *les Sens et l'Intelligence*, en vue d'ajouter à la précision du langage, à la netteté des affirmations, à la force des preuves. Devions-nous attendre cette édition revisée qui ne sera peut-être pas prête à la fin de l'année courante, et ajourner encore de longs mois la publication de notre traduction ? Une considération nous y inclinait. Il nous semblait périlleux de lancer un ouvrage qui, contrairement aux habitudes françaises, finit brusquement, comme un simple chapitre, et à la manière d'un ouvrage interrompu, sans résumé ni conclusion, et qui laisse sans la traiter une bonne moitié du programme annoncé dans l'introduction. Mais pourquoi aurions-nous été plus timoré que l'auteur lui-même ? M. Bain n'a-t-il pas laissé s'écouler quatre ans entre la publication des deux parties de sa *Psychologie?* D'ailleurs, tout en cédant, nous conservons l'espérance qu'un aussi long retard ne nous sera pas imposé, et que la publication de la traduction de la deuxième partie pourra suivre de très près celle de la troisième édition du texte anglais.

II

En abordant l'étude de l'esprit, M. Bain rencontrait le problème des rapports des phénomènes intellectuels avec l'organisme physique auquel ils paraissent attachés. Cette question s'impose aujourd'hui dans toutes les écoles de psychologie, et le temps est bien passé où des professeurs de philosophie pouvaient recommander comme sérieuse une doctrine qui séparait absolument la psychologie de la physiologie.

Toutefois la physiologie est loin d'avoir atteint le degré de développement qui permettrait au psychologue d'y prendre, pour l'appliquer à ses propres travaux, une théorie du travail cérébral. Cette science ne possède encore aujourd'hui aucune donnée vraiment positive sur les communications et les relations, nous ne dirons pas des organes, mais des appareils qui composent la masse encéphalique, bien moins encore sur le mécanisme de leur action. Après les efforts avortés de l'école phrénologique pour localiser les facultés intellectuelles, les sentiments et les appétits qu'elle considérait comme élémentaires ; après la réduction qu'Aug. Comte avait fait subir à cette prétention qu'il ne retenait que dans sa forme générale, nous avons vu tenter récemment, mais sans succès, un nouvel essai de localisation. Des savants ont voulu, d'après des faits assurément bien observés, mais dont ils faisaient la base d'une induction aventureuse, fixer dans la troisième circonvolution frontale gauche l'organe cérébral de la parole, ou, si l'on aime mieux, en termes empruntés à la psychologie, le siège de la mémoire spéciale des signes du langage. Après de vifs et longs débats, où l'on peut regretter sans s'en étonner, l'illégitime intervention de la métaphysique, il n'en reste pas moins constant qu'il n'est point permis d'affirmer cette localisation à quiconque comprend les rigoureuses exigences de la science en matière de preuve. Encore moins pourrait-on émettre la prétention d'édifier une théorie des relations qui unissent les détails anatomiques de structure de la troisième circonvolution frontale gauche avec les phénomènes biologiques spéciaux, d'ailleurs inconnus, qui constituent sa fonction prétendue. Et pourtant nulle question de physiologie cérébrale ne paraît se poser en termes plus simples; nulle n'a mieux été étudiée.

Cependant, si le physiologiste sait peu, s'il se heurte à l'inconnu dès qu'il veut descendre dans les détails, ce qu'il sait a un caractère trop positif pour qu'il soit permis de méconnaître l'existence d'un étroit rapport entre les phénomènes cérébraux et ceux de la conscience. Il est d'ailleurs parfaitement licite d'assimiler les rapports de l'encéphale et des phénomènes d'intelligence, de sentiment et de volonté, aux rapports qui unissent la moelle épinière et les phénomènes de sensibilité et d'excitomotricité dont elle est le siège. En outre, et c'est une induction rigoureusement scientifique, l'activité cérébrale, sous quelque forme qu'elle se révèle, est la conséquence des phénomènes de nutrition accomplis dans les centres nerveux; elle est la manifestation du passage à l'état de force sensible d'une tension qui n'est que le résultat de la transformation des forces latentes dans les matériaux que le sang abandonne aux éléments du tissu nerveux: c'est une sorte de charge toujours prête, et qui n'attend pour partir que l'ébranlement résultant de la décharge d'une excitation fournie par les sens ou par toute autre partie du système nerveux. De plus, nous savons que le travail physiologique s'accompagne d'une production de chaleur libre, signe d'une oxydation active des tissus; nous savons encore que l'on a pu mesurer la durée du mouvement le plus élémentaire qui compose le travail cérébral, par des procédés tout à fait analogues à ceux qui servent à mesurer la vitesse des agents physiques. Il est donc permis d'affirmer d'une manière générale l'existence d'une liaison intime d'un rapport de succession ou de concomitance invariables entre les phénomènes psychologiques attestés par la conscience, et les faits biologiques que peut seule découvrir la recherche expérimentale. Ainsi, à un fait de conscience donné correspond dans quelque partie de l'encéphale un phénomène dynamique biologique, ou un système coordonné de phénomènes de cet ordre. On peut même aller plus loin, et considérer les forces mentales comme convertibles, en vertu de la loi d'équivalence, soit en forces nerveuses, et par celles-ci en forces physiques, d'après un ordre donné, soit les unes dans les autres.

Telle est la conclusion à laquelle M. Bain s'est arrêté; et en s'y arrêtant, il conserve à la psychologie une existence indépendante et un domaine spécial : celui des faits de conscience proprement dits. L'union des faits physiologiques avec les faits psychologiques, quelque étroite qu'on la suppose, ne fait pas disparaître la différence spécifique qui les sépare et qui les rend irréductibles. « Tout le temps que nous parlons de nerfs et de fibres, dit M. Bain, nous ne parlons pas le moins du monde de ce qu'on appelle proprement la pensée, nous énonçons des faits physiques qui l'accompagnent, mais ces faits physiques ne sont pas le fait psychologique et même ils nous empêchent de penser au fait psychologique. » Quand nous voulons saisir les phénomènes physiologiques, il y a une méthode que nous devons employer, c'est celle des recherches inductives, l'expérience sur autrui; quand nous voulons saisir un phénomène psychologique, il faut recourir à une méthode tout autre, celle de l'*introspection* ou observation sur soi. L'observateur qui suscite en autrui des faits psychologiques par l'expérimentation ne les aperçoit pas : il n'a devant lui que des faits physiologiques d'expression, de langage, de mouvement, qui lui suggèrent l'existence de certains faits psychologiques, d'après des rapports déjà connus, et fournis par l'observation sur soi. De la distinction spécifique des deux ordres de faits, de la différence des méthodes, résulte donc une distinction essentielle dans les deux sciences; mais s'il est nécessaire de maintenir deux ordres de faits distincts, il est permis de les unir par une corrélation soumise à la loi d'équivalence.

L'union du physique et du moral qu'on a toujours été forcé de reconnaître, au moins implicitement, sous peine de tomber dans l'absurde et de s'épuiser en explications ruineuses; cette union, quand nous cherchons à l'établir en suivant tous les anneaux de la chaîne, nous conduit à une constatation importante : c'est que les groupes des phénomènes donnés dans la conscience ne représentent pas tous les groupes de phénomènes qui se passent dans le domaine physique. La somme des premiers ne recouvre pas, pour ainsi dire, toute la surface occupée par les seconds. Il y a plus : tel phénomène que la conscience pose comme simple et irréductible, correspond non point à un élément physique simple, mais à un groupe d'éléments physiques coordonnés, en sorte que la conscience n'est pas purement une représentation *sui generis* des états du système nerveux, mais qu'elle est une représentation concentrée, de la nature d'une résultante, d'un certain nombre de ces états. En outre, les états physiques représentés dans la conscience doivent posséder une intensité comprise entre certaines limites, en deçà et au delà desquelles ils restent enfouis dans l'obscurité de la vie animale, et n'arrivent point à ce premier degré de la connaissance qui consiste dans l'aperception d'une différence.

Cette considération nous conduit à une nouvelle conception des rapports de la psychologie et de la physiologie cérébro-spinale, qui les rattache l'une à l'autre encore plus étroitement, et nous présente les phénomènes psychologiques que nous connaissions déjà par l'effet d'une révélation permanente et directe dans la conscience, comme constituant un groupe d'un ordre plus étendu, distingué de cet ordre par un caractère spécifique, mais obéissant aux mêmes lois générales.

En attendant que M. Bain s'explique sur toutes les questions que soulève le problème de l'union du physique et du moral dans l'ouvrage annoncé (*the Relations of Mind and Body*), nous avons le droit de le compter au nombre des savants qui adhèrent à cette manière de concevoir les rapports de la science mentale avec la biologie. Nous en avons pour preuve le soin qu'il prend de signaler, à propos de tout fait de conscience élémentaire de l'ordre de la sensibilité, les origines organiques connues d'où l'on peut le dériver, et l'accompagnement de phénomènes physiques qui en est comme la continuation actuelle, la diffusion prolongée. D'ailleurs, quand il affirme l'irréductibilité psychologique des conditions qu'il appelle rétentivité, contiguïté, similarité, constructivité, d'après lesquelles les impressions se fixent, s'associent, se combinent, soit d'unité à unité, soit d'unité à groupe, soit de groupe à groupe; quand il reconnaît l'impossibilité de rendre raison au nom de la science psychologique des différences si frappantes qui constituent l'inégalité des intelligences, des caractères, des aptitudes productives, ne semble-t-il pas avouer que tout ce qui constitue les différences des causes, différences révélées dans l'esprit par celles des effets, doit être cherché hors de l'esprit proprement dit, dans des couches plus profondes de phénomènes qui diffèrent des phénomènes psychologiques par un seul point, à savoir, qu'ils ne sont jamais donnés directement dans la conscience? En cela M. Bain n'innove point ; il ne fait que suivre, mais avec plus de logique, l'exemple de Hamilton, qui admettait pleinement cet ordre de faits, en leur donnant toutefois un nom où se trahissait l'esprit de contradiction qui n'a cessé de rompre l'unité de ses éminents travaux. Non, il n'y a pas, comme le prétendait Hamilton, une conscience latente, ce qui voudrait dire une conscience inconsciente ; mais il y a des faits qui ont les mêmes propriétés que ceux qui appartiennent à la conscience, sauf une seule, celle d'être aperçus directement. Ces faits sont du domaine d'une science plus compréhensive, qu'on ne peut aborder que par la recherche inductive, à l'aide des méthodes d'observation et d'expérimentation usitées dans les sciences dites de la matière.

Avec tous les penseurs de l'école anglaise de psychologie, associationiste, M. Bain n'échappera pas au reproche banal de matérialisme qu'on jette comme par l'effet machinal d'une habitude invétérée à la tête de quiconque ne croit pas possible d'isoler l'esprit de la matière. Il faut qu'il s'y résigne après tant d'autres. La science a des exigences qu'un psychologue digne de ce nom ne saurait sacrifier à des opinions de convenance. « Si c'est être matérialiste que de rechercher les conditions matérielles des opérations mentales, toutes les théories de l'esprit doivent être matérialistes ou insuffisantes. » (J. S. Mill, *Dissertations*, III, 109.) Un lecteur compétent reconnaîtra bien vite, en lisant dans *les Sens et l'Intelligence* le chapitre sur la perception, s'il a affaire à une théorie qui mérite le nom de matérialiste au sens que lui donne le vulgaire. Dans une vigoureuse discussion sur la nature du sujet et de l'objet, M. Bain fait parfaitement comprendre que la distinction en apparence irréductible qui les sépare est un effet de l'association et se résout dans une identité essentielle. Une psychologie n'est au fond, et ne peut être qu'une science objective. Le sujet pensant ne peut être connu, c'est-à-dire devenir matière d'un système d'affirmations, que comme objet, dans la forme d'états et de séries d'états de pensée. Lors, donc, qu'un philosophe tente d'unir des séries psychologiques à des séries physiologiques, il ne s'occupe encore que de phénomènes et de leurs rapports, et le résultat qu'il obtient ne relève que de la critique scientifique et nullement de croyances métaphysiques.

Et cependant ce sont ces croyances dont l'incompétence n'est que trop démontrée, qui s'opposent le plus efficacement à la conception claire de l'identité fondamentale de nature des séries biologiques et des séries psychologiques. A la difficulté déjà considérable que le penseur éprouve à éliminer la différence apparente qui les sépare, s'ajoute pour le professeur qui veut répandre sa doctrine, et pour l'écrivain qui la livre à tous les hasards de la publicité, un autre genre d'obstacles composés des associations de la langue avec les croyances, associations qui sont fixées dans une foule d'expressions qui ramènent invariablement les mêmes images, les mêmes figures, les mêmes analogies, les mêmes raisonnements, et obstruent les voies de l'exposition aussi bien dans l'esprit du maître que dans l'esprit de l'auditeur. Ces obstacles seront-ils jamais surmontés? Se rencontrera-t-il un philosophe assez puissant pour dompter son imagination au point d'imposer à son langage le frein d'une rigidité mathématique, et de traiter la science mentale avec la précision et l'inflexible fidélité aux définitions des termes dont la *Critique de la raison pure* de Kant, le premier volume des *Essais de critique générale* de M. Renouvier, la théorie psychologique de la croyance à la matière dans la *Philosophie de Hamilton* de J. S. Mill, et la discussion de la notion de l'étendue chez M. Bain, sont d'admirables modèles? La conjonction des qualités requises pour l'accomplissement de cette œuvre immortelle n'est point impossible. Ce sera ensuite aux vulgarisateurs capables de s'assimiler cette doctrine tout abstraite, qu'il appartiendra de la rendre populaire.

En attendant, c'est la vraie fonction des doctrines philosophiques si diverses qu'on englobe improprement sous le nom de matérialisme contemporain, la philosophie de l'évolution d'une part et le positivisme d'autre part, de désagréger les éléments de la croyance au dualisme, et par suite de déshabituer l'esprit de cette notion. Ces systèmes, qui jouent un si grand rôle dans les conceptions des savants, et qui se répandent par l'enseignement parmi les jeunes générations, préparent à recevoir l'action d'une langue philosophique austère, des esprits richement pourvus de notions exactes et passablement désabusés des vieilles idoles de la métaphysique substantialiste.

PRÉFACE DE L'AUTEUR

Je me suis proposé, en écrivant cet ouvrage, de faire un exposé complet et systématique des deux principaux départements de la science mentale, — les Sens et l'Intelligence. Les deux autres, — les Émotions et la Volonté, — formeront la matière d'un ouvrage que je publierai plus tard.

Afin de présenter sous une forme méthodique tous les faits importants et les doctrines principales de cette science, j'ai cru devoir adopter une forme nouvelle, et m'écarter, dans certains cas, de l'ordre consacré par l'habitude.

Convaincu que l'heure est venue de faire leur place aux grandes découvertes de la physiologie du système nerveux, j'ai résumé dans un chapitre à part la physiologie du cerveau et des nerfs.

En traitant des sens, je ne me suis pas contenté de reconnaître au sens musculaire une existence distincte à côté des cinq sens; j'ai voulu marquer la place du mouvement et des impressions du mouvement avant celles des sensations des cinq sens, et j'ai cherché à démontrer que l'exercice de la force active qui se manifeste à sa naissance dans des impulsions purement internes, indépendamment du stimulus produit par les impressions externes, est un fait primitif de notre constitution.

Avec les sens et sous le même nom, j'ai décrit minutieusement les impressions qui se rattachent aux diverses fonctions de la vie organique, telles que la digestion, la respiration, etc., qui entrent pour une si grande part dans le bonheur et le malheur des individus.

J'ai suivi un plan systématique pour la description des états de conscience en général, afin de les comparer et de les classer avec plus de précision qu'on ne l'a fait jusqu'ici. Sans doute, le premier essai de construction d'une histoire naturelle des sentiments sur la base d'une méthode descriptive uniforme ne saurait être une œuvre parfaite; mais à moins de pousser assez avant cette construction, il est impossible de donner à la Psychologie le caractère d'une véritable science.

Dans le département des Sens, j'ai étudié à fond les instincts ou propriétés primitives de l'esprit ; j'ai cherché à saisir le fondement primitif, les premiers rudiments de la volition, et j'ai posé les jalons d'une théorie de la volonté.

En traitant de l'Intelligence, j'ai abandonné la division en facultés, donnant pour unique base à mon exposition les lois de l'association dont j'apporte des exemples très détaillés et que je poursuis dans leurs nombreuses applications.

Londres, juin 1855.

PRÉFACE
DE LA TROISIÈME ÉDITION ANGLAISE

Cette troisième édition est le résultat d'un remaniement complet de mon ouvrage. J'ai dû faire subir à mon résumé du système nerveux et à mes considérations physiologiques des changements qui les missent en harmonie avec les travaux les plus récents. J'ai traité complètement et méthodiquement la question des actions réflexes, en les considérant comme susceptibles d'expliquer la volonté, à la fois par le contraste et par la ressemblance qu'elles soutiennent avec elle.

Dans l'Intelligence, j'ai exposé avec plus de précision les conditions fondamentales de la rétentivité et de la similarité ; ce qui m'a permis de descendre plus facilement dans les détails de ces deux fonctions maîtresses.

Un exposé de la philosophie d'Aristote, par Grote, complète cet ouvrage. Ce qui donne aujourd'hui une valeur capitale aux idées d'Aristote, c'est qu'il reconnaissait presque sans réserve que les états mentaux ont deux faces.

Aberdeen, septembre 1868.

# LES
SENS ET L'INTELLIGENCE

INTRODUCTION

CHAPITRE PREMIER

DÉFINITION ET DIVISIONS DE L'ESPRIT

L'esprit est l'opposé de l'étendu. — L'esprit a trois propriétés : le sentiment, la volition, la pensée. — Explication de ces propriétés. — Classification de l'esprit : Reid, Brown, Hamilton, Dr Sharpey. — Plan de cet ouvrage. — Principe de la relativité.

Les opérations et les phénomènes qui constituent l'esprit sont appelés de noms divers, à savoir : sentiment, pensée, mémoire, raison, conscience, imagination, volonté, passions, affections, goût. Pour définir l'esprit, il faudrait enfermer dans quelques mots, par une généralisation convenable, toute la famille des faits mentaux et en exclure tout ce qui a un caractère étranger.

L'esprit est, pour tout le monde, l'opposé de la matière, ou pour mieux dire de ce qu'on appelle le monde extérieur. Ces deux termes opposés se définissent l'un par l'autre. Connaître l'un, c'est les connaître tous les deux. Le monde extérieur que, dans la langue philosophique, on appelle l'objet, se distingue par la propriété de l'étendue, qui appartient à la fois à la matière qui résiste et à l'espace qui ne résiste pas, à l'espace vide. Le monde intérieur ou sujet est tout ce que nous connaissons de dépourvu d'étendue, c'est-à-dire tout ce qui n'est pas la matière ou l'espace. Un arbre qui possède l'étendue est une partie du monde-objet ; un plaisir, une volition, une pensée, sont des faits du monde-sujet, de l'esprit proprement dit.

Ainsi l'esprit peut se définir par la méthode d'opposition, c'est-à-dire comme un résidu que l'on trouve après que l'on a retranché le monde-objet de la totalité de notre connaissance. Il est facile de définir, de circonscrire le monde-objet ; nous nous servons pour cela d'une propriété que nous comprenons fort bien, l'étendue. Par suite, l'autre partie de la connaissance, l'esprit, peut être circonscrite avec autant d'exactitude. Mais il s'en faut que cette définition négative, bien qu'elle soit précise, indique toute la portée de la science de l'esprit. Ce n'est pas tout que de remplacer, pour parler plus correctement, les adjectifs interne et externe par les noms sujet et objet, il faut constater encore que la connaissance de l'objet est une partie de la conscience, c'est-à-dire de l'esprit. Si l'étude des propriétés de l'objet appartient à d'autres sciences, il n'en reste pas moins que les fondements, les racines de ces propriétés, doivent être cherchés dans la science mentale. Il est possible de résumer toutes les manifestations proprement mentales en un petit nombre de propriétés générales, dont l'énumération, ou pour parler plus rigoureusement, la division, est la seule définition positive que l'on puisse donner de l'esprit.

Les phénomènes de l'esprit sont habituellement répartis en trois classes :
1° Le *sentiment* qui comprend les plaisirs et les peines et bien d'autres choses. Les mots émotion, passion, affection, sont des synonymes du sentiment.
2° La *volition* ou *volonté* qui embrasse toute l'activité en tant qu'elle est dirigée par les sentiments.
3° La *pensée*, intelligence, ou connaissance. Les *sensations*, comme nous le verrons plus tard, se rangent en partie dans la classe du sentiment, en partie dans celle de la pensée.

Chacune de ces trois classes de phénomènes a ses caractères distinctifs ; en réunissant ces caractères on a une définition de l'esprit au moyen de l'énumération positive de ses qualités les plus compréhensives. Il n'existe pas un fait ou propriété qui embrasse les trois classes. Nous pouvons les désigner toutes les trois par un même *nom*, nous pouvons appeler cet ensemble esprit, sujet, substance inétendue, conscience, mais cela ne fait pas qu'une propriété unique l'absorbe tout entier. La volonté est un fait distinct du sentiment bien qu'elle le suppose ; la pensée n'est pas nécessairement renfermée dans l'une des deux autres propriétés.

Quelques remarques éclairciront cette triple définition.
Premièrement. Pour savoir ce que c'est que le sentiment, il faut s'en rapporter à l'expérience personnelle de chacun. La chaleur qu'on

ressent au soleil, la douceur du miel, le parfum des fleurs, la beauté d'un paysage, voilà des sentiments.

Les plaisirs et les peines sont tous des faits de cette catégorie ; mais beaucoup d'autres états, tant simples que complexes, neutres quant au plaisir ou à la peine, en font aussi partie. Pour connaître toute la catégorie de nos sentiments il faudrait en faire une énumération complète ; nous en pourrions tirer une définition générale du sentiment. Nous n'avons pas en ce moment à classer les sentiments ni à montrer leurs propriétés caractéristiques. Il nous suffit de délimiter sommairement cette région de l'être mental, au moyen de la méthode négative que nous venons de voir à l'œuvre à propos de la définition de l'esprit en son entier : en effet, les caractères de la pensée et de la volonté sont assez clairs ; ils nous fournissent donc d'excellents moyens de circonscrire le domaine du sentiment.

Remarquons que l'existence du sentiment est le signe de l'esprit qui s'offre le premier et sur la signification duquel on peut le moins se méprendre. Tous les membres du genre humain le possèdent ; tous les ordres du règne animal en offrent la manifestation. Les règnes végétal et minéral en sont dépourvus. Sans doute c'est en nous-mêmes seulement que nous trouvons la preuve directe de ce fait ; personne ne peut voir dans la conscience d'autrui. Mais en retrouvant chez les autres, et à des degrés différents chez les animaux, les apparences extérieures qui servent de cortège au sentiment chez nous-mêmes, nous en concluons naturellement que leur état mental ressemble au nôtre.

Deuxièmement. Tous les êtres doués d'esprit peuvent non seulement sentir, mais *agir*. Une manifestation de force en vue d'une fin est un signe de l'esprit. Manger, courir, voler, semer, bâtir, parler, sont des opérations qui s'élèvent au-dessus du sentiment. Elles dérivent de quelque sentiment à satisfaire ; et c'est ce qui leur donne le caractère d'actions mentales. Quand un animal déchire avec les dents sa nourriture, chasse sa proie, ou fuit devant le danger, le stimulus de son activité se trouve parmi ses sensations ou ses sentiments. A cette activité suggérée par le sentiment nous donnons le nom de *volition*.

Il est d'autres actions coordonnées, telles que la respiration, la circulation du sang, les mouvements de l'intestin, qui ne sont pas, comme les volitions, suscitées par le sentiment ; ce ne sont pas des actions de l'esprit. On en forme une classe à part sous le nom d'actions réflexes. Examinées de près, on les voit se fondre par degrés insensibles avec les actions volontaires, mais ce n'est pas une raison de ne pas tenir compte de la distinction large et fondamentale qui les sépare ; les actions réflexes sont inconscientes, tandis que les actions volontaires sont conscientes.

Ce n'est pas le moment d'énumérer et de distinguer toutes les variétés de l'activité animale. Qu'il suffise de signaler comme la loi la plus générale de la volonté, que le plaisir provoque l'action pour se prolonger, s'accroître ou se renouveler, et que la peine provoque l'action pour se supprimer, s'amoindrir ou se prévenir.

Troisièmement. La pensée, l'intelligence, la connaissance, comprend les fonctions dites mémoire, raison, jugement et imagination. Le premier fait qu'elle implique est la *distinction*, le sens de la différence, par lequel nous connaissons qu'une sensation est plus intense qu'une autre, que deux sentiments ne sont pas de même espèce. Un autre fait est la *similarité*, le sens de l'accord, intimement mêlé au premier dans toutes les opérations de la pensée. L'acte mental qui identifie une impression mentale présente avec une autre passée, séparée de la première par un intervalle, est un fait de similarité. Un troisième fait de l'intelligence est la *retentivité*, communément appelée *mémoire*; cette faculté est nécessaire à l'exercice des deux autres : nous ne pourrions distinguer deux impressions successives, si la première ne persistait pas dans l'esprit pour être opposée à la seconde; nous ne pourrions non plus identifier un sentiment présent avec un sentiment qui n'aurait pas laissé de trace dans la pensée. La faculté de retentivité qui comprend tout ce qu'on appelle mémoire, acquis, éducation, habitude, instruction, expérience, ne fait pas défaut aux êtres inférieurs.

Plus un état de conscience renferme de ces faits appelés distinction, comparaison, mémoire, plus il est un état intellectuel ; plus il en est dépourvu, se résolvant alors en un plaisir ou une peine, plus il participe de la nature du sentiment. Le même état d'esprit peut avoir un côté intellectuel et un côté émotionnel, c'est ce qui arrive d'ordinaire ; ces deux états de la pensée se fondent l'un dans l'autre par degrés insensibles au point qu'il n'est pas toujours possible de tracer entre eux une démarcation. Mais cette difficulté ne prouve rien contre la légitimité de leur distinction.

L'exercice de la pensée est aussi grandement mêlé avec la volonté, mais il est rare qu'on éprouve de la difficulté à distinguer les deux fonctions. Il ne nous est guère possible d'exister dans un état qui soit exclusif ; mais les nécessités de l'explication nous obligent à séparer dans la théorie ce qui est uni dans la réalité

Les trois attributs que nous venons de passer en revue ont été plus ou moins nettement reconnus par les diverses classifications des phénomènes mentaux qui ont été présentés jusqu'ici.

Dans l'ancienne division qui ne distinguait que l'entendement et la volonté, il semble que le sentiment ait été omis; il était pourtant compris dans l'une et l'autre de ces classes. La même remarque s'applique à la classification de Reid, double comme la précédente, qui divisait les facultés en intellectuelles et en actives. Le département du sentiment s'y trouvait en partie noyé dans les facultés intellectuelles (les sens et les émotions du goût), et en partie mêlé dans les facultés actives qui comprenaient les affections bienveillantes et malveillantes.

Brown, qui n'aimait pas cette appellation d'actives, tomba dans l'extrême opposé, et proposa une classification où le sentiment absorbait tout le domaine de la volonté. Il divisait les états mentaux en *affections externes*, c'est-à-dire les sensations, et en *affections internes* qu'il subdivisait en *états intellectuels de l'esprit* et en *émotions*. C'était faire trois classes : la sensation, l'intelligence, l'émotion. Il mettait en dehors de l'émotion tous les phénomènes ordinairement considérés comme actifs ou volontaires.

Hamilton divisait les phénomènes de l'esprit en trois catégories : les phénomènes de *cognition*, les phénomènes de *sentiment*, ou de *plaisir* ou de *peine*, et les phénomènes de *conation*, ou de *volonté* et de *désir*, c'est-à-dire qu'il posait l'intelligence, le sentiment et la volonté.

Un physiologiste distingué, M. Sharpey, a divisé les fonctions psychiques du système nerveux en quatre classes : les fonctions purement *intellectuelles*, opérées par l'organe du cerveau, ne sont pas provoquées immédiatement par un stimulus extérieur et ne se révèlent pas par des actes extérieurs ; les *sensations*, pendant lesquelles l'esprit devient conscient par l'organe du cerveau des impressions conduites par les nerfs, — les mouvements volontaires, où un stimulus cérébral propagé à travers les nerfs vers la périphérie va exciter les muscles, — enfin, les *émotions* qui donnent naissance à des gestes, à des mouvements, qui varient avec les différentes affections mentales qu'ils expriment, états involontaires de l'esprit en rapport avec quelque partie du cerveau et influençant les muscles par les nerfs.

C'est une classification en quatre catégories : sensation, intellect, émotion et volonté ; la sensation y figure comme phénomène primaire. Toutefois, à l'exception d'un point important auquel nous aurons à faire attention, il n'y a pas de sensation qui ne rentre ou dans le sentiment ou dans l'intelligence.

La première partie de cet ouvrage, sous le nom de mouvements, sens, instincts, comprendra l'étude des sentiments et de la volonté sous leurs formes les plus inférieures, c'est-à-dire sans accompagnement de faits intellectuels ou avec le moins de faits intellectuels. Cette partie comprendra tout ce qu'il y a de primitif ou d'instinctif dans l'esprit. La seconde partie exposera les propriétés intellectuelles.

Avant d'aborder l'étude de l'esprit, il est nécessaire de dire un mot de la grande loi de la *relativité* que suppose la propriété de la distinction. Nous entendons par cette loi que toute connaissance est *double*, puisque la conscience a pour condition indispensable un changement d'impression : dans tout sentiment, il y a deux états, en contraste; dans toute connaissance, deux choses connues en même temps.

On a toujours reconnu les effets de cette loi. Le premier moment du passage d'un état à un autre est le plus vivement senti, et la mémoire du premier état s'affaiblit à mesure que s'efface l'émotion causée par le changement. Les demandes incessantes de changement et de nouveauté, de progrès en richesse, en connaissance, en institutions politiques, sont autant d'exemples de la loi de relativité appliquée au plaisir.

Nous trouvons dans la langue beaucoup de noms essentiellement relatifs : père, enfant; dessus, dessous; nord, sud; vertu, vice; l'un des mots de ces couples implique l'autre. En réalité, le principe de la relativité s'applique à tout le domaine de la connaissance. Toute chose conçue implique une autre chose ou d'autres choses en contraste, corrélation ou négation de cette même chose. Si nous n'avions jamais vu que du rouge, nous n'aurions pas la notion de couleur; quand nous disons qu'une étoile brille d'une lumière propre, nous affirmons en même temps la négation qu'elle ne brille pas d'une lumière empruntée.

Les applications de la loi de relativité sont nombreuses et importantes. Les arts qui touchent au bonheur humain en sont les produits directs; on la retrouve dans les beaux-arts; elle joue un rôle dans la transmission du savoir; en métaphysique elle fait échec à la doctrine de l'absolu (1).

---

(1) Le lecteur trouvera de plus amples explications sur le sujet de la définition et de la division de l'esprit, en se reportant à l'Appendice A.

CHAPITRE II

DU SYSTÈME NERVEUX

Relation des opérations mentales avec les organes du corps. — Le cerveau est le principal organe de l'esprit. — Parties du système nerveux : I. Substance nerveuse. — II. Centres nerveux. — III. Nerfs cérébro-spinaux. — IV. Fonctions du système nerveux.

Quoique le sujet et l'objet (l'esprit et la matière) soient les faits les plus opposés de notre expérience, il y a pourtant entre l'esprit et un organisme matériel une sorte de parallélisme, une relation étroite. Les détails que nous allons fournir le démontrent. (Voyez aussi l'Appendice B.)

Les parties de l'organisme humain qui intéressent l'étude de la psychologie sont les nerfs, les centres nerveux (principalement ceux dont la réunion forme le cerveau), les organes des sens et le système musculaire. Réservant pour plus tard la description des organes des sens et du mouvement, nous allons donner une description sommaire du système nerveux en nous bornant à indiquer les faits utiles à l'étude de l'esprit.

Le cerveau est l'organe de l'esprit : voici les faits qui le prouvent.

1° Généralement, dans les cas d'irritation de quelque partie du corps, nous pouvons indiquer la cause du dérangement. Dans les circonstances ordinaires, nous n'avons aucune connaissance du lieu où s'exerce l'action mentale, mais quand cette action a été intense, après un travail insolite de la pensée, une douleur de tête nous révèle le siège de ce travail, comme une douleur dans les jambes nous apprend que les muscles des membres ont été fatigués par une longue marche. L'observation va même plus loin : une série d'émotions intenses ou un effort excessif des facultés intellectuelles aboutit à une altération morbide de la substance cérébrale.

2° Une lésion, une maladie du cerveau, altèrent les facultés de l'esprit. Un coup sur la tête détruira la conscience pour quelque temps ; une blessure grave entraînera la perte de la mémoire. L'inflammation, le ramollissement et d'autres désordres du cerveau affectent l'intelligence.

3° Les produits de l'usure de la substance nerveuse se montrent en plus grande abondance dans les excrétions quand l'esprit travaille plus qu'à l'ordinaire. Les phosphates ammoniaco-magnésiens éliminés par les reins en proviennent; ils sont plus abondants après un grand effort mental. Le phosphore est plus abondant dans le cerveau que dans tout autre tissu.

4° Il y a une connexion incontestable entre le volume du cerveau et l'énergie mentale déployée par l'homme ou l'animal. On ne veut pas dire que la force mentale dépende uniquement du volume du cerveau; mais de même que la grandeur des muscles assure au corps une plus grande force, de même une grosseur plus grande du cerveau assure une plus grande vigueur à l'esprit. On a souvent cité la mesure des têtes des hommes remarquables, comme aussi le poids considérable du cerveau de savants distingués et le poids inférieur des cerveaux d'idiots.

5° Des expériences spécifiques sur les cordons nerveux et les centres nerveux que nous indiquerons plus tard ont prouvé que la sensation, l'intelligence et la volonté dépendent immédiatement de ces organes.

A mesure que nous descendons l'échelle zoologique, nous voyons les facultés mentales diminuer de même que le système nerveux.

Le SYSTÈME NERVEUX se compose d'une *partie centrale*, ou mieux d'un système d'*organes centraux* appelé *axe* ou *centre cérébro-spinal*, et de nerfs, cordons qui relient d'une part le centre cérébro-spinal et de l'autre les muscles, les parties sensibles et les autres organes. Les nerfs établissent la communication entre ces parties et le centre ; une classe de fibres nerveuses, appelées *afférentes* ou *centripètes*, conduisent les impressions vers le centre; une autre, les *efférentes* ou *centrifuges*, portent les stimuli matériels du centre aux organes du mouvement.

I. — Substance nerveuse

Deux espèces de substance nerveuse, la *blanche* et la *grise*.
— *Fibres* et *cellules* nerveuses.

Il entre dans la structure du système nerveux une substance propre particulière à ce système, des membranes d'enveloppe, des vaisseaux sanguins et du tissu cellulaire. On a signalé depuis longtemps deux sortes de substances nerveuses distinguées par leur couleur : la *blanche* et la *grise* ou *cendrée*.

Au microscope, la substance nerveuse se compose de deux éléments histologiques différents, des *fibres* et des *cellules*. Les fibres se montrent généralement dans les cordons et forment la plus grande partie des centres les cellules n'existent guère que dans les centres, elles ne se trouvent pas dans les nerfs proprement dits, excepté aux extrémités périphériques des organes des sens spéciaux : on les trouve surtout dans le cerveau, la moelle épinière, les ganglions, dans la substance grise qui, en réalité, se compose de cellules mêlées à des fibres blanches et à une quantité variable de matière granuleuse ou amorphe.

Les fibres nerveuses appartiennent principalement à la classe des fibres *blanches* ou *tubulaires*. Elles ont une ténuité microscopique ; leur épaisseur varie de $0^{mm},0011$ à $0^{mm},02$ (Kœlliker). A l'état frais elles sont transparentes, mais séparées du corps elles acquièrent un double contour et prennent une forme variqueuse. On conclut de ces changements que chaque tube se compose d'une membrane externe sans structure, d'une seconde couche transparente de substance grasse, et d'un cordon central qui n'est pas graisseux, mais albumineux. Ce cordon central se montre seul dépouillé des deux couches enveloppantes, à la fois dans les centres et dans les ramifications terminales des extrémités du corps ; c'est la partie essentielle de la structure. Son épaisseur n'excède pas $0^{mm},009$ dans les tubes les plus larges.

Les fibres nerveuses tubulaires sont plus fines dans les couches superficielles du cerveau et dans les nerfs de sensibilité spéciale. Leur extrême ténuité fait juger qu'elles sont en nombre prodigieux. On a essayé d'en évaluer le nombre pour certains nerfs. Le nerf de la troisième paire cérébrale a, dit-on, plus de quinze mille fibres ; la petite racine du nerf de la cinquième en aurait neuf ou dix mille, et ces nerfs ont les fibres grosses. Il serait intéressant de savoir le nombre probable des fibres d'un nerf optique. Ce nerf, outre qu'il est sensitif, est beaucoup plus gros qu'aucun de ceux que nous avons cités ; il ne doit pas contenir moins de cent mille fibres. Le nombre des fibres nerveuses de la substance blanche du cerveau doit être compté par centaines de millions.

Dans la substance grise des centres nerveux, les fibres se continuent avec les cellules. A leur autre extrémité, dans les organes des sens, dans les muscles et dans le corps en général, leur mode de terminaison se montre très divers. Quelquefois elles se terminent en anses, quelquefois en mailles de réseau, souvent elles se subdivisent en nerfs plus ténus après avoir perdu leurs deux membranes d'enveloppe. Dans d'autres cas, elles semblent, selon la majorité des anatomistes, se terminer en pointes fines, ou par de petits renflements de différentes structures (fig. 1, e).

Il est important de noter que chaque fibre se continue sans solution de continuité, avec une indépendance complète, depuis le centre jusqu'à l'extrémité périphérique.

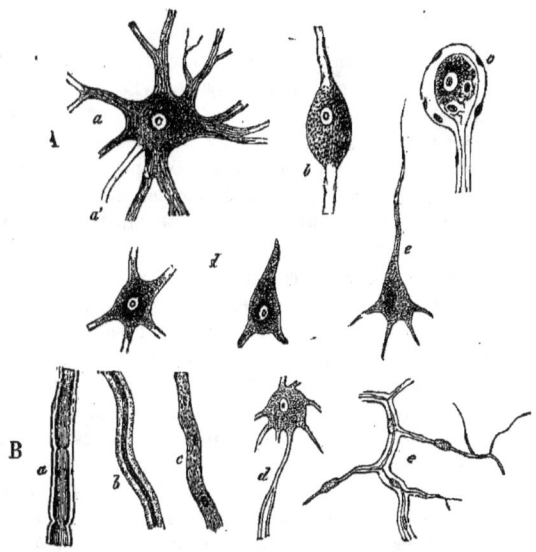

Fig. 1. — A. Cellules nerveuses de formes différentes.
B Fibres nerveuses. — a, Fibre nerveuse cérébro-spinal ; — b, id. ; — c, Fibre nerveuse du sympathique sans gaine médullaire; — d, Origine d'une fibre nerveuse partant d'une cellule ; — e, Sa terminaison périphérique.

Les *cellules* nerveuses ou corpuscules ganglionnaires sont de petits corps, de formes variées, ronds, ovales, piriformes, étoilés ou rayonnés. Elles se composent d'une matière pulpeuse, avec un noyau excentrique, contenant un ou plusieurs nucléoles, entouré de granulations colorées. Elles ont de 0^{mm},005, à 0^{mm},11 ou 0^{mm},14 (Kœlliker).

Si nous tenons compte du volume de la substance grise du cerveau et de la moelle, substance formée par les cellules nerveuses mêlées à des fibres, nous concevons que le nombre total des corpuscules doit être compté par millions.

D'après le docteur Lionel Beale, les cellules nerveuses de la substance grise sont toutes unies à au moins deux fibres, ou bien elles leur donnent naissance. Ces fibres, larges à leur origine, diminuent ensuite graduellement. Il est probable qu'elles sont reliées entre elles dans les circonvolutions ; mais, chez l'adulte, les cellules ne sont pas souvent unies à leurs voisines. Il n'y a pas de raison de supposer que les cellules nerveuses influencent d'autres fibres que celles avec lesquelles elles sont en continuité de tissu. *(Proceedings of Royal Society, v. XII, p. 673.)*

Les fibres nerveuses et les cellules reçoivent beaucoup de sang, preuve de leur grande activité. La substance grise constituée par la présence des cellules est le centre de l'activité nerveuse, aussi nomme-t-on centres nerveux les masses grises. On admet que ce sont ces masses qui donnent naissance à la force nerveuse, ou qui la renforcent quand elle est transmise par les fibres d'une partie de l'organisme à l'autre. Des expériences ont prouvé que les fibres nerveuses elles-mêmes engendrent de la force ; les courants qui les traversent s'augmentent dans le trajet.

Une autre fonction des cellules éclaire le plan et les opérations du cerveau. Elles constituent les grands points de jonction, les commissures, où les fibres communiquent entre elles : vaste système de connexions latérales et antéro-postérieures nécessaire à l'enchaînement et à la coordination des mouvements et des sensations dans le mécanisme corporel qui est associé à l'esprit. Les fibres qui montent à travers la moelle épinière vers le cerveau passent dans des cellules, les unes plus bas, les autres plus haut ; de nouvelles fibres émanent de ces cellules à la fois des côtés et par la partie supérieure pour communiquer avec les autres cellules et fibres par un arrangement très compliqué. L'expansion prodigieuse de la substance blanche dans le cerveau suppose nécessairement que les fibres arrivant d'en bas pénètrent dans les cellules des ganglions de la base du cerveau, et que ces cellules envoient en haut beaucoup plus de fibres qu'elles n'en ont reçu d'en bas.

II. — **Centres nerveux.**

Parties du centre cérébro-spinal. — Description de ces parties : moelle allongée, mésocéphale, cerveau, cervelet. — Structure interne du cerveau, *portion blanche*; trois systèmes de fibres, *portion grise*. Plan de la structure du cerveau d'après l'arrangement des deux substances. Note sur le *grand sympathique*.

Dans la masse formée par le cerveau et la moelle épinière, appelée axe cérébro-spinal, les parties suivantes, bien que reliées par des faisceaux de fibres nerveuses, se distinguent nettement les unes des autres.

I. La *moelle épinière*, renfermée dans la colonne vertébrale, émet deux paires de nerfs entre chaque couple de vertèbres, une paire de chaque côté du corps. La moelle consiste en une colonne de substance blanche fibreuse, au centre de laquelle est renfermée une colonne de substance grise. Une coupe transversale montre la substance grise sous la forme de deux croissants, les cornes tournées en dehors et unies au milieu de leur convexité par un cordon transversal.

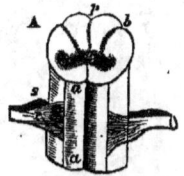 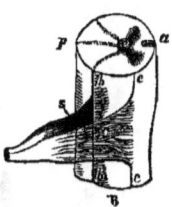

Fig. 2. — Plans de la moelle épinière : A, moelle épinière, vue de face ; B, moelle épinière, vue de côté, présentant l'un et l'autre une section qui montre la disposition de la substance grise. — *aa*, Sillon antérieur ; *p*, sillon postérieur ; *b*, corne postérieure de la substance grise ; *c*, corne antérieure ; *e*, commissure grise ; *r*, racine antérieure d'un nerf spinal ; *s*, racine postérieure.

II. L'*encéphale* ou *cerveau* comprend toute la partie de l'axe contenue dans le crâne ; il se continue avec la moelle épinière. Le cerveau est lui-même un assemblage de masses de substance blanche et de substance grise mêlées. Chacune de ces masses peut être considérée, soit comme un centre distinct ou comme un lieu qui unit d'autres centres. Plus la substance grise des cellules y abonde, plus la masse a le caractère d'un centre ; plus au contraire ce sont les fibres blanches, plus la partie est réduite aux fonctions de moyen de communication. Mais aucune de ces parties n'est exclusivement formée de substance blanche ou de substance grise.

Les anatomistes divisent le cerveau en quatre parties (une division en trois parties serait plus conforme aux enseignements de l'anatomie comparée), à savoir : le cerveau, le cervelet, le mésocéphale et la moelle allongée.

Nous allons décrire les diverses parties de l'encéphale en suivant un ordre inverse.

1° La *moelle allongée* unit le cerveau avec la moelle épinière dont elle n'est que l'épanouissement ; elle est tout entière logée dans le crâne, son extrémité supérieure pénètre dans le mésocéphale. Les éléments blancs et gris de la moelle allongée sont plus abondants que dans la moelle, et arrangés autrement. La substance grise surtout y est plus abondante ; il y en a même des dépôts nouveaux. C'est ce qui fait de la moelle allongée un centre indépendant, aussi bien qu'un moyen de jonction important. Elle donne naissance à des nerfs spéciaux ;

2° Le *mésocéphale* ou *protubérance annulaire* occupe le milieu de la

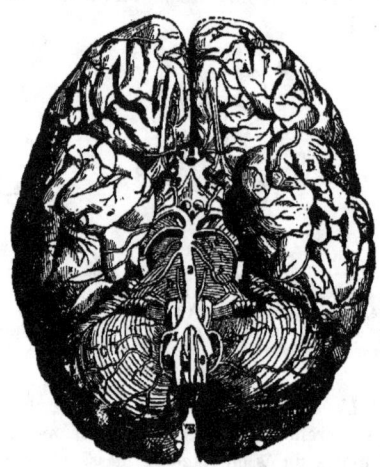

Fig. 3. — *Encéphale vu par la face inférieure.* A, B, cerveau ; C, cervelet ; D, mésocéphale; E, moelle allongée.

face inférieure de l'encéphale. Il communique avec le cerveau par les pédoncules cérébraux en avant, en arrière avec le cervelet par les pédoncules cérébelleux, en bas il reçoit la moelle allongée.

La substance du mésocéphale se compose de fibres blanches transverses et longitudinales entremêlées d'une quantité de substance grise diffuse. Les fibres transverses, à peu d'exceptions près, se rendent dans le cervelet et constituent pour les deux hémisphères de cette partie de l'encéphale une commissure ou lien d'union. Les fibres longitudinales sont celles qui montent de la moelle allongée dans les pédoncules cérébraux, augmentées de celles qui émanent des cellules mêmes du mésocéphale. Le mésocéphale est le point de jonction où s'unissent la moelle allongée et la moelle épinière située en bas, le cerveau en haut et le cervelet en arrière. La présence dans cet organe d'une grande quantité de substance grise prouve qu'il n'a pas seulement une fonction de conduction ou de communication ;

3° Le *cerveau* est la partie supérieure, la plus grande fraction de l'encéphale ; il est de forme ovoïde, renflé sur les côtés et sur sa face inférieure, placé dans le crâne, sa petite extrémité en avant.

l présente deux moitiés latérales, ou *hémisphères*, comme on les appelle, qui, quoique réunies par une portion médiocre de substance nerveuse, sont séparées dans une grande étendue par une scissure appelée sillon longitudinal que l'on voit à la face supérieure du cerveau, et en partie aussi à sa base.

La surface des hémisphères cérébraux n'est pas uniforme, elle est comme coulée dans un moule et présente de nombreuses éminences lisses, contournées, appelées *circonvolutions*, séparées par des sillons profonds ou *anfractuosités*. Les circonvolutions sont colorées. La surface externe du cerveau, différente en cela des parties dont nous avons parlé, se compose de substance grise.

Quelque intéressante que soit par elle-même une étude minutieuse du cerveau, elle n'a aucune application importante à notre sujet ; nous nous bornerons à donner quelques détails qui nous sont indispensables.

Il faut distinguer de la masse des circonvolutions qui forment les hémisphères certaines parties sous-jacentes contenues dans l'intérieur du cerveau. Parmi celles-ci, il y en a deux qu'on nomme toujours ensemble parce qu'on n'a pu encore en distinguer les fonctions ; ce sont les *corps striés* et les *couches optiques*.

Les corps striés sont de grosses masses ovoïdes de substance grise engagées pour la plus grande partie dans la substance blanche des hémisphères du cerveau. La surface des corps striés est formée de substance grise sous laquelle on trouve une masse de fibres blanches qui la coupent en travers ; ce sont les pédoncules cérébraux qui la traversent et lui donnent cet aspect rayé d'où ils ont reçu leur nom.

Les couches optiques sont d'une forme ovoïde ; elles reposent sur les pédoncules cérébraux qu'elles embrassent en quelque sorte ; en dehors chaque couche optique touche au corps strié par l'intermédiaire duquel elle se constitue avec la substance blanche de l'hémisphère ; en dedans les deux couches se regardent séparées par un petit espace appelé le troisième ventricule ; les couches optiques sont blanches à l. surface et se composent de plusieurs couches de fibres mêlées de substance grise.

A la jonction du cerveau et du cervelet se trouve une partie importante surtout au point de vue de l'anatomie comparée : c'est l'ensemble formé par les *tubercules quadrijumeaux* et la *glande pinéale*.

Les tubercules quadrijumeaux sont quatre éminences arrondies séparées par une dépression en forme de croix, disposées de chaque côté de la ligne médiane, l'une devant l'autre, rattachées en avant avec la partie postérieure des couches optiques, et de chaque côté avec les pédoncules cérébraux.

Les tubercules antérieurs sont un peu plus gros et plus colorés que

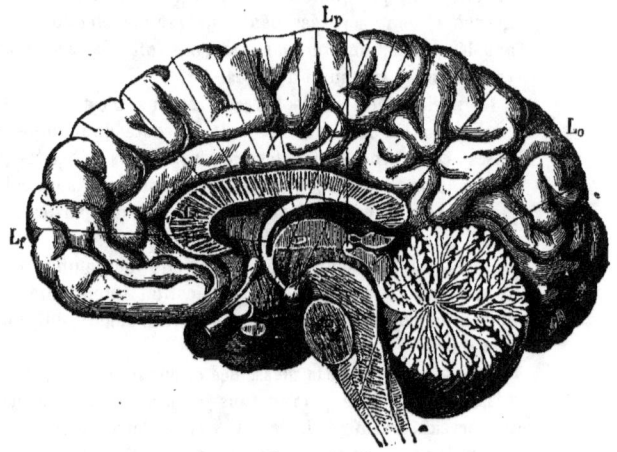

Fig. 4. — Coupe médiane du cerveau humain ; Ma, moelle allongée ; P, pont de Varole ; C, cervelet ; Lf, lobe frontal ; Lp, lobe pariétal ; Lo, lobe occipital ; Cc, corps calleux.

les postérieurs. Chez l'adulte, les deux paires de tubercules sont pleines et formées d'une écorce de substance blanche recouvrant un noyau de substance grise.

Ils reçoivent des faisceaux de fibres venant du cervelet, les pédoncules supérieurs du cervelet ; de chaque côté ils émettent deux prolongements blancs qui passent dans les couches optiques et aux racines des nerfs optiques.

Dans le cerveau humain, ces corps quadrijumeaux sont petits en comparaison du volume qu'ils prennent dans la série animale. Chez les ruminants, les solipèdes, les rongeurs, les tubercules antérieurs sont beaucoup plus grands que les postérieurs. Dans le fœtus ils se développent de très bonne heure ; ils forment alors la plus grande partie du cerveau. Il n'y en a qu'un de chaque côté, et ils sont creux. Chez les vertébrés ils ne manquent jamais ; mais chez les poissons, les reptiles, les oiseaux, il n'y en a que deux et ils sont creux. Chez les marsupiaux et les monotrèmes, il n'y en a que deux, mais ils sont pleins.

Les hémisphères sont unis ensemble par un large trait d'union formé de fibres blanches appelé le *corps calleux*.

Nous omettons beaucoup de parties plus petites. Nous n'avons pas à décrire les ventricules du cerveau.

4° Le *cervelet* se compose d'un corps et de trois paires de *pédoncules* par lesquels le corps se rattache au reste de l'encéphale. Les pédoncules supérieurs rattachent le cervelet au cerveau à travers les tubercules quadrijumeaux. Les pédoncules inférieurs descendent pour s'unir à la moelle allongée. Les pédoncules moyens contournent les pédoncules du cerveau pour s'unir sur la ligne médiane du mésocéphale ; ils établissent une communication entre les deux moitiés du cervelet. Ils sont tous formés de substance blanche.

Le corps du cervelet est couvert de substance grise plus foncée que celle des hémisphères cérébraux. Il a deux hémisphères réunis sur la ligne médiane par une partie appelée procès vermiforme, qui, chez les oiseaux, constitue tout le cervelet. La surface du cervelet présente de nombreuses lames parallèles séparées par de profonds sillons, et rappelant les circonvolutions cérébrales dont elles n'ont pourtant pas les sinuosités ; elles sont formées de substance grise à la surface et de substance blanche dans la profondeur.

La distribution des deux ordres de substances dont se compose le cerveau éclaire et explique l'espèce particulière d'action dont il est doué.

La *substance blanche* est formée de fibres. Dans le cerveau, les fibres ont une distribution très compliquée : bien qu'engagées dans de nombreux groupes différents, on peut les rapporter à trois systèmes principaux, suivant la direction qu'elles suivent, à savoir : 1° les *fibres ascendantes* ou *pédonculaires* qui passent de la moelle allongée dans les hémisphères et constituent les deux pédoncules cérébraux ; leur nombre augmente à mesure qu'elles traversent le mésocéphale et, plus loin, les couches optiques et les corps striés au delà desquels elles se répandent en rayonnant dans toutes les directions dans les hémisphères. Gall les appelait fibres *divergentes* ; 2° les *fibres transverses* ou *commissurales* qui relient ensemble les deux hémisphères ; 3° les *fibres longitudinales* ou *collatérales*, qui, restant du même côté de la ligne médiane, relient entre elles les parties éloignées du même hémisphère.

La *substance grise* ou *cendrée* forme la plus grande partie de la surface du cerveau et du cervelet, la couche corticale des circonvolutions cérébrales et des lamelles cérébelleuses.

Dans les pédoncules du cerveau, la substance grise forme deux masses sombres qui se continuent dans le mésocéphale et la moelle allongée, et plus bas dans la moelle épinière. Ainsi les pédoncules, comme les parties sous-jacentes sont des centres nerveux en même temps qu'ils sont des organes de conduction.

Au centre de chacun des tubercules quadrijumeaux il y a de la substance grise; il y en a aussi dans la glande pinéale et dans les corps géniculés. Ces corps semblent dépendre des couches optiques et sont formés en grande partie de substance grise.

Le centre cérébro-spinal, c'est-à-dire le système formé par le cerveau et la moelle épinière, est un agrégat de masses nerveuses distinctes, dont chacune est composée de substance blanche et de substance grise. La substance grise est la substance vésiculaire, composée de cellules ou de corpuscules; la substance blanche est la substance fibreuse, composée de faisceaux formés eux-mêmes de fibres. La substance grise est un point d'arrivée; c'est là qu'aboutissent les fibres, c'est de là qu'elles partent. La substance fibreuse contenue dans une quelconque des masses cérébrales y sert de communication entre quelques parties des couches de substance grise.

Les fibres sensitives ou afférentes, employées à porter les impressions du dehors au dedans, et les motrices ou efférentes, employées à porter l'influx nerveux de dedans en dehors, forment deux classes de fibres qui sont d'ordinaire mélangées dans les mêmes branches ramifiées et dans le tronc commun de substance blanche, la moelle épinière. Nous pouvons essayer de nous les représenter séparées; les nerfs sensitifs émergeant tous des centres d'un côté et les nerfs moteurs tous émergeant de l'autre côté. Nous pouvons alors faire le plan du cerveau de la manière suivante: Les fibres afférentes venant des extrémités pénètrent dans la moelle, y cheminent quelque temps et se jettent dans les corpuscules ou cellules; de nouvelles fibres sortent de ces cellules, les unes se dirigeant en haut, les autres de côté vers d'autres cellules, et ainsi de suite dans la moelle, la moelle allongée, le mésocéphale, jusqu'aux hémisphères cérébraux; c'est un système sans fin de communications entrecroisées comme un réseau de chemins de fer. Si nous considérons la masse énorme de fibres divergentes, ascendantes et transverses, qui composent la substance blanche du cerveau, nous remarquons quelle prodigieuse multiplication s'est effectuée, et si nous la comparons à l'exiguïté de la moelle épinière, nous ne pouvons l'expliquer que par un procédé. Il faut que pour une fibre qui entre dans la moelle épinière et se jette dans une cellule, il en sorte deux, trois, quatre et même davantage, que chacune de ces nouvelles fibres venant à rencontrer une cellule s'y perde pour être à son tour remplacée par trois, quatre, etc., nouvelles fibres, et ainsi de suite, jusqu'à ce que la multiplication soit effectuée. Le volume de la moelle n'augmente pas ; la multiplication n'y a pas commencé encore; mais dans les parties supérieures de la moelle, aux approches du cerveau, il y a une nécessité arithmétique de cette multiplication. Nous ne pouvons guère nous dispenser d'admettre que les corps striés et les couches optiques, à travers lesquelles le grand tronc des pédoncules cérébraux jette ses fibres ascendantes dans les hémisphères du cerveau, sont les principaux sièges des cellules multipliantes. Pour chaque fibre qui porte vers le centre les impressions des sens, et pour chaque fibre qui porte vers la périphérie le stimulus destiné aux organes du mouvement, il doit y avoir peut-être dix mille, peut-être cent mille fibres qui traversent le cerveau, ce qui implique une multiplication rapide dans les corpuscules de la substance grise (1).

III. — Nerfs cérébro-spinaux.

Structure des nerfs ramifiés.

Les nerfs cérébro-spinaux servent à unir le centre cérébro-spinal aux diverses parties du corps. Ce sont des ramifications des faisceaux

---

(1) Nous aurons nécessairement à parler, en traitant de certaines fonctions étroitement liées à l'esprit, du système nerveux appelé *système du grand sympathique*, qui se compose de nombreux ganglions reliés entre eux par des cordons nerveux, et unis par de nombreuses branches nerveuses au système cérébro-spinal.

Le système du grand sympathique est formé de deux chaînes de ganglions tendues, au dedans du tronc, du cou au bassin, de chaque côté du rachis. L'extrémité supérieure est rattachée avec les groupes de ganglions de la tête et de la face ; et dans le tronc ce système détache des entrelacements de ganglions appelés *plexus*, en rapport avec les viscères de l'abdomen et de la poitrine.

Les ganglions sont les centres ou masses grises du système ; ils sont composés de cellules nerveuses d'une espèce particulière (d'ordinaire à un seul prolongement).

Elles remplissent les fonctions des cellules, elles transmettent, détournent, réfléchissent, enchaînent les courants nerveux. Les cordons sont comme dans le système cérébro-spinal formés de fibres nerveuses, mais d'une espèce particulière aussi, sans membranes d'enveloppe et contenant de nombreux noyaux foncés; on les appelle fibres gélatineuses.

Unies à des fibres du système cérébro-spinal, ces branches du grand sympathique se distribuent dans toutes les parties du corps. Ainsi, à la tête, on en trouve dans l'iris et les vaisseaux de l'œil, dans un muscle du tympan, dans le nez, le palais, les glandes salivaires. Le plexus cardiaque envoie des fibres au cœur, aux gros vaisseaux, aux poumons ; de l'aorte, les nerfs gagnent les artères de toutes les parties du corps,

ou cordons nerveux qui naissent des masses centrales et qui se subdivisent pour se distribuer, à la manière des vaisseaux sanguins, à tous les organes comme à tous les tissus. Ils sont formés de fibres nerveuses que nous avons déjà fait connaître, réunies par une membrane commune. Un nombre plus ou moins grand de fibres enfermées dans une tunique celluleuse forment un petit cordon cylindrique qu'on appelle *funicule*. Quand on dissèque un nerf, on trouve d'abord une membrane d'enveloppe commune, souvent forte et dense, dont la face interne envoie à l'intérieur du nerf des lames qui séparent des faisceaux de funicules, et finalement pénètrent entre les funicules eux-mêmes, servant à les relier ensemble aussi bien qu'à supporter les vaisseaux sanguins déliés qui s'y rendent.

Les funicules d'un nerf ne sont pas tous du même volume, mais ils sont tous assez gros pour être visibles à l'œil nu et séparables par la dissection. Dans l'intérieur du nerf qu'ils concourent à former, ils ne cheminent pas parallèlement et isolément, mais ils se joignent obliquement à de courtes distances en avançant dans leur course ; plus loin les cordons qui résultent de ces jonctions se divisent pour s'unir

Le plexus abdominal, appelé plexus solaire, fournit à l'estomac, aux intestins, au foie, aux reins et autres viscères abdominaux ; chaque organe ayant un petit plexus pour son usage.

Un plexus situé dans le bassin fournit des nerfs aux viscères de cette cavité. Toutes les ramifications contiennent des fibres cérébro-spinales, et l'on croit de même que les nerfs crâniens et spinaux contiennent partout quelques fibres sympathiques.

L'analogie et les fonctions du grand sympathique nous font présumer que les fibres sont de deux classes, les unes afférentes, les autres efférentes : les afférentes recevant des impressions sur les surfaces périphériques, les efférentes portant le stimulus moteur aux fibres musculaires. Cette dernière fonction est évidente.

Les fibres musculaires stimulées par les nerfs sympathiques sont presque toutes involontaires, comme celles de l'iris, du cœur, de la tunique musculaire des vaisseaux sanguins et des intestins. Toutes ces parties sont directement soumises au système du grand sympathique, mais elles subissent plus ou moins l'intervention du système cérébro-spinal par les fibres mélangées à celles du grand sympathique.

Ce système préside aux fonctions des viscères, organes de la vie végétative. Il entretient le mouvement rhythmique du cœur et des intestins. Les fibres qui se distribuent aux petites artères y entretiennent une contraction permanente, dont le relâchement causé par une influence étrangère produit une congestion locale et des effets morbides qui en sont les suites. Ces fibres s'appellent *vaso-motrices*.

Les fibres du grand sympathique ne transmettent pas de sensations. Quand une douleur se montre dans les parties qu'il dessert, comme dans les intestins, il faut l'attribuer à l'irritation des fibres du système cérébro-spinal qui sont mêlées avec celles du sympathique.

C'est dans le système sympathique qu'on voit nettement le grand contraste des mouvements appelés *réflexes* avec ceux qui dépendent de la volonté. Ainsi le cœur, les intestins, les vaisseaux sanguins, se contractent en l'absence de toute sensation et de toute volonté.

encore à des branches collatérales, de sorte que les funicules se comportent dans un nerf comme les nerfs eux-mêmes dans un plexus. Mais il ne faut pas oublier que dans ces réunions *les fibres nerveuses proprement dites ne se soudent pas;* elles passent d'un cordon à l'autre, se mêlent à ses fibres, s'en détachent pour passer à d'autres funicules et s'y mêler à leurs fibres; mais dans toutes ces associations la fibre nerveuse reste distincte, individuelle, comme les fils entrelacés d'une corde.

IV. — Fonctions du système nerveux.

1° Fonctions des nerfs. — Nerfs *spinaux* et *cérébraux*, racines antérieures et postérieures des nerfs spinaux. — La fonction des nerfs consiste à transmettre une influence. — Racines *sensitive* et *motrice* des nerfs spinaux. — Nerfs cérébraux.
2° Fonctions de la moelle épinière et de la moelle allongée. — *Moelle épinière.* Cet organe est indispensable à la sensation et au mouvement dans le tronc et les extrémités du corps ; c'est un centre de mouvements non volontaires ; tonicité des muscles. — *Moelle allongée.*
3° Fonctions des petits centres gris de l'encéphale. — *Mésocéphale*, mouvements rotatoires causés par des lésions du cerveau. — *Tubercules quadrijumeaux.* — *Couches optiques* — *Corps striés.*
4° Fonctions des hémisphères cérébraux. — Expériences sur les circonvolutions.
5° Fonctions du cervelet. — Harmonie et coordination des mouvements locomoteurs.
6° De la force nerveuse. — La force nerveuse est de la nature des *courants*. — Expériences qui prouvent que la force nerveuse et l'électricité ont une nature commune ; usure de la fibre nerveuse par l'effet de la conduction ; vitesse de la propagation de la force nerveuse. — La force nerveuse dérive de la source commune des forces de la nature, le soleil. — C'est à tort qu'on regarde le cerveau comme un *sensorium*; chaque acte cérébral implique un courant ; la source immédiate de la force nerveuse est le sang.

1. — FONCTIONS DES NERFS

Les nerfs se divisent en deux classes suivant qu'ils naissent de la moelle épinière ou du cerveau. Les premiers s'appellent spinaux et sont beaucoup plus nombreux. On ne veut pas dire qu'ils n'ont aucune connexion avec le cerveau, mais simplement que leur point d'émergence ou origine superficielle est la moelle. Cette division n'a d'autre raison que l'avantage qui en résulte pour la description. Les nerfs destinés aux membres inférieurs ne quittent pas le tronc spinal avant d'avoir atteint le point le plus rapproché de leur destination, ils n'abandonnent la colonne vertébrale qu'à son extrémité inférieure ; tandis que ceux qui se dirigent vers les bras s'en détachent au cou, entre les deux épaules. Ceux qui fournissent à la face et au reste de la tête quittent le cerveau au niveau d'ouvertures par où ils sortent du crâne; ce sont les nerfs cérébraux. Ils ne diffèrent point des nerfs spinaux par leur nature.

Les nerfs spinaux sortent de la colonne vertébrale par paires, une paire à chaque jonction de deux vertèbres. Il y a trente et une paires; chacune a un nerf à droite et un à gauche qui se distribuent au côté correspondant. Mais ces nerfs ne sortent pas de la moelle en un seul tronc, ils naissent de deux racines qui s'unissent bientôt pour former le nerf qu'on voit émerger à la jonction des vertèbres. La plus petite des deux racines sort de la partie antérieure de la moelle épinière; on l'appelle *racine antérieure;* l'autre, la plus grosse, sort de la partie postérieure de la moelle; on l'appelle *racine postérieure*. Elle se distingue de l'antérieure par autre chose que son volume : immédiatement après sa sortie de la moelle, elle porte un petit renflement ou ganglion, formé de substance grise et présentant l'apparence d'un centre nerveux. C'est en dehors de ce ganglion que les deux racines se mêlent et constituent le nerf spinal (1).

Les *nerfs ont pour fonction de transmettre les impressions et les excitations ou stimuli d'une partie du système nerveux à l'autre*. Les preuves en sont nombreuses et concluantes. Si l'on coupe le tronc principal qui fournit à un membre, toute sensation cesse dans ce membre comme toute faculté de mouvement. Le sang y circule et les parties se nourrissent, mais c'est tout, le membre ne fait plus partie de l'organisme pour la sensation, ni pour l'action; le fil télégraphique est coupé. Si au lieu de couper le nerf on le pique ou on l'irrite, on donne lieu à la fois à une sensation et à du mouvement. Quel que soit le point où l'on fasse l'expérience, haut ou bas, près ou loin des extrémités du corps, l'effet est le même. La piqûre cause une impression ou un stimulus que le nerf transporte dans toute sa longueur; partout où il se ramifie, il y a une sensation ou un mouvement, ou ces deux effets. Il semble toutefois que l'influence *s'accroît* à mesure qu'elle traverse le nerf, ce qui n'a pas lieu dans la conduction de l'électricité par un fil, où le courant diminue par le fait de la transmission. Le nerf n'est pas un conducteur passif, mais actif.

Les nerfs conduisent donc un stimulus pour deux fins différentes : l'action et la sensation. Pour l'action, il faut que le stimulus marche vers la périphérie, du centre vers les organes actifs; un stimulus partant du cerveau ou de la moelle épinière doit être transmis aux membres, au tronc, à la tête ou à toute partie qui doit se mouvoir,

(1) Voy. fig. 2, p. 12.

Pour la sensation, il faut que le stimulus marche vers le centre. Dans une sensation de l'ouïe, par exemple, une impression faite sur la surface sensible de l'oreille est transmise par le nerf de l'ouïe vers les centres cérébraux. Or il y a pour chacune de ces fins une classe de nerfs : les uns exclusivement employés à la transmission au dehors des stimulants de l'action et du mouvement, les autres employés à la transmission des impressions vers le centre pour y produire des sensations. Les nerfs de la première classe sont appelés *efférents*, ceux de la seconde *afférents*.

Depuis les découvertes de Charles Bell et d'autres physiologistes, on sait qu'une des deux racines des nerfs spinaux se compose entièrement de fibres qui transportent le stimulus efférent, qui sont par conséquent exclusivement *motrices*. L'autre se compose de fibres transmettant le stimulus de toutes les parties du corps vers les centres, ce sont des fibres *sensitives*. Les racines antérieures sont des nerfs moteurs, les postérieures des nerfs sensitifs. C'est sur les racines postérieures que se trouve le renflement ganglionnaire dont la présence, tant dans les nerfs spinaux que dans les nerfs cérébraux, est le signe de la nature sensitive du nerf.

Si au lieu d'irriter un nerf tout entier comme dans l'expérience que nous avons rapportée, ce qui produit à la fois dans les parties où ce nerf se distribue du mouvement et de la douleur, on irrite une des deux racines d'un nerf spinal, il ne se produit qu'un seul effet, du mouvement sans sensation, ou de la sensation sans mouvement. Quand une racine antérieure est pincée ou irritée, des mouvements se produisent dans une partie du corps, qui montrent qu'un stimulus actif s'est déchargé sur un certain nombre de muscles. Quand une racine postérieure ou ganglionnaire est piquée, l'animal témoigne de la douleur et la rapporte à la partie où les extrémités du nerf se distribuent, dans la patte si le nerf va à la patte ; mais il n'y a pas de convulsions ni de contractions dans le membre, comme quand on pince la racine antérieure. Les mouvements que l'animal peut faire sous l'impression de la racine sensitive sont les effets de la sensation douloureuse, non les produits directs de l'irritation locale. Dans un tronc nerveux du membre antérieur ou du postérieur, les fibres motrices et sensitives sont mêlées, ce qui explique l'effet mixte de la première expérience mentionnée (1).

---

(1) Quand une racine antérieure est coupée en travers, l'irritation du segment périphérique produit du mouvement ; l'irritation du segment central n'a pas d'effet ; quand on coupe une racine postérieure ; l'irritation du segment périphérique ne donne aucun signe de sensation ou de mouvement, l'irritation du segment central

Les expériences sur les nerfs purs, c'est-à-dire formés seulement de fibres motrices ou seulement de fibres sensitives, se font mieux sur les nerfs de la tête, dont quelques-uns sont exclusivement moteurs, d'autres exclusivement sensitifs, tandis que les autres sont mixtes comme les nerfs spinaux après la jonction des deux racines.

Il y a neuf paires de nerfs cérébraux; quelques-unes de ces paires peuvent être subdivisées, ce qui a permis d'en compter douze. Quatre sont des nerfs de pure sensation : la première paire, nerfs de l'odorat; la deuxième, nerf de la vue ; la cinquième paire, nerfs de sensation de la langue et de la face, appelée trijumeau (elle contient une partie motrice qui se distribue aux muscles de la mastication) ; la première partie de la septième paire, le nerf de l'ouïe. Ces nerfs transmettent au cerveau les impressions produites sur les surfaces sensibles, le nez, les yeux, la langue, la face, l'oreille. Cinq nerfs sont purement moteurs ou efférents : la troisième, la quatrième et la sixième paires destinées aux muscles de l'œil ; la deuxième partie de la septième paire, pour les muscles de la face, tient l'expression du visage sous sa dépendance ; la neuvième paire, le nerf moteur de la langue. La huitième paire peut être divisée en trois nerfs, ce qui porte le nombre des paires à douze : 1° le glossopharyngien, nerf sensitif de la langue et du gosier ; 2° le nerf vague, nerf sensitif des viscères de la respiration, de la digestion et de la circulation ; 3° le nerf spinal accessoire, nerf moteur, qui règle les mouvements des parties où se distribue le nerf vague.

Si l'on coupe l'un des quatre nerfs sensitifs qui sortent du crâne, la sensation est perdue dans l'organe correspondant; une maladie produira le même effet; une blessure du nerf optique cause la cécité, une blessure du nerf auditif la surdité. Si l'on pique, irrite ou électrise un de ces nerfs, une sensation de l'espèce propre au nerf se produit; si c'est le nerf olfactif, il y a une sensation d'odeur, l'optique un éclat de lumière, l'auditif un son, mais point de mouvement. Si l'une des cinq paires motrices est coupée, les muscles correspondants cessent d'agir; ils sont paralysés; une maladie peut produire le même effet. Si l'on coupe la troisième paire, le globe de l'œil ne peut plus se mouvoir, la faculté de diriger le regard à volonté est perdue ; si la portion motrice de la septième paire est coupée d'un côté, tous les muscles de la face de ce côté perdent leur tension, l'équilibre des deux côtés est détruit, les muscles non paralysés agissent seuls, la face est de travers.

donne des signes de douleur. L'irritation du segment périphérique d'une racine antérieure ou motrice peut, toutefois, s'accompagner de quelques signes de douleur, c'est qu'alors, par suite des contractures violentes des muscles, les fibres sensitives sont stimulées et transmettent une impression au cerveau par la racine postérieure intacte.

C'est par des expériences de cette nature qu'on a constaté successivement les fonctions des nerfs cérébraux. De la même manière, la découverte de la nature mixte des nerfs spinaux a été confirmée. On a pu mettre hors de doute que les fibres nerveuses appartiennent à deux classes distinctes, avec des fonctions différentes, et que la même fibre ne remplit jamais les deux fonctions.

2. — FONCTIONS DE LA MOELLE ÉPINIÈRE ET DE LA MOELLE ALLONGÉE

La moelle épinière est nécessaire à la fois à la sensation et au mouvement volontaire (dérivé de la sensation) dans le tronc et dans les membres. Quand on coupe la moelle en travers, le sentiment comme le mouvement par la volonté sont perdus partout au-dessous du lieu de la section, c'est-à-dire dans toutes les parties du corps où se rendent les nerfs qui se détachent de la moelle au-dessous de la solution de continuité. Nul effort de l'esprit n'y peut rétablir le mouvement. La continuité de la moelle avec le cerveau est indispensable à l'union du système mental avec les membres. La moelle par elle-même ne donne la faculté du mouvement volontaire ni celle de sentir. Ce n'est qu'un canal par où passent la sensation et l'action de la volonté, un faisceau de toutes les ramifications nerveuses, pour la transmission des impressions du dehors à l'encéphale et de l'influx nerveux de l'encéphale aux membres (1).

Quand la moelle est séparée du cerveau, elle conserve la faculté de produire des mouvements, mais non volontaires; quand on irrite quelque partie de la substance nerveuse, des mouvements se montrent dans les membres. Cet effet pourrait venir de la continuité de la partie avec quelque nerf moteur, car nous avons vu que pour faire naître des mouvements dans un membre, il suffit de pincer un des nerfs qui

---

(1) M. Brown-Séquard a démontré par des expériences décisives que la transmission des impressions sensitives dans la moelle se fait surtout par la substance grise et en partie par les cordons antérieurs. Les impressions sont portées à la substance grise par des fibres qui traversent obliquement les colonnes postérieures. Ce qu'il y a de nouveau dans cette doctrine, c'est qu'elle attribue à la matière grise un rôle de conduction; bien que la substance grise de la moelle contienne des fibres blanches, elles sont peu nombreuses et l'on ne peut éviter la conclusion que les cellules de la moelle et des fibres qui les relient entretiennent une communication nerveuse. La communication avec le cerveau persiste après la section des cordons blancs pourvu que la substance grise reste intacte, ou que, si elle a été incisée sur plusieurs points, elle ne soit nulle part complètement tranchée. Il y a beaucoup d'incertitude encore quant aux fonctions spéciales des cordons antérieurs et des postérieurs.

s'y rendent. Mais on peut démontrer que c'est la moelle même qui est la source du mouvement; il suffit de piquer la peau des orteils, un stimulus convulsif revient aussitôt dans le membre et le fait entrer en action. Nous pouvons conclure qu'une impression née de la surface du corps et portée à la moelle, mais non au cerveau, excite la moelle à envoyer aux membres un stimulus moteur; ce phénomène cesse par la destruction de la moelle.

Dans la plupart des cas où la moelle épinière a été divisée, soit à dessein, soit par accident, on a trouvé que bien que la volonté ne puisse mouvoir les parties paralysées, des mouvements s'y produisent dont le blessé n'a pas conscience et qu'il est tout à fait incapable d'empêcher. Quelquefois ils se produisent pour ainsi dire spontanément, d'autres fois par l'effet de l'application d'un stimulus à quelque surface desservie par des nerfs spinaux. Les mouvements en apparence spontanés ressemblent si exactement aux mouvements volontaires qu'il est impossible de les distinguer.

Voici quelques expériences qui démontrent l'action motrice de la moelle :

Quand on divise la moelle épinière d'une grenouille entre le trou occipital et la première vertèbre, tandis que le couteau tranche la moelle, l'animal est agité d'une convulsion universelle; cette convulsion s'arrête bientôt; et si l'on place l'animal sur une table, il ne tarde pas à prendre sa position ordinaire de repos.

« Dans quelques cas exceptionnels, de fréquents mouvements combinés des membres inférieurs durent plus ou moins longtemps après l'opération ; quand toute perturbation a cessé, l'animal reste parfaitement tranquille et ne donne pas le plus léger signe de souffrance, mais il est incapable de se mouvoir par un mouvement volontaire. On peut chercher à l'effrayer, il ne laisse pas de rester à la même place dans la même posture. Si on lui pince un doigt de la patte postérieure, il ramène son membre ou cherche à le débarrasser de l'agent irritant, puis il le replace à la même position. Quelquefois ce genre de stimulus produit des mouvements violents des membres d'avant en arrière. Si l'on pince la peau, quelque muscle voisin entre en action. L'irritation des extrémités antérieures y occasionne des mouvements, mais ces mouvements sont rarement aussi énergiques que ceux des extrémités postérieures. » (Todd et Bowman, I, 308-9.)

Cette fonction que possède la moelle épinière de produire du mouvement doit être attribuée à la substance grise, c'est-à-dire aux cellules qui la composent. C'est par les cellules que la stimulation peut être réfléchie, détournée ou rayonnée dans de nouveaux canaux. Ces mouvements peuvent être rythmiques et compliqués comme ceux de la marche, de la locomotion, en général, qui sont possibles jusqu'à un certain point, chez beaucoup d'animaux, après que la moelle a été séparée du cerveau.

L'action indépendante de la moelle se manifeste chez l'homme dans des actes accidentels appartenant à l'ordre des actions réflexes dont nous parlerons plus loin. Quand on chatouille le pied d'un individu endormi au chloroforme, il retire sa jambe. Dans les cas de rupture de la moelle, l'irritation des membres produit des mouvements que le patient ne sent pas.

Certains physiologistes attribuent à la moelle épinière une propriété musculaire, la *tension* ou *tonicité*. On entend par cette propriété qu'un muscle n'est jamais relâché complètement tant que l'animal est vivant. Même dans le repos parfait du sommeil, les muscles du corps conservent une certaine force de contraction; cette force s'augmente au moment du réveil et plus encore au moment d'un effort, mais jamais le relâchement n'est complet.

Les expériences d'après lesquelles on rapporte à la moelle épinière au moins une part dans la production de la tension permanente des muscles sont faciles à expliquer. « Marshall Hall, écrit le Dr Carpenter, a prouvé que la tension musculaire ne dépend pas de l'influence du cerveau, mais de la moelle épinière. Il prenait deux lapins, enlevait la tête à l'un, à l'autre il enlevait la tête et détruisait la moelle avec beaucoup de soin à l'aide d'un instrument aigu. Les membres du premier conservaient un certain degré de fermeté et d'élasticité ; ceux du second étaient complètement lâches... Les membres d'une tortue décapitée possédaient une certaine fermeté, ils reprenaient leur position quand ils en avaient été tirés, et se mouvaient avec énergie si on les stimulait ; on retira doucement la moelle du canal rachidien, tout cessa : les membres n'obéirent plus aux stimulants, devinrent flasques et perdirent leur élasticité ; le sphincter perdit sa forme circulaire, sa contraction, il devint flasque, lâche, sans forme ; la queue était flasque. (Carpenter, p. 700.) » Les muscles conservent donc leur tonicité bien qu'ils n'aient plus de connexion avec le cerveau; tandis qu'ils la perdent quand la moelle est détruite ; nous pouvons en conclure que la moelle possède la faculté d'engendrer de la force, indépendamment de toute stimulation du dehors, bien qu'elle soit considérablement plus active sous l'influence des stimulants des sens. On verra plus loin l'importance de ce fait.

La moelle allongée étant un prolongement de la moelle épinière augmentée de quelques dépôts de substance grise, a le même rôle relativement à la communication des impressions qui se rendent au cerveau et qui en viennent, mais elle opère pour ainsi dire sur une plus large échelle la diffusion, la transmission, la dérivation, le rayonnement et la réflexion des stimulants nerveux. Un grand nombre de ses cellules doivent avoir pour fonction d'envoyer des fibres vers le cerveau; tandis que d'autres effectuent la communication dans le sens transversal, et que d'autres exercent la fonction réflexe, dont la moelle allongée est probablement le siège principal.

La plupart des nerfs cérébraux naissent de la moelle allongée. C'est le lieu d'émergence des nerfs de l'ouïe et du goût; c'est le centre de la sensibilité de la face, du pharynx, du larynx, de la trachée-artère, des bronches, ainsi que du cœur, des poumons et de l'estomac.

Parmi les actions réflexes qu'elle tient sous sa dépendance, nous citerons la contraction de la pupille et la fermeture des paupières sous l'impression de la lumière, la déglutition, la succion chez l'enfant à la mamelle, enfin la fonction capitale de la respiration dans son cours ordinaire.

3. — FONCTIONS DES PETITS CENTRES GRIS DE L'ENCÉPHALE

Les diverses masses de substance nerveuse situées entre la moelle allongée et les hémisphères doivent être considérées comme la continuation du tronc commun; il y a entre les agrégats de cellules qui les composent des communications ascendantes, transversales et des ramifications, comme dans la moelle allongée; il doit y avoir aussi une voie pour les communications afférentes et une pour les efférentes, bien que les deux lignes n'apparaissent pas nettement distinctes partout; on y trouve aussi la fonction réflexe.

Le *mésocéphale* avec les pédoncules cérébraux doivent être considérés comme étant en grande partie la continuation de la moelle épinière vers le cerveau auquel ils sont indispensables, tant pour la transmission des sensations que pour celle de la volonté. On suppose que les voies de la sensation sont les fibres et la substance grise des parties centrales et postérieures, tandis que les voies du mouvement volontaire sont les fibres des parties antérieures.

Au moyen de sa substance grise, le mésocéphale peut manifester des actions réflexes puissantes; il joue un rôle dans le règlement des mouvements de l'iris, dans ceux de l'expression de la physionomie, et dans le mécanisme du cri; il possède aussi la fonction de grouper et d'associer les mouvements; tant qu'il est intact, le rythme locomoteur peut être maintenu, quoique après la destruction des hémisphères nul mouvement volontaire ne puisse plus prendre naissance. Quand le mésocéphale et tous les centres situés au-dessous sont intacts, l'animal peut conserver l'attitude debout. Enfin, quand on enlève les parties situées au-dessus, on ne supprime pas la tendance à remédier à un malaise en enlevant les agents irritants, propriété qui n'est que le prolongement d'une fonction exceptionnelle que possède la moelle, par laquelle elle engendre des mouvements qui peuvent paraître volontaires.

C'est du mésocéphale que dépendent les mouvements *rotatoires* qui se produisent chez les animaux à la suite de blessures de l'encéphale. Quand les fibres transverses qui se rendent au cervelet sont coupées d'un côté, l'animal tourne comme sur son axe dans le sens du côté blessé. En même temps que la rotation, le globe de l'œil est dirigé en bas du côté blessé, et l'œil de l'autre côté roule dans son orbite. Les effets de la section s'arrêtent dès que l'on coupe des fibres qui conduisent à l'autre côté du cerveau. En réalité on peut considérer le cervelet comme le siège de la perturbation dont nous parlons : les mouvements peuvent aussi suivre la section de l'un des pédoncules cérébraux, mais ils se font dans le sens opposé, c'est-à-dire vers l'autre côté. La section complète d'un pédoncule fait tomber l'animal du côté opposé, sur celui où les muscles sont encore stimulés.

Les mouvements rotatoires sont aussi la conséquence de blessures, d'incisions, de maladies des corps striés, des couches optiques, des tubercules quadrijumeaux, du cerveau, de la moelle allongée, et enfin du nerf auditif et des canaux semi-circulaires de l'oreille. La sensation du vertige correspond à cette classe d'effets ; on sait qu'elle est le résultat de mouvements tournants, même quand ils sont volontaires, et de mouvements visuels rapides, aussi bien que d'une stimulation alcoolique et de certains dérangements du cerveau.

Pour expliquer cet effet singulier, on a supposé qu'il y a en permanence une stimulation nerveuse puissante sur les muscles des deux côtés du corps, qui tendrait à pousser énergiquement en avant. Dans l'état ordinaire, il y aurait équilibre des deux systèmes de stimuli, troublé seulement par les rémissions légères nécessitées par la locomotion et d'autres efforts volontaires. La destruction des conducteurs nerveux ou des centres dans une moitié du corps laisse la prépondérance à l'autre ; et les mouvements d'un seul côté qui en sont le résultat montrent assez l'énergie du courant qui persiste. Si cette interprétation est juste, nous y trouvons la confirmation de la doctrine que nous exposerons plus tard, d'après laquelle il y a des mouvements d'origine interne, spontanée, qui contrastent avec les mouvements qui résultent d'une stimulation externe.

Le ganglion cérébral appelé *tubercules quadrijumeaux* a des rapports avec la vision. Quand il est détruit, la vue est détruite, l'œil reste immobile et la pupille dilatée. La destruction des tubercules d'un côté cause la perte de la vue du côté opposé ; mais l'irritation d'un seul côté produit la contraction des deux pupilles. L'ablation partielle du ganglion a pour conséquence une cécité partielle et temporaire, la débilité des muscles du côté opposé du corps, et quelquefois du vertige et des légers mouvements rotatoires. Les connexions anatomiques des tubercules avec le nerf optique conduisent à la conclusion que les tubercules sont le principal passage des impressions visuelles pour aller au cerveau.

En dépit de son nom, le gros ganglion appelé *couches optiques* n'a que de faibles rapports avec la vision. Comme il est en rapport immédiat avec les hémisphères, c'est le dernier des organes de multiplication et de division des fibres qui viennent d'en bas; on suppose qu'il est formé principalement de filets sensitifs. On admet que, comme les autres ganglions, il possède des fibres réfléchies descendantes aussi bien que des fibres ascendantes qui se répandent dans le cerveau. L'expérience semble montrer qu'il contribue à la fonction coordinatrice des mouvements, tels que ceux de la locomotion et de l'expression de la physionomie. La section des couches optiques d'un côté donne lieu à des mouvements rotatoires dirigés d'ordinaire du côté opposé.

L'autre grande masse ganglionnaire en rapport immédiat avec les hémisphères, le *corps strié*, passe pour être spécialement composée de fibres motrices. Il nous est permis de supposer que la grande quantité de substance grise qu'on y trouve a principalement pour fonction de multiplier les fibres qui entrent dans les hémisphères, mais qu'elle en réfléchit une partie pour constituer des circuits de mouvements réflexes. Les fibres réfléchies de tous les ganglions de la base du cerveau et le cervelet forment ensemble une région, siège des actions réflexes et d'un grand nombre de mouvements groupés ou associés, impliqués dans une action volontaire comme dans une expression de sentiment. Il n'est pas improbable que la conscience accompagne aussi bien les courants réflexes que les courants transmis dans cette région.

4. — FONCTIONS DES HÉMISPHÈRES CÉRÉBRAUX

Les *hémisphères* du cerveau, chez l'homme, chez les vertébrés supérieurs, sont de beaucoup les masses les plus volumineuses de substance nerveuse blanche et grise; on peut les considérer comme le siège des fonctions mentales les plus compliquées : celles de l'intelligence.

On a beau irriter ou piquer les hémisphères, on ne provoque ni sensation ni mouvement. Une pression de haut en bas ou une commotion produisent de la stupeur. Quand on enlève les hémisphères, voici ce qu'on observe : premièrement, les sens de la vue et de l'ouïe sont perdus ; secondement, la mémoire et les facultés caractéristiques de l'intelligence ou de la pensée sont abolies ; troisièmement, la volonté, sous la forme de la faculté de concevoir un dessein, ou la prévision, est détruite (1), ce qui est encore la perte de l'intelligence, — un animal ne peut aller à la recherche de sa nourriture sans idée de ce dont il a besoin, et sans se rappeler les moyens et les procédés qu'il doit employer pour la saisir ; quatrièmement, il reste encore la faculté d'exécuter divers mouvements combinés : un animal peut encore marcher, nager, voler, mais il ne saurait *commencer* ces actions ; cinquièmement, il reste une forme inférieure de la sensibilité des trois sens inférieurs : le tact, le goût et l'odorat ; en stimulant ces sens on excite des mouvements réflexes.

Ainsi les hémisphères ne sont pas le siège exclusif de la conscience, mais ils sont incontestablement le siège tant de l'intelligence que de presque toutes les nuances et variétés des sensations et des émotions. On a cherché sans succès à localiser les fonctions mentales dans des portions spéciales de la masse cérébrale ; les physiologistes ont signalé des cas où la destruction ou la maladie d'un hémisphère n'entraînait pas la perte totale d'aucune fonction ; ce qui faisait supposer que les hémisphères sont des organes doubles remplissant la même fonction, comme les deux yeux ou les deux fosses nasales ; mais on a rapporté aussi des cas où de grandes portions du cerveau étaient altérées dans les deux hémisphères à la fois, sans qu'aucune fonction fût perdue. Nous sommes donc conduit à admettre qu'une seule faculté mentale a à son service plusieurs issues.

(1) Même en l'absence des hémisphères, il reste une espèce de volition d'un rang inférieur ; les expériences de Pflüger et d'autres savants le démontrent. Une grenouille décapitée dont on touche la patte postérieure avec un acide fait un effort de l'autre patte pour s'essuyer.
Si l'on dépose sur le dos de l'animal une goutte d'acide, il se sert de la patte du même côté pour se débarrasser de la cause de sa douleur ; si en coupant le nerf de cette patte on la paralyse, l'autre est stimulée à écarter l'acide. Ces actions ont le caractère essentiel des actions volontaires, et pourtant elles ne viennent pas de plus haut que la moelle épinière. Elles représentent la volonté dans une de ses formes rudimentaires, c'est la production d'une action pour alléger une douleur *actuelle*. Les apparences feraient croire que la douleur est sentie ou que l'animal est conscient.

5. — FONCTIONS DU CERVELET

Les expériences faites sur le cervelet et les conclusions qu'on a cru pouvoir tirer de la comparaison du volume de cette partie de l'encéphale chez divers animaux ont conduit certains physiologistes à y rattacher la fonction de coordonner les mouvements.

« Flourens a enlevé sur des pigeons le cervelet par tranches successives. Pendant qu'il enlevait les couches supérieures, il ne se manifestait qu'un léger affaiblissement et un défaut d'harmonie dans les mouvements, sans aucune expression de douleur. Quand on arrivait aux couches moyennes, une agitation presque universelle se produisait, sans aucun signe de convulsion; l'animal faisait rapidement des mouvements mal réglés; il pouvait voir et entendre. Après l'ablation des couches les plus profondes, l'animal perdait complètement le pouvoir de se tenir debout, de marcher, de sauter ou de voler; les premières mutilations avaient altéré la faculté du cervelet; l'ablation complète l'abolissait. Placé sur le dos, l'animal ne pouvait se relever; toutefois il ne restait pas tranquille et immobile comme les pigeons privés d'hémisphères cérébraux; il était continuellement agité et dans l'impossibilité d'accomplir un mouvement régulier ou défini. Il voyait l'instrument levé qui le menaçait; il faisait mille contorsions pour l'éviter et n'y parvenait pas. La volonté et la sensation restaient; la faculté d'exécuter des mouvements restait; mais celle de coordonner ces mouvements et d'en faire un système d'actions combinées était perdue.

« Les animaux privés de cervelet sont dans une condition assez semblable à celle d'un homme ivre, quant à la faculté de locomotion; ils sont incapables de produire cette combinaison d'action dans différents systèmes de muscles qui est nécessaire pour les mettre en état de prendre et de conserver une attitude quelconque; ils ne peuvent s'arrêter un moment, et, quand ils essayent de marcher, leur allure est chancelante, ils vont d'un côté à l'autre, et leur marche est interrompue par de fréquentes chutes. Les tentatives infructueuses qu'ils font pour se tenir debout ou pour marcher prouvent suffisamment qu'ils possèdent encore un certain degré d'intelligence et la volonté. (Todd et Bowman, I, 359.)

Quand on coupe la partie supérieure du cervelet, l'animal se meut en arrière; quand on coupe d'un côté, l'animal roule du côté opposé; l'œil du côté sain est tourné en dehors et en bas, l'autre en dedans et en haut. Quelquefois il en résulte des mouvements vertigineux comme si le corps tournait autour d'un axe.

Brown-Séquard nie la conclusion qu'on avait tirée de ces expériences, que le cerveau est le siège exclusif des mouvements combinés. « J'ai constaté, dit-il, que c'est par l'irritation qu'elles produisent sur la base du cerveau que les maladies du cervelet, ou l'extirpation qu'on en fait chez les animaux, cause le désordre des mouvements qu'on a attribué à l'absence d'une faculté régulatrice. En fait la moindre irritation des diverses parties du cerveau avec la pointe d'une aiguille peut amener les mêmes désordres dans les mouvements qui sont la conséquence de l'extirpation du cervelet. J'ai donc été amené à conclure qu'après cette extirpation, ou après la destruction par la maladie d'une grande ou d'une petite partie de ce centre nerveux, ce n'est pas son *absence*, mais quelque influence irritante *sur les parties de l'encéphale qui restent*, qui cause l'irrégularité des mouvements. » (*Lectures*, 79.)

Cette critique a le tort de trop prouver ; elle ne tend pas à moins qu'à démontrer que le cervelet n'a aucune fonction. Les idées de Flourens ont trouvé un défenseur dans le professeur Vulpian, qui, par la comparaison de faits nombreux, a fait voir que si la maladie ou l'absence du cervelet n'a pas constamment pour résultat une incapacité complète de locomotion, on observe pourtant un défaut de fermeté et une grande tendance à broncher. La conclusion la plus prudente, c'est que le cervelet n'est pas le seul organe d'où dépend la production des mouvements rythmiques ou combinés, et qu'il concourt avec d'autres ganglions à remplir cette fonction. On peut dire de cette faculté comme des facultés supérieures du cerveau, qu'elle a plusieurs moyens à son service.

6. — DE LA FORCE NERVEUSE

La structure de la substance nerveuse et les expériences qu'on a faites sur les nerfs et les centres nerveux mettent hors de doute certaines propriétés de la force mise en jeu par le cerveau. Cette force est de la nature des *courants*, c'est-à-dire qu'elle est engendrée en un point de l'organisme, transmise par une substance intermédiaire et déchargée sur un autre point. Les différentes formes d'électricité et de magnétisme nous ont rendus familiers avec ce genre d'action.

C'est grâce à cette transmissibilité de la force nerveuse que des mouvements éloignés les uns des autres dans le corps peuvent être associés sous l'action d'un stimulus commun. L'impression d'un son, une note musicale par exemple, est portée au cerveau ; le résultat est une action correspondante et une excitation qui s'étend à la voix, à la bouche, aux yeux, à la tête, etc. Cette manifestation multiple et variée dans ses parties implique un système de relations entre les centres d'action, de sorte qu'un choc sur un point fait vibrer plusieurs cordes ; ces relations sont assurées par les nerfs conducteurs qui vont et viennent d'un centre à l'autre et des centres aux appareils musculaires du corps. Supposons que les tubercules quadrijumeaux soient le centre de la vision, une impression qui y arrive propage un mouvement à d'autres centres, en haut aux hémisphères cérébraux, en arrière au cervelet, en bas à la moelle allongée et à la moelle épinière ; l'onde qui s'y propage y provoque de nombreux effets qui aboutissent à une série de mouvements dans tout le corps. Ce système de force est donc une partie essentielle de l'organisme physique et mental de l'homme.

Les expériences de du Bois-Reymond montrent que la force nerveuse et l'électricité commune ont la même nature. Des courants électriques existent constamment dans les nerfs et les muscles, leur caractère seulement change durant la sensation et la contraction musculaire. Du Bois-Reymond a examiné avec soin la direction de ces courants, et il est arrivé aux conclusions suivantes :

« Les muscles et les nerfs, y compris le cerveau et la moelle épinière, sont doués durant la vie d'un pouvoir électro-moteur.

» Ce pouvoir électro-moteur agit suivant une loi définie qui est la même dans les nerfs et dans les muscles, c'est la loi de l'antagonisme des deux sections longitudinale et transverse. La surface longitudinale est positive, la transverse est négative.

» Il faut supposer que toute molécule des nerfs et des muscles agit d'après la même loi que le nerf ou le muscle tout entier. Le courant total est, en fait, l'effet combiné de ces petits courants qui circulent autour des éléments des tissus.

» Le courant dans les muscles pendant la contraction, et dans les nerfs pendant la transmission du mouvement ou de la sensation, subit une variation subite ; il perd considérablement de son intensité. On n'a pas constaté si durant la contraction le courant musculaire diminue seulement, ou s'il s'évanouit totalement, ou s'il change de direction. »

Ainsi la force nerveuse proprement dite, c'est-à-dire les courants qui traversent les nerfs durant la sensation et le mouvement, a si bien les mêmes propriétés que l'électricité, qu'elle neutralise et renverse les véritables courants électriques qui existent dans les nerfs et les muscles à l'état de repos. C'est tout ce qu'on peut dire dans l'état actuel de la science. D'ailleurs, alors même que la force nerveuse transmise le long des nerfs durant les opérations mentales serait identique avec l'électricité voltaïque, le caractère de la substance nerveuse créerait certaines différences entre les phénomènes vitaux et une pile électrique. Le pouvoir conducteur des fibres nerveuses a pour effet l'usure du tissu nerveux, qui doit constamment se renouveler aux dépens du sang qui afflue aux nerfs, quoique peut-être moins abondamment qu'aux cellules.

En comparant cette disposition à l'usure et à l'épuisement avec la durée d'un fil électrique, nous sommes frappés d'un très grand contraste. Le fil est une masse compacte, résistante, inerte; il faut, pour que la conduction y fonctionne, un certain degré de force électrique, et à une grande distance la conduction cesse. Le nerf est mis en jeu par une influence plus légère qu'il propage en la renforçant aux dépens de sa propre substance. Le fil doit subir l'action à ses deux extrémités par la clôture de circuit avant d'agir ; le nerf prend feu au moindre stimulus comme une traînée de poudre, il s'use par le courant qu'il propage. Par suite, l'influence initiale qui se transmet doit plus aux fibres qui la conduisent que l'électricité ne doit au fil de cuivre. Les fibres entretiennent et augmentent la force transmise aux dépens de leur propre substance.

La force nerveuse se propage plus lentement qu'un courant électrique à travers un fil. On en a calculé la vitesse à 60 mètres par seconde en moyenne. (Il faut remarquer qu'un nerf n'est pas un simple conducteur, mais qu'il est composé d'un nombre incalculable de molécules dont chacune est le centre d'un courant ou de courants circulaires, qui sont autant d'obstacles à la propagation directe.) Il y a toujours un certain retard à traverser les centres nerveux; un mouvement réflexe prend de $\frac{1}{30}$ à $\frac{1}{10}$ de seconde dans les circonstances favorables' temps plus long que celui qui serait nécessaire pour transmettre une influence à travers un nerf de même longueur s'il n'avait pas d'interruption. Quand le stimulus est faible, il faut un temps relativement plus long pour produire le mouvement correspondant. Il est permis de supposer que ce qu'on appelle excitation est une accélération du courant nerveux.

On admet que la force nerveuse est engendrée par l'action des aliments fournis au corps, et par conséquent qu'elle appartient à la classe des forces qui ont une origine commune et qui sont capables de se convertir les unes dans les autres, à savoir: le moment mécanique, la chaleur, l'électricité, le magnétisme et la décomposition chimique. La force qui anime l'organisme humain et entretient les courants du cerveau a son origine dans la grande source primordiale de force vive, le soleil, dont l'action sur la végétation produit les organismes qui, en se détruisant dans un organisme animal, donnent naissance à toute la force nécessaire à l'entretien des actes de cet animal. Ce qu'on appelle force vitale n'est pas une force particulière, mais une distribution de forces de la matière inorganique qui soit capable de conserver un organisme vivant. Si nous avions des moyens d'observation et de mesure parfaits, nous pourrions rendre raison de toute la nourriture transformée dans un animal ou dans l'homme ; nous pourrions calculer la somme totale de force dégagée dans les changements qui sont la somme de cette transformation ; en allouer une partie à la chaleur animale, une autre à la secrétion, une troisième à l'action du cœur, des poumons, des intestins, une quatrième à l'effort accompli pendant ce temps, une cinquième pour l'activité du cerveau, ainsi de suite jusqu'à ce que nous ayons une balance exacte de la recette et de la dépense. La force nerveuse qui provient de la destruction d'une certaine quantité de nourriture est susceptible de se transformer en une autre forme de force animale. Versée dans les muscles pendant un violent effort conscient, elle accroît l'activité de ces organes ; passant dans le canal alimentaire, elle vient en aide à la force digestive ; ailleurs elle se convertit en chaleur ; enfin elle peut donner naissance à de vrais courants électriques.

La nature de la force nerveuse et son mode d'action nous amènent à modifier l'idée qu'on se faisait autrefois du rôle du cerveau comme organe de l'esprit. Nous avons vu que le cerveau est une masse mêlée de substance grise et de substance blanche, la matière des centres et la matière conductrice. L'une et l'autre sont nécessaires à tout acte cérébral connu. La plus petite opération comprend la transmission d'une influence d'un centre à un autre, d'un centre à une extrémité ou l'inverse. Nous ne pouvons donc séparer les centres des branches qui établissent les communications ; nous ne pouvons pas davantage séparer les branches des organes du corps qui produisent ou qui reçoivent la stimulation nerveuse. L'organe de l'esprit n'est donc pas le cerveau tout seul ; c'est le cerveau uni aux nerfs, aux muscles, aux organes des sens, aux viscères. Quand le cerveau est en action, il y a transmission de forces nerveuse, et l'organe qui reçoit ou qui engendre la force est une partie essentielle du cercle du mécanisme.

Il faut également modifier et corriger la notion que le cerveau est un *sensorium*, une chambre intérieure où les impressions vont s'accumuler. Le cerveau a la propriété de retenir fortement les impressions qu'il reçoit, elles prennent place dans son tissu, elles font partie de son développement. Elles peuvent se reproduire plus tard, et alors ce que nous trouvons c'est une série de courants et de contre-courants, à peu près comme ceux qui existaient quand l'impression a été faite pour la première fois. Quand l'esprit est dans l'exercice de ses fonctions, les actes physiques qui accompagnent son opération sont un va-et-vient d'innombrables courants nerveux. Que ce soit sous l'effet d'une sensation d'un objet actuel, ou d'une émotion, ou d'une idée, ou d'un enchaînement d'idées, l'opération générale est toujours la même. Nous pourrions dire : pas de courants, pas d'esprit. La transmission de l'influence le long des fibres nerveuses d'un point à un autre de l'organisme semble la véritable essence de l'action cérébrale. Cette transmission même ne doit pas se borner au cerveau ; non seulement aucun mouvement ne pourrait être entretenu, aucune sensation reçue par le cerveau seul, mais il est incertain même que la pensée, le souvenir ou les émotions du passé et de l'absent puissent être entretenus sans les communication plus lointaines entre le cerveau et le reste du corps, les organes des sens et du mouvement.

La source la plus immédiate de la force nerveuse est l'arrivage abondant du sang. L'arrêt de la circulation cérébrale par la cessation des battements de cœur ou par une pression sur la tête est suivi de la perte de la conscience. D'autre part, une rapidité excessive de la circulation rend plus rapide le cours des pensées et des sentiments, en d'autres termes, produit une *excitation*, qui peut aller jusqu'au délire. De plus, la *qualité* du sang influe sur la pensée ; l'acide carbonique en excès, l'urée ou d'autres impuretés que les organes secréteurs doivent expulser dépriment la fonction mentale ou la détruisent ; le manque de nourriture produit le même effet. Par contre, l'abondance de la nourriture, le fonctionnement régulier des organes secréteurs et la présence dans le sang des agents reconnus comme stimulants, en affectant la qualité du sang, donnent de la fraîcheur et de la vigueur aux fonctions mentales.

PREMIÈRE PARTIE

MOUVEMENT, SENS, INSTINCT

Dans le premier livre, qui comprendra les *mouvements*, les *sensations*, les *appétits* et les *instincts*, je traiterai de cette partie de l'esprit qu'on peut qualifier d'inférieure parce que l'intelligence y fait à peu près défaut et que c'est par là que l'homme ressemble le plus à la bête. Plus tard, je m'occuperai d'une classe de faits plus difficiles à analyser et à décrire, ce sont ceux que l'on observe quand un ensemble de facultés supérieures, l'exemple et les conquêtes des générations précédentes viennent s'ajouter aux sensations et aux instincts primitifs.

Le rapprochement que je fais des appétits et des instincts avec les sensations paraîtra une nouveauté. Les psychologues qui m'ont précédé, Reid, Steward, Brown, Mill, les classaient avec les désirs, l'habitude et la volonté, sous le nom de *facultés actives*. Je ne me conforme pas à l'exemple de mes devanciers, parce que : 1º les appétits et les instincts ayant peu de rapports avec les opérations supérieures de l'intelligence, on n'a pas besoin pour les étudier de connaître cette dernière, et qu'il suffit d'être renseigné sur les sensations ; 2º on comprend mieux l'intelligence quand on connaît déjà les appétits et l'instinct ; 3º les relations de l'appétit avec la sensation sont très étroites ; 4º l'instinct nous fait parfaitement comprendre les premières couches de notre esprit, ce qu'il y a de primitif et de spontané dans notre activité, et nous pouvons aborder ensuite les opérations d'acquisition comprises sous la dénomination d'intelligence.

Cette première partie sera divisée en quatre chapitres.

Chapitre premier. — Action et mouvement en tant que spontanés avec les sentiments et perceptions résultant de l'activité musculaire.

Chapitre II. — Sens et sensations.

Chapitre III. — Appétits.

Chapitre IV. — Instincts et mouvements primitifs avec les premiers rudiments de l'émotion et de la volition. Ces derniers sujets sont le complément nécessaire de ce livre dont l'objet est l'étude complète de tous les germes primitifs de l'action et du sentiment, comme préliminaires de l'étude de l'intelligence. L'intelligence occupera la place qui lui appartient dans un système complet de l'esprit, entre les émotions et les activités instinctives et les émotions et les activités perfectionnées, puisqu'elle est l'instrument qui les fait passer du premier état dans le second.

CHAPITRE PREMIER

ACTIVITÉ SPONTANÉE ET SENTIMENT DU MOUVEMENT

Les sentiments qui se rattachent au mouvement doivent former une classe à part. Il convient de les étudier avant les sens. — I. Du système musculaire. — II. Preuves de l'activité spontanée. — III. Des sentiments musculaires.

On regarde aujourd'hui les sentiments qui se rattachent au mouvement comme formant une classe à part, distincte des sensations des cinq sens, ou comme appartenant à un sixième sens, appelé sens musculaire, et rentrant alors dans la classe des sensations. On admet généralement qu'il y a lieu de les étudier à part, au même titre que les sensations de la vue ou du son, que l'amour, l'irascibilité ou le sentiment du comique.

Mais on n'est pas d'accord sur la place qu'il convient d'assigner à ces sentiments dans une classification. Je ne crois pas devoir les placer à côté des sensations des cinq sens ; je pense que leur étude doit précéder celle des sens proprement dits et cela pour deux raisons : d'abord parce que le mouvement précède la sensation, et qu'à l'origine il se manifeste indépendamment d'aucun stimulus extérieur ; ensuite que l'action est une propriété plus intime, plus fondamentale qu'aucune de nos sensations, qu'elle est une partie constituante de chacun de nos sens, que par suite nos sens sont des composés tandis qu'elle est simple.

I. — Du système musculaire

Tissu musculaire. — Sensibilité musculaire. — Irritabilité et contractilité des muscles. — Tonicité ou contraction tonique du muscle.

Le tissu musculaire est celui qui a pour fonction les mouvements du corps. Il se compose de fibres fines qui sont pour la plupart réunies en organes distincts, appelés muscles ; d'autres sont disposées sur les côtés des cavités et entre les tuniques des viscères creux où elles forment des couches plus ou moins épaisses. Les fibres musculaires sont douées de *contractilité*, propriété remarquable, en vertu de laquelle elles se contractent plus ou moins rapidement sous l'influence de certaines causes susceptibles de mettre en jeu cette propriété, et qu'on appelle *stimuli*. Une nombreuse classe de muscles, y compris ceux de la respiration, de la locomotion, de l'expression et quelques autres, sont excités par le stimulus de la volonté agissant par l'intermédiaire des nerfs; par suite, on les appelle *muscles volontaires*, quoique quelques-uns d'entre eux agissent aussi sous la pression d'autres stimuli. D'autres muscles ou collections de fibres musculaires sont complètement soustraits à l'empire de la volonté, comme ceux du cœur ou du canal intestinal, aussi les appelle-t-on *involontaires*. Ces deux classes de muscles diffèrent non seulement par la nature des causes qui les mettent en action, mais jusqu'à un certain point par leurs caractères anatomiques.

Structure des muscles volontaires. — Les fibres musculaires volontaires sont pour la plupart rassemblées en masses distinctes ou muscles de volume et de forme variables, mais la plupart de forme oblongue, et garnis de tendons à leurs deux extrémités par où ils s'attachent aux os.

Les fibres sont réunies en paquets ou faisceaux plus ou moins épais; les fibres elles-mêmes se composent de filaments visibles au microscope, qu'on appelle fibrilles.

Bien que les fibres diffèrent quelque peu par leur volume, elles ont en moyenne le même diamètre, à savoir environ $0^m,011$. Suivant Bowman leur volume moyen est plus grand chez le mâle que chez la femelle.

On a constaté que chaque fibre se compose d'un nombre considérable de fibrilles extrêmement fines enfermées dans une tunique tubuleuse. Chaque fibrille paraît formée de petites masses d'une substance pellucide présentant un contour rectangulaire et une partie centrale sombre. Bowman estime que la longueur de ces parties est de $\frac{1}{4900}$ de pouce, et il a trouvé qu'elles avaient un volume uniforme chez les mammifères, les oiseaux, les reptiles, les poissons et les insectes.

Nerfs des muscles volontaires. — Les nerfs d'un muscle volontaire ont un volume considérable. Leurs branches passent entre les faisceaux musculaires et s'unissent fréquemment pour former un plexus qui, la plupart du temps, se distribue seulement à la portion du muscle où il se trouve. D'un ou de plusieurs plexus *primaires*, de nombreuses branches naissent pour aboutir à des plexus *terminaux* formés de petits rubans, composés de deux ou trois tubes primitifs, dont quelques-uns se séparent des autres.

A l'aide du microscope on peut voir ces tubes passer entre les fibres musculaires et après une course plus ou moins longue revenir au plexus. Elles croisent la direction des fibres musculaires perpendiculairement ou obliquement, en formant de larges anses; elles rejoignent les faisceaux larges d'où elles sont parties, ou elles pénètrent dans d'autres divisions du plexus. Mais les filaments nerveux ne se terminent pas dans le muscle; ils forment des anses.

Notre sujet nous dispense de nous occuper des muscles involontaires.

Sensibilité. — Cette propriété se manifeste quand un muscle est coupé ou déchiré, ou lésé, ou saisi de spasme. Dans ces cas, comme dans tous les autres, la sensibilité proprement dite appartient aux nerfs qui se distribuent dans le tissu, et en conséquence quand les nerfs qui se rendent à un muscle sont coupés, il devient aussitôt insensible. C'est par cette propriété, appelée parfois le *sens musculaire*, que nous percevons l'état des muscles soumis à la volonté, et c'est sur elle que nous nous guidons pour diriger nos mouvements volontaires vers la fin proposée. En conséquence, quand le sens musculaire est perdu, tandis que la faculté de mouvement reste, ce qui arrive, bien que rarement, on ne peut diriger les mouvements des membres paralysés sans le secours de l'œil.

Il faut remarquer que ces deux sortes de sensibilités diffèrent beaucoup. La sensibilité pour les lésions est distincte de celle qui nous instruit de l'état des muscles volontaires qui servent à guider les mouvements en vue d'une fin. Celle-là est passive, celle-ci est active.

Irritabilité ou contractilité. — Pour que la contraction ait lieu, il faut que le muscle soit excité par un stimulus. Le stimulus peut être appliqué immédiatement au tissu musculaire, comme lorsque les fibres sont irritées par une pointe aiguë, ou aux nerfs qui se rendent au muscle; dans le premier cas il est dit *immédiat*, dans le second, *médiat*. Le nerf ne se contracte pas, mais il a la propriété, quand il est stimulé, d'exciter des contractions dans les fibres musculaires auxquelles il se distribue, et cette propriété, appelée force nerveuse, se distingue de la contractilité qui est une propriété exclusivement musculaire. Un stimulus peut être appliqué directement au nerf du muscle, comme lorsque ce nerf est lui-même irrité mécaniquement ou galvanisé; ou bien il se peut qu'il agisse sur d'autres nerfs par lesquels son influence est pour ainsi dire conduite d'abord au cerveau ou à la moelle épinière, ou peut-être à quelque centre secondaire, et de là transportée ou réfléchie sur le nerf musculaire.

Les stimuli auxquels les muscles obéissent sont de diverses espèces; voici les mieux constatés : 1° l'irritation mécanique de toute nature, y compris l'extension subite des fibres nerveuses; 2° les stimuli chimiques, comme l'application de sel ou de substances âcres; 3° l'excitation électrique imprimée ordinairement par un courant galvanique qui traverse les fibres musculaires ou le nerf; 4° la chaleur ou le froid subit. Ces quatre classes peuvent être réunies sous le nom de *stimuli physiques*. Viennent ensuite les *stimuli mentals*, à savoir : 1° l'opération de la volonté, ou volition; 2° les émotions et certains autres états involontaires de l'esprit. Enfin il reste encore les causes excitantes des mouvements musculaires dans l'économie, qui bien qu'elles finissent probablement par une action physique, ne sont pas parfaitement bien analysées; on peut sans impropriété de langage les appeler *stimuli organiques;* c'est à ce groupe qu'on peut rapporter au moins provisoirement, quelques-uns des stimuli qui excitent des convulsions et d'autres mouvements involontaires qui se présentent durant certains états morbides.

Les stimuli qui nous intéressent le plus sont les mentals. On en connaît deux sortes : les émotions ou influences des sensations, et la volonté. Il y en a une troisième, la force spontanée, dont nous allons nous occuper.

Tonicité ou contraction tonique. — Bien que dans les muscles en général, la contraction soit remplacée par un relâchement complet, il y a divers muscles qui après avoir paru cesser de se contracter restent dans un état de tension et conservent encore une certaine tendance à rapprocher leurs attaches; mais cette tendance est contre-balancée par des muscles antagonistes qui sont dans la même condition, et le membre reste dans le repos. Cet état musculaire s'appelle *tonicité;* c'est incontestablement une espèce de contraction, aussi bien que l'action plus puissante et plus manifeste qu'elle remplace; mais elle sert à maintenir l'équilibre, non à causer du mouvement; elle n'est pas temporaire mais persistante; elle continue durant le sommeil quand la volonté est effacée, et n'occasionne aucune fatigue. Elle paraît l'effet de l'action nerveuse, indépendamment de la volonté; en effet, quand les nerfs sont coupés elle cesse, et les muscles deviennent flasques. On ignore quel stimulus agit sur les nerfs pour produire la tonicité.

II. — **Preuves de l'activité spontanée.**

Mouvements indépendants de la sensation. Preuves de l'existence de ces mouvements.
Topographie de l'activité spontanée. — Les muscles agissent par groupes, appareil locomoteur, organes vocaux, mouvement de la face, de la langue, des mâchoires, aptitudes spéciales des animaux.

Nous allons fournir la preuve qu'il existe des mouvements et des actions indépendants des sensations des sens proprement dits et qui les précèdent.

Voici les plus sérieuses :

La propriété du tissu musculaire appelée *tonicité*, qui n'est autre chose qu'un degré inférieur du mouvement musculaire, démontre l'existence d'une propriété d'initiative dans les centres nerveux, d'un stimulus partant, soit des centres eux-mêmes, soit, d'après une autre théorie, de ces centres sollicités par une irritation.

Il en est de même du resserrement permanent des muscles appelés sphincters, effet d'une cause intérieure plus énergique que la simple tonicité, et dont le rapport de dépendance qui le rattache à certains centres nerveux ne peut être méconnu.

Les mouvements rotatoires qui résultent d'une section opérée sur un seul côté du mésocéphale ou d'autres ganglions, démontrent d'une façon frappante l'existence d'une charge permanente de force nerveuse, qui dans l'état ordinaire est contre-balancée par celle du côté opposé.

On peut citer aussi les mouvements des muscles dits involontaires, tels que ceux des organes de la circulation et du canal alimentaire. On peut admettre que dans ces sortes de muscles l'accomplissement d'un mouvement serve de stimulus qui provoque le mouvement suivant. Mais il faut toujours en revenir à expliquer le premier mouvement.

Puisque la moelle épinière et la moelle allongée sont reconnues capables de donner naissance à des contractions musculaires, nous pouvons admettre que les grandes masses cérébrales sont les sources d'une activité plus riche et plus manifeste. Voici des exemples qui le prouvent.

Au réveil, le mouvement précède la sensation. Il est difficile de voir dans le réveil autre chose qu'un afflux de force nerveuse dans les muscles des yeux, *suivi* de l'exposition de ces organes à l'influence du dehors. Le réveil a pour premier symptôme une commotion générale de l'organisme manifestée par divers mouvements musculaires ; le rétablissement de la sensibilité pour le dehors ne vient qu'après. Dans l'état d'ignorance où nous sommes encore sur la vraie nature du sommeil, rien ne nous empêche de mettre en évidence un fait aussi considérable que la priorité de l'action sur la sensibilité au réveil (1).

Le rétablissement de l'action au réveil ne peut être que l'effet d'un stimulus parti des centres nerveux mêmes. C'est là l'origine des premiers mouvements; plus tard ils s'enchaînent avec ceux que suscitent les sens, l'intelligence ou la volonté. La force centrale accrue par l'état de veille et le stimulus du sens ont chacun une part dans la production du haut degré de tension que nous observons dans les muscles durant la veille. Il est difficile d'évaluer la part de chacune de ces sources, mais celle des centres doit être considérable. Après avoir ouvert les paupières au moment du réveil, elle ne cesse pas d'agir, bien que l'autre force, celle de la lumière, commence à produire son effet.

Nous pouvons admettre que la réfection des nerfs et des centres nerveux, en conséquence du sommeil, est la cause de l'explosion d'activité spontanée qui se manifeste au réveil. L'antécédent de l'activité est plutôt physique que mental, comme dans tous les cas d'activité spontanée. Une fois associée à la sensation, l'activité perd son caractère, et il est plus difficile de distinguer ce qu'elle a de spontané.

Les mouvements des petits enfants nous fournissent une autre preuve. Je les regarde comme dus en grande partie à l'action spontanée des centres. La mobilité de ces petits êtres est très grande, et elle continue de l'être dans l'enfance et dans les premières années de la jeunesse. Elle ne peut provenir que de trois causes : ou d'un stimulus venu du dehors par les sens, ou d'une émotion, ou enfin d'une force spontanée.

Il n'est pas douteux que les deux premières causes ne soient pour quelque chose dans la gesticulation de l'enfance, mais je ne crois pas qu'elles l'expliquent tout à fait. En effet, une observation attentive nous montre qu'il y a des cas où une sensation très faible est accompagnée d'une forte gesticulation. Il est plus difficile de reconnaître la trace des actions spontanées dans les mouvements causés par les émotions; toutefois, il est des cas où une gesticulation énergique ne peut être rapportée ni à des sensations, ni à des émotions agréables ou pénibles; nous ne pouvons que les attribuer à la vivacité, à l'exubérance des forces musculaire et cérébrale, qui montent ou baissent en raison de la vigueur et de la nutrition du système nerveux.

On peut citer encore en faveur de l'hypothèse de la spontanéité l'acti-

---

(1) C'était l'opinion d'Aristote (*Physique,* VIII, 2). Il y dit que les mouvements du réveil viennent, non des sens, mais d'une source interne.

vité des jeunes animaux et de certains animaux doués de facultés remarquables (insectes). Quand un petit chat joue avec une pelote de laine, cette pelote n'est que le prétexte de la prodigieuse quantité de mouvements qu'il exécute, le stimulus qui les provoque est interne. De même chez un jeune chien à l'attache qui vient de se réveiller, ce n'est pas un objet extérieur qui frappe sa vue ou un son qui frappe ses oreilles qui le porte à s'agiter, c'est un courant d'activité qui parcourt ses membres et lui rend l'attache insupportable. Il ne nous est pas difficile de distinguer cette espèce d'activité de celle qui est éveillée par les sensations ou les émotions. Nous retrouvons cette distinction dans l'interprétation que nous donnons aux mouvements et aux impressions de certains animaux. Nous distinguons très bien l'excitation d'un cheval lancé en course de celle qui résulte de l'impétuosité spontanée d'une bête bien nourrie.

L'homme lui-même, surtout dans sa jeunesse, fait beaucoup de mouvements que nous rapportons d'ordinaire non à des sensations ou à des émotions, mais à la *fraîcheur* d'un courant qui ne s'est pas encore déchargé. La nécessité que nous éprouvons tous, que les jeunes gens surtout éprouvent, de faire de l'exercice, démontre l'existence d'un fonds de force qui se régénère chaque jour en nous. Qu'importe que d'après une certaine théorie cette nécessité soit l'effet d'un malaise particulier des muscles, à retour périodique, qui provoque une action réflexe des centres nerveux, il suffit à notre thèse que la tendance au mouvement du système locomoteur n'ait pas pour antécédent une sensation ni une émotion. Du reste, nous ne voyons pas pourquoi on refuserait d'admettre que le premier mouvement de cette série périodique est dû à l'action spontanée des centres nerveux. C'est à la même force centrale qui cause la tonicité que nous devons rapporter la production de l'activité musculaire spontanée.

Voilà déjà bien des preuves en faveur de notre thèse. Le phénomène appelé *excitation* nous en fournit encore une. Ce phénomène a deux faces. Du côté physique, il y a un accroissement de la quantité ou un changement de la qualité du sang qui circule dans le cerveau. Du côté mental, il y a une augmentation de l'activité mentale sous toutes ses formes. Un stimulus, dans ces conditions, provoque une réponse plus intense qu'à l'ordinaire : l'activité déborde, les mouvements se succèdent avec précipitation, les sentiments sont plus intenses, les pensées plus rapides. Sous l'influence de certaines maladies, ou de certaines drogues, comme la strychnine, il se fait une énorme dépense de force, indépendamment d'aucune stimulation, sous la seule influence d'un changement dans la nutrition du cerveau.

Nous trouvons une autre preuve en faveur de l'existence d'une activité spontanée dans le fait que la sensibilité et l'activité ne s'élèvent ni ne s'abaissent parallèlement. Au contraire elles se montrent souvent en proportion inverse l'une de l'autre. Le tempérament le plus actif n'est pas toujours le plus sensible ; on voit souvent au contraire que c'est celui qui l'est le moins. Chacun sait qu'il y a une espèce d'activité qui semble vivre d'elle-même, qui ne coûte aucun effort, qui cause du plaisir, loin de fatiguer, et que ne modifient pas sensiblement ni un stimulus ni l'idée d'un but ; c'est manifestement l'effet d'une force spontanée. C'est un signe du caractère, tant chez les individus que chez les races. C'est le caractère de l'aventurier qui ne goûte aucun repos, du voyageur infatigable, de ces gens qui se mêlent de toutes les affaires, de ceux qui haïssent le repos et dédaignent les plaisirs paisibles ; c'est l'activité dévorante de Philippe de Macédoine ou de Guillaume le Conquérant. Les natures sensibles qui ne sont pas rares chez les hommes, mais qui sont très communes chez les femmes, ne sont pas très actives ; leur activité dépend plus d'un stimulus que d'une forte tendance spontanée à l'action. Ce qui distingue l'activité provoquée par l'idée d'un but de l'autre genre d'activité, c'est qu'elle se proportionne au but et qu'elle cesse dès qu'il est atteint. On ne confondra jamais l'homme qui travaille pour faire fortune et qui se repose après avoir gagné de quoi vivre, avec l'homme qui passe sa vie à dépenser l'excès de sa force musculaire et nerveuse.

Enfin, ajoutons que sans la spontanéité, la volonté est inexplicable.

TOPOGRAPHIE DE L'ACTIVITÉ SPONTANÉE

Les muscles agissent pour la plupart concurremment avec d'autres auxquels ils sont unis par l'organisation même des centres nerveux pour l'accomplissement de certaines fonctions qui exigent des mouvements concordants.

L'*appareil locomoteur*, le plus remarquable de ces groupes, comprend, chez les vertébrés, les muscles des membres, et ceux du tronc qui chez tous les animaux concourent plus ou moins aux mouvements des membres. Dans les décharges d'activité spontanée, l'effort locomoteur tient le premier rang ; en effet il commande une grande partie du système musculaire par où il peut donner issue à un large courant de force accumulée. Quiconque sait observer aura vu que la locomotion n'avait pour cause immédiate qu'un effort spontané. Il faut beaucoup de temps chez l'homme pour que l'appareil locomoteur s'adapte à l'usage qui lui est propre, et pendant ce temps il dépense son activité en gesticulations des jambes et des bras ; comme chez l'enfant aux bras de sa nourrice. L'action locomotrice agite toute la longueur de la colonne vertébrale jusqu'aux articulations de la tête et du cou. Toutefois, les membres ont, surtout chez l'homme, d'autres mouvements qui ne tardent pas davantage à se manifester. Les mouvements du bras par exemple sont très variés ; ils ont tous le caractère de la spontanéité dans les premiers temps de la vie ; l'acte de saisir avec la main est le résultat d'une extension du bras par les muscles ; au premier âge nous le retrouvons dans le cercle décrit par les mouvements innés ou fortuits.

Le courbement et le redressement du corps sont des débouchés de l'activité spontanée, surtout le dernier qui implique un plus grand effort. Lorsque la force en excès ne peut se frayer un passage par un plus grand effort locomoteur, elle se dépense en étirant et en étendant le corps et les membres jusqu'à l'extrême ; le redressement va jusqu'au port de la tête, à la distension des yeux, de la bouche et des traits du visage.

Les *organes vocaux* forment un autre groupe remarquable des membres actifs. Il n'y a pas de doute que l'émission de la voix ne soit en bien des cas un simple dégagement de force centrale, quoique plus susceptible que tout autre mode d'action d'être stimulée du dehors. Souvent, chez l'homme, un flux de paroles, et chez les animaux leurs cris propres n'ont pas d'autre cause que l'état *frais* des organes vocaux.

Les *yeux* ont leur centre de force à eux, auquel il faut rapporter la spontanéité du regard continu qui embrasse l'extérieur. Quand nul objet n'arrête spécialement l'attention, l'activité des mouvements visuels doit être principalement attribuée à la force centrale. Chez une personne privée de la vue d'un œil, cet œil reste ouvert mais moins que l'autre.

La *bouche* a aussi des mouvements divers qui n'ont souvent pour cause que la force interne, par exemple les contorsions de la bouche après une période d'immobilité et de contrainte. Les *mâchoires*, quand elles ne sont pas occupées à leur fonction propre, la mastication, peuvent dépenser de la force à mâchonner de petits objets introduits dans la bouche, comme on le voit faire aux enfants qui n'ont pas encore atteint l'âge de mâcher. La *langue* est naturellement très active ; elle est pourvue de beaucoup de muscles et a une grande quantité de mouvements. Dans l'acte spontané de l'émission des sons, d'abord réduit à un hurlement inarticulé, la langue donne d'elle-même au son l'articulation, base sur laquelle s'édifiera l'acquisition du langage.

Nous retrouvons des exemples frappants de la spontanéité d'action parmi les aptitudes spéciales de certains animaux. Beaucoup d'animaux mettent en jeu leurs armes destructives dans un grand nombre de circonstances où il n'est pas possible d'expliquer leur action autrement que par le besoin de décharger une force interne accumulée. De même que la batterie électrique de la torpille chargée par l'effet de la nutrition a besoin de se décharger périodiquement sur quelque objet, de même les mâchoires du tigre, les dents du serpent, les filières de l'araignée, ont besoin de temps en temps de s'exercer sur quelque chose. On dit que les abeilles et les castors construisent même sans but, circonstance qui n'a plus rien de bizarre dès qu'on admet que plusieurs facultés actives de l'homme et des animaux sont spontanées.

On a toujours observé que l'activité spontanée monte et baisse proportionnellement à la nutrition en général, qu'elle est le plus riche pendant la santé et le plus appauvrie pendant la maladie, la faim, la fatigue. Des mouvements énergiques naissent sous l'influence de drogues et de stimulants agissant sur le système nerveux, comme aussi de la fièvre ou de quelque malaise. Les convulsions, les spasmes et les excitations anormales, sont des formes morbides de la décharge de la force des centres nerveux (1).

III. — Des sentiments musculaires.

L'histoire naturelle des sentiments est une portion de la science de l'esprit. Méthode de les décrire. — Classification des sentiments du mouvement.
1° Sentiments d'exercice musculaire en général : Côté physique. — Côté mental. — Exemple de tension passive. — Tension musculaire avec mouvement. — Mouvements lents. — Mouvements croissants et décroissants. — Mouvements rapides. — Sentiment de la perte d'appui. — Mouvements passifs.
2° Des perceptions basées sur le mouvement musculaire. — Distinction des degrés et des modes de l'action musculaire. — Conscience de l'effort ou force dépensée : Sens de la résistance, de force, d'inertie. — Exemple du sentiment de résistance : Moment, poids. — Conscience de la continuation d'un effort musculaire : Évaluation des temps ; moyens d'estimer l'étendue. — Conscience du degré de vitesse des mouvements. — Conscience de l'état de contraction d'un muscle. Distinction tracée par Hamilton entre la faculté locomotive et le sens musculaire.

Nous arrivons maintenant à l'étude même de la première classe des phénomènes propres à l'esprit, à savoir les états de sentiment, l'une

(1) Un critique (*National Review*), tout en reconnaissant que cette doctrine rend compte de phénomènes inexpliqués par la théorie qui prévaut généralement dans les traités de l'Esprit humain, à savoir que notre activité n'est provoquée que par le stimulus de nos sensations, s'offense de ce que nous assignons une origine purement *physique* à nos mouvements spontanés. Il se plaint amèrement de ce que nous ne dérivons ces mouvements de *rien de psychologique* d'aucun état mental antécédent. La question ainsi portée est tout entière une question de fait ; si des observations

des trois manifestations distinctes de la vie mentale. Il appartient en particulier à la science de l'esprit de faire un exposé précis et systématique des états de la conscience humaine, une histoire naturelle des sentiments (1).

Il y a trois classes de sentiments en rapport avec les organes moteurs.

1° Les sentiments qui dépendent de la *condition organique des muscles*, ceux par exemple qui proviennent de coups, de blessures, etc., sont pour la plupart de même nature que les sentiments dérivés des autres tissus. Nous nous en occuperons plus tard. Ce qui nous importe en ce moment, c'est de bien marquer l'antithèse entre le sentiment musculaire proprement dit (la conscience du mouvement de quelque cause qu'il soit l'effet) et la sensation proprement dite, celui-là associé à une force qui se dégage du dedans au dehors, celle-ci à une stimulation allant du dehors au dedans.

2° Les sentiments qui dépendent de l'*action musculaire*, les plaisirs ou les peines qui sont l'effet de l'exercice des muscles.

3° Les sentiments qui indiquent les *divers modes de tension des organes moteurs*. Suivant qu'un muscle est tendu ou relâché, qu'il reçoit une forte ou une faible décharge nerveuse, qu'il se contracte avec lenteur ou avec rapidité, nous recevons des impressions différentes, à

---

prouvent que l'esprit se manifeste antérieurement à l'effort spontané, ma doctrine est fautive. Mais autant qu'il m'est possible d'en juger, la conscience suit ou accompagne la décharge spontanée, et ne la précède pas. Il y a des cas bien authentiques de mouvements sans conscience, par exemple sous l'action du chloroforme et pendant le délire ; et l'on n'a pas sans doute la prétention de soutenir que l'esprit accompagne les mouvements du fœtus dans le sein de sa mère.

(1) Afin de faciliter l'intelligence de la méthode que nous adoptons pour l'exposé systématique des sentiments, nous allons en expliquer le but. Si la division de l'esprit en trois classes, sentiment, volonté, intelligence, est complète, si elle embrasse tous les phénomènes de l'esprit, tout fait mental quelconque doit trouver place dans l'une de ces deux classes ; il n'y a point de fait mental qui ne soit ou un sentiment, ou une volonté, ou une pensée. Il n'est pas nécessaire pourtant que les états de l'esprit n'appartiennent d'une manière exclusive qu'à une classe.

A côté de ses caractères propres, un sentiment peut posséder aussi quelque chose de la volonté, par exemple l'état mental causé par un froid intense est de la nature du sentiment dans l'acception propre du mot, nous y reconnaissons un mode de conscience de l'espèce appelée pénible, mais en tant qu'il nous pousse à faire des actes en vue d'adoucir ou de supprimer la peine, il participe aussi de la volonté. De même, tout état mental qui peut être reproduit ultérieurement comme souvenir, ou conservé comme idée, a par le fait même un certain caractère *intellectuel*.

D'abord, en décrivant les états qui rentrent sous la dénomination de sentiments, nous avons à en donner les caractères, puis à montrer leur influence sur la volonté, et enfin à spécifier les caractères du rôle qu'ils jouent dans l'intelligence. S'il est possible d'écrire une histoire naturelle de nos sentiments, nous devons imiter les

l'aide desquelles nous pouvons juger des diverses positions de nos membres, et de plusieurs relations importantes des choses du dehors. Ces sentiments font plus spécialement partie de l'intelligence : ce sont moins des sentiments que des idées.

Le lecteur voudra bien ne pas oublier cette distinction entre les sentiments qui ont à un haut degré le caractère des sensations et ceux qui l'ont à un degré très faible, et dont la fonction est de fournir des matériaux à l'intelligence.

1. — SENTIMENTS D'EXERCICE MUSCULAIRE EN GÉNÉRAL

Il y a des sentiments qui sont propres aux muscles. L'état de conscience qui provient de l'exercice d'un muscle ne se montre en rapport avec aucune autre partie de l'organisme.

procédés réguliers des naturalistes. Si les divisions fondamentales de l'esprit ont quelque valeur, il faut qu'elles puissent servir de base à la vraie méthode descriptive ; c'est ce qui arrive.
En voici le tableau complet :
CÔTÉ PHYSIQUE :
    Origine physique (principalement pour les sensations).
    Diffusion, expression physique.
CÔTÉ MENTAL :
    Caractère en tant que *sentiment*.
        Qualité. Plaisir, peine, indifférence.
        Degré. 1° Quant à l'intensité ou acuité ;
            2° Quant à la quantité, masse ou volume.
    Caractères *volitionnels*.
        Manière d'influencer la volonté, ou motifs d'action.
    Caractères *intellectuels*.
        Aptitude à être distingué ou identifié.
        Degré d'aptitude à être retenu, ou de persister et de revenir à l'état d'idées.

Il est bon de remarquer que, d'une manière générale, les plaisirs ont la même expression physique et la même manière d'agir sur la volonté, en vue de leur conservation, accroissement, renouvellement propre. De même les peines ont une expression commune et une influence commune tendant à provoquer l'action en vue de les supprimer, de les adoucir, et d'en éviter le retour. Ainsi, dès qu'un état est agréable ou pénible, il est nécessairement accompagné d'un état physique et d'une détermination de la volonté.

Pour ce qui est des rapports des sentiments avec l'intelligence, nous pourrons dire que la distinction, l'accord et l'aptitude à être retenu, sont proportionnels jusqu'à un certain point au *degré* du sentiment ou à la force de l'impression. Par suite il suffit d'indiquer le degré d'un sentiment pour donner la nature probable de ses relations avec l'intelligence. Il n'est donc pas nécessaire d'en faire la description dans tous les détails. Seulement quand un sentiment possède des caractères propres qui le constituent à l'état d'exception aux lois générales de coïncidence mentionnées ci-dessus, il y a lieu d'en faire une description complète. Nous donnerons deux ou trois exemples complets.

Sentiment de l'exercice musculaire en général. Les sentiments diffèrent grandement suivant le genre d'exercice : une tension diffère du mouvement (1) ; des état de conscience différents sont attachés respectivement aux mouvements rapides et aux mouvements lents. La forme la plus générale et la plus caractérisque de l'exercice musculaire est celle dont nous retrouvons les exemples dans une tension, ou autrement dans un grand fonctionnement accompagné d'un mouvement modéré.

Commençons par le point de vue physique.

Quand un muscle se contracte, les particules qui composent les fibres musculaires se rapprochent en vertu de l'attraction énergique développée dans le muscle par le stimulus nerveux. En se dépensant d'une certaine manière, la substance du muscle produit une force physique intense ; pendant cet opération le tissu est affecté, pour ainsi dire, d'une violente agitation interne. Comme les nerfs reçus par les muscles sont principalement des nerfs moteurs qui y conduisent le stimulus émané du cerveau ou des centres nerveux, nous ne pouvons mieux faire que de supposer que la sensibilité concomitante du mouvement musculaire coïncide avec le courant centrifuge de la force nerveuse, et ne résulte pas, comme dans la sensation proprement dite, d'une influence extérieure transmise par les nerfs centripètes. On sait que les filets sensitifs se distribuent dans le tissu musculaire en compagnie des filets moteurs ; il est donc raisonnable de supposer que c'est par ces filets sensitifs que les états organiques d'un muscle affectent l'esprit. Il n'en résulte pas que le sentiment caractéristique d'une force mise en jeu soit le résultat de la transmission par les filets sensitifs ; au contraire, nous sommes tenus de supposer que ce sentiment est l'accompagnement du courant centrifuge qui stimule les muscles à l'action. Nulle autre hypothèse ne représente aussi bien l'opposition radicale de nature qui distingue les états d'un muscle qui exerce sa fonction, de ceux où il subit passivement une stimulation (2).

(1) Tension (*dead strin*) signifie un état du muscle dans lequel le muscle n'entre pas en action, dans lequel les propriétés vitales du muscle ne réagissent pas, le muscle restant passif, ne donnant lieu à aucun effet mécanique apparent.

(2) Aucun des physiologistes qui ont traité cette intéressante question n'a signalé la présomption qui résulte de l'opposition tranchée du mouvement et de la sensation. Ils paraissent attacher fort peut d'importance à la question de savoir si les sensations du mouvement doivent être classées à part ou considérées comme des impressions transmises au cerveau par les nerfs sensitifs. Selon moi, au contraire, cette distinction essentielle au point de vue psychologique manque de base physiologique dans cette hypothèse. Voici ce que dit à ce sujet le professeur Brown-Séquard. « J. W. Arnold a voulu démontrer que les racines antérieures des nerfs con-

Mais les suites physiques de l'effort musculaire se font sentir en dehors du muscle même. Nous savons que l'exercice actif affecte indirectement tous les organes du corps. La circulation s'accélère, le sang afflue aux muscles, tandis que le cerveau est vidé d'un trop-plein de

tiennent des fibres nerveuses qui portent au sensorium les impressions qui donnent la connaissance de l'état des muscles » relativement au degré de contraction ou à la quantité de mouvement : « Le principal fait sur lequel il appuie son opinion, c'est qu'après la section des racines postérieures des nerfs des pattes de derrière d'une grenouille, l'animal peut se servir de ces pattes presque aussi bien que si l'on n'avait rien fait aux racines postérieures. » Il semblerait donc que non seulement la faculté de mouvement, mais aussi le sens qui guide les mouvements, n'ont pas de rapport avec les nerfs sensitifs. « Cette expérience a assurément de la valeur, et nous devons avouer qu'il est difficile de l'interpréter autrement qu'Arnold. Bien plus, nous avons trouvé nous-même qu'après la section de toutes les racines postérieures des nerfs spinaux chez les grenouilles, les mouvements volontaires semblent presque aussi parfaits que si ces racines n'avaient subi aucune mutilation : nous avons vu aussi que si on leur pince la peau de la tête d'un côté, le membre postérieur du même côté essaye de repousser la cause de la douleur, aussi bien que si les racines postérieures n'avaient subi aucune lésion. J'ai constaté aussi que chez les grenouilles rendues aveugles, ces expériences donnent le même résultat. »
Mais nous ne sommes pas obligé d'en passer par l'hypothèse d'Arnold. L'hypothèse que l'esprit discerne le degré d'intensité d'un courant moteur ou la force dépensée par le cerveau dans le mouvement volontaire est au moins aussi admissible. Il nous semble que c'est supposer une complication inutile que de mêler des nerfs sensitifs aux nerfs purement moteurs; c'est nier que les racines antérieures soient des nerfs purement moteurs. M. Brown-Séquard ajoute : « Bien que j'admette les expériences d'Arnold, je ne crois pas comme lui que les racines antérieures conduisent seules au cerveau les impressions des muscles. Quand on applique un courant galvanique aux muscles de la patte d'une grenouille, sur laquelle les racines postérieures des nerfs qui se rendent à cette patte ont été coupées, il ne se produit pas de douleur ; nulle autre cause n'en peut plus produire ni sur la peau, ni sur les muscles. » (*Lectures*, 9.) Ceci s'accorde parfaitement avec l'opinion qui attribue les sentiments de la résistance et des mouvements au courant efférent des nerfs moteurs, et la sensibilité pour la douleur au courant afférent des nerfs sensitifs.
« La sensibilité distinctive des muscles, remarque E.-H. Weber, semble dans bien des cas due à la présence de branches nerveuses répandues jusqu'aux extrémités, à la façon des branches du trijumeau qui se rendent dans les muscles de l'œil. La richesse de l'appareil oculaire en nerfs sensitifs contraste avec la pauvreté du diaphragme, muscle soumis à l'influence de la volonté et pourtant à peine pourvu de nerfs de sensation. Il semblerait néanmoins que toute la sensibilité distinctive ne dépend pas des nerfs sensitifs, car dans certain cas d'anesthésie (perte de sensibilité pour la douleur) complète et vraie, la faculté du mouvement volontaire est conservée dans les parties déjà privées de sensibilité. » Le fait est décisif et ne peut se concilier qu'avec la supposition que l'esprit apprécie l'influx moteur, tel qu'il va du cerveau aux muscles, et qu'il n'a pas besoin que les nerfs afférents lui en rapportent l'impression.
Citons encore Ludwig : « Il est difficile de décider à présent si les nerfs qui servent au sens musculaire sont les mêmes que ceux qui induisent le mouvement musculaire. On peut concevoir ce qui n'est pas invraisemblable, que toute connais-

sang qu'on peut considérer comme morbide. Les poumons excités fonctionnent plus largement. Une élimination de substances excrémentitielles par le peau est provoquée. La chaleur animale se produit en plus grande quantité. Pourvu que l'usure des substances nutritives

sance, toute distinction, obtenues par la mise en jeu des muscles volontaires, sont directement obtenues par l'acte de l'excitation volontaire ; de sorte que l'effort de la volonté devient du même coup un moyen de jugement. A l'appui de cette opinion, on peut dire que les mouvements qui nous apportent des jugements ne nous apparaissent pas dans la grande majorité des cas comme des sensations musculaires ; en d'autres termes, ils ne sont pas comme les sensations organiques du muscle localisées dans le muscle et considérées comme possédant les caractères de la sensation. » Ludwig en appelle donc à notre conscience, qui nous présente le sentiment de la force musculaire sous une forme à part, distincte de la sensation des douleurs musculaires. Il paraît avoir raison, car si la conscience est un bon guide en cette matière, nous pouvons dire que dans l'effort volontaire nous avons le sentiment d'une faculté qui s'exerce du dedans au dehors, et non celui d'une surface sensible stimulée par un agent extérieur, et transmettant une impression du dehors au dedans, aux centres nerveux.

Ludwig soutient vivement l'opinion que les douleurs organiques des muscles sont stimulées par les fibres de sensibilité. Il en donne pour raison : 1° les fibres de sensibilité se distribuent aux muscles avec les nerfs moteurs ; 2° les muscles involontaires non moins que les volontaires sont le siège de douleurs aiguës ; 3° la stimulation des racines antérieures ne produit pas de douleur ; 4° les douleurs qui proviennent de l'action longtemps continuée des muscles continuent plusieurs jours après la cessation de l'excitation des nerfs moteurs. Ce dernier phénomène s'explique par la destruction chimique du tissu musculaire, qui a un effet irritant sur les nerfs de sensibilité existant dans le muscle.

Enfin, Wundt s'exprime comme il suit : « On ne peut dire positivement si les sensations concomitantes de la contraction des muscles prennent naissance dans les fibres nerveuses qui transmettent l'impulsion motrice du cerveau aux muscles, ou s'il y a des fibres de sensibilité spéciale dans les muscles. Toutefois, certains faits rendent la première supposition plus probable. S'il existait des fibres spéciales, il faudrait qu'elles fussent rattachées à des cellules centrales spéciales, et alors, selon toute probabilité, les organes centraux de réception de ces sensations seraient différents de ceux qui envoient l'impulsion motrice ; il y aurait deux systèmes nerveux indépendants, l'un centripète, l'autre centrifuge. Mais dans l'un, celui qui transmet la sensation, on ne pourrait considérer comme stimulus que les changements survenus dans le muscle, la contraction, ou peut-être les modifications électriques survenues dans le nerf et dans le muscle durant la contraction. Or, cet acte marche de pair avec la contraction musculaire, et nous devons nous attendre à ce que la sensation musculaire croisse et décroisse d'une façon constante avec la quantité de travail interne ou externe du muscle. Il n'en est pas ainsi pourtant, car la force de la sensation dépend seulement de la force de l'impulsion motrice émanant du centre qui excite l'innervation des nerfs moteurs. » Ceci est confirmé par des cas nombreux de troubles pathologiques de l'action musculaire d'un membre. Le patient peut faire un grand effort musculaire et en avoir la sensation correspondante, *bien que le membre soit à peine mis en mouvement*. Naturellement, cependant, après une expérience longtemps renouvelée, ces petits mouvements contractent une association avec une augmentation d'effort.

causée par ces différents modes d'une action augmentée soit convenablement réparée, la force de l'organisme dans son ensemble augmente par l'effet de l'exercice musculaire.

Il en est de même du siège matériel ou origine de la sensibilité qui nous occupe. Il y a encore un point à noter dans les effets physiques, c'est l'*expression* du sentiment, non pas seulement le moyen par lequel autrui connaît cet état, mais un accompagnement essentiel de cet état.

Par la nature même de ce genre de faits physiologiques, le sentiment résultant d'un grand effort musculaire peut manquer d'expression proprement dite. Les organes sont si complètement employés à l'exercice même, qu'ils ne sont pas disponibles pour servir d'instrument à l'expression du sentiment. Les traits de la face et de la voix, principaux organes d'expression, entrent en jeu surtout par sympathie avec les muscles engagés. Il n'y a donc rien à remarquer touchant l'expression de l'effort musculaire en général. Ce n'est que lorsque le sentiment en arrive à être agréable ou pénible qu'une expression se manifeste, mais comme accompagnement de plaisir ou de la peine comme tels.

Passons maintenant au côté mental. En passant en revue les caractères des effets mentals de l'action musculaire considérée comme sentiment, nous rencontrons d'abord sa *qualité*.

L'observation montre qu'elle est agréable, indifférente ou pénible, suivant la condition du système musculaire. La première dépense de force musculaire dans un corps en bon état, bien reposé, bien nourri, est très agréable. La vivacité du plaisir s'émousse peu à peu, cède la place à l'indifférence; et si l'exercice se prolonge au delà d'un certain temps, la peine remplace le plaisir. Dans le travail manuel il peut y avoir, au commencement de la journée et après les repas, une certaine somme de plaisir résultant de l'exercice, mais il est probable que, durant la plus grande partie de la journée d'un ouvrier, le sentiment de l'exercice est indifférent. Si nous nous bornons à décharger un trop-plein de force dans l'exercice musculaire, nous y trouvons toujours du plaisir : il en est ainsi assurément de la moyenne des hommes et des espèces animales. Ce qui le montre, c'est que l'on aime l'exercice pour l'exercice, indépendamment d'un profit quelconque ou de la conservation de la santé. Les exercices du corps et les amusements qui exigent l'action sont par eux-mêmes des sources d'excitation agréables, mais il ne serait pas difficile de retrouver parmi les éléments de ces plaisirs celui que fournit le simple jeu du corps.

Il faut attribuer une partie du plaisir de l'exercice à l'augmentation de la force vitale en général; mais ne peut-on pas rapporter la totalité du plaisir à l'accroissement de force de la circulation, de la respiration, etc. ? Il est certain que l'élévation même de l'activité de ces fonctions est une source de plaisir; toutefois il ne nous est pas interdit d'admettre que le système musculaire, siège d'une sensibilité incontestée, est encore capable de donner du plaisir sous certaines conditions favorables. Nous croyons que la conscience l'atteste. Le sentiment de plaisir qui accompagne l'exercice des muscles, quand le corps est dispos, peut être localisé ou rapporté aux muscles effectivement engagés. Nous verrons en avançant que certains faits relatifs au mouvement ne peuvent s'expliquer, si l'on ne suppose que le tissu musculaire est lui-même doué de sensibilité pour le plaisir, comme il l'est certainement pour la peine.

Le *degré* de plaisir qui résulte de l'exercice musculaire varie d'après les circonstances. Un homme d'une santé moyenne, qui chaque jour fait la somme d'exercice qu'il peut supporter, en retire assurément un élément appréciable de plaisir. C'est l'ordinaire. Sans doute, en combinant des exercices de façon à mettre en jeu tous les muscles puissants, on augmenterait encore le plaisir. On ne peut pas dire que l'intensité de ce plaisir soit grande ; il s'accroît par suite de la stimulation d'une grande masse de tissu musculaire.

Nous pouvons mesurer le degré de nos plaisirs non seulement en les comparant ensemble dans la conscience, mais aussi en observant les peines qu'ils sont respectivement capables d'effacer. Toutefois, dans ce cas particulier, la tendance du plaisir à effacer la peine provient moins de la production du plaisir même que de quelque conséquence physique du mouvement musculaire. Le sang est détourné du cerveau ; par suite l'excitation cérébrale diminue, et avec elle l'excitation mentale, et en définitive une irritation douloureuse se calme par l'effet indirect du mouvement musculaire.

Un troisième caractère de ce sentiment, c'est la *spécialité*. Il y a une spécialité pour l'effet musculaire, une différence radicale qu'accusent les expressions usitées, le sentiment de pouvoir, le sentiment de la force manifestée, l'expérience de la force ou de la résistance. C'est un état ultime de la conscience, le plus général, le plus fondamental de tous. C'est en vertu de ce sentiment que nous créons la notion de résistance, de force, de pouvoir, ainsi que le grand fait appelé monde extérieur. C'est en vertu de ce sens de la force déployée que l'on dit que nous sortons de nous-mêmes ou que nous constituons quelque chose en contraste réel avec tout le reste de nos états de conscience, un *non-moi* opposé au *moi*, c'est-à-dire au domaine de la sensibilité passive et de la pensée.

Sur les particularités *volitionnelles* du plaisir de l'exercice musculaire, il y a peu à dire. Comme plaisir, il opère en vue de se perpétuer, de s'accroître ou de se reproduire. D'après la doctrine de l'activité spontanée, le sens du plaisir ne serait pas nécessaire pour nous faire passer à un état actif pour la première fois ; il agirait seulement pour entretenir l'activité, et, grâce à une prévision intelligente, pour entretenir l'organisme dans de bonnes conditions qui lui permettent de déployer périodiquement sa force.

Les propriétés nettement *intellectuelles* des sentiments musculaires nous occuperont plus tard, puisque nous devons y trouver l'origine de perceptions très importantes. Mais auparavant nous devons indiquer une propriété intellectuelle propre à ces sentiments considérés exclusivement comme sentiments, plaisirs ou peines, c'est celle de leur persistance dans la mémoire où elles constituent des idées de plaisir ou de peine, en devenant capables de stimuler la volonté à les rechercher ou à les éviter. Un plaisir peut être très vif dans la réalité et très faible dans l'idée ou dans la mémoire. Ce plaisir bien que vif ne pourrait, étant absent de la conscience, pousser la volonté à des efforts énergiques tendant à le reproduire. Or les plaisirs de l'exercice musculaire n'occupent pas un rang élevé parmi les sentiments persistants, remémorés, ou devenus des idées. D'ailleurs les individus présentent à ce sujet des différences, et c'est dans la mesure où les amusements et les exercices du corps qui exigent de l'activité musculaire sont des objets fixes de poursuite passionnée, sans autre but qu'eux-mêmes, qu'ils se fixent dans l'esprit et possèdent la propriété de persister à l'état d'idées.

Mais ce qu'il y a de vraiment important au point de vue intellectuel dans le sentiment musculaire est quelque chose de tout à fait différent d'une idée de plaisir ou de peine. C'est la propriété de distinguer ou d'identifier les degrés et les modes de l'aperception de la force déployée ; c'est une impression qui correspond aux grands faits de l'objet appelé le monde ; la résistance, la force, le pouvoir, la vitesse, l'espace, le temps, etc. Dans ces aperceptions il n'y a ni plaisir ni peine.

Nous avons déjà vu qu'entre le plaisir de l'exercice et la peine de la fatigue, il y a un état intermédiaire où se retrouve le sentiment caractérisque de l'énergie dépensée. Dans cet état, nous cessons de faire attention au sentiment, en tant que sentiment proprement dit ; nous sommes surtout occupés de fonctions purement intellectuelles de distinction et d'accord ; nous jugeons que la dépense actuelle de force est plus grande ou plus petite que quelque autre, ou qu'elle ressemble à d'autres que nous connaissons déjà. C'est un fait intellectuel : à ce moment, dans l'exercice musculaire, nous prenons l'attitude *objective* ; ce n'est pas de nous-mêmes que nous avons conscience, nous sommes en train de prendre connaissance des faits purement objectifs : la force, l'étendue, etc.

Alors même que la dépense musculaire s'accompagne du plaisir de l'exercice ou de la peine de la fatigue, il est des circonstances où, trop occupés à considérer exclusivement le degré ou la somme de la dépense, nous sommes inconscients du plaisir ou de la peine que nous subissons; l'attitude intellectuelle, en ce moment *objective,* est incompatible avec la conscience du sujet, dont le plaisir et la peine sont des modes caractéristiques. Même dans la plus grande vivacité du plaisir musculaire, ce sentiment est intermittent, il s'éclipse devant l'acte de déployer de la force ou d'en considérer et d'en comparer le degré; puis il reparaît à la fin de l'acte, ou durant des moments d'arrêt où nous cessons de faire attention à l'acte lui-même. Cette transition délicate, ce contraste fugitif n'est rien de moins que le fondement de la grande distinction du sujet et de l'objet, l'esprit et la matière.

Nous venons de décrire la première, et la plus simple variété de la conscience des états musculaires pendant le jeu des muscles, nous allons citer quelques exemples de cette forme de sentiment.

Porter un poids sur le dos, la tête, la poitrine, les bras, voilà des exemples vulgaires de tension. La forme la plus intéressante de ce genre d'effort est l'acte par lequel le corps supporte lui-même son propre poids, d'où résulte une sensation musculaire continue, variée seulement par les attitudes. Le sentiment est au minimum quand nous sommes couchés de tout notre long dans le lit, et au maximum quand nous sommes debout. Quelquefois le poids nous accable et nous donne le sentiment de la fatigue; quand les muscles sont reposés, c'est au contraire un sentiment de plaisir que nous recevons. La fatigue qui résulte de l'attitude debout longtemps prolongée est peut-être un des cas les plus communs d'épuisement musculaire; après un long repos, au contraire, cette attitude est agréable.

Nous retrouvons cette tension musculaire sans mouvement sous des formes très diverses dans la routine des opérations mécaniques et dans beaucoup d'autres circonstances, comme dans certains actes, tels que retenir un cheval avec le frein, comprimer, serrer les poings, lutter.

La tension ne laisse pas d'être du même genre bien qu'il y ait quelque mouvement, par exemple quand on arrête une voiture, ou qu'on exerce une traction lente.

Quand la tension musculaire produit des mouvements, il doit se faire une contraction graduellement croissante, et non une simple dépense de force comme pour une attitude fixe. Chaque muscle doit passer par une série de raccourcissements qui commencent peut-être à l'état le plus extrême de relâchement et passent, quelquefois lentement, d'autres fois rapidement, au raccourcissement et à la contraction les plus prononcés. La sensibilité qui se manifeste alors est d'un degré plus élevé et même d'une espèce autre que celle dont nous avons parlé. En règle générale, le sentiment est plus vif pendant le mouvement que pendant le fonctionnement musculaire sans mouvement. Il semble que la contraction successive du muscle soit plus capable de produire un stimulus actif que la contraction fixe. Nous voyons même que dans les différents degrés de rapidité le sentiment change, ce qui nous oblige à diviser les mouvements en plusieurs espèces.

Voyons d'abord ce que nous pouvons, par comparaison, appeler des mouvements *lents*. J'y comprends une démarche nonchalante et flâneuse, une façon de faire indolente, des gestes solennels, une parole trainante, tout ce qui se fait posément, délibérément, langoureusement. L'émotion qui résulte de cette espèce de mouvement est bien plus grande que tout ce que peut produire un effort égal de tension passive. C'est même un état de sentiment, très riche à la fois par l'abondance et par la force, mais il manque de l'élément que nous avons appelé le sens de la force déployée, et se rapproche bien plus de la classe des sentiments passifs. Nous pouvons tirer la plus grande somme de plaisir, avec la moindre dépense musculaire, d'un ensemble bien concerté de mouvements lents. Il est assez probable que dans ce cas le sens de l'activité dépensée se double de la sensibilité propre du tissu musculaire, éveillée par l'intermédiaire des nerfs sensitifs. Ce qui plaide en faveur de cette manière de voir, c'est la ressemblance de cet état de sentiment avec le sentiment de repos musculaire, élément de la sensation complexe de l'invasion du sommeil, et qui probablement donne cette sensation. Le sens de la force dépensée est faible; en réalité il est presque absent. Mais nous ne devons pas négliger une autre circonstance qui explique l'existence d'une forte sensation à côté d'une petite dépense de force. Quand les forces de l'organisme se jettent énergiquement dans le courant de l'activité musculaire, elles contribuent peu aux sensations, la dépense des forces par des mouvements du corps les détourne des sièges de la sensibilité passive; c'est un moyen bien connu de soulager le cerveau fatigué par une trop grande activité mentale. Par contre, l'exiguïté de la dépense active permet une manifestation plus large de la sensibilité ou du sentiment.

Ce qui prouve la parenté du sentiment en question avec le repos musculaire et l'invasion du sommeil, c'est la tendance des mouvements lents à produire ces deux états. Ils ont surtout la propriété de calmer et, lorsque l'organisme a contracté une agitation morbide, ils peuvent graduellement le ramener à la santé. Après une journée passée dans l'agitation des affaires, on recouvre la tranquillité par l'effet sympathique des mouvements cadencés, tels que ceux de la musique ou de la conversation de personnes habituées à un langage calme. Il y a aussi une relation très intime entre les sentiments des mouvements lents et certaines émotions puissantes, notamment celles qui appartiennent à la classe des sentiments composés de tendresse et crainte, éléments du sentiment religieux. Le pas d'enterrement, le débit lent des exercices de dévotion, les notes solennelles de l'orgue, sont très appropriés aux sentiments qu'ils accompagnent. Ce sont autant de preuves que le sentiment dont nous nous occupons n'est pas un sentiment de force, mais le contraire. En effet, tous ces sentiments sont autant de réponses que font la faiblesse de l'homme et sa dépendance, ils sont d'autant plus développés que le sentiment de sa propre force est plus déprimé.

Il y a tout lieu de croire que les mouvements *graduellement croissants ou graduellement décroissants* sont la source de plus d'émotions agréables que les mouvements uniformes. En effet un mouvement uniforme est un produit tout artificiel. Les membres arrivent à une tension complète par des secousses de plus en plus rapides et se relâchent graduellement. Il semblerait qu'il y a une sensibilité spéciale attachée à l'accélération ou à la diminution constante du mouvement. La diminution graduelle du mouvement est agréable dans toute espèce d'activité, dans les gestes, la danse, la parole, la vue. Les sons qui *finissent en mourant* sont un exemple du même fait. C'est aussi ce qui fait la beauté des lignes courbes.

On peut expliquer cet effet par la grande loi de la relativité, par la nécessité de changement qui régit la conscience. L'accélération graduelle ou la diminution graduelle d'un agent qui éveille la sensibilité est le remède le plus sûr de la monotonie, en d'autres termes, la condition la plus favorable à la conscience.

Les mouvements *rapides* donnent lieu à des sentiments bien différents de ceux de la tension et du mouvement lent. Quoiqu'au fond la sensibilité musculaire soit la même, elle apparaît ici bien changée. Un fait concomitant de la rapidité, c'est l'augmentation d'excitation des nerfs, augmentation totalement distincte de l'addition de force dépensée à élever un effort de tension. La rapidité des mouvements toute seule a une influence spécifique pour exciter les nerfs et les centres nerveux à manifester une activité spontanée plus grande ; en un mot elle appartient à la classe des stimulants nerveux. Il semble que la stimulation est la plus intense quand les membres sont libres, et qu'ils ne réclament pas une grande dépense de force. Pour donner un degré inaccoutumé d'excitation, pour enflammer les esprits animaux et produire des manifestations diverses et des efforts exagérés, les mouvements rapides sont des moyens utiles. C'est un point de commun avec les douleurs aiguës, mais qui ne le sont pas assez pour écraser les forces. Les mouvements rapides produisent une espèce d'ivresse mécanique. Un organe, quelque petit qu'il soit, lorsqu'il se meut rapidement, tend à mettre à son pas tous les autres organes du mouvement. Dans une marche rapide, et plus encore dans une course, l'esprit est excité, les gestes et la parole s'accélèrent, le visage trahit une tension insolite.

Les exemples de cette classe de mouvements sont abondants. Nous citerons seulement la chasse, la danse, la véhémence de gestes et de parole des orateurs, qualités qu'on estime autant pour leurs effets stimulants que pour les sensations propres qu'elles nous donnent. Dans les cultes extatiques de l'antiquité, dans les mystères de Bacchus et de Déméter, une frénésie particulière s'emparait des initiés et produisait une jouissance des plus intenses, dont l'expression allait jusqu'au délire et à la fureur. Les Orientaux de nos jours se procurent le même état par des moyens analogues, une danse furieuse entraînée par une musique rapide au milieu d'une foule emportée.

Les mouvements, quand ils sont trop rapides, excitent le cerveau jusqu'à produire la défaillance et le vertige (1).

Ainsi donc, en résumé, la résistance passive est une source de plaisir dans un organisme sain, un dérivatif de l'excitation morbide du cerveau et l'origine de la sensibilité la plus générale, la plus fondamentale, qui constitue la conscience de l'objet ou monde extérieur. Les mouvements lents sont d'une famille voisine des plaisirs passifs, et ils nous affectent peut-être plus par les nerfs sensitifs que par les nerfs moteurs des muscles. Les mouvements rapides nous affectent moins comme mouvement que comme des stimulants d'une action plus vive; ils ont pour effet un accroissement d'activité mentale pour le sentiment, la volonté et la pensée.

Un sentiment remarquable qui se rattache aux mouvements est celui qui provient d'une subite *perte d'appui*, quand, par exemple, la planche, ou un objet sur lequel nous sommes placés, vient à manquer tout à coup. Il faut à la contraction d'un muscle deux points fixes de résistance à ses extrémités. Si l'un des deux manque, la force de contraction ne peut plus s'exercer sur rien ; subitement privée de résistance, elle ne produit pas brusquement un rapprochement convulsif comme dans

(1) Voyez page 28.

un ressort, mais la force de contraction cesse presque immédiatement, et la sensation qui en résulte est une des plus désagréables. Cette sensation semble plutôt provenir d'une vibration communiquée au système nerveux que d'une influence refluant du muscle. Tout l'organisme est agité d'un choc en retour, le corps se couvre d'une sueur froide, le cerveau est saisi de la sensation de la nausée. Il est probable que la cause particulière dont la répétition produit le mal de mer est de même nature. Quand le navire descend, le mouvement produit le même effet perturbateur à un moindre degré, et quand le mouvement se répète longtemps l'effet est plus mauvais encore que celui de la perte d'appui quelque subite qu'elle puisse être. On n'est pas d'accord sur l'action physiologique qui donne lieu à ce malaise; mais la sensation qui l accompagne est une des plus cruelles que l'homme ait à subir; c'est la forme la plus intense, la plus exagérée de la nausée (1).

Il faut dire un mot des mouvements *passifs* (ou mieux nommés *obligés*) dont ceux que nous faisons, quand nous sommes en voiture, sont des exemples. A première vue, on pourrait supposer qu'il ne devrait y avoir dans ce cas aucune sensation d'exercice musculaire, puisque le sujet est mû par une autre force que la sienne. Cela serait vrai en certaines circonstances. Nous n'avons aucune impression qui nous révèle que nous nous mouvons dans un cercle avec le mouvement rotatoire de la terre, ou à travers l'espace par le mouvement qu'elle fait autour du soleil. De même sur un navire nous perdons souvent tout sentiment du mouvement qui nous emporte, et nous ne sentons pour ainsi dire aucun mouvement en avant. La sensibilité qu'éveille en nous le mouvement de transport dépend en partie de l'œil que récrée la variété du spectacle, et en partie des mouvements irréguliers qui exigent que tous les muscles du corps s'y adaptent par une action délicate. Quand nous sommes en voiture, les ressorts et les coussins nous évitent tout choc violent, tandis que l'exercice tranquille que nous communiquent les arrêts et les reprises du mouvement, les petites montées et les petites descentes de la route, ont quelque chose de l'influence que nous avons reconnue aux mouvements doux. Le docteur Arnott a observé que les secousses de la voiture accéléraient la circulation du sang.

Dans l'exercice du cheval, il entre une plus grande somme d'acti-

(1) On a expliqué le mal de mer en disant que c'est l'effet d'un flux et d'un reflux excessif de sang dont la tête serait le siège. Quand le vaisseau descend, le sentiment de perte d'appui est accompagné par un flux rapide de sang vers le cerveau, et quand le vaisseau s'élève, un reflux rapide se produit. On a même dit qu'on pouvait diminuer le flux et le reflux en faisant faire au corps un mouvement en sens inverse du mouvement du vaisseau, et prévenir ainsi le mal de mer.

vité. Le cavalier n'est pas soumis à toutes les causes de fatigue de la marche, mais il fait encore assez d'exercice pour stimuler les fonctions vitales et éprouver le plaisir que cause la contraction musculaire.

Le fauteuil à bascule inventé par les Américains, qui semble fait pour donner toutes les voluptés de la sensibilité musculaire, est un autre moyen de trouver du plaisir dans le mouvement. Autrefois les meubles n'étaient faits que pour donner le plaisir du repos, mais aujourd'hui le cheval à bascule de l'enfant a son représentant parmi les objets utiles à l'homme fait.

Il est évident, en définitive, qu'une notable portion du plaisir physique découle de l'appareil moteur et du tissu musculaire; on peut accroître encore ce plaisir en variant habilement les différents modes d'exercice. Le plaisir peut même être le résultat du travail manuel, quand ce travail est modéré, bien soutenu par une alimentation convenable, et coupé de repos. Enfin ce genre de plaisir est pour beaucoup dans celui que nous goûtons à la chasse et dans les divertissements actifs de toute sorte; il joue le principal rôle dans les plaisirs de la locomotion, dans les exercices gymnastiques et les jeux athlétiques.

2. — DES PERCEPTIONS BASÉES SUR LE MOUVEMENT MUSCULAIRE

En faisant allusion aux propriétés strictement intellectuelles du sentiment de la force musculaire dépensée, nous avons signalé un mode, neutre quant au plaisir ou à la peine, qui nous mettait en face des propriétés du monde extérieur, la résistance, la force, etc.

Cette fonction de la sensibilité musculaire naît dans le principe de ce que nous avons conscience des différents degrés de cette sensibilité. Nous n'avons pas seulement un certain sentiment quand nous manifestons une force musculaire, mais nous avons un changement de sensation quand nous élevons et quand nous abaissons la quantité de force. Si nous portons un poids de quatre livres à la main, nous avons un état de conscience qui change dès que nous ajoutons un nouveau poids au premier. Ce changement de sentiment est parfaitement rendu par le mot *distinction* : c'est le fondement de l'intelligence. Comme plaisir ou peine, ce sentiment est nul, mais comme premier degré de la connaissance, il est de la plus haute importance.

Les modes d'action musculaire qui nous affectent par leur différence dans le degré sont au nombre de trois. Le premier est la somme d'effort, de *force* dépensée, qui mesure la *résistance* à vaincre. C'est l'expérience fondamentale. Le second a trait à la *continuation* de l'effort, et s'applique aussi bien à la tension qu'au mouvement. Le troisième est un mode de mouvement uniquement ; c'est la *rapidité* de la contraction musculaire, qui correspond a la vitesse du mouvement du membre. Toutes ces distinctions entrent en jeu quand nous distinguons les qualités des choses extérieures et quand nous formons des notions permanentes du monde extérieur.

Le sentiment de la résistance est la base de la notion du corps, la mesure de la force, de l'inertie, du moment, ou de la propriété mécanique de la matière.

Tout sentiment implique l'aperception du degré ou de l'intensité : être affecté *plus* ou *moins* dans certaines circonstances est une conséquence d'être affecté. Même quand nous éprouvons le plaisir d'un exercice ou la peine de la fatigue, nous constatons des différences dans les diverses périodes du sentiments. Ces différences sont un des éléments du fait appelé la connaissance, les ressemblances sont l'autre élément.

Par exemple nous avons à exercer notre force musculaire à vaincre une résistance ou à commencer un mouvement ; nous avons un certain sentiment, un état de conscience d'une intensité différente pour chaque degré d'effort ; quand l'effort augmente, le sentiment devient plus intense. Nous distinguons parfaitement les degrés et les différences de la force musculaire, et cela nous sert à distinguer les résistances que nous rencontrons, cela nous permet de dire si un corps résiste plus qu'un autre, s'il possède à un plus haut degré la qualité que suivant les circonstances nous appelons force, moment, inertie, poids, puissance. Quand nous rencontrons deux forces en succession, comme dans une lutte, nous distinguons la plus grande de la plus petite.

Parmi les diverses occasions où le sens de la résistance graduée s'exerce, il faut d'abord faire mention du *moment* ou *force* des corps en mouvement. Quand nous avons à arrêter un corps en mouvement, comme une voiture, notre sensibilité pour l'effort dépensé nous laisse une impression qui correspond à la force d'impulsion de la voiture. Si nous venons ensuite à répéter le même acte avec une autre voiture plus lourde ou lancée plus rapidement que la première, nous aurons une impression d'une augmentation d'effort qui sera le signe de notre évaluation de la différence des deux forces. Supposé maintenant la permanence de ces deux impressions, et qu'elles soient susceptibles de se réveiller pour se comparer à quelque expérience nouvelle du même acte, nous pouvons dire laquelle des trois sensations a été la plus forte, laquelle la plus faible ; nous aurons une échelle des impressions correspondantes aux trois degrés différents de force motrice.

Dans d'autres actes tels que piocher la terre, ramer, traîner une voiture lourde, qui ne s'écartent pas trop du type de la tension, il y a un fait d'évaluation de force dépensée. Tous les chevaux de trait savent quelle différence de tirage il y a entre une voiture et une autre, entre un chemin plat ou un chemin rocailleux, entre une montée et une descente. L'animal parvient à associer cette différence avec la vue de la voiture ou avec celle de la route, et à l'occasion il sait manifester ses préférences.

L'appréciation du poids est aussi liée à un sentiment de tension. Nous remarquons une différence entre un poids d'une demi-once et un poids d'une once, entre un poids de cinq livres et un poids de six livres, quand nous les soupesons l'un après l'autre. Beaucoup de gens peuvent même apprécier des différences bien plus délicates. Une main sensible sentirait l'addition d'une petite fraction de l'once à un poids d'une livre. Il y a entre la sensibilité des individus de grandes différences constitutionnelles, sans parler des différences acquises. Nous sommes tous sensibles, mais il y a pour chacun un degré de sensibilité délicate où le plus ou moins cesse d'être senti; c'est la limite de la sensibilité.

Il y a deux modes d'estimer le poids, un relatif et un absolu. Par poids relatif nous entendons la comparaison de deux ou plusieurs poids présents. Le poids absolu suppose que nous avons un type permanent, et une impression permanente de ce type. Mais cette comparaison absolue implique la persistance et la restitution des impressions de résistance, ce qui est aussi un des éléments de notre esprit. Nous pouvons acquérir une sensation permanente d'un poids quelconque ou d'un degré quelconque de résistance au point que nous pouvons toujours confronter avec un type tous les poids que nous voulons. Un receveur des postes contracte une aptitude réelle à estimer le poids d'une demi-once, et il peut dire en prenant une lettre si elle pèse plus ou moins que cet étalon. Cette aptitude est un fait éminemment intellectuel ; le procédé par lequel nous l'acquérons est une propriété fondamentale de l'intelligence. Les impressions qui prennent ce caractère de permanence de façon à pouvoir servir de terme de comparaison, même en l'absence de la cause qui une première fois les a produites, sont des phénomènes véritablement intellectuels.

La sensibilité pour le poids relatif ou pour les choses actuellement comparées entre elles ne suppose pas une grande sensibilité pour le poids absolu, laquelle implique un degré plus ou moins grand de mémoire.

L'usage de la balance a fait tomber en désuétude le recours au sens du poids que possède le tissu musculaire; toutefois, ce sens a encore bien des occasions de s'exercer avec précision. Dans beaucoup d'opérations usuelles, on estime les poids sans l'aide de la balance. Quand on lance un projectile vers un but, l'estimation du poids est un élément essentiel de calcul de la force à déployer.

Quand on apprécie la cohésion d'un corps tenace, par exemple la densité d'une pâte, la flexibilité d'une argile, c'est encore le sens de résistance qui sert au jugement. C'est ainsi qu'on peut distinguer avec plus ou moins de précision l'élasticité d'un coussin ou la force d'un ressort.

Le second mode d'une action musculaire est la continuation. Une tension d'intensité fixe étant donnée, nous en sommes diversement affectés suivant sa durée. Si nous exécutons une poussée d'un quart de minute, et si nous recommençons après un intervalle à pousser pendant une demi-minute, nous sentirons une différence dans les deux efforts. La durée implique une dépense plus grande de force dans un seul mode, et nous avons distinctement conscience de cet accroissement. Nous savons aussi que ce n'est pas la même chose qu'un accroissement dans l'intensité de l'effort. On ne sent pas seulement dans ces deux modes d'accroissement une différence de degré; on y sent une différence spécifique.

L'un est le sentiment et la mesure de la résistance ou force, l'autre la mesure du temps. Toutes les impressions faites sur l'esprit, celles de la force musculaire comme celles des sens ordinaires, donnent des sensations différentes selon qu'elles durent plus ou moins longtemps. Il en est de même des émotions plus profondes. Nous devons distinguer la continuation de l'état mental dès l'éveil même de la conscience. C'est pour cela que l'évaluation du temps est une des premières aptitudes de l'esprit. Elle s'attache à toutes nos sensations.

Ce n'est pas seulement aux résistances passives que s'attache le procédé d'évaluation de la continuation. Quand nous mettons en jeu notre pouvoir de causer du mouvement, par exemple en soulevant un poids ou en manœuvrant l'aviron, nous constatons une différence dans la continuation du mouvement. Nous connaissons que nous faisons du mouvement, et non pas seulement de la résistance. Les deux modes d'exercer notre force ne sont pas confondus dans notre conscience; nous les tenons pour différents et nous les reconnaissons quand ils se présentent. Or, la continuation d'un mouvement signifie pour nous autre chose que la continuation d'une tension, c'est le cours de l'organe à travers l'espace, il se rattache lui-même avec la nature de l'espace ou étendue. C'est par le fait de la continuation que nous mesurons l'ampleur de la contraction d'un muscle, ce qui est la même chose que l'ampleur ou l'étendue du mouvement de la partie mue. Du moment que nous avons conscience de la continuation plus ou moins longue d'un mouvement, nous sommes en état d'estimer l'étendue plus ou moins grande de l'espace parcouru. Voilà le premier pas, le fait élémentaire de sensibilité, dans la connaissance de l'espace. Sans doute pour la perception de l'étendue il faut une combinaison des sensations des sens avec le cours du mouvement, mais la partie essentielle de cette connaissance est donnée par les sentiments du mouvement. Nous apprenons à connaître, par un procédé que nous indiquerons, la différence entre le coexistant et le successif, entre l'espace et le temps ; nous pouvons alors par l'amplitude du mouvement musculaire, c'est-à-dire par la continuation de ce mouvement, distinguer les différences de la matière étendue et de l'espace. Cette sensibilité nous permet d'acquérir dès le principe le sentiment de l'*étendue linéaire*, comme mesurée par le cours du mouvement d'un membre ou d'un organe mû par des muscles. La différence entre six et dix-huit pouces est représentée par des degrés différents de contraction de certains groupes de muscles, ceux par exemple qui fléchissent le bras ou, en marchant, ceux qui fléchissent la jambe. L'impression interne qui correspond à six pouces de long est le résultat du raccourcissement continué d'un muscle. C'est l'impression d'un mouvement musculaire d'une certaine durée ; une étendue linéaire plus grande est une durée de mouvement plus grande.

La distinction de la longueur dans une direction quelconque implique évidemment l'étendue en toute direction ; pour la longueur, comme pour la largeur ou pour la hauteur, la perception a précisément le même caractère. Il en résulte que les dimensions de surface et de solidité, le volume ou la grandeur d'un objet solide, ne sont connus que par l'effet de la sensibilité fondamentale pour la force dépensée. Nous en serons encore plus frappés quand nous étudierons la muscularité dans sa combinaison avec les sens du tact et de la vue.

Quant à la sensibilité musculaire associée à la contraction prolongée, nous pouvons distinguer différents degrés de l'attribut appelé espace, en d'autres termes des différences de longueur, de surface, de forme. Quand nous comparons deux longueurs différentes, nous pouvons sentir laquelle est la plus grande, comme lorsque nous comparons deux poids différents ou deux résistances différentes. Nous pouvons aussi, comme pour le poids, arriver à posséder un certain type absolu de comparaison, par suite de la permanence d'impressions répétées en nombre suffisant. Nous pouvons nous graver dans l'esprit la sensation de contraction des muscles du membre inférieur qui correspond à un pas de trente pouces, et nous pouvons dire qu'un autre pas est plus grand ou plus petit que ce type. Selon la délicatesse du fonctionnement des muscles, nous pouvons par une pratique plus ou moins longue décider tout d'un coup si une longueur donnée a quatre pouces ou quatre et demi, neuf ou dix, vingt ou vingt et un. Une sensibilité exquise pour le volume est une conquête dont nous tirons parti dans beaucoup d'opérations mécaniques, comme le dessin, la peinture, la gravure et les arts plastiques.

Jusqu'ici nous avons pris pour exemple le mouvement uniforme, et appelé l'attention sur la faculté de distinguer une continuation plus ou moins grande de ce mouvement. Mais les mouvements peuvent varier de vitesse ; nous avons donc à considérer si l'esprit et ou n'est pas affecté lorsque la vitesse augmente ou qu'elle diminue. Les changements de vitesse sont autant de façons de dépenser une force nouvelle ; et il ne nous est pas possible d'accroître la force dépensée sans avoir conscience de l'accroissement. Le seul doute possible, c'est de savoir si nous pouvons distinguer les divers modes d'accroissement tant dans la tension passive à n'importe quel moment que dans la durée de l'effort, ou dans la durée d'un mouvement, ou dans la vitesse d'un mouvement, de façon à connaître sous quel mode nous sommes au moment même. Si nous confondions tous ces modes d'accroissement sous une impression commune de force augmentée, la distinction que nous devons à notre sens musculaire serait tout à fait insuffisante pour la perception du monde extérieur ; il faudrait rattacher notre faculté d'estimer l'étendue à quelque autre point mental. Mais il est certain que nous avons des affections différentes pour chacune de ces situations diverses. Nous n'avons pas le même état de conscience quand nous augmentons la force d'une résistance passive que lorsque nous en prolongeons la durée ; ni le même état quand nous prolongeons la durée d'un mouvement uniforme que lorsque nous en augmentons la vitesse. Nous constatons, quand nous accélérons le pas, que non seulement nous dépensons plus de force, mais que cette force est d'un mode particulier, que nous distinguons des autres modes spéciaux. Ceci supposé, nous prenons connaissance du degré de rapidité de nos mouvements et nous sommes en état d'évaluer une autre propriété du corps en mouvement : la *vitesse*. Nous évaluons d'abord nos propres mouvements, puis ceux des corps en mouvement que nous rencontrons. Quand nous suivons un objet en mouvement avec la main, ou avec l'œil, ou que nous marchons à côté de lui, sa vitesse passe en nous, et nous l'évaluons.

Le sentiment de la rapidité de la contraction musculaire a une autre fonction : c'est un moyen de plus de mesurer l'étendue. Une augmentation de vitesse dans le même temps correspond à un accroissement du champ de l'étendue, non moins que la même vitesse continuée plus longtemps. L'étendue dans l'espace se rattache donc à deux distinctions : la continuation et la vitesse du mouvement.

Les sentiments distincts des diverses formes de l'exercice musculaire que nous venons d'exposer, par lesquels nous sommes différemment affectés selon que le mouvement est lent ou rapide, ont une grande importance intellectuelle en ce que c'est par eux que nous recevons l'impression caractéristique de toutes les variations de la vitesse. Les mouvements lents par leur douceur, les mouvements rapides par leurs effets excitants, nous servent à distinguer les degrés de vitesse d'une manière directe et l'espace d'une manière indirecte (1).

(1) On peut signaler une quatrième variété de distinction due au sens musculaire, qui est d'un usage incessant, à savoir celle qui évalue l'intensité de la contraction d'un muscle et la position du membre qui en résulte. Nous constatons d'ordinaire, non seulement que nous émettons une force d'une certaine durée, mais que nous agissons, soit au commencement de la contraction musculaire, pour ainsi parler, soit à une époque plus avancée. Cela détermine par conséquent l'attitude ou la position de la partie mue. Nous savons, quand nous remuons le bras dans l'obscurité, s'il est étendu ou fléchi, s'il est porté en avant ou en arrière. Nous savons, quand nous saisissons quelque chose avec la main, si la main est ouverte ou bien fermée, et nous pouvons juger des différents degrés de contraction qui déterminent les positions intermédiaires.

Cette sensibilité, exercée par l'expérience, nous permet d'évaluer la grandeur des corps sans mouvoir le bras ou la main ou tout autre organe. Rien qu'en déployant le bras, sans même prendre garde au mouvement qu'il faut faire pour cela, nous mesurons mentalement la longueur d'un objet ou d'un intervalle. Rien qu'en écartant les doigts et le pouce, nous pouvons estimer toutes les longueurs qui tombent dans l'intervalle de ces parties.

On regarde cette distinction particulière comme un sens de l'état de la contraction musculaire et comme la forme primitive et typique du sens musculaire. Or, il faut que la distinction soit un fait originel ; on ne voit pas comment elle pourrait être acquise, mais la *signification* qu'on y attache, l'interprétation de la position du membre et des grandeurs comprises entre deux parties étendues, est tout à fait acquise. Il faut que nous apprenions par l'expérience quels mouvements correspondent au passage d'un mode de contraction à un autre ; il faut d'abord un mouvement pour mesurer l'étendue. Une certaine position fixe des deux bras, des deux jambes, des deux mâchoires, des lèvres, des doigts et du pouce, devient représentative d'une série de mouvements et l'estimation correspondante de l'espace parcouru dans le mouvement. En posant une main sur un côté d'une boîte et l'autre sur le dessus, nous pouvons dire l'inclinaison des deux côtés sans faire de mouvement, notre expérience a fait de la sensation d'un certain système de tensions passives un symbole d'une série de mouvements de directions différentes. Si nous voulions de plus avoir une appréciation exacte de l'intensité de la contraction, nous aurions peut-être, dans bien des cas, à répéter les contractions que nous exécutons actuellement.

C'est peut-être dans l'œil qu'on voit le mieux l'importance de ce mode de distinction. Il joue un rôle dans l'explication de la sensation binoculaire de la solidité.

Nous avons passé en revue les trois classes de sentiments musculaires énumérés au début du chapitre (1).

Nous retrouverons cette sensibilité fondamentale liée à beaucoup d'autres faits ; il nous reste beaucoup à dire pour rendre pleinement compte de l'origine et du développement des perceptions de l'externalité, de la force, de l'espace et du temps.

Nous n'avons pas parlé de ce sentiment dans le texte à côté des distinctions que nous donnent les muscles, parce qu'il nous paraît impliqué dans la sensibilité du mouvement telle que nous l'avons décrite. D'ailleurs, si nous avions admis que le sens de la contraction est un sens primitif, il aurait fallu le placer avant le sens du mouvement, puisque le mouvement suppose que le muscle passe par une série d'états de contraction, et que la représentation de ces contractions successives dans la conscience formerait une série d'états qui constituerait le fait mental du mouvement. Il se peut que le sens du mouvement consiste dans le sentiment primitif de la force dépensée (donné dans sa pureté, dans la tension), modifié par une sensibilité musculaire naissant du passage d'un état de contraction à un autre. Quoi qu'il en soit, je crois suffisant d'admettre comme distincts et fondamentaux les trois modes de distinction musculaire traités dans le texte.

(1) Hamilton, dans ses dissertations sur Reid, p. 864, a distingué une faculté « locomotive » du sens musculaire, en soutenant que le sentiment de la résistance, de l'activité, de la force, provient de la faculté locomotive et non du sens musculaire. Par cette faculté il entend le sentiment d'un effort volontaire et il réduit l'application du mot sens musculaire à la sensation passive que nous aurions de l'état de tension du muscle.

« Il est impossible, dit-il, que la sensation musculaire nous permette d'apercevoir immédiatement l'existence et le degré d'une force résistante. Au contraire, supposé que toutes les sensations musculaires soient abolies, mais que la faculté de mouvoir les muscles à volonté persiste, je pense que la conscience de l'activité motrice de l'âme, et du plus ou moins d'intensité de cette activité qu'il faut dans diverses circonstances pour accomplir notre volonté, nous permettrait toujours de percevoir le fait, et dans une certaine mesure de calculer la somme de la résistance que rencontreraient nos mouvements volontaires ; néanmoins, la concomitance de certaines sensations avec les différents états de tension musculaire rend cette connaissance non seulement plus aisée, mais en réalité l'impose à notre attention. »

Le sens de la force dépensée est à mon avis le fait le plus saillant de la conscience des états musculaires ; il se distingue de tous les modes de sensations passives. Par le sentiment qui distingue le degré et la durée de la force, nous reconnaissons la différence qui existe entre un déploiement plus ou moins grand de tension musculaire, et il semble que ce sentiment soit le sentiment *primaire* qui opère dans ce cas. Les autres sensations du muscle, dérivées des fibres sensitives, peuvent nous aider à faire d'importantes distinctions entre les différents *modes* d'accroissement de force que nous avons indiqués.

Nous devons être reconnaissants à Hamilton de ce qu'il nous a donné une esquisse historique de la doctrine du sens musculaire dans la même note ; ce n'est pas la moins intéressante des contributions qu'il a payées à l'histoire de la psychologie.

CHAPITRE II

DE LA SENSATION

Par sensations, au sens strict du mot, nous entendons les impressions mentales, sentiments ou états de conscience, qui résultent de l'action des causes externes sur quelque partie du corps, qu'on appelle, à cause de cela, sensible. Telles sont les impressions causées par les objets des sens de l'odorat, du goût, de l'ouïe et de la vue ; on les appelle externes pour les distinguer des phénomènes qui prennent naissance au dedans comme, par exemple, l'activité spontanée, le souvenir du passé, l'anticipation de l'avenir.

On classe les sensations d'après les organes qui les produisent, de là l'ancienne division en cinq sens. Mais à côté de la différence des organes, nous avons la différence des objets extérieurs, et celle aussi des états de conscience. Les objets de la vue diffèrent des objets de l'odorat, ou plutôt nous devons dire que les propriétés et les agents qui causent la vision sont différents des propriétés qui causent l'odorat, le goût ou l'ouïe.

La différence qui sépare les sentiments ou états de conscience relatifs à chacun des sens est fortement marquée ; c'est une différence caractéristique, générique, qui surpasse toutes celles que peuvent présenter les sensations d'un même sens. Nous ne confondons jamais une sensation de la vue avec une sensation de l'ouïe, ou une du tact avec une de l'odorat. Cette distinction est sûre, parfaite, bien que nous tâchions quelquefois de trouver des ressemblances entre ces sensations.

On dit d'ordinaire que nous avons cinq sens : la vue qui s'exerce par l'œil, l'ouïe par l'oreille, le tact par la peau, l'odorat par le nez, le goût par la bouche. En outre, les physiologistes admettent un sixième sens, plus vague, sous le nom de *sensibilité commune ou générale*. Ils y comprennent diverses sensations internes relatives à des fonctions de la vie organique, les sentiments de plaisir ou de peine qui proviennent de la plupart des parties du corps, et celles qui sont provoquées par des conditions insolites. Ce sont, pour n'en citer que quelques-unes, les sensations de chaud et de frisson, de faim et de soif, de nausée, de plénitude de l'estomac, des organes génito-urinaires, de la privation d'air, et les sensations organiques qui accompagnent d'ordinaire les passions et les émotions fortes.

Dans cette énumération nous reconnaissons déjà des groupes distincts que nous pouvons rapporter à des appareils organiques distincts. Ainsi, la faim, la soif et les sensations opposées, la nausée, la plénitude de l'estomac et les sensations de l'évacuation du canal alimentaire sont associées à l'appareil *digestif*. On peut les appeler les sensations *digestives*. La privation d'air cause une sensation dont le siège est dans les poumons, c'est une sensation associée à la *respiration*. La chaleur et le frisson se rattachent à la peau, aux poumons et à toutes les opérations organiques d'une manière générale. Les organes génito-urinaires ont des sensations si particulières, qu'il vaut mieux ne pas les comprendre dans la sensibilité commune.

Les classes de sentiments que nous venons d'énumérer jouent un grand rôle dans le bonheur ou le malheur de l'homme; elles ne sont qu'une faible partie de l'immense domaine de la sensibilité commune. Nous croyons utile de les étudier en détail. Un livre comme celui-ci doit passer en revue tout le champ de la sensibilité humaine, autant au moins qu'on peut y reconnaître des délimitations nettes. La seule question qui se pose est de savoir où il faut ranger ces classes de sensations organiques. Je crois qu'il faut les placer parmi les sensations. On objectera qu'elles n'ont pas toujours un objet extérieur qui leur corresponde. Sans doute, ce ne sont pas des sensations au sens propre et rigoureux du mot; elles n'ont pas de cause externe comme le plaisir d'un son, ou la répulsion causée par un goût amer; mais, dans la plupart des cas, sinon dans tous, un objet extérieur qu'on peut indiquer est le stimulus du sentiment; par exemple, dans les sensations digestives, la véritable cause, l'objet, est le contact des aliments avec le canal alimentaire; de même on peut dire que l'air est l'objet extérieur, l'antécédent externe des sensations respiratoires. Même pour le cas où la sensation ne peut être rapportée à un contact externe, comme dans les vives douleurs situées dans un organe malade, nous pouvons montrer qu'à d'autres points de vue ces sensations ont une grande analogie avec les sensations proprement dites. En tout, sauf pour l'existence d'un stimulus externe, l'identité est complète. Le *siège* de la sensation est un bien sensible qui *peut* être affecté par des irritants qui lui sont extérieurs, et qui manifeste à peu près les mêmes effets sous l'action d'un stimulus interne. L'analogie est si frappante que nous ne cessons de comparer nos sensations internes à nos sensations proprement dites. Ces considérations nous déterminent à classer ces impressions avec les sensations, et à les placer à la tête de l'ordre des sens, sous le nom de sensations de la vie organique.

Ces sensations comme celles du goût et de l'odorat ont une grande importance comme sources de plaisir ou de peine, c'est-à-dire au point de vue du sentiment; mais elles servent peu à pourvoir l'intelligence des formes permanentes dont elle se sert. Cette fonction est surtout réservée au tact, à l'ouïe, à la vue, qu'on peut appeler les sens intellectuels par excellence, bien qu'ils ne laissent pas de jouer quelque rôle dans la production de nos plaisirs et de nos peines.

I. — Sensations de la vie organique.

Classification des sensations organiques d'après leur siège :
1º Sensations organiques des muscles : Peines organiques des muscles, coupures, déchirures, lésions du tissu, manifestations corporelles. — Caractères mentaux, type de la douleur en général. — La crampe ou spasme, sa nature physique et ses caractères mentaux. — Excès de fatigue et fatigue ordinaire. — Sensibilité des os et des ligaments.
2º Sensations organiques des nerfs : Douleurs nerveuses. — Fatigue nerveuse, ennui. — Sentiment de bien-être du tissu nerveux, stimulants.
3º Sensations organiques de la circulation et de la nutrition. — Soif, inanition, plaisir de l'existence purement animale.
4º Sensations de la respiration : Fonction de la respiration. — Sensations de l'air pur, fraîcheur, sentiments de bien-être et de réparation. — Sensations d'air impur et insuffisant, suffocation.
5º Sensations de chaleur et de froid : Effets physiques du chaud et du froid. Sensation de froid. — Sensation de chaleur.
6º Sensations du canal alimentaire : Objets de ce sens, matières alimentaires. — Aperçu de la digestion. — Sensations alimentaires, alimentation et digestion normale. — Faim. — Nausée et dégoût. — Sensations des dérangements organiques de l'appareil digestif.
7º Sensations des états électriques : Chocs électriques et voltaïques. — État électrique de l'atmosphère. — Expériences de Reichenbach.

Nous classerons les sensations de la vie organique d'après les parties où elles ont leur siège. Nous nous sommes déjà occupé de celles qui se rattachent au *tissu musculaire*; nous allons en achever la description. Nous parlerons aussi de celles qui ont pour siège les autres parties de l'appareil locomoteur, les *os* et les *ligaments*. Les *nerfs* et les *centres nerveux* ont aussi des sensations qui dépendent des stimulations qu'ils subissent, de leur développement, de leur usure et des changements dont ils sont le théâtre, durant la santé comme durant la maladie. La *circulation du sang* avec ses annexes, les sécrétions et l'assimilation, doit avoir aussi ses sensations propres. Celles qui se rattachent à la *respiration* sont d'une nature moins douteuse que les précédentes. Les sensations de la *digestion* sont nombreuses et bien caractérisées.

1. — SENSATIONS ORGANIQUES DES MUSCLES

La sensibilité musculaire se manifeste par de la douleur quand le muscle est coupé, déchiré, contus ou saisi de spasme. Ces variétés de douleurs sont autant d'états de conscience qui ont leur siège ou leur point de départ dans le tissu musculaire; et elles ont, comme tout autre genre de sensations, l'intégrité des nerfs et des centres nerveux pour condition essentielle.

En décrivant les sensations, nous aurons soin de faire connaître pour chacune l'agent extérieur qui la cause, nous le suivrons en expliquant la modification qu'il fait subir à la surface sensible, et nous ferons un tableau de la sensation elle-même d'après le plan que nous avons tracé.

Les sensations musculaires proprement dites dont nous avons parlé dans le chapitre précédent n'ont pas d'agent extérieur au même titre que les yeux ont la lumière. Mais les coupures, les déchirures, les lésions graves nous présentent un agent extérieur et une modification appréciable de la surface sensible, le muscle : une solution brusque de continuité, c'est-à-dire un effet qui dans presque tous les tissus du corps donne de la douleur, et assurément l'un des effets les plus propres à ébranler fortement les nerfs et les centres pour y éveiller à la fois la sensibilité et provoquer l'activité sous ses formes les plus énergiques.

Considérons un moment le côté physique des douleurs musculaires, c'est-à-dire les expressions qui les caractérisent; ces expressions comme la description de l'état de conscience lui-même nous fourniront le type des douleurs physiques aiguës.

Tout le monde connait l'expression caractéristique des douleurs aiguës. Les traits sont violemment contorsionnés, la voix s'échappe en brèves saccades, le corps tout entier est agité. Parfois les mouvements ordinaires sont accélérés; d'autres fois il y a des contorsions des membres, des gestes inaccoutumés. Il semble que l'agent qui cause la douleur est capable d'ébranler tout le système moteur. C'est le genre de douleur qu'on cherche à provoquer comme moyen de tirer un animal, et l'homme lui-même, de la léthargie et de le rappeler à l'activité. On sait aussi que certains aspects de la physionomie marquent la douleur; ce sont certains mouvements de la bouche, des narines et des yeux; quelle que soit la direction donnée à ces mouvements, ils ont un caractère de violence. Les sanglots qui les accompagnent montrent aussi que les muscles involontaires et les glandes sont affectés.

Nous serions incomplets si nous ne notions pas successivement les périodes de la manifestation de la douleur. Après un temps pendant lequel le premier choc montre les signes de violence et d'énergie exaltée que nous venons de signaler, survient une période de prostration et d'épuisement, preuve que les manifestations vives ne dénotent pas un accroissement de la force vitale. Au contraire cette force est en décroissance. Les exercices violents, quels qu'ils soient, la consomment; mais la dépression de la force vitale dans toutes les parties de l'organisme, après un accès de douleur, dépasse de beaucoup celle qui suivrait la même décharge de force musculaire en l'absence de toute douleur. Le directeur du service médical de l'armée de Crimée avait grand tort de décourager d'employer le chloroforme dans les opérations chirurgicales, en se fondant sur la raison que la douleur est stimulante. Si l'on tient compte de la fin comme du commencement, la douleur, sous toutes ses formes, bien loin d'être stimulante, détruit les forces vitales. Non seulement elle a pour résultat l'épuisement musculaire, mais les autres fonctions, la circulation, la respiration, la digestion, sont profondément atteintes, ce qui n'a pas lieu même dans le cas d'une grande fatigue à la suite de violents mouvements.

Quand on s'abandonne librement à ces manifestations physiques, accompagnement naturel d'une vive douleur, et comme effets de la même cause, elles font l'office d'une diversion et soulagent le système mental. Il y a probablement dans ce fait une succession de phénomènes physiques. Un grand fonctionnement musculaire dérive la circulation du cerveau vers les muscles; l'effusion des larmes diminue aussi la congestion. Toutefois nous ne nous empressons pas de conclure que, sous l'impression d'une grande douleur, il vaut mieux lâcher la bride à toutes les manifestations physiques que de les supprimer; il y a dans les deux cas une grande déperdition de force.

Étudions maintenant ces états de conscience considérés comme sentiments. Chacun les connaît par sa propre conscience; on les désigne sous les noms de douleur, souffrance, angoisse, torture.

La *qualité* du sentiment est la douleur. Le degré est intense ou aigu. On les mesure de deux manières, soit en comparant la douleur avec d'autres douleurs, soit en évaluant le plaisir qu'elle peut neutraliser. Dans l'un comme dans l'autre cas, les souffrances de blessures, déchirures ou lésions aiguës de nos tissus sensibles sont au nombre de nos plus cruelles souffrances, de nos plus grandes misères. Pour ce qui est de la *spécialité*, le langage la consacre en donnant un nom à chaque espèce de douleur. Une coupure, une brûlure, différent d'un accès de rhumatisme ; une névralgie diffère d'un choc électrique. Nous donnons aux variétés des épithètes, telles que brûlante, déchirante, lancinante ; il y a intérêt en pathologie à noter ces distinctions.

La douleur peut éveiller des émotions spéciales selon le tempérament général des individus. Le chagrin, la terreur, la rage, peuvent dominer dans certains cas ; il y a une connexion naturelle entre le choc d'une souffrance aiguë et toutes ces passions.

Ces douleurs selon leur intensité nous stimulent à des efforts pour les adoucir, y mettre un terme ou en éviter le retour. Nous devons surtout remarquer qu'elles sont pour un temps des stimulants de l'activité ; nous sommes d'abord très disposés à agir pour les faire disparaître, mais nous cessons de le faire à mesure que les forces diminuent. La force effective de la volonté dépend de la force active de l'organisme au moment où la volonté se manifeste ; un état qui augmente cette force même par une stimulation destructive en recueille le bénéfice ; au contraire, un état qui déprime et détruit les fonctions vitales paralyse l'action de la volonté. Si une douleur aiguë passagère éveille l'activité, une douleur intense continue ne produit pas cet effet.

Les mouvements qui constituent les manifestations émotionnelles proprement dites sont de nature à se mêler et à se combiner avec les mouvements dirigés par la volonté en vue de produire le soulagement. Il est généralement facile de distinguer ces deux classes de mouvements, et il est important de les distinguer si l'on veut comprendre la structure de l'esprit. Les mouvements volitionnels sont ceux qui ne se maintiennent que parce qu'ils produisent le soulagement. S'il y a une posture particulière qui ait cet avantage, le corps s'y attache ; et si une explosion véhémente de gestes et de cris est capable de donner satisfaction au sentiment de la douleur, nous sommes conduits à exécuter des gesticulations dès le premier effet de l'onde émotionnelle. Même chez les animaux inférieurs, quand nous constatons les convulsions qui suivent un ébranlement de l'organisme, nous pouvons nous convaincre de l'existence de mouvements volontaires à côté de démonstrations qui sont l'expression propre de la douleur.

Pour mesurer la pression d'un sentiment dans le sens des manifestations volontaires, nous pouvons recourir au même mode de comparaison que celui que nous avons indiqué à propos du plaisir ou de la peine. Quand deux sentiments poussent dans des voies opposées, celui qui détermine la conduite est regardé comme le plus fort au point de vue de la volonté.

Il reste à examiner les rapports des sensations musculaires organiques avec l'intelligence. Comme pour la volonté, nous rencontrons ici un principe général, susceptible d'exceptions et de modifications, suivant les circonstances, dans chaque cas particulier. D'après ce principe les sensations sont distinguées, identifiées, remémorées, suivant leur degré en intensité ou en qualité. Cette loi est vraie dans les cas d'une excitation modérée. Une impression très faible ne peut être délicatement distinguée ; elle est peu susceptible d'être rappelée au souvenir. Mais quand le degré est excessif et accablant, il y a des réserves à faire à la loi. Au-dessus d'un certain degré, la douleur physique accable la fonction purement intellectuelle de la distinction, et bien que la faculté de se souvenir soit stimulée au plus haut degré, le souvenir devient de plus en plus incapable de reproduire la vraie réalité. Non seulement nous sommes incapables de restaurer l'acuité de la souffrance, mais de nous figurer même le caractère de la douleur jusqu'à ce qu'il soit devenu familier par un grand nombre de répétitions. Quand la même douleur ou une douleur à peu près identique revient, nous pouvons marquer l'accord, c'est-à-dire faire une œuvre intellectuelle qui a besoin aussi de la faculté qui retient ; mais nous n'avons guère le pouvoir de nous rappeler ou d'imaginer les traits particuliers, l'état de conscience caractéristique d'une souffrance aiguë.

Un souvenir exact des souffrances aiguës n'a pas pour l'esprit la même importance que la mémoire des sensations de la vue et de l'ouïe ; elle a pourtant à deux points de vue de l'importance pratique. D'abord c'est de ce souvenir que dépend l'exercice de la volonté qui tend à prévenir le retour de la même douleur. Quand une sensation cesse d'être actuelle, elle ne peut avoir de puissance sur la volonté à moins qu'elle ne soit vivement représentée en idée ; aussi plus vif est le souvenir, plus énergiques sont les précautions que nous prenons en vue de l'avenir. Le degré de mémoire de la douleur est le fondement de la prudence ; c'est de plus le fondement de la sympathie, de la faculté de pénétrer dans les sentiments d'autrui quand il souffre de la même douleur.

Les douleurs musculaires dont nous nous sommes occupé sont celles qui ont pour cause des coupures, des déchirures, des blessures graves, accidents dont tous les tissus peuvent être frappés. Nous n'avons rien dit de la douleur caractéristique du muscle, de la *crampe* ou spasme. On sait que la crampe est une contraction violente d'un muscle, en totalité ou en partie, due à quelque irritation des nerfs moteurs qui animent le muscle. C'est une contraction qui dépasse probablement beaucoup celle que peut produire un effet volontaire, et elle ne se rattache aucunement à une force émise avec conscience par le cerveau. L'état de crampe agit violemment sur les fibres sensitives du muscle ;

et, selon M. Brown-Séquard, la douleur est en raison de la résistance opposée à la contraction du muscle. « Je suppose, dit-il, une contraction douloureuse des muscles antérieurs de la jambe; la douleur augmente chaque fois que les muscles contractés sont allongés, c'est-à-dire quand la résistance à la contraction est accrue; d'autre part, elle diminue quand la résistance à la contraction est moindre qu'elle n'était, et enfin elle disparaît entièrement quand la résistance est complètement ou presque complètement détruite. » (*Lectures*, p. 7.) Les douleurs de l'utérus sont de nature spasmodique; elles sont soulagées par l'expulsion du contenu de l'organe. Nous avons maintenant l'explication d'un fait qui fut d'abord regardé comme paradoxal : la production d'une douleur quand on stimule les racines antérieures ou motrices des nerfs spinaux. L'effet de cette stimulation est de contracter les muscles, non pas à ce degré modéré que produit la volonté, mais avec la violence de la crampe, d'où il résulte un choc pour les nerfs sensitifs du muscle. Quand les racines postérieures ou sensitives sont coupées, la douleur ne se manifeste plus. Cette explication est intéressante en ce qu'elle écarte les objections qui semblaient contredire la découverte de Charles Bell.

La crampe a sa place parmi les douleurs aiguës; elle est peut-être la plus aiguë, la plus violente de toutes. Le nom qui lui convient le mieux est celui de torture. Les muscles involontaires de l'utérus et du canal alimentaire sont ceux qui nous présentent les plus violentes douleurs spasmodiques.

D'autres sensations relatives aux muscles, celles qui proviennent d'un *excès* de fatigue, appartiennent aussi à la classe des sensations organiques. On sait que l'excès de fatigue produit des douleurs aiguës de divers degrés d'intensité, depuis celles qu'on supporte aisément jusqu'aux plus atroces. Il suffit de les rattacher au genre des douleurs aiguës des muscles, il n'est pas nécessaire de les décrire longuement.

L'état caractéristique qui consiste à supporter un lourd fardeau est une forme de dépression générale, à laquelle on compare d'ordinaire plusieurs modes de souffrance.

Très différent est l'état de sensibilité produit par la simple *fatigue ordinaire*, que nous pouvons rappeler ici. Cet état n'est nullement pénible; au contraire, c'est l'un de ceux par lesquels les muscles nous donnent du plaisir.

Le plaisir y est plutôt volumineux qu'aigu. Si un nombre considérable de muscles a été mis en jeu, la sensibilité est relativement grande. Divers éléments prennent part à la production de cet effet. La circulation du sang, dirigée énergiquement pour un moment vers le tissu musculaire, revient plus largement aux autres organes, le cerveau, l'estomac, etc., et la sensibilité générale de l'organisme s'en accroît. Il y a ensuite une réaction agréable tirée de ce qui pourrait être un commencement de la douleur de la fatigue. Il nous est donc permis d'admettre que le muscle lui-même donne un certain sentiment de plaisir quand il est dans cet état. Le degré de ce sentiment peut être, en somme, considérable ; c'est l'un des plaisirs d'une vie d'exercice pénible et de travail corporel : mis à côté du sommeil profond et de la sensation de bien-être qui l'accompagne, il constitue une fraction appréciable du bonheur de l'homme.

La connexion que nous avons remarquée entre les mouvements lents et l'invasion du sommeil se retrouve aussi entre le repos musculaire et le sommeil. La sensation volumineuse que nous éprouvons durant le sommeil a son siège, en grande partie, dans le tissu musculaire, surtout après un exercice fatigant, quand la sensibilité pour la fatigue s'est manifestée le plus puissamment.

La sensibilité des *os* et des *ligaments* dépend exclusivement de blessures ou de maladies ; elle se manifeste sous la forme de douleur aiguë dont nous avons parlé une fois pour toutes. La distinction rigoureuse et minutieuse des formes de douleur est très utile au médecin ; faite avec précision, elle a tout droit à faire partie de l'étude de l'esprit humain. Pour le moment nous n'avons à remarquer qu'une chose : c'est que la sensibilité a besoin partout de fibres nerveuses, et que les os et les ligaments en sont pourvus, sans doute en faible quantité, mais suffisamment pourtant pour agiter les centres nerveux avec une violence accablante dans certaines occasions. Les maladies et les blessures du périoste donnent lieu à des douleurs excessives. Les ligaments, dit-on, sont insensibles au couteau, tandis qu'ils deviennent extrêmement douloureux quand ils sont dilacérés. Dans une grande fatigue, les ligaments et les tendons des muscles semblent concourir avec le tissu musculaire à donner la sensation pénible que l'on éprouve alors. On sait que, dans beaucoup de cas, les jointures sont le siège de douleurs, par exemple dans la goutte. La diminution de la pression atmosphérique, dont on ressent les effets dans une ascension sur une haute montagne, cause un sentiment intense de fatigue dans l'articulation de la hanche. Mais on a vu par des expériences que ce sentiment est une douleur musculaire. La raréfaction de l'air diminue l'appui du membre qui tombe dans la jointure de son propre poids, devenant ainsi un nouveau fardeau pour les muscles. Les fractures des os et la déchirure des ligaments figurent parmi les plus cruels accidents de notre pauvre existence.

2. — SENSATIONS ORGANIQUES DES NERFS

Les nerfs et les centres nerveux, outre leur action propre dans la transmission de la sensibilité, ont des sensations qui proviennent de la condition organique de leur propre tissu. Les blessures et les maladies des nerfs produisent de vives douleurs. L'épuisement nerveux et la fatigue ont pour résultat des sensations bien connues, dont les formes extrêmes sont d'atroces douleurs; le repos, les stimulants, engendrent une condition opposée en opérant un changement dans l'état de la substance nerveuse.

Les douleurs nerveuses provenant de coupures, blessures et maladies de la substance sont très vives. Quand un muscle est contracté par l'effet d'un spasme, l'influence se transmet de la fibre musculaire au nerf, et l'affection des fibres nerveuses semble secondaire; mais dans les affections névralgiques l'influence se montre d'abord, et n'est pas le produit d'une transmission.

Toutefois une difficulté se présente. La substance nerveuse est nécessaire à toute sensibilité; rigoureusement parlant, toute forme de plaisir et de peine est physiquement exprimée par quelque condition du cerveau et des nerfs. Nous ne nous occupons dans ce chapitre que des effets qui proviennent d'actions exercées directement sur le tissu nerveux, et non d'actions transmises par les organes des sens ou par des émotions. Ces actions directes se manifestent dans les lésions et les maladies des nerfs, dans l'emploi de drogues stimulantes et dans les opérations qui nourrissent et affaiblissent la substance cérébrale.

La *fatigue nerveuse* et l'épuisement *nerveux*, poussés à un certain degré, sont des états très pénibles. Ces états sont les effets d'une dépense excessive sous n'importe quelle forme d'exercice de l'innervation : de peines excessives, d'excès de plaisir, d'un excès de méditation, d'un effort trop prolongé du corps ou de l'esprit. Le résultat immédiat de ce travail excessif est un défaut de nutrition de la substance nerveuse, ou un abaissement de l'action nerveuse. La sensation qui en est le produit peut être décrite sans peine. L'aggravation la plus douloureuse de cet état se produit quand une activité morbide, indépendante de la volonté du patient, l'entraîne pour un temps dans un épuisement profond.

Cet état de l'esprit demande une description complète et méthodique. La douleur qui en constitue la qualité est excessive. Cette douleur est marquée non par l'acuité, mais par la quantité. C'est une sensation étendue sur une large surface et oppressive. Nulle formule n'en peut exprimer le caractère particulier. Il faut faire appel à l'expérience du lecteur. La réaction d'une excitation intense, l'épuisement produit par une perte cruelle ou une profonde mortification, nous en offrent des exemples. Nous en trouverons d'autres en l'opposant aux états que nous allons faire connaître. L'expression de ce sentiment est douloureuse, non aiguë, mais profonde et absorbante; nos traits sont abattus, nous sommes agités, chagrins. Les actions que nous faisons sous l'influence de ce sentiment sont extravagantes et déplacées. Quand cet état prend ses formes les plus violentes, il porte au suicide. C'est une preuve de la perte totale de fraîcheur et de santé dans la substance du système nerveux. De là le triomphe final de l'ennui.

Quel ennui, quel ennui! Dieu, que ne suis-je mort!

C'est un sentiment trop puissant pour être fidèlement reproduit quand la réalité s'est évanouie. On ne saurait mieux le comparer qu'à celui auquel donne lieu le poids accablant d'un fardeau ou la fatigue dans les organes du mouvement.

Malgré les difficultés inhérentes à l'imperfection du langage, augmentées par la nature variable des conditions mêmes qui donnent lieu à l'épuisement nerveux, il est très important d'en donner une description fixe et précise, parce que c'est là que viennent aboutir la plupart des autres douleurs. La lutte que nous soutenons contre les douleurs de toute espèce, corporelles et mentales, s'entretient aux dépens de la substance du système nerveux, et a pour résultat cette nouvelle forme de mal.

L'état de conscience qui résulte d'une *condition saine du tissu nerveux* ou de l'action des divers *stimulants* est juste l'opposé de l'état que nous venons de présenter. Je ne m'occupe pas de l'usage ni de l'abus de ces stimulants, je me borne à indiquer l'effet qui leur est commun à tous, et pour lequel nous y avons recours, effet que produit aussi la condition naturelle des organes nerveux quand ils ont toute leur vigueur, comme dans la jeunesse. L'effet physique produit dans les tissus par ces stimulants se résume probablement en l'un ou l'autre de ces faits : un afflux abondant de sang artériel ou une grande activité d'assimilation nerveuse suivant les modes qui gouvernent la sensibilité. La conscience elle-même s'accompagne d'un sentiment de plaisir, qui peut être très grand, tant par le degré que par la quantité. L'action et le désir qu'elle provoque tendent naturellement à la reproduire indéfiniment. Mais cet état, une fois passé entièrement, n'est remémoré ou imaginé qu'avec peine, soit qu'une condition opposée ou une intermédiaire et neutre en ait pris la place.

3. — SENSATIONS ORGANIQUES DE LA CIRCULATION ET DE LA NUTRITION

La circulation du sang par les artères et les veines sous l'impulsion du cœur, la sécrétion des matériaux nutritifs ou des matières excrémentitielles dans les tissus et les glandes, les divers actes d'absorption qui correspondent à ces opérations ont aussi leurs sentiments concomitants. Mais la sensation qui naît des différents degrés de vigueur que présentent ces opérations est vague et difficile à isoler. Nous pouvons supposer avec quelque probabilité que la dépression d'un pouls lent et d'une circulation languissante a son siège dans les capillaires répandus partout dans le corps, ou que c'est une sensation du mécanisme circulatoire. Nous songeons à deux sensations terribles : la soif et l'inanition.

La soif se révèle par une sécheresse de la bouche et de la gorge, accompagnée d'une sensation d'âpreté et de chaleur dans le pharynx, le palais et la base de la langue; elle résulte d'un manque d'eau dans le sang, relativement à ses éléments solides. Elle est produite par une transpiration surabondante, l'inhalation d'un air sec, l'ingestion d'aliments solides, ou dans la composition desquels entrent des matières salées ou d'autres qui s'emparent de l'eau pour elles-mêmes. On la sent quelquefois alors même que la bouche n'est pas sèche; comme elle peut manquer dans le cas contraire; il faut l'attribuer à quelque dérangement nerveux.

L'inanition diffère de la faim, mais on peut les réunir quand on parle de digestion, à cause de leurs causes physiques.

Les sensations de soif et d'inanition, poussées à l'extrême, sont des états de souffrance étendue, profonde, intolérable. Elles sont bien plus intenses que la simple dépression nerveuse, et par suite stimulent une expression plus véhémente, une activité plus énergique. Alors même qu'elles ne sont pas accompagnées par la terreur de la mort, elles excitent des passions furieuses. Comme d'autres états organiques, il n'est pas facile de les reproduire quand elles sont passées; mais la peur, l'agitation et l'énergie qu'elles produisent quand elles sont présentes, laissent une impression bien plus durable qu'un simple accablement.

L'état de conscience qui résulte d'une circulation vigoureuse, avec tout ce qui en peut être la conséquence, est une des sensations les plus caractéristiques de l'existence purement animale. Il y a un frémissement de satisfaction physique, sinon très aigu., au moins d'une étendue considérable; une douce chaleur se fait sentir partout, qui nous dispose au contentement serein et passif.

Il semble que ce soit par la circulation que nous sommes sensibles aux changements atmosphériques, particulièrement pour ce qui concerne l'humidité ou la sécheresse. On trouve que dans une atmosphère sèche, la circulation capillaire s'accélère, et qu'elle se ralentit dans une atmosphère humide. L'influence de la chaleur et du froid s'étend probablement à la circulation et aux fonctions nutritives.

4. — SENSATIONS DE LA RESPIRATION

La respiration est la fonction par laquelle un échange de gaz se fait entre l'intérieur d'un être organisé et le milieu extérieur. Dans le règne animal, l'oxygène est le gaz fourni par l'air ambiant, l'acide carbonique, le gaz éliminé par l'organisme. Les liquides du corps ont besoin d'être mis en rapport avec l'air ; si ce rapport cesse, la mort ne tarde pas à survenir; s'il est mal soutenu, la force de l'animal s'abaisse; il éprouve une sensation douloureuse particulière. Chez l'homme et les animaux qui vivent dans l'air, il existe un appareil destiné à recevoir l'air, les poumons, qui se dilatent et se contractent alternativement par un appareil musculaire, afin d'aspirer et de refouler l'air.

Nous avons dans l'action des poumons tous les éléments constitutifs d'un sens; un objet extérieur, l'air atmosphérique, qui opère par contact sur la membrane d'enveloppe des tubes pulmonaires; un *organe de sens* et un *état de sentiment*, ou de conscience, qui en est le produit. Ce qu'il y a de particulier dans ce sens, c'est qu'il est entièrement émotionnel; il engendre du sentiment plutôt qu'il ne fournit des matériaux à la connaissance, des formes à l'intelligence ; il prend donc rang parmi les sens inférieurs, non parmi les supérieurs.

L'*objet* de ce sens, l'air extérieur, diffère beaucoup suivant les circonstances par ses qualités respiratoires, c'est-à-dire par sa pureté. La pureté de l'air est altérée par la perte d'oxygène, quand le même air est fréquemment respiré, ou bien par l'accumulation d'acide carbonique, conséquence du même fait, ou bien encore par la présence de gaz étrangers, d'exhalaisons d'origine animale ou végétale, ou d'autres causes.

Dans un air confiné, ces altérations s'opèrent plus rapidement. La seconde, l'accumulation d'acide carbonique, est la moins dangereuse; car, quoique la production d'acide carbonique par la combustion du charbon dans une pièce fermée soit dangereuse pour la vie, ce gaz ne s'y accumule pas d'ordinaire en quantité suffisante pour faire du mal, si d'ailleurs il est mêlé à de l'air pur. La perte de l'oxygène et l'accumulation de gaz provenant de la destruction des tissus sont les principales causes qui vicient l'atmosphère.

L'*organe*, le poumon, présente, par l'effet de sa structure, une surface très développée à l'action de l'air; des vaisseaux capillaires y sont distribués, serrés sous une membrane d'enveloppe, en sorte que l'échange des gaz se fait à travers ce double obstacle : la membrane et le tube du vaisseau. L'appareil musculaire qui entretient le mouvement de soufflet se compose du diaphragme et des muscles abdominaux d'une part, et de ceux des côtés et de la poitrine de l'autre. L'intégrité et la vigueur de ces muscles et des centres qui entretiennent et règlent leur action est une condition d'une respiration normale.

Les centres nerveux respiratoires sont stimulés de toutes les parties du corps, mais principalement de celles qui comme les muscles sont grands consommateurs d'oxygène. Une partie du nerf vague sert à maintenir le rythme des poumons, et aussi à transmettre le sentiment de la suffocation.

Les *sentiments* de la respiration, les agréables comme les pénibles, sont tranchés. Ils comprennent la satisfaction que cause l'air pur, relevée encore par le plaisir de l'exercice musculaire, les divers degrés d'oppression qu'on éprouve dans les salles trop remplies de monde et saturées de gaz délétères, la suffocation ou manque d'air, sensation angoissante, et les douleurs qui sont les effets des maladies pulmonaires.

L'influence de l'air pur et excitant largement aspiré s'étend au loin sur tout l'organisme, élevant l'activité de toutes les autres fonctions par l'amélioration de la qualité du sang. Les conséquences indirectes ne masquent pas totalement la sensation agréable qui provient des poumons mêmes, et que nous rapportons à la région thoracique; cette sensation n'est ni aiguë, ni très saillante, mais elle possède une qualité précieuse bien connue, la fraîcheur, ou le rafraîchissement. Cette qualité implique évidemment un contraste, car nous ne la percevons que quand nous passons d'un degré inférieur à un degré supérieur d'aération. Nous pouvons la sentir en tout temps en retenant pendant quelque temps notre respiration, pour lui rendre ensuite toute liberté. Nulle description technique n'en peut apprendre là-dessus plus que nous n'en savons par notre propre expérience; toutefois, il n'est pas sans intérêt de faire cette description pour la comparer avec nos autres sensations. Ainsi que nous venons de le remarquer, la sensation dépend du contraste de la plus grande activité des poumons avec une activité moindre qui la précédait immédiatement. On peut affirmer que nulle sensation ne vient des poumons quand une allure donnée y dure depuis longtemps; mais toute accélération dans la proportion de l'échange des gaz (ce qui ne veut pas dire la proportion de la respiration) nous donne pour quelque temps la sensation délicieuse du rafraîchissement qui porte immédiatement à notre esprit un élément de bonheur, stimule l'activité et nous excite à désirer les récréations à la campagne et l'exercice du corps.

Les sensations causées par l'insuffisance ou l'impureté de l'air se manifestent par de la défaillance; de l'étourissement, de l'accablement, elles ne sont point l'effet du sens pulmonaire seul, mais aussi d'un état de prostration du corps en général. La sensibilité caractéristique des poumons se montre dans un état appelé *suffocation*, né du manque d'air, comme quand on se noie, ou qu'on séjourne dans une atmosphère viciée par des gaz délétères, tels que le chlore, l'acide sulfureux, qui se retrouve encore dans les accès d'asthme ou qu'on peut provoquer en retenant sa respiration. « Quand on retient sa respiration quinze ou vingt secondes pendant une respiration régulière, ou bien quarante secondes après une inspiration profonde, une sensation insupportable se manifeste dans toute la poitrine, concentrée sous le sternum; nul effort alors, ne peut maintenir la suspension de l'acte respiratoire. Cette sensation urgente de manque d'air, quand elle est poussée jusqu'à l'extrême par quelque obstacle mécanique à l'aération du sang, est des plus douloureuses et des plus accablantes; elle peut être rapportée aux plexus nerveux des poumons, qui se distribuent aux bronches et probablement aux parois des lobules et des cellules. L'impression causée sur ces nerfs périphériques par l'absence de l'oxygène et la présence anormale de l'acide carbonique dans l'air qui les frappe, se propage à la moelle épinière et à la moelle allongée par le grand sympathique et le nerf vague, et y excite les actions combinées des muscles inspirateurs qui produisent le renouvellement de l'air. » (Todd et Bowman, II, 403.) La sensation est de la classe des douleurs atroces, mais une partie de cette sensation doit revenir au tissu musculaire.

5. — SENSATIONS DE LA CHALEUR ET DU FROID

La description de ces importantes sensations rentre dans la classe des sensations organiques, en tant que le changement de température affecte les organes du corps. La chaleur, en abattant l'activité des opérations organiques, excite la circulation cutanée et une activité plus grande dans les glandes sudoripares. Les diverses productions épidermiques, les ongles et les poils poussent plus vite. Les sens sont plus puissants, et les tissus plus doux au toucher.

Le froid, quand il n'est pas excessif, accroît l'activité des muscles, des nerfs, de la respiration, de la digestion; les facultés animales atteignent leur maximum dans les climats froids et en hiver, réserve faite des constitutions qui ne sont pas susceptibles de subir un abaissement extrême de température.

Les changements subits de température dérangent les fonctions. Une élévation subite cause une légère sensation de suffocation, des battements de cœur, une accélération du pouls et de la respiration. Un froid subit rend la respiration pénible, rapide et irrégulière; il augmente le nombre des pulsations. Les nerfs perdent leur excitabilité sous l'influence d'un grand abaissement de température aussi bien que sous une grande élévation.

Les sensations de chaleur et de froid sont très remarquables. La cause extérieure du *froid* est une cause qui tend à abaisser la température du corps. La chaleur normale du sang est à 37 degrés centigr. Tout contact d'un corps au-dessous de cette température donne une sensation de froid, et au-dessus une sensation de chaleur. Il y a un certain excès de chaleur engendrée dans l'organisme qui nous permet de vivre dans un milieu au-dessous de 37 degrés centigr., sans sentir le froid; et si cette chaleur est ménagée par les vêtements, on peut supporter un grand abaissement de la température extérieure. Une chambre est chaude à 15 degrés centigr. On peut supporter l'air extérieur quand il gèle et même à une température plus basse, soit en faisant du mouvement, ce qui produit de la chaleur, soit en s'enveloppant de vêtements capables de la retenir.

Un froid aigu fait l'effet d'une coupure ou d'un écrasement sur la partie affectée, et cause des sensations douloureuses de la classe qui reconnaît pour origine de violentes lésions locales. La température de la congélation du mercure détruit la peau comme l'eau bouillante ou une coupure.

La sensation de froid proprement dite vient d'un refroidissement général du corps, ou d'une partie considérable du corps, au-dessous de la chaleur du sang. Le terme *frisson* exprime un état de sentiment de l'espèce la plus pénible, non pas aigu mais étendu; quelquefois c'est une souffrance extrême. Quand une personne souffre d'un frisson excessif, il faut pour restaurer le calme de ses esprits quelque stimulant énergique. La volonté et la mémoire sont impressionnées par les souftrances du froid, qui jouent un grand rôle dans les calculs de la prévoyance et de la prudence.

C'est un fait singulier qu'un agent fait pour activer la vitalité de tant d'organes principaux, tels que les muscles, les nerfs, l'estomac, les poumons, nous affecte si puissamment par la dépression d'un organe ; rien ne montre mieux l'importance de la peau, soit par ses fonctions organiques, soit par sa sensibilité. Il est probable que les fonctions et la sensibilité sont affectées à la fois. Peut-être que la vitalité surexcitée des autres organes ne suffit pas, quand la peau est déprimée, à maintenir l'intégrité de la santé. Mais il est possible que nous soyons particulièrement sensibles aux changements survenus dans la peau, grâce sans doute à sa richesse en nerfs.

Les conséquences de la *chaleur* sont presque toujours le contraire de celles du froid. Les chaleurs intenses s'accordent avec les froids intenses en ce qu'elles sont douloureuses et destructives. Au-dessous du point où elle nuit aux tissus, la chaleur est une sensation agréable. Le plaisir de la chaleur, comme la peine du froid, est volumineux. Il y a des cas où il se distingue par l'intensité plutôt que par la quantité. La distinction que nous faisons entre la quantité et l'intensité, dans la description des sensations a précisément son type dans les sensations causées par la température, où une réalité physique correspond à des faits psychologiques. Quelquefois la sensation a une grande intensité et une faible quantité, comme celle que nous éprouvons lorsque nous buvons une tasse de thé trop chaud ; d'autres fois une grande quantité et une faible intensité, comme celle d'un bain chaud, ou celle que nous donne la température d'une chambre chauffée. Le bain brûlant est le cas extrême ; nulle autre circonstance ne met une telle masse de chaleur en contact avec l'organisme, c'est l'exemple de la sensation de chaleur dans sa forme la plus complète. C'est l'ivresse de la chaleur. Nous sommes inévitablement conduits à supposer que cette chaleur agit puissamment sur les nerfs sensitifs ; car il est difficile de supposer que les opérations organiques sont favorisées assez largement par une température soutenue pour donner des sensations agréables à ce degré. Nous pouvons troubler l'organisme par une chaleur sans produire la sensation pénible qui résulte du froid.

Quand le système nerveux est le siège d'une activité morbide, la chaleur agit comme calmant, soit par ses effets physiques, soit par la nature de la sensation, ou par les deux.

Les sensations de la respiration et celles de la chaleur et du froid sont des exemples qui viennent à l'appui de la doctrine de la relativité, c'est-à-dire du changement comme condition de la conscience. Il n'y a pas de sentiment dans l'acte de la respiration, à moins d'une augmentation ou d'une diminution de l'action des poumons ; et si nous vivions dans une température égale, nous ne saurions pas la différence du chaud et du froid.

Pour ce qui est de ces états, l'induction du principe de la relativité est ce qu'on appelle complète.

6. — SENSATIONS DU CANAL ALIMENTAIRE

L'appareil de la digestion nous présente toutes les conditions d'un sens : un objet extérieur, l'aliment ; un organe sensible, le canal alimentaire et ses dépendances ; enfin un ensemble de sensations naissant du contact des substances. Ce serait confondre deux sens tout à fait différents par leur caractère, bien que dépendants du même objet, que de traiter de ces sensations sous la dénomination de sens du goût.

Les objets du sens digestif sont les matières introduites dans le corps : les aliments, les boissons. Bien que très variées, elles n'exercent pas d'actions variées sur l'estomac. On peut les ramener à quelques groupes peu nombreux d'après leur composition, en les plaçant à côté de substances types en petit nombre, qui représentent tous les aliments utiles au corps. On obtient ainsi une classification abstraite :

1° L'*eau* et les substances liquides, y compris les substances en solution ou en suspension dans l'eau ;

2° Le *sucre* et les substances tirées du règne végétal qui peuvent se transformer en sucre, ou qui en sont des transformations : l'amidon, la gomme, le vinaigre, etc. ;

3° L'*huile ;* les substances de ce groupe ont la même composition chimique que celles du précédent ; elles contiennent du carbone et les éléments de l'eau, mais le carbone y est représenté dans une proportion plus élevée ;

4° L'*albumine ;* les substances albumineuses contiennent de l'azote ; ce sont : l'albumine, la fibrine, la caséine, le gluten ; à l'exception de cette dernière, toutes dérivent du règne animal ; des principes similaires, sinon identiques, se retrouvent dans les végétaux.

Le froment contient des substances du second et du quatrième groupe : de l'amidon (fécule) et du gluten ; le lait contient des substances appartenant aux quatre groupes : eau, sucre, huile (beurre), caséine.

Les trois premières classes sont incapables de nourrir les principaux tissus animaux, comme les nerfs, les muscles, etc. Elles servent plutôt à faire de la graisse, de la bile, et les substances qui donnent l'acide carbonique qui s'échappe des poumons. On admettait il n'y a pas longtemps encore qu'elles ont pour destination la production de la chaleur animale, parce qu'elles subissent une combustion lente en se combinant avec l'oxygène ; on les appelait *calorifiques*. Mais on a reconnu que cette dénomination était l'expression d'une théorie incomplète. Des expériences récentes ont prouvé que leur combustion est la principale source de la force musculaire, exemple de la transformation des combinaisons chimiques en forces mécaniques dont la machine à vapeur nous offre le pendant. La même combustion est aussi la source de la force nerveuse ; nous y retrouvons une analogie complète avec la pile où l'électricité naît d'une transformation de combinaisons chimiques.

Les substances albumineuses sont destinées à la production des tissus, mais elles ont aussi une autre fonction : en se transformant, en se détruisant par une oxydation lente, elles deviennent une source de chaleur, de force musculaire et de force nerveuse comme les autres substances.

Certaines substances appartenant à la classe des sels minéraux sont également nécessaires à l'alimentation. On en trouve un grand nombre dans les aliments usuels ; les sels de soude, de potasse, de chaux, de fer, et les phosphates sont les principaux.

On distingue les stimulants en épices ou condiments ; en alcaloïdes végétaux, tels que le thé, le café, le cacao ; en extractifs comme la créatine et la créatinine qui se trouvent dans le jus de la viande, et en boissons alcooliques. La plupart de ces substances ne sont pas directement nutritives ; elles agissent comme stimulants sur le système nerveux et retardent l'usure des tissus. Les acides végétaux, le vinaigre, les acides des fruits et l'acide lactique jouent un grand rôle dans l'alimentation.

Les différences que nous présentent les innombrables aliments dont nous faisons usage ne sont pas au fond aussi grandes qu'elles paraissent. Les différentes espèces de grains, depuis le froment jusqu'au millet, ont la même composition, du gluten et de l'amidon, seulement ces éléments n'y sont pas dans la même proportion. La pomme de terre est très riche en amidon et très pauvre en gluten ; aussi est-ce un aliment très défectueux. La structure des végétaux présente aussi des différences qui les rendent plus ou moins rebelles à la mastication et à la digestion, mais l'art du cuisinier a souvent raison de ces différences. Une troisième différence que présentent les substances alimentaires vient des essences étrangères qui peuvent y être contenues et qui affectent le sens du goût, et des saveurs, comme par exemple la différence de la viande de mouton et de la viande de bœuf, du poulet et du gibier, de l'eau-de-vie et du rhum.

Quelques mots sur la physiologie de la digestion. La première opération est la mastication, qui remplit la double fonction de broyer les aliments et de les imprégner de salive, c'est-à-dire d'un liquide qui transforme l'amidon en sucre de raisin par un procédé de la nature des fermentations. Les efforts de mastication sont purement volontaires ; mais quand l'aliment arrive à la base de la langue, il est précipité dans le pharynx et poussé dans l'œsophage, puis dans l'estomac, par des contractions involontaires. Dans l'estomac il est exposé à l'action du suc gastrique, dont l'action propre n'est pas encore pleinement connue ; on est en droit de conclure pourtant des recherches des physiologistes que, chez l'homme et les carnivores, les sucs sécrétés par l'estomac durant la digestion dissolvent les substances azotées animales et végétales, et les rendent susceptibles d'être absorbées, sans altérer matériellement leur constitution chimique, et en laissant à peu près intactes les substances amylacées, huileuses, sucrées et leurs congénères. La matière que l'estomac envoie dans l'intestin s'appelle *chyme*. Elle y subit bientôt l'action de deux autres sécrétions : le suc pancréatique et la bile produite par le foie. Dans l'estomac et dans l'intestin il se fait une absorption des produits de la digestion par deux voies différentes : l'une par les vaisseaux lactés qui s'emparent des matières grasses qu'on retrouve dans le chyle dont elles forment la plus grande partie ; l'autre par les vaisseaux capillaires sanguins qui versent les substances nutritives dans la circulation qui les conduit au cœur en passant par le foie. L'usage du suc pancréatique, versé dans l'intestin presqu'à son origine, consiste à agir dans le même sens que les glandes salivaires sur les parties amylacées des aliments et à opérer avec le concours des autres fluides la digestion des graisses. Les fonctions du foie sont plus complexes et plus obscures. Il semble que la bile aide la digestion des matières alimentaires ; en se mêlant aux substances grasses, elle prépare leur absorption. On admet aussi que le foie fabrique le sucre et la graisse aux dépens des éléments qui le traversent. Le sang des intestins, avant de retourner au cœur, passe par le foie et y prend le sucre qui s'y est formé. La masse des matières alimentaires qui progresse dans l'intestin par l'effet des contractions successives de ce canal diminue par l'absorption des vaisseaux lactés et sanguins, et s'accroît de nouvelles sécrétions versées par la muqueuse de l'intestin, matières impures destinées à sortir de l'organisme avec le résidu non digéré des aliments.

Les deux extrémités supérieure et inférieure du canal alimentaire sont seules pourvues de nerfs cérébro-spinaux. Le nerf vague se distribue en grande partie à l'estomac, et des nerfs du même système au rectum, tandis que l'intestin est desservi par le système du grand sympathique. Ceci nous explique pourquoi les sensations alimentaires sont principalement concentrées aux deux extrémités du canal, tandis que le partie moyenne, l'intestin, est, dans les circonstances ordinaires, presque entièrement dépourvue de sensations. Les mouvements de l'intestin sont entretenus par le grand sympathique.

Les sensations qui ont leur origine dans le canal alimentaire sont de deux sortes : les unes agréables quand l'action physiologique des organes est normale, les autres douloureuses quand il y a trouble ou maladie.

Les sensations qui accompagnent l'acte de prendre des aliments ont généralement le même caractère. Nous ne parlons pas du sens du goût, mais de la sensibilité qui appartient plus spécialement à l'estomac, qui s'étend à la bouche, où elle est en rapport avec la salivation, et qu'on appelle la *saveur*. Si nous prenons en masse toutes les sensations qui résultent d'un repas sain, et qui durent quelque temps après la fin du repas, alors que l'opération de la digestion dans l'estomac est la seule cause de ce que nous sentons, nous avons le droit de dire qu'elle est très agréable. Elle possède le signe des sensations volumineuses, la quantité, elle est pleine. Tel est le caractère de tous les genres d'aliments sains ; mais il y a la plus grande différence possible dans les qualités des aliments quant à la saveur pour l'estomac ; quelle différence entre un vieux morceau de pain de seigle et un petit pain blanc ! Les plus exquis aliments excitent des sensations intenses autant que volumineuses. L'ampleur de la sensation est démontrée par son aptitude à absorber de fortes irritations et à se rendre pour un temps maîtresse de la conscience. Cette propriété la place à côté des sensations de l'exercice et du repos du corps en santé, de la plénitude des forces nerveuses et de l'ivresse de la chaleur.

L'énergie de la volonté comprend la quantité de la sensation de saveur et dépend de la période de l'opération. D'abord le stimulus qui porte à l'action est intense et même furieux. Un commencement de satisfaction enflamme l'appétit, et jusqu'à un moment voisin de celui du rassasiement le plaisir se manifeste en donnant une impulsion nouvelle aux actes qui procurent cette satisfaction. L'acte de manger est un des exemples les plus caractéristiques que nous puissions présenter de la propriété que possède la sensibilité de provoquer l'action ; il ne tend pas seulement à éviter une peine, mais à retenir et à accroître un plaisir.

Nous retrouvons à propos de cette sensation ce que nous avons déjà remarqué dans la plupart de celles que nous avons étudiées ; c'est qu'elle reste difficilement dans la pensée, quand l'état des organes n'en offre pas la réalité. Mais la réalité n'est jamais longtemps absente. En règle générale, les sensations digestives et les autres sensations organiques sont très puissantes quand elles sont présentes, et la pensée ne peut guère les reproduire quand elles sont absentes. Elles ne sont pas comme les sensations de la vue ou de l'ouïe, ou comme les sentiments de l'amour ou de la haine, et certains autres états de conscience que l'intelligence peut retenir dans leur forme idéale; il n'est pas au pouvoir de la plus étonnante mémoire de reproduire l'idée d'un régal au travers du sentiment de la nausée.

La sensation particulière à l'extrémité du canal alimentaire est surtout un soulagement d'une peine.

La *faim* est une autre sensation du canal alimentaire; c'est l'état qui prépare celui dont nous venons de parler.

Les causes physiques de la faim sont une défaillance de l'estomac et le manque de matières nutritives dans l'organisme. Les nerfs sensitifs de la muqueuse de l'estomac sont les premiers affectés, puis viennent les nerfs de l'intestin, et enfin l'organisme lui-même ajoute son influence à la douleur et au sentiment local de dépression. On croit que l'état des fibres musculaires de l'estomac y joue un rôle (Weber). Elles sont d'abord relâchées, mais plus tard leurs mouvements propres (péristaltiques) commencent à vide. La section du nerf vague qui se distribue à la muqueuse de l'estomac n'abolit pas entièrement le sentiment de la faim. Ce sentiment est pénible, il est volumineux et absorbant comme le sont en général tous les sentiments provenant de l'estomac.

L'appétit commence par une sensation agréable, et se compose de certaines sensations indéfinies dans la région de l'estomac accompagnées par une stimulation des muscles de la mastication, et par la sécrétion de la salive. Ces sensations deviennent bientôt pénibles; puis apparaissent des douleurs déchirantes, oppressives, dans la région de l'estomac, qui sont elles-mêmes suivies par des sensations plus fortes dérivées d'une action plus générale sous laquelle les sensations locales disparaissent. C'est l'état d'inanition.

Les animaux sont poussés à chercher de la nourriture quand on leur a coupé le nerf vague; ce qui semble prouver que le sentiment d'inanition est pour quelque chose dans le pouvoir moteur de la faim. D'autre part on soutient que lorsque la digestion est troublée, l'appétit pour les aliments fait entièrement défaut, quelque souffrance que le corps ressente d'en être privé. L'influence des nerfs et des centres nerveux se fait voir dans le fait que le désir de manger peut exister même quand l'estomac est plein. D'ordinaire l'état de plénitude de l'estomac est suivi d'une sensation de satiété.

Le sentiment de la *nausée* ou du *dégoût* est un effet de quelque grande perturbation survenue dans le cours ordinaire des opérations digestives. Il s'accompagne ordinairement de vomissement, acte qui résulte : « 1° de l'introduction de certaines substances dans l'estomac, dont quelques-unes, telles que la bile, la moutarde, le sel de cuisine, n'étant pas absorbées, agissent seulement par l'impression qu'elles causent à la muqueuse stomacale ; 2° par l'introduction de substances émétiques, comme le tartre stibié, dans le sang, ou par la présence de certains poisons dans ce milieu ; 3° par une émotion mentale, celle par exemple qu'excite la vue d'un objet dégoûtant ; 4° par une irritation de la base du cerveau. » (Todd et Bowman, II, p. 214.) Il faut ajouter à ces causes le mal de mer. Les inflammations cérébrales des enfants ont pour symptômes de violents vomissements. L'acte de vomir est le résultat d'un stimulus réflexe, dirigé vers les muscles qui compriment l'abdomen dans l'acte de l'expiration. Ces muscles, contractés violemment tandis que l'air ne peut s'échapper des poumons, pressent le contenu de l'estomac et le poussent vers la bouche. La sensation du vomissement est dans la plupart des cas extrêmement douloureuse. C'est une preuve frappante de l'action des impressions stomacales sur le système nerveux. La sensation de la nausée est unique, *sui generis* ; on ne peut la comparer avec rien. Il y a bien des formes de souffrance intolérable, mais celle-ci a une violence propre, grande à la fois en quantité et en intensité. Si l'on s'en rapporte à la maxime que l'abus des meilleures choses est la pire des choses, la perversion abjecte où peut tomber l'estomac témoignerait de l'aptitude pour le plaisir qui dérive de cette partie de l'organisme.

Les sensations de nausée sont aussi accompagnées par les mouvements irréguliers des muscles du pharynx. C'est là qu'est le siège de la sensation caractéristique de la nausée. Dans l'estomac aussi la sensation se rattache souvent à des mouvements irréguliers, antipéristaltiques des fibres musculaires.

Les sentiments de nausée et de dégoût s'expriment dans notre langue par une variété de mots énergiques, les plus forts parmi ceux qui rendent le déplaisir et l'aversion, ce qui prouve la profondeur et l'intensité du sentiment qu'ils expriment.

Outre les objets qui produisent le dégoût par leur contact effectif avec le canal alimentaire, il y en a dont la vue seule est dégoûtante. Certains gaz, rien qu'en affectant l'odorat, produisent les mêmes effets. Les sensations de la vue qui provoquent le dégoût sont le plus souvent des produits d'association, tandis que certaines odeurs nauséeuses agissent d'emblée. Nous prenons toute sorte d'arrangements pour nous protéger contre le dégoût ; nous cherchons surtout à éviter les produits des corps vivants ; c'est la raison des opérations de nettoyage et du soin que nous mettons à écarter tous les objets malpropres. La faculté de résister aux causes de nausée est une indication d'une grande vigueur de l'estomac s'exerçant dans une bonne direction.

Il y a bien des choses dans le mot *laid,* opposé de beau ; mais rien ne contraste aussi radicalement avec la beauté, ou n'en annule les effets que le dégoût.

Il y a bien des formes et variétés de douleurs qui résultent de la maladie des organes digestifs. Nous ne faisons pas ici un exposé systématique et complet, sans cela nous aurions à parler des maux de dents et de la douleur plus ennuyeuse qu'aiguë qui accompagne les troubles des glandes salivaires. Les souffrances et les désordres des premières périodes de la digestion dans l'estomac sont très nombreuses, souvent très aiguës, plus souvent encore sourdes. Autant la digestion pendant la santé exerce une influence favorable sur la sensibilité, autant elle en exerce une fâcheuse quand l'estomac est malade ; quelquefois elle est tellement puissante qu'elle rend inutiles tous les efforts qu'on peut faire pour se procurer du plaisir par d'autres moyens. Les rapports nerveux de l'estomac et du cerveau sont intimes, ils se révèlent de bien des façons. Non seulement nous constatons l'existence d'une sensibilité vive pour les états de l'estomac, mais nous remarquons aussi une vigoureuse influence de retour du cerveau, réfléchie du cerveau sur les sécrétions digestives, pour leur fournir un appoint et leur porter l'assistance d'un stimulus extérieur (1). Cette dépendance partielle qui rattache la vigueur de l'estomac à une force dérivée de la masse cérébrale est attestée par la tendance d'un cerveau surmené à porter le désordre dans la digestion. Nous devons toutefois tenir compte des tempéraments ; nous trouvons chez les divers individus autant d'inégalité quant à la sensibilité de l'estomac que nous ne trouvons dans leur sensibilité pour la musique ou dans tout autre sens. Il est des gens qui ne comptent guère les sentiments de la digestion parmi les sources de leurs plaisirs ; mais nous pouvons croire, à cause de l'attention qu'on porte généralement au choix et à la préparation des aliments, que pour la grande majorité des gens nous n'avons pas exagéré l'importance des plaisirs que l'homme tire des fonctions digestives.

Les pathologistes auraient beaucoup à dire sur les nombreuses

---

(1) On a observé une augmentation des mouvements de l'intestin pendant que les tubercules quadrijumeaux étaient soumis à une irritation. (Wagner, *Éléments de physiologie,* § 362.)

douleurs qui résultent des maladies ou des troubles de l'estomac ; mais ce qui intéresse surtout, c'est d'en noter les effets sur l'esprit. Nous savons que beaucoup de dérangements des organes de l'appareil digestif ont pour effet d'abattre l'esprit et de faire naître un profond ennui. Cet effet n'est ni intense, ni aigu, il est puissant et très difficile à combattre, soit par des stimulants, soit par les efforts de l'esprit à raviver des pensées gaies. Il ressemble à cette dépression physique des forces nerveuses que nous avons étudiée et qu'il produit quelquefois ; la ressemblance devient plus frappante encore quand on en considère les traits principaux, par exemple le dégoût de la vie, et l'extrême facilité avec laquelle l'esprit oublie cette impression si profonde quand elle est une fois passée. Il serait rationnel de ne rien épargner pour empêcher le retour d'un état si pénible, mais il laisse si peu de trace que la raison n'a presque aucun pouvoir pour prévenir les récidives. Tout sentiment de dépression générale s'oublie aisément quand les forces sont restaurées ; le mal ne semble pas plus facile à localiser qu'à dénommer.

7. — SENSATIONS DES ÉTATS ÉLECTRIQUES

Il est très difficile de rien dire de précis sur cette classe de sensations, mais l'intérêt qui s'y attache défend de les passer sous silence.

Le choc électrique d'une bouteille de Leyde est le plus simple peut-être de tous les effets électriques ; et pourtant nous ne sommes pas en état de décrire le changement qu'il produit dans les tissus affectés. Un choc trop puissant détruit la vie, par exemple celui de la foudre. Le caractère principal de ce sentiment est la soudaineté de l'action ; l'effet pénible est celui d'un coup, d'une secousse. Faible, la sensation nous laisse une impression pénible qui nous détourne de renouveler l'épreuve ; forte, elle ne laisse aucun doute sur la tendance désorganisatrice du choc, et nous en gardons un souvenir comme d'une chose redoutable. Le choc de la pile est très différent, un courant continu a pris la place d'un choc instantané ; pourtant le caractère pénible est demeuré. D'abord on ne ressent qu'un petit choc, puis une sensation de chaleur et une sensation dans les chairs, comme si elles étaient déchirées ou arrachées, ce qui devient bientôt intolérable. La sensation déchirante est portée à l'extrême avec la machine électro-magnétique de Faraday, où le courant, au lieu de conserver la même direction, passe du pôle positif au négatif, et vice versa plusieurs fois en une seconde. Les sensations que fait éprouver cet appareil sont cruellement douloureuses. Dans certaines maladies on emploie des décharges plus faibles comme stimulant. Il semble que l'électricité ait la propriété de raviver l'action des nerfs paresseux, et que l'électricité des appareils électro-magnétiques produise de meilleurs effets que l'électricité commune.

L'électricité atmosphérique produit sans doute d'autres sensations que le choc du tonnerre. On admet que son influence éveille dans certains cas une agréable animation dans l'organisme humain, tandis que dans d'autres elle produit un effet pénible et déprimant. Beaucoup de personnes éprouvent une sorte d'irritation au commencement d'un orage. L'état fortement électrique de l'atmosphère, quand l'air est froid et sec, passe généralement pour tonique; au contraire, on peut rapporter à un défaut d'électricité une partie de la dépression que nous éprouvons par un temps chaud, humide et étouffant (1).

Mais il reste beaucoup à faire pour prouver la vérité de ces croyances populaires. Le moment de la plus grande influence de l'électricité sur la sensibilité humaine est le début d'un tremblement de terre ou d'une éruption volcanique; on sait que le magnétisme terrestre subit alors de violentes perturbations. En ces occasions, des sentiments de dépression allant jusqu'à la nausée et au mal de mer saisissent les hommes et les animaux comme si quelque grand stimulant de la vie disparaissait subitement.

Le baron Reichenbach s'est appliqué à produire par le magnétisme de nouvelles sensations; mais comme on a pu les produire par d'autres agents, des cristaux, la chaleur, la lumière, des combinaisons chimiques et la main de l'homme, on ne peut guère les attribuer à l'action magnétique.

Reichenbach signale deux classes de sensations chez ses sujets, qui correspondent à la direction des courants : l'une froide, rafraîchissante, agréable, l'autre ayant les caractères opposés (2).

(1) Il résulte des observations de l'observatoire de Kiew, que l'électricité de l'air est proportionnelle au degré de froid.

(2) Je ferai remarquer que bien que les expériences du baron Reichenbach aient été faites avec un soin inconnu avant lui dans cet ordre de recherches, à ce point qu'elles peuvent rivaliser avec les recherches scientifiques les plus certaines, il y a encore des doutes à conserver sur la question de savoir si l'imagination n'y a pas une grande part. Les admirables observations de M. Braid sur l'influence des idées dans la production de certains états du corps montrent jusqu'où peut aller le pouvoir de l'imagination chez les individus de ce tempérament. (Voyez la *Critique* de M. Braid sur Reichenbach, et ses écrits en général.)

II. — Sens du goût.

Corps qui agissent sur le sens du goût. — Organe du goût ; la langue. — Distribution de la sensibilité sur la langue. — Mode d'action des agents sapides. — Sensations du goût, sensibilité complexe de la langue. — Classification des corps sapides. — Sensations savoureuses. — Sensations dégoûtantes. — Sensations douces — douceurs. — Sensations amères. — Sensations salines. — Sensations alcalines. — Sensations aigres ou acides. — Sensations astringentes. — Sensations ardentes. — Côté intellectuel des sensations du goût.

Le sens du goût a son siège à l'entrée du canal alimentaire comme un moyen de plus de distinguer ce qui peut être pris pour nourriture et ce qui doit être rejeté, et comme une source nouvelle de plaisir attachée à l'acte d'alimentation.

Le goût distingue les substances alimentaires plus complètement que la digestion. Les impressions que les corps font sur l'organe de ce sens diffèrent presque autant que leur composition chimique ; mais pour faire impression sur le goût, il faut qu'une substance soit liquide ou capable de se dissoudre dans la bouche.

Les corps qui agissent sur le sens du goût sont innombrables. Il y en a dans les trois règnes de la nature, et beaucoup d'entre eux peuvent être reconnus à leur goût.

Parmi les corps minéraux, l'air atmosphérique et l'eau n'ont aucun goût. La plupart des autres liquides, les gaz et beaucoup de substances solides, à la condition d'être solubles dans la salive, exercent une action distincte sur le palais. Tous les acides, tous les alcalis et presque tous les sels sont sapides.

On doit remarquer que dans les sels le goût est déterminé plus par la base que par l'acide. Les sels de fer ont en général un goût d'encre ; les sels de magnésie ont tous plus ou moins le goût bien connu de l'un d'entre eux, le sel d'Epsom. Il y a aussi dans le goût des sels d'argent, de soude, de potasse, quelque chose qui ressemble à un caractère commun.

C'est un fait curieux que la combinaison chimique M^2O^3, qui contient deux atomes de métal pour trois d'oxygène, et qu'on appelle un sesquioxyde, cause une sensation de douceur. L'alun est doux en même temps qu'astringent ; l'oxyde de chrome est encore plus doux. La glycine est le plus doux de tous ces corps ; elle tire son nom de cette qualité.

L'hyposulfite d'argent et les combinaisons qu'il contracte avec les hyposulfites alcalins sont les plus doux de tous les corps connus.

Les sels de chaux sont amers.

Les alcalis organiques sont extrêmement amers ; il suffit de citer la quinine, la morphine, la strychnine. Le goût de la strychnine est sensible même dans une solution à un millionième.

Il y a une classe de composés végétaux chimiquement neutres, qu'on appelle principes extractifs et amers des plantes. En voici quelques-uns que j'emprunte à la *Chimie organique* de Gregory : la *gentianine*, extraite de la *Gentiana lutea*, se présente en aiguilles jaunes très amères ; l'*absinthine*, de l'*Artemisia absinthium*, masse demi-cristalline très amère, soluble dans l'alcool ; la *tanacétine*, du *Tanacetum vulgare*, ressemble beaucoup à l'absinthine ; la *syringine*, principe amer du lilas, *Syringa vulgaris* ; la *colocynthine*, principe amer de la coloquinte, extrêmement amère et purgative ; la *quassine*, substance jaune, cristalline, très amère, tirée du bois du *Quassia amara* ; la *lupuline*, principe amer du houblon ; la *liminime* ou *limine*, substance cristalline, amère, qu'on trouve dans les semences d'oranges, de citrons, etc.

Dans sa *Chimie*, Gmelin ébauche une classification de substances organiques d'après l'impression qu'elles causent au goût. « Quelques substances organiques, dit-il, telles que la gomme, l'amidon, le ligneux, l'albumine, etc., n'ont aucun goût ; d'autres ont un goût acide (la plupart des acides) ou un goût âpre (tannin), ou doux (sucre, glycérine, glycocolle) ; ou amer (principes amers, substances narcotiques et beaucoup de substances âcres, comme aussi beaucoup de résines) ; ou âcres (huiles, camphres âcres, résines âcres, alcaloïdes âcres), ou ardentes (l'alcool, les huiles volatiles, le camphre). »

Ce ne sont pas seulement les classes diverses de produits végétaux et animaux qui se distinguent par leur goût, comme les pommes et les abricots, le vin et le cidre, la viande et la graisse, mais dans chaque classe il y a des variétés nombreuses qu'on peut distinguer. La classe des vins dont l'alcool forme la base se subdivise en d'innombrables espèces que distingue la propriété d'une substance sapide en si faible quantité qu'elle défie les recherches des chimistes. Beaucoup d'autres faits prouvent aussi qu'une très faible portion de substance sapide peut impressionner le sens du goût. « Les acides et les amers se découvrent mieux que toutes les autres substances, puis viennent les salines, puis les sucrées. Une partie d'acide sulfurique dans 10,000 parties d'eau et une de sulfate de quinine dans 33,000 d'eau, peuvent être reconnues quand on compare avec soin les solutions à l'eau pure. Le sucre n'impressionne pas le goût s'il est avec l'eau au-dessous de la proportion de 1/80 ou 1/90, et le sel de cuisine au-dessous de 1/200. » (*Physiologie* de Marshall, I, 481.)

L'organe du goût est la langue ; le siège de la sensibilité est la muqueuse qui en couvre la surface.

La face supérieure de la muqueuse linguale est couverte d'innombrables saillies appelées *papilles*, qui manquent à la face inférieure ; elles sont de trois ordres : 1° Les papilles grosses, au nombre de huit à quinze, sont disposées à la base de la langue sur deux rangs dirigés obliquement en arrière et en dedans, formant un V ; 2° les papilles moyennes, plus nombreuses, de forme arrondie, sont semées sur le dos de la langue, plus nombreuses et plus serrées à la pointe ; 3° les papilles petites, les plus nombreuses de toutes, ténues, coniques, fusiformes ou cylindriques, sont pressées sur le dos de la langue en lignes parallèles, obliques à la base, à peu près transversales à la pointe de la langue.

Ces trois sortes de papilles sont des prolongements très vasculaires et très sensibles de la membrane muqueuse de la langue. Injectées, elles paraissent se composer presque entièrement de vaisseaux capillaires ; les plus grosses contiennent plusieurs anses vasculaires ; les petites n'en renferment qu'une. Les nerfs sont abondants dans les parties de la langue couvertes de papilles, où pénètrent les tubes nerveux. Les papilles sont incontestablement les principales parties affectées au sens du goût ; mais elles possèdent aussi à un très haut degré la sensibilité tactile.

Les nerfs qui se rendent à la langue sont le glosso-pharyngien à la partie postérieure, le lingual de la cinquième paire à la partie antérieure. Selon toute probabilité, le premier est le nerf du goût proprement dit. La cinquième paire, nerf du tact, donne à la pointe de la langue la vive sensibilité tactile qui la caractérise ; mais rien ne prouve d'une manière décisive qu'elle serve de conducteur aux impressions du goût. Il est vrai que certaines impressions qu'on appelle aussi des goûts, comme les impressions acides, sont discernées par la pointe de la langue, mais elles sont à proprement parler de la nature des stimulants piquants ou ardents qui peuvent agir sur les nerfs du tact. Un goût *amer* qui ne s'adresse qu'à la sensibilité gustative propre, est senti principalement à la base de la langue. Des goûts ardents, froids, astringents, peuvent s'imprimer sur les lèvres et les gencives, et ne sont que des effets de la sensibilité tactile. La moutarde agit sur toute surface tactile, et les impressions qu'elle produit ne diffèrent que par le degré. Il n'a pas été possible d'exciter une sensation purement gustative en irritant la cinquième paire.

Les physiologistes ne sont pas d'accord quand il s'agit de préciser les localités de la langue où la sensibilité réside. Todd et Bowman croient que « toute la portion dorsale ou supérieure possède la propriété gustative, surtout la circonférence, la base, les bords et la pointe. Ces parties sont le mieux situées pour éprouver les qualités sapides des aliments, parce qu'elles sont plus exposées que les parties centrales à la pression et au frottement occasionnés par les muscles de la langue durant la mastication. La région centrale est plus fortement protégée par son épithélium dense, elle est plus rugueuse et sert mieux à écraser et à disperser les aliments. » Il faut noter aussi que « la surface douce du palais et de ses piliers ainsi que celle des amygdales paraissent douées de sensibilité gustative à différents degrés suivant les individus ». (I, 345.)

Dans cette croissance graduelle de la sensibilité de la langue depuis la pointe jusqu'à la base, nous voyons la raison du mouvement qui porte les aliments peu à peu dans la direction du pharynx où ils doivent être avalés.

C'est encore cette sensibilité qui, conformément à la loi du système nerveux que la sensation guide l'action ou la volonté, entretient la mastication grâce à laquelle l'action sapide des aliments s'accroît en conséquence de leur division. Aussi la mastication est-elle un acte volontaire tandis que la déglutition est purement réflexe et involontaire.

« Le goût comme le toucher dépend beaucoup de l'étendue de la surface impressionnée, il devient plus vif par l'effet du mouvement, et d'une pression modérée de la substance sur la membrane gustative. » Pour recevoir les impressions sapides, il faut donc que la langue ne soit pas sèche. « L'impression de l'air froid amortit le sens du goût (1). »

(1) Les recherches de Graham sur la dialyse ont mis en lumière une autre condition du goût : il faut que les substances appartiennent à la classe des corps *cristalloïdes* et non à celle des *colloïdes*. Les colloïdes sont représentés par l'amidon, les gommes, le caramel, le tannin, l'albumine, la gélatine, les matières extractives animales et végétales. Or, c'est une loi que les colloïdes ne se traversent pas si ce n'est lentement et avec difficulté ; tandis qu'un corps cristalloïde, comme le sucre ou un sel, traverse un colloïde très promptement. Les membranes animales appartiennent à la classe des colloïdes ; en conséquence, elles sont facilement perméables aux substances cristalloïdes ; elles s'opposent au passage de l'amidon, de la gomme, de l'albumine, de la gélatine, etc. Cette loi suffit pour expliquer que certains corps ne produisent pas de sensation de goût. « Tandis que les substances cristalloïdes sont toujours très sapides, remarque Graham, les colloïdes sont particulièrement insipides. C'est une question de savoir si un colloïde déposé sur la langue parvient jamais aux extrémités sensibles des nerfs du goût qui sont probablement protégés par une membrane colloïde, imperméable aux substances solubles de la même constitution physique. »

Nous ne connaissons pas encore le mode d'action par lequel les nerfs de la langue sont stimulés. Le goût peut être l'effet d'une irritation mécanique de la surface de la langue, d'un coup violent donné avec les doigts sur la pointe de cet organe, et du galvanisme. Un courant d'air froid dirigé sur la langue donne un goût froid, salin, comme celui du salpêtre.

A considérer les substances qui causent une impression de goût proprement dit, il paraît probable que leur constitution chimique est la circonstance déterminante, ce qui prouverait que l'action de ces corps sur la langue est de nature chimique. Le stimulus des fibres nerveuses des papilles résulterait de la combinaison de la substance dissoute avec une certaine exsudation des vaisseaux sanguins des papilles. Nous savons qu'une action chimique sur une surface quelconque du corps suffit pour stimuler un nerf et produire une sensation; il est difficile d'assigner un autre mode de stimulation, soit pour le goût, soit pour l'odorat.

La langue, ainsi que cela résulte de l'origine de ses nerfs, a une double sensibilité, le goût et le tact; elle en a même une troisième, la *saveur* par où elle se rattache à la sensibilité du canal alimentaire. En effet, la langue et le canal alimentaire ont une grande analogie de structure; c'est la même muqueuse avec des glandes et des papilles en plus, ce qui suppose qu'au milieu même de la différence, il y a quelque communauté d'action et de sensation. « Il y a une gradation qui conduit des papilles du tact à celles du goût, et plus loin aux villosités absorbantes de l'intestin grêle. Le tact devient le goût par une sorte de dégradation; plus bas la sensibilité disparaît. » (Todd et Bowmann, I, 441.) En outre la langue nous informe si une substance convient ou ne convient pas à l'estomac, ce n'est pas au goût qu'elle doit cette propriété, car le goût qui nous fait connaître de délicates nuances ne nous apprend rien sur la digestibilité; il faut que la langue, comme un appendice de l'estomac, soit affectée à l'égal de cet organe par le contact des substances salutaires et de celles qui ne le sont pas. De plus, ce que nous appelons *saveur* n'est pas la même chose que le goût proprement dit. Nous connaissons déjà des exemples de substances sapides à proprement parler; le beurre et la viande sont des aliments savoureux; les produits exquis de l'art culinaire s'adressent plutôt au sens de la saveur qu'au goût. L'état de l'estomac influe sur la saveur et ne peut rien sur le goût. Après le mal de mer, on est encore capable de distinguer des substances amères, acides, alcalines ou âcres, alors que le mets le plus délicat n'a aucune saveur dans la bouche. Les mots frais, dégoûtant, nauséabond, s'appliquent à la sensibilité de l'estomac et de la partie de la langue qui y est attachée par une sorte de sympathie ; ils ne conviennent pas aux impressions du goût proprement dit.

Nous n'avons pas besoin de traiter minutieusement des sensations de saveur ou de dégoût, il suffira de citer quelques exemples qui feront bien comprendre la division que nous avons tracée entre ces sensations et celles du goût proprement dit.

Les *saveurs* sont des sensations agréables qui naissent de la stimulation imprimée par l'aliment sur les organes de la mastication et de la déglutition ; elles sont intenses : les substances qui les produisent sont dites savoureuses par excellence. Un état sain des organes digestifs et la faim sont les conditions sans lesquelles la saveur reste faible tant dans l'estomac que dans la bouche ; le beurre, les huiles, les substances grasses sont des friandises dont on se sert pour relever des aliments moins savoureux, comme le pain. Le sucre est une substance à la fois sapide et savoureuse ; c'est une substance nécessaire à la vie, puisque la salive a pour fonction d'en produire aux dépens des substances amylacées ingérées ; l'organisme tout entier le réclame ; un objet désiré aussi vivement est de nature à produire une impression beaucoup plus profonde qu'une simple sensation de goût.

La saveur à la bouche est beaucoup plus intense ou aiguë qu'à l'estomac ; ce qui le prouve c'est que beaucoup de choses qui sont pour la langue des friandises sont difficiles à digérer. Mais je ne sache pas un exemple d'une substance que la bouche accepte sans répugnance et qui soit nauséeuse à l'estomac ; sur ce point les deux sens sont d'accord.

Les saveurs ont pour opposés les *dégoûts*. Ce genre de sensation est inspiré par certaines substances indépendamment de leur nature ; par moments elles se produisent sans être précédées par un contact quelconque, par suite d'un état de malaise de la muqueuse digestive. Les substances huileuses, froides et solides, sont des friandises, mais, chaudes et liquides, elles affectent désagréablement la langue. La satiété rend tout aliment dégoûtant, et quelques-uns tout à fait nauséabonds. De quelque façon qu'on la considère, cette sensation tient plus à l'état du tube digestif qu'à la substance placée sur l'organe du goût.

Sensations douces. A leur tête se trouve le goût sucré ; c'est la plus frappante de toutes les formes de douceur. La douceur des fruits, du pain, du lait, des liqueurs alcooliques, et des articles de confiserie provient du sucre. Outre la saveur qu'il provoque, il excite le sens du goût proprement dit. Mais, nous devons le dire, nul goût n'atteint le degré d'influence d'une sensation alimentaire agréable, et jamais les plaisirs du goût n'ont l'influence de ceux de cette classe ; c'est un caractère distinctif. La sensation d'un goût doux est aiguë, mais elle n'inspire pas la volonté énergique qui accompagne l'impression d'un morceau friand. Quand la digestion est satisfaite, on peut encore se donner du plaisir en faisant usage d'aliments sucrés, et quand le goût s'affadit par la répétition, ce n'est pas dans les nerfs du goût qu'il faut en chercher la cause.

Mais ce qui distingue surtout les sensations alimentaires de celles du goût proprement dit, c'est le rapport qui les unit à l'intelligence, c'est-à-dire la faculté distinctive qui lui appartient, en vertu de laquelle un nombre indéfini de substances peuvent produire des impressions que nous reconnaissons comme différentes du tout au tout, impressions de différence qui restent ou sont rappelées après la disparition de l'impression originale, pour être comparées avec les cas nouveaux qui se présentent, et donner ce sentiment d'accord ou de désaccord sur lequel repose toute la connaissance du monde. Quand il s'agit de la douceur, par exemple, non seulement nous pouvons être affectés par la sensation agréable qui lui appartient, mais nous pouvons l'être par un grand nombre de substances qui possèdent cette qualité, nous pouvons en identifier quelques-unes, et constater en quelques autres le manque d'identité, nous pouvons même retenir l'impression d'un goût d'hier pour le comparer à un goût d'aujourd'hui. Cette propriété distingue les sensations de la bouche des sensations organiques; elle distingue même jusqu'à un certain point les goûts des saveurs ; c'est aussi ce qui fait la supériorité du sens de la vue, de l'ouïe, du tact sur les sensations organiques.

Sensations amères. La quinine, la gentiane, l'aloès ont un goût amer; l'amertume est l'opposé de la douceur plutôt que l'aigreur. De même que la douceur est le plaisir proprement dit du sens du goût, l'amertume est la forme distinctive de la peine que l'homme éprouve par l'intermédiaire de ce sens. Sans avoir l'influence des douleurs internes et profondes, elle est assez pénible dans sa sphère pour s'exprimer par des contorsions de la face. Le doux et l'amer représentent les deux modes d'action propres aux nerfs du goût. Ils se distinguent d'une part des saveurs qui supposent des sympathies avec l'estomac et de l'autre des modes de sensibilité tactile. Les impressions dont il nous reste à parler supposent plus ou moins l'action des nerfs du tact.

Sensations salines. Le sel de cuisine est l'exemple type de cette classe. Les eaux minérales contenant des sels de soude, de magnésie, de chaux ont un goût salin. Le goût salin est rarement agréable ; dans bien des cas, il est très désagréable ; aussi nous serions portés à donner à cette sensation une place à part, en ne la mettant ni avec les plaisirs ni avec les peines. On en peut dire, comme de toutes celles qui suivent, que le caractère de la sensation s'exprime surtout en ce qu'il peut être distingué de tout autre.

Le goût répulsif du sel d'Epsom est un composé d'un goût salin et d'un goût amer.

Le *goût alcalin* est plus fort que le salin, comme on peut s'y attendre quand on considère qu'un sel est un alcali neutralisé. Mais si les remarques que nous avons faites sont justes, si les sels doivent leur goût surtout à leur base, l'alcali doit avoir une part considérable dans le goût des substances salines. La plupart des alcalis minéraux et quelques oxydes terreux et métalliques ont des goûts caractéristiques rarement agréables et souvent assez désagréables.

Le *goût acide* ou *aigre* est bien plus uniforme que l'alcalin ou le salin ; cela dépend plus de l'influence de l'acidité que des éléments qui forment l'acide. C'est un effet pénétrant, piquant, produisant plutôt, quand il est fort, une sensation de brûlure qu'une sensation de goût répulsive ; dilué, l'acide fait une impression piquante, agréable à la bouche ; c'est pour cela que nous aimons le vinaigre, l'acide de la cuisine, comme le sucre en est l'élément doux, et que nous trouvons du plaisir à manger des fruits et des légumes frais. Un courant galvanique produit dans la bouche une sensation d'aigreur.

Le *goût astringent* est une forme distincte de la sensation du goût, par exemple l'effet de l'alun dans la bouche. Toutefois il est évident que dans l'action des acides et plus encore dans celle des astringents nous ne retrouvons pas des impressions du sens du goût proprement dit. Les substances astringentes agissent sur la peau des muqueuses en général, et l'effet qu'elles produisent dépend d'un resserrement, d'une espèce de contraction de la partie en contact avec la substance astringente. Le goût âpre du tannin appartient à cette classe.

Le goût des liqueurs alcooliques, de la moutarde, du camphre, du poivre, des huiles volatiles, est bien exprimé par le mot *ardent* que Gmelin lui applique dans sa classification. Il y a lieu de penser que l'impression de ces substances sur la langue est plutôt tactile que gustative ; toutefois il y a, à côté de l'alcool dans les vins, les esprits, les liqueurs fermentées, des substances qui sont véritablement des stimulants du goût. Le goût *âcre* peut être considéré comme une combinaison du goût ardent et de l'astringent, où entre un peu de l'amer. Le goût de la menthe poivrée rappelle le contact du froid sur la peau. L'âcreté est un état de sensation très remarquable qu'il faut étudier longuement, ce que nous ferons à propos de l'odorat.

Longet remarque que les sensations du goût manquent de la faculté d'être remémorées ; il essaye de le prouver en rappelant que lorsque nous rêvons d'assister à un repas, nous voyons les mets sans les goûter. Ce fait n'est pas incontestable, et d'ailleurs Longet abuse de la comparaison en mettant en opposition le plus intellectuel de tous les sens, celui dont les sensations sont le plus fixes, avec celui dont les sensations le sont le moins. Sans doute nous ne remémorons pas les sensations du goût de manière à en avoir toujours les idées présentes, mais elles sont pourtant susceptibles d'être rappelées comme idées, et quand nous en avons besoin pour des comparaisons à faire, elles se ravivent avec intensité. On peut dire à une semaine d'intervalle, si le vin que l'on goûte est le même que celui qu'on a goûté ; des personnes exercées ou d'un goût plus sûr peuvent se le rappeler après des années. Un dégustateur, un cuisinier ou un chimiste peuvent acquérir une sensibilité délicate pour les différences de goût, ce qui prouve que les impressions du goût peuvent prendre une place fixe dans la mémoire.

III. — Sens de l'odorat.

Objets de l'odorat. — Production des odeurs. — Diffusion des odeurs. — Organe de l'odorat, le nez. — Action des corps odorants, nécessité de l'intervention de l'oxygène. — Sensations de l'odorat. Classification. — Odeurs fraîches, confinées ou suffocantes, nauséeuses, douces ou fragrantes, sensation de douceur. — Odeurs mauvaises, piquantes, éthérées, appétissantes. — Aromes. — Usages de l'odorat.

Le siège du sens de l'odorat est placé très près de l'organe du goût avec lequel ce sens collabore fréquemment ; on peut dire aussi que placé à l'entrée des voies aériennes, il vérifie la pureté de l'air que nous respirons.

Les *objets extérieurs* de l'odorat, les substances matérielles dont le contact produit les sensations sont très nombreux. Il faut qu'ils soient à l'état gazeux, de même qu'il faut que les objets du goût soient liquides ou dissous. Les solides et les liquides n'affectent donc pas l'odorat, à moins d'être volatils.

Le plus grand nombre des gaz et des vapeurs sont odorants. Les gaz inodores principaux sont les éléments de l'atmosphère, l'azote, l'oxygène, la vapeur d'eau et l'acide carbonique (1).

Les autres ont presque tous quelque action sur le nez. La substance singulière qui se produit accidentellement dans l'air, l'ozone, est ainsi nommée à cause de son odeur, qui est celle du soufre et de l'odeur manifestée par l'électricité. Certains métaux et minéraux solides ont une odeur, par exemple l'arsenic qui sent l'ail, et le quartz qui devient odorant quand on le casse. Les odeurs du règne végétal sont innombrables : outre les produits végétaux qui se retrouvent presque partout, l'alcool et les éthers, un très grand nombre de plantes possèdent des odeurs caractéristiques qui d'ordinaire ont leur siège dans les fleurs. Le règne animal fournit aussi beaucoup d'odeurs diverses ; quelques-unes appartiennent à la plupart des animaux, comme l'odeur du sang ; d'autres sont spéciales, comme le musc, l'odeur du bœuf, du mouton, du cochon. « Tous les composés organiques volatils, dit Gmelin, sont odorants, la plupart d'entre eux se distinguent par des odeurs très fortes, par exemple les acides volatils, les huiles volatiles, les camphres, les stéaroptènes, les liquides alcooliques ; le gaz des marais et le gaz oléfiant n'ont qu'une odeur faible. »

Les odeurs agréables, considérées au point de vue de la composition chimique, sont des carbures d'hydrogène, c'est-à-dire des substances composées surtout d'hydrogène et de carbone ; telles sont les éthers et l'alcool. Beaucoup d'odeurs cependant échappent à l'analyse par la ténuité de la substance qui les cause. Ainsi le bouquet du vin provient d'une substance que les chimistes peuvent séparer et qu'on appelle éther œnanthique, mais ce qui fait le bouquet particulier de chaque vin échappe encore aux recherches.

Les odeurs répugnantes et celles qui ne sont que désagréables contiennent très fréquemment du soufre. L'hydrogène sulfuré est une des plus communes et des plus repoussantes. Celles qui sentent le plus mauvais que l'on connaisse encore ont l'arsenic pour base. La liqueur de Cadet et surtout le *cacodyle*, qui en est le radical, ont une odeur insupportable.

Les odeurs piquantes ont pour type l'ammoniaque. L'alcali volatil, la nicotine ou élément du tabac, ont des odeurs piquantes. Dans les sels odorants, l'ammoniaque est la substance qui se dégage.

---

(1) Cela est vrai, pour la quantité d'acide carbonique présent dans l'atmosphère ; mais en masse, ce gaz a une odeur piquante, légèrement acide. L'effet qu'il produit est probablement dû à l'irritation des nerfs de la cinquième paire et non à la sensibilité olfactive proprement dite.

Liebig a isolé la substance qui rend la viande rôtie odorante. La graisse brûlée répand des odeurs qui appartiennent à la classe des huiles volatiles dont a parlé Gmelin.

Le *développement* des odeurs est favorisé par un grand nombre de circonstances diverses. La chaleur, par la faculté qu'elle a de volatiliser et d'activer la décomposition, est l'agent le plus puissant de la génération des substances odorantes. La lumière, qui attire aussi le développement de la plante, est un agent du même ordre. L'abondance et la diversité des odeurs dans les climats chauds où donne le soleil, et en été, s'expliquent ainsi. L'humidité est aussi une cause favorable à la production des odeurs, mais nous ne savons pas toujours comment elle agit; peut-être dissout-elle les substances et en facilite-t-elle la volatilisation; c'est peut-être pour cela que le parfum des fleurs se dégage plus abondamment après une averse. Il est vrai aussi que certaines plantes sont plus odorantes quand elles sont sèches. Le frottement est une source d'odeurs; quand on frotte des morceaux de pierre siliceuse, une odeur se dégage; de même pour le soufre et pour beaucoup de métaux. Il faut croire que pendant le frottement quelque parcelle de la substance se volatilise.

Les recherches du professeur Graham ont jeté une vive lumière sur la question de la *diffusion* des odeurs. Quelques odeurs sont légères et par suite se diffusent rapidement en s'élevant; de ce nombre est l'hydrogène sulfuré; c'est aussi la propriété des odeurs aromatiques qui, grâce à leur diffusibilité et à leur force, se répandent à de grandes distances. Les îles à épices de l'archipel indien répandent au loin sur la mer leurs parfums. Les odeurs douces sont persistantes tandis que les nauséabondes, comme l'hydrogène sulfuré, se détruisent rapidement dans l'atmosphère.

Ce gaz mis à part, toutes les exhalaisons animales sont denses et se diffusent lentement. Elles ne s'élèvent point haut dans l'air; le chien de chasse tient le nez près du sol. Les exhalaisons malsaines des déjections déposées sur le sol sont sans effet à une certaine hauteur; un individu couché sentira ce que ne sentira pas un individu debout. L'expérience nous a appris le danger qu'il y a à dormir sur le sol dans les marais des tropiques; au contraire un homme peut passer, dans les mêmes régions, la nuit sans danger sur un arbre de cinquante pieds. Cette différence ne s'explique pas seulement par la diffusibilité, on sait aussi que pendant la nuit la ventilation ou le courant qui s'élève de terre s'arrête, et qu'alors la malaria peu diffusible et lourde reste à la surface du sol.

L'*organe* de l'odorat est le nez. Il se compose d'une partie saillante formée d'os, de cartilages, de muscles qui impriment de légers mouvements aux cartilages, de deux orifices qui s'ouvrent en bas, et en second lieu de deux fosses nasales, dans lesquelles les nerfs olfactifs se répandent. Ces cavités sont étroites et séparées l'une de l'autre par une cloison formée d os et de cartilage, en communication d'une part avec les sinus des os voisins et s'ouvrant en arrière dans le pharynx. La surface sensitive appelée *membrane de Schneider* ou *muqueuse pituitaire* tapisse les cavités anfractueuses dont les sinuosités multiplient la surface et augmentent la sensibilité de l'organe. Comme la muqueuse qui tapisse la caisse du tympan, la pituitaire est unie intimement au périoste et au périchondre sur lequel elle repose. Toutefois elle appartient à la classe des membranes fibro-muqueuses, elle est très vasculaire; en avant elle se continue avec la peau sur le bord des narines, en arrière avec la muqueuse du pharynx par l'ouverture postérieure des fosses nasales, avec la conjonctive de l'œil par le canal nasal et les conduits lacrymaux. La membrane pituitaire n'a pas partout la même épaisseur, ni la même vascularité, ni la même apparence. Le nerf olfactif s'y distribue principalement dans les parties les plus éloignées des ouvertures antérieures; celles qui en sont rapprochées reçoivent des nerfs de la cinquième paire qui leur donnent la sensibilité tactile qu'excitent les odeurs piquantes et le froid.

Le nerf olfactif est le plus curieux des nerfs sensitifs; il traverse un ganglion spécial appelé ganglion olfactif, qui est très apparent dans tous les cerveaux de vertébrés, et qui dans les ordres inférieurs de cet embranchement a l'importance d'un lobe distinct, d'une division de l'encéphale.

Sur l'*action des odeurs* comme sur celle des substances sapides, il reste beaucoup à connaître. Il y a pourtant des faits intéressants qui prouvent que l'action des odeurs est une opération chimique, ou au moins qu'elle dépend de conditions chimiques.

Les substances odorantes en général ont une très grande affinité pour l'oxygène; par exemple l'hydrogène sulfuré, l'une des odeurs les plus fortes, est rapidement décomposé dans l'air par l'action de l'oxygène; les carbures d'hydrogène, corps odorants, sont tous oxydables, par exemple les alcools, les éthers, les huiles essentielles qui constituent la substance active des parfums aromatiques. Les gaz non odorants ne sont pas attaqués par l'oxygène à la température ordinaire, par exemple le gaz des marais (protocarbure d'hydrogène) n'a aucune odeur. Ce qui prouve qu'il n'a pas la propriété de s'oxyder à l'air, c'est que le professeur Graham a retiré du fond d'une mine du gaz qui y était renfermé depuis les temps géologiques et l'a trouvé mêlé à de l'oxygène pur; ce mélange n'aurait pu persister aussi longtemps si ces deux gaz avaient la plus petite affinité. L'hydrogène n'a aucune odeur dans les circonstances actuelles : aussi ne peut-il se combiner avec l'oxygène aux températures que l'homme peut supporter, bien qu'à des températures très élevées il se combine avec ce gaz pour former de l'eau.

De plus, à moins qu'un courant d'air contenant de l'oxygène ne passe dans les fosses nasales avec les exhalaisons odorantes, il n'y a pas de sensation de l'odorat. Si l'exhalaison est portée par un courant d'acide carbonique, l'effet s'arrête.

Ensuite certaines combinaisons d'hydrogène se décomposent dans l'acte de produire des odeurs. Quand une petite quantité de séléniure d'hydrogène traverse le nez, le sélénium métallique est réduit et se dépose sur la muqueuse nasale ; malgré l'exiguïté de la dose, l'action que cette substance exerce sur le sens est très forte ; c'est une odeur extrêmement mauvaise, comme celle du chou pourri, elle irrite la membrane muqueuse, et y détermine une sécrétion catarrhale.

Ces faits prouvent que dans l'opération de l'odorat il y a une action chimique qui consiste dans la combinaison de l'oxygène de l'air avec la substance odorante. Si l'ozone est odorant, ce n'est pas parce qu'il est oxydable, puisque c'est une forme de l'oxygène, c'est peut-être parce qu'étant plus actif que l'oxygène, il décompose le mucus nasal et qu'il stimule ainsi le nerf de l'odorat (1).

Linné rapporte les odeurs à sept classes principales : 1° les odeurs *aromatiques*, comme celles de l'œillet, du laurier, etc. ; 2° les odeurs *fragrantes* comme celles du lis, du safran, du jasmin, etc. ; 3° les odeurs *ambrosiaques*, celle de l'ambre, celle du musc, etc. ; 4° les odeurs *alliacées* agréables pour les uns, désagréables pour les autres,

---

(1) La ténuité des particules des corps qui agissent sur l'odorat a souvent été présentée comme un exemple frappant de la divisibilité de la matière. L'hydrogène sulfuré est perceptible dans l'atmosphère, dans la proportion d'un millionième, l'ammoniaque dans la proportion d'un trente-trois millième.

Les substances suivantes peuvent affecter l'odorat même dans les proportions minimes ; l'hydrogène phosphoré $\frac{1}{3000}$ gr. ; l'hydrogène sulfuré $\frac{1}{30.000}$ gr. ; le brome $\frac{1}{40.000}$ gr. ; l'huile de résine $\frac{1}{1\,300\,000}$ gr. Une quantité de musc bien inférieure à cette dernière impressionne fortement l'odorat, mais on ne l'a pas évaluée (Valentin). Parmi les odeurs pénétrantes et qui s'étendent au loin, nous pouvons compter celle de la viande rôtie et beaucoup d'autres odeurs de cuisine, celles du bois brûlé et du tabac.

et plus ou moins semblables à celles que l'ail exhale, par exemple celles de l'asa fœtida et de plusieurs autres sucs gommo-résineux; 5° les odeurs *fétides*, comme celles du bouc, de l'*Orchis hircina*, de la valériane; 6° les odeurs *vireuses*, comme celles de l'œillet d'Inde et de beaucoup de solanées; 7° les odeurs *nauséeuses*, comme celles de la courge, du concombre et des plantes de la même famille (Longet, I, 151).

Cette classification nous semble la meilleure de toutes celles que Longet a citées, bien qu'elle ne soit pas à l'abri de toutes sortes d'objections. Les trois premières classes, les aromatiques, les fragrantes et les ambrosiaques, ne présentent pas beaucoup de différences, et la distinction entre les fétides et les nauséeuses n'est pas de nature à en faire deux genres différents.

Les odeurs *fraîches* sont celles dont l'action ressemble à celle de l'air pur, qui ont de la fraîcheur au milieu d'une chaleur excessive, qui agissent principalement sur les poumons dont elles tendent à accroître l'activité, et par là celle de l'organisme. Beaucoup d'odeurs balsamiques des champs et des jardins ont cet effet; le musc, l'eau de Cologne, les parfums, mais non tous, sont compris dans cette classe; l'odeur de l'étable à bœufs est à la fois fraîche et douce. Nous reconnaissons ces odeurs à leur effet stimulant et excitant sur l'organisme quand il est oppressé et suffoqué par un séjour prolongé au milieu d'une assemblée nombreuse. Ces odeurs ne sont pas toujours fragrantes; on en peut citer de désagréables qui semblent rafraîchir et stimuler l'organisme, l'odeur d'une tannerie par exemple. Les relations nerveuses du nez avec les poumons permettent cette action de l'un sur l'autre; ou bien les gaz produisent leurs effets plutôt sur la surface pulmonaire que sur celle du nez, ce qui doit probablement avoir lieu dans bien des cas où l'odeur est fraîche, comme aussi dans des cas où elle possède un caractère opposé. S'il en était ainsi, il y aurait des sensations d'odeur qui ne mériteraient pas ce nom et qui correspondraient aux sensations de saveur et à celles de dégoût dont nous avons parlé à propos du goût.

Les odeurs qui forment la classe opposée aux odeurs fraîches sont celles qu'on appelle suffocantes. Les exhalaisons des foules, par leur action sur les poumons, ont sur les forces de l'organisme une influence accablante; c'est pour cela que nous recherchons l'air libre, les solitudes, pour secouer les dépressions que nous subissons dans les appartements de nos maisons et dans les villes. Les exhalaisons des entrepôts, des magasins, des moulins, où le coton, la laine, les vêtements sont entassés, où la ventilation fait défaut, sont insalubres. L'air de la cuisine d'un pâtissier fait mal au cœur.

Nous ne saurions affirmer qu'il existe des odeurs qui stimulent l'estomac directement, comme les odeurs fraîches stimulent les poumons, mais nous ne pouvons douter qu'il y ait des odeurs du caractère opposé, des odeurs dégoûtantes ou *nauséeuses*. Il y a des gaz, dont l'hydrogène sulfuré est le type, qui dérangent l'estomac et le tube digestif, comme le font certaines substances sapides. On ne sait pas bien sur quelle surface opèrent ces exhalaisons, si c'est sur la muqueuse du nez exclusivement, ou, comme il est probable, en partie sur cette membrane et en partie sur la langue, le pharynx et l'estomac. Mais quel que soit le siège de l'action, le caractère nauséeux est assez marqué pour qu'on en fasse une différence générique.

On peut contester que ces genres d'odeurs soient de véritables odeurs, c'est-à-dire des impressions sur l'organe de l'odorat au sens propre du mot, mais il n'y a aucun doute au sujet de celles qu'on appelle *douces* ou *fragrantes*; celles-ci représentent les vrais plaisirs de l'odorat. La douceur peut accompagner ou non la fraîcheur. Citons seulement les odeurs de la violette, de la rose, du jasmin, de l'orange, du citron, de la lavande, du romarin.

Le mot doux convient à des plaisirs de nature très diverse; dérivé du sens du goût, nous l'appliquons aux odeurs, aux sons, à diverses émotions élevées, telles que les affections tendres et au beau dans la nature comme dans l'art. Ces sentiments sont si bien de la même famille, qu'ils se suggèrent et se soutiennent mutuellement: ils s'accordent tous à être des sentiments, des formes de plaisir purement positif; en cela ils ressemblent au repos musculaire, à la chaleur, à la digestion par des organes sains; mais ils sont plus aigus que ces états, ils sont aussi plus utiles à l'intelligence, où les idées qui les représentent persistent et se distinguent aisément, en donnant lieu à la supériorité appelée *raffinement*.

Les odeurs qu'on oppose aux odeurs douces sont celles qu'on appelle du nom général de *puantes*; le mot expressif *amer* ne s'applique pas aux odeurs. On a proposé de les appeler mauvaises odeurs, ce qui serait juste. Si nous en retirions les odeurs nauséeuses et certaines odeurs désagréables, la classe des odeurs puantes serait bien restreinte. L'asa fœtida est un exemple d'une odeur extrêmement repoussante; l'odeur cadavérique l'est aussi; mais c'est une des nombreuses exhalaisons provenant de la décomposition des tissus animaux. L'arome de quelques plantes, par exemple de celles que Linné a citées dans sa classification, a une action fortement désagréable. Les variétés de mauvaises odeurs sont infinies.

De même que la douceur est le plaisir propre de l'odorat, la puanteur en est la peine. On pourrait dire que les sensations auxquelles ce nom convient sont les douleurs du nez. Ces sensations sont intenses plutôt que volumineuses; elles nous étonnent, nous troublent, mais ne nous abattent, ni ne nous accablent nécessairement. Elles ressemblent à ce point de vue aux goûts amers, et contrastent avec la peine volumineuse du frisson et du dégoût. L'expression qui les caractérise est d'accord avec l'acuité de la sensation, c'est une violente contorsion de la face surtout à l'entour du nez, et quelquefois une sorte de rire nerveux.

La qualification de piquantes est applicable à un grand nombre d'odeurs, et cette qualité est l'attribut d'un plus grand nombre. L'ammoniaque en est le type. La nicotine, qui cause l'odeur du tabac, est la substance qui a le plus d'analogie avec l'ammoniaque. Le poivre, la moutarde et beaucoup d'exhalaisons acides, ont une action piquante. Toutefois cet effet ne mérite pas le nom d'olfactif au sens propre du mot; comme l'acidité ou l'astringence dans le goût, elle n'a probablement rien à faire avec la faculté olfactive. Les priseurs sont souvent privés d'odorat; ils perdent le sens des odeurs douces comme celui des odeurs repoussantes, tout en restant sensibles au picotement de la nicotine. L'impression qui se transmet au cerveau suit la même voie, et est de même nature que celle qui résulte d'une piqûre faite à la muqueuse ou de l'arrachement d'un poil des narines.

L'excitation produite par les sensations piquantes est une variété de sensibilité intéressante à étudier; nous y trouvons l'effet d'une irritation mécanique vive des nerfs qui ne va pas jusqu'à produire une douleur aiguë. Une égratignure, ou un coup sur la peau, une étincelle électrique, un grand fracas, une flamme brillante, une chaleur vive, sont des effets piquants et produisent de l'*excitation*. Ils tirent l'organisme de l'ennui, ils amènent une espèce d'ivresse, ils exaltent pour un moment le ton de l'esprit; ce sont autant de stimuli qui provoquent la manifestation de la vitalité exubérante de la jeunesse.

L'odeur *éthérée* est probablement un composé d'une sensation nasale piquante avec une odeur proprement dite. L'alcool, les éthers, le chloroforme, rappellent cet effet. On ne peut douter que l'alcool et les aromes de vins aient de véritables odeurs : très probablement ils agissent sur d'autres nerfs que l'olfactif, de même que le goût ardent qui caractérise ces liquides est autre chose qu'une simple impression sur les nerfs du goût. En tous cas c'est une odeur à part ; elle n'est pas sans douceur, mais le mot douceur n'en rend pas complètement l'expression.

On peut rapporter à la même classe l'odeur sulfureuse et électrique, qui est aussi celle de l'ozone.

Nous ne pourrions reconnaître une classe d'odeurs *âcres* qu'à titre de combinaisons de sensations piquantes avec une mauvaise odeur ; telles sont les odeurs dites empyreumatiques qui résultent de l'action de la chaleur sur les corps végétaux, et les odeurs des fabriques de gaz.

Les odeurs *appétissantes* méritent d'être traitées à part. L'odeur de la chair éveille l'appétit des carnivores, et excite l'animal à poursuivre sa proie. Nous pouvons considérer cette influence comme semblable dans son opération à la première impression d'un aliment savoureux sur le goût ; en vertu de la loi générale d'après laquelle la sensation provoque le mouvement, elle met l'activité en jeu pour obtenir une satisfaction plus grande. Une odeur savoureuse donne en quelque sorte un avant-goût des plaisirs de la digestion, et stimule l'appétit. La sympathie et l'antipathie sont pareillement des effets des sensations olfactives ; les poëtes n'ont pas manqué de remarquer l'influence des odeurs sur les sentiments voluptueux et tendres. Cabanis fait observer que l'odeur des jeunes animaux est de nature à attirer et, à ce qu'il croit, à donner de la vigueur aux animaux plus vieux.

Les goûts proprement dits n'affectent que les nerfs du goût et produisent le même effet, que les narines soient ouvertes ou fermées. Beaucoup de corps sapides sont en même temps odorants. Dans l'acte de l'expiration qui accompagne la mastication, surtout au moment qui suit la mastication, des particules odorantes sont portées dans les cavités du nez et affectent le sens de l'odorat ; cet effet est ce que nous appelons l'*arome*, quelques corps comme la cannelle n'ont guère de goût, mais ils possèdent un arome qui se développe pendant la mastication.

L'odorat, comme le goût, est un instrument qui joue un rôle important dans la distinction des corps matériels, et par conséquent dans la direction de nos actions et dans le progrès de notre connaissance du monde. Ce n'est pas chez l'homme que l'organe de l'odorat est le plus développé ; les ruminants, certains pachydermes, et surtout les carnassiers, ont une membrane nasale bien plus étendue, et une sensibilité olfactive bien plus développée. Le flair du chien tient du prodige, il lui sert de guide, il lui tient lieu même du sens de la vue, le ramène sur ses pas et lui fait retrouver son maître.

IV. — Sens du tact.

Du rang que les physiologistes assignent au sens du tact. — Le tact est un sens intellectuel. — Objet du tact. — Organe du tact, la peau. — Fonctions de la peau. — Mode d'action des objets du tact.
I. Sensations émotionnelles. — Sensations douces. — Sensations piquantes et pénibles. — Chatouillement. — II. Sensations intellectuelles. — Sensations de température. — III. Sensations intellectuelles du tact proprement dit : — A. Impressions de points distincts, observations de Weber ; — B. Sensations de pression. — IV. Sensations du tact impliquant des perceptions musculaires : poids, pression, résistance, élasticité, rugosité, poli. — Accroissement de la sensibilité par le mouvement. — Étendue, rôle du sens du tact dans la production de la notion d'étendue. — Éléments de l'opposition du successif et du coexistant, ligne, surface, solidité.
Distance, direction, situation, forme. — Phénomènes d'activité qui accompagnent les sensations. — Du tact dans les opérations manuelles. — Du tact comme suppléant de la vue. — Sensations subjectives du tact.

Les physiologistes ont l'habitude de commencer la description des sens par le tact. C'est, disent Todd et Bowman, le plus simple, le plus rudimentaire de tous les sens spéciaux ; on peut le considérer comme une forme élevée de la sensation commune, d'où il s'élève par des degrés imperceptibles à un très haut développement dans quelques points de l'organisme. Il a son siège sur toute la peau, et sur certaines membranes muqueuses, celle de la bouche par exemple, c'est donc de tous les sens celui qui occupe la plus large surface du corps ; c'est aussi celui qui est le plus étendu dans le règne animal ; puisqu'il ne manque probablement à aucune espèce ; c'est le premier sens appelé à fonctionner, et celui dont les impressions et le mécanisme offrent le plus de simplicité.

On peut admettre que le tact est moins compliqué que le goût, où l'on peut distinguer quatre espèces de sensations, parmi lesquelles figurent des sensations tactiles ; on peut dire aussi que le mode d'action qui met en jeu le sens du tact, le contact mécanique ou la pression, nous semble le plus simple de tous. Pourtant le tact est un sens intellectuel d'un ordre plus élevé que tous ceux dont nous avons parlé. Non seulement il fournit des matériaux à la connaissance, ce que les autres font aussi, mais il est une source d'idées, de conceptions, qui restent dans l'intelligence et embrassent tout le monde extérieur. Les notions de volume, de forme, de direction, de distance, de situation des corps extérieurs, sont formée : par le tact et non par le goût ni par l'odorat.

Toutefois cette proposition a besoin d'une explication. Le tact qui nous donne ces notions n'est pas un sens simple, mais une combinaison de sensations et de mouvements ; c'est à la partie musculaire du sens, aux mouvements des organes qui touchent, que nous devons l'origine et la représentation de ces conceptions, ainsi que nous avons essayé de le faire voir dans le dernier chapitre. La supériorité du tact sur le goût et l'odorat consiste donc dans l'union du tact avec le mouvement et la sensibilité musculaire. Le contact des corps solides avec la surface du corps fournira occasion au mouvement, à l'effort, à la résistance, ainsi qu'aux sensations et aux perceptions qui en dépendent ; ce qui n'arrive jamais pour l'odorat et le goût proprement dits.

Un second caractère qui marque la supériorité du sens du tact, et le rend propre à fournir à l'intelligence des formes et des représentations, c'est que les sensations reçues sur les diverses parties de la peau sont distinctes et séparées. Les sensations des différentes parties du sens de l'odorat se fondent en une seule sensation, il n'est pas possible de rapporter une sensation d'odeur à un point de la muqueuse de Schneider plutôt qu'à un autre. Les sensations de la peau sont transmises par des filets nerveux distincts ; la plus petite surface cutanée a un nerf distinct et une communication indépendante avec les centres nerveux, par où nous pouvons après quelque étude rapporter chaque sensation au lieu où se fait le contact. Le stimulus appliqué sur un doigt ne se confond à aucun point du trajet du nerf avec le stimulus appliqué à un autre doigt, le dos peut toujours être distingué de la poitrine, le côté droit du côté gauche. Nous tâcherons plus tard de montrer que cette propriété de localiser les tacts doit s'acquérir par la pratique ; ce qui la rend possible, c'est l'indépendance et la séparation des filets nerveux. Ce fait très important constitue la grande différence qui sépare le tact et ce qu'on appelle quelquefois la « sensation commune » ou la sensibilité diffuse qui appartient à tous les organes ou tissus. Il n'y a pas dans l'estomac de sensibilité discriminative de ce genre, ni dans les poumons ni dans le foie ; en tous cas, la séparation des nerfs dans ces parties est très imparfaite ; elle suffit juste pour que nous rapportions une douleur aux poumons, au foie, ou à l'estomac sans préciser la place particulière où elle a son siège. Ce n'est donc pas par l'intensité, mais par la localisation de la sensation, que se manifeste la supériorité de la sensibilité de la peau sur celle du reste du corps.

Les *objets* du tact sont les substances solides du monde extérieur.

Les gaz ne font aucune impression sur le tact à moins d'être poussés avec une grande violence. Les liquides ne donnent qu'une très faible sensation s'ils sont à la même température que le corps ; les sensations d'un bain sont seulement des sensations de chaleur ou de froid. Il est évident qu'une pression égale partout, comme celle d'un liquide, ne suffit pas pour faire impression sur les nerfs tactiles. Les aspérités et les inégalités des surfaces solides, qui pressent fortement sur quelques points et non sur tous, sont nécessaires pour produire une impression sur ces nerfs.

Les éléments minéraux de la croûte du globe, métaux, roches, etc., durs et résistants, sont très propres à exciter le sens du tact. La fibre ligneuse du règne végétal a une compacité qui la rapproche des minéraux solides. Les solides doux et mous impressionnent la surface cutanée d'une façon toute différente, et ils diffèrent entre eux selon qu'après la pression ils recouvrent ou non leur forme primitive, c'est-à-dire selon qu'ils sont ou ne sont pas élastiques. Quand la substance est promenée sur la peau, les aspérités se font sentir plus vivement, ce qui permet de distinguer les surfaces rugueuses des surfaces polies. Quand nous nous occuperons des sensations nous parlerons de ces qualités avec plus de détails.

L'*organe sensitif* est la surface de la peau, le tégument commun du corps, de l'intérieur de la bouche et de la langue. Il y a à distinguer dans la peau ses deux couches, les papilles, les poils, les ongles, deux espèces de glandes, les unes produisant la sueur, les autres une sécrétion grasse, des vaisseaux sanguins et des nerfs. La couche extérieure s'appelle l'*épiderme*, c'est une couverture protectrice tendue sur toutes les parties de la véritable peau, mais elle est tout à fait insensible et non vasculaire. L'épaisseur de l'épiderme varie sur les différents points de la surface cutanée ; cette couche est en général extrêmement mince ; elle est plus épaisse à la paume des mains et à la plante du pied, c'est-à-dire aux parties du corps où la peau est le plus exposée à la pression, et il n'est pas improbable que la pression soit la cause qui stimule la peau sous-jacente à fournir une production plus active d'épiderme ; mais la différence ne dépend pas seulement de causes externes, car elle est très marquée dans le fœtus.

La véritable peau, le *derme*, est un tissu sensible et vasculaire ; il est couvert et défendu par l'épiderme insensible et non vasculaire, et il est rattaché aux parties sous-jacentes par une couche de tissu cellulaire dite sous-cutanée, qui à l'exception de quelques parties contient de la graisse, à laquelle on donne le nom de pannicule adipeux. Ce lien qui attache la peau aux parties sous-jacentes est dans beaucoup d'endroits lâche et mobile, dans d'autres serré et ferme, comme à la paume de la main, et à la plante du pied. Dans quelques régions du corps la peau est mise en mouvement par des fibres musculaires, qui ne prennent leur point d'appui sur aucune partie fixe, comme on le

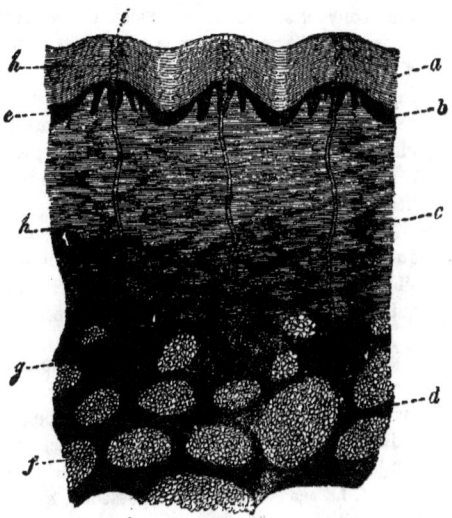

Fig. 5. — *Structure de la peau.* — *a*, épiderme ; *b*, corps muqueux de Malpighi ; de *c* à *d*, derme ; *e*, papilles ; *g*, glandes sudoripares ; *d f*, tissu sous-cutané, riche en graisse.

voit dans le muscle orbiculaire de la bouche, ou qui s'attachent soit à des os, soit à des aponévroses comme les autres muscles cutanés de la face et le muscle palmaire cutané.

Outre les plis que présente la peau au point de flexion des articulations, on y remarque des sillons plus ou moins profonds qui séparent de petites saillies linéaires, surtout à la paume des mains et à la plante des pieds. Ces saillies sont formées par des rangées de *papilles*.

Les papilles sont de petites élévations qui contribuent à rendre la peau plus sensible comme organe du tact ; on les trouve plus développées aux points où le sens est le plus exquis et réciproquement. Elles sont larges et alignées sur des rangs serrés à la paume de la main et à la face palmaire des doigts comme sur les parties correspondantes du pied. Elles y sont rangées sur des lignes courbes que l'on voit très bien quand la peau est encore couverte de son épiderme épais ; elles forment de petits cônes à sommet émoussé, qui se logent dans des cavités correspondantes de l'épiderme. Les plus longues à la paume de la main ont de 0^{mm},112 à 0^{mm},073. Dans les saillies linéaires, les grosses papilles sont quelquefois rangées sur une seule file, mais le plus souvent sur deux. Des vaisseaux sanguins déliés pénètrent dans la papille, soit pour y former de simples anses capillaires, soit pour se diviser suivant le volume de la papille en deux ou plusieurs branches capillaires qui dérivent des anses et rejoignent les veines. Des filets nerveux pénètrent aussi dans la papille, mais on ne sait pas bien comment ils se terminent. Dans d'autres parties de la peau, les papilles sont plus petites, plus courtes, moins nombreuses, et éparses irrégulièrement.

Nous avons donné une description sommaire des papilles parce qu'elles jouent un rôle dans les fonctions de la peau comme organes sensibles, nous ne disons rien des autres parties ou appendices de la peau qui n'ont pas de rapports avec notre sujet.

La peau possède dans toute son étendue la *sensibilité tactile*, mais à des degrés différents suivant les parties. A la peau de la paume des mains et des doigts où les nerfs sont abondants et les papilles aussi saillantes que nombreuses, le sens du tact est très vif ; cette propriété, combinée avec d'autres dispositions, fait de la main l'organe spécial du tact. La peau semble aussi posséder, quoique à un faible degré, la contractilité.

Les nerfs du tact sont les racines sensitives ou postérieures des nerfs spinaux, pour les membres et le tronc, et certains nerfs cérébraux (la cinquième paire) pour la tête, la face, la bouche et la langue (1).

Dans le sens du tact, l'*action* subie par l'organe est une simple pression. Le contact d'un objet comprime la peau et, à travers la peau, les filets nerveux qu'elle contient. Nous savons qu'il suffit de presser ou de pincer un nerf pour produire de la sensibilité ; dans le tact la pression est encore moins forte, grâce à la protection que les nerfs reçoivent de l'épiderme. Le seul point qui intéresse dans ce mode d'action, c'est le fait étrange que des contacts très légers produisent souvent une grande sensibilité, comme par exemple une plume, ou une pièce d'étoffe flottante, tandis que ces mêmes objets pressés sur la peau donnent une

(1) On a supposé que les nerfs importants du tact qui se rendent aux extrémités avaient dans le cerveau une distribution différente de celle des nerfs du tronc. Türck a montré que, dans la main et le pied, le même point reçoit des filets nerveux provenant de différentes racines rachidiennes.

impression moindre. De fortes pressions donnent des sensations relativement faibles; c'est surtout dans les muscles qu'elles sont senties comme sensations de force et de résistance.

Nous ne pouvons expliquer ce fait étrange qu'en supposant qu'une forte compression amortit la faculté conductrice des nerfs. Nous savons par diverses observations que la compression d'un nerf tend à supprimer sa conductibilité; l'amortissement de la sensibilité de la main par un choc appliqué sur le coude est un effet bien connu de la compression du nerf cubital.

I. — Les *sensations* du tact sont nombreuses, variées et intéressantes par le rôle qu'elles jouent comme source de nos connaissances. Nous commencerons par celles qui ont quelque rapport avec le plaisir ou la peine et chez lesquelles le caractère émotionnel prédomine.

Sensations douces du tact. — Nous comprenons dans cette classe les sensations qui supposent un contact léger d'une surface étendue avec la peau, abstraction faite de la sensation causée par la température; nous n'en pouvons pas donner de meilleur exemple que celui des sensations que nous fait éprouver le contact d'un corps à travers les couvertures du lit, ou que nous touchons avec la main recouverte d'un gant un peu lâche. Nous pouvons donner encore, comme un type de cette classe de sensations, celle que nous éprouvons quand nous passons la main à plat sur un coussin ou sur tout autre corps mou.

La sensation est alors agréable, non aiguë, mais volumineuse; elle rappelle celle d'une chaleur agréable. Elle est moins forte, mais probablement elle est plus susceptible de se fixer dans l'esprit sous forme d'idée, que les sensations digestives ou musculaires. Nous examinerons plus loin ses rapports avec les émotions tendres. (Voy. *Emotions and The Will, tender emotion.*)

Habituellement nous ne faisons aucune attention à la sensation que nous font éprouver nos vêtements, exemple frappant de la loi de relativité. En vertu du même principe, quand le contact des vêtements est supprimé, nous sentons qu'il nous manque quelque chose.

Dans les sensations des organes lacrymaux, mammaires et sexuels, il semble qu'il y ait quelque chose de plus que le simple contact; la qualité de la substance qui touche affecte la sensation. Quand les larmes coulent sous l'effet d'une émotion tendre, il y a jusqu'à un certain point une sensation agréable dans l'œil : mais quand les yeux sont inondés de larmes, le contact du liquide sur les paupières n'est guère agréable. Il est probable que, dans ce cas, il y a sinon une action chimique subie par les surfaces sensibles, au moins une action dialytique.

Le contact mutuel de corps vivants produit une sensation complexe de douceur et de chaleur, et excite les émotions correspondantes. Il y a peut-être de plus des effets électriques et magnétiques particuliers, mais la réalité n'en est pas établie.

L'attraction de la mère pour son petit est en partie causée par le plaisir d'un contact doux et chaud. La même sensation retient le jeune à côté de sa mère en attendant qu'il y soit attaché par la satisfaction qu'il reçoit avec la nourriture, et prolonge ses effets en même temps que cette dernière cause, plus puissante, le porte à se rapprocher davantage. A un âge plus avancé, le contact des sexes, stimulé au premier moment par le seul plaisir du tact, dévoile et suggère les besoins sexuels ainsi que les actes qui doivent les satisfaire.

Dans les attitudes que nous prenons d'ordinaire le plaisir que donne un tact doux entre pour beaucoup. L'enfant porte les doigts à sa bouche, soit par le simple effet du plaisir qu'il y trouve, soit parce que la sensation qu'il en éprouve le soulage quand il souffre; c'est pour le même motif qu'à tous les âges de la vie nous portons les mains sur les diverses parties du visage.

Sensations piquantes et pénibles du tact. — Quand au lieu d'un contact doux, étendu, nous éprouvons une action intense sur des surfaces limitées, sur de simples points, comme un coup de fouet, nous avons une sensation cuisante, bien différente de celle dont nous venons de parler. A un degré modéré, cette sensation, bien que piquante, est agréable ; au delà, elle est très pénible. Les nerfs sont frappés comme par la piqûre d'un instrument, l'extrême intensité et la soudaineté du stimulus est une cause de douleur. La nature de la sensation ne diffère pas radicalement de celle d'une coupure de la peau ; sa nature cuisante ébranle tout l'organisme; elle provoque les actes les plus décisifs pour éviter la peine, et suscite une aversion mentale intense pour tout ce qui s'y rapporte. Son intensité lui donne sur la mémoire une prise que ne possède pas la sensation voluptueuse du contact étendu d'un corps doux. C'est ce qui rend efficaces les châtiments appliqués sur la peau comme moyens de discipline dans l'éducation des êtres sensibles.

Sous les mêmes conditions, la sensibilité de la peau pour ces deux classes de sensations est plus grande dans les parties les plus abondamment pourvues de nerfs, et où la sensibilité distinctive ou tactile est la plus marquée, comme à la langue, aux lèvres, à la paume de la main.

Autres sensations pénibles de la peau. — Parmi ces sensations notons d'abord celle du chatouillement. Weber fait remarquer que les lèvres, les parois des narines, et, en général, la face, touchées légèrement avec une plume, donnent la sensation du chatouillement qui dure jusqu'à ce qu'on frotte la partie avec la main. Dans le nez, cette excitation fait éternuer. L'excitation s'étend aux conduits des glandes qui versent leur contenu et augmentent l'irritation. La commotion vive produite par les corps en contact avec l'œil est une sorte de chatouillement accompagné d'un flux de larmes, mais qui devient bientôt de la douleur. Il est difficile d'expliquer pourquoi certaines places sont susceptibles de cette sensation à l'exclusion des autres ; cet effet n'exige pas que les parties possèdent la propriété délicate que nous avons appelée la distinction tactile.

Ce qu'il y a de singulier dans le chatouillement, c'est qu'une sensation très insignifiante suscite des efforts de volonté extraordinaires tendant à la supprimer ; le chatouillement du creux de l'aisselle ou de la plante des pieds, chez une personne susceptible, produit d'aussi violents mouvements de répulsion que le contact d'une surface brûlante.

Il y a une considération qui peut expliquer cette anomalie. Le chatouillement stimule naturellement des mouvements réflexes puissants, et ceux-ci sont par eux-mêmes une source de malaise profond. La même sensation tactile, si elle n'est pas accompagnée de stimulation réflexe, peut être tout à fait indifférente. Cette remarque s'appliquerait au chatouillement qui précède le rire et l'éternuement. L'irritation du gosier donne lieu tout d'abord à des contractions réflexes des muscles du pharynx ; celles-ci sont plus ou moins douloureuses, nous ne tardons pas à céder à des mouvements involontaires qui produisent l'expiration spasmodique de la toux. On peut dire la même chose des effets d'une écorchure, quand elle est trop légère pour produire une sensation poignante de brûlure ; c'est un stimulus d'action réflexe qui vient frapper un système nerveux irritable, au moment où les mouvements musculaires forcés sont douloureux. Ce n'est pas la sensation elle-même que nous redoutons, mais le réveil d'une activité morbide, quand nous désirons le repos.

Toutes les parties de la peau sont susceptibles de donner des sensations douloureuses, surtout pendant le cours d'une maladie ou si la peau porte quelque lésion. L'épiderme est insensible, mais le derme est d'une sensibilité extrême. Les déchirures, les écorchures, les brûlures, donnent des douleurs aiguës. La compression longtemps continuée de la même partie de la peau donne lieu à une sensation pénible. Les cheveux sont insensibles par eux-mêmes ; mais, comme ils tiennent à la peau, ils servent d'intermédiaires à la sensation. Le point d'attache des ongles est le siège d'atroces douleurs que l'imagination peut facilement représenter.

La *viscosité* est une sensation distincte qui résulte de l'adhésion d'une substance à la peau ; c'est une sensation désagréable dont la cause est peut-être quelque interruption des fonctions naturelles de la partie affectée.

II. *Sensations de température.* — Les sensations de chaleur et de froid sont le plus vivement senties à la peau ; la sensibilité s'étend aussi au gosier, à l'estomac, au rectum. Il n'y a pas de raison de supposer que les sensations aient besoin d'autres nerfs que ceux du tact. La chaleur est un état de mouvement moléculaire ; il est à présumer qu'elle cause quelque perturbation dans l'arrangement des molécules des nerfs, et que c'est ainsi qu'elle produit une stimulation agréable ou désagréable suivant les circonstances (1).

La sensation d'humidité ne semble pas être autre chose qu'une sensation de froid.

Il semble que nous soyons également sensibles à des températures marquées par des degrés élevés comme par des degrés bas du thermomètre. Suivant Weber, nous pouvons distinguer 14° R. de 14°,4 aussi bien que 30° de 30°,4 ; la distinction se fait le mieux quand le changement est rapide ; elle se fait mieux aussi quand on applique des températures inégales à des parties contiguës, que lorsque l'application porte sur des parties distantes. La sensibilité des différentes parties pour la température ne dépend pas seulement de l'abondance des nerfs qui s'y rendent, mais aussi de certaines circonstances que nous ignorons pour le moment. Weber a rangé les parties par ordre de sensibilité pour la chaleur ainsi qu'il suit : la pointe de la langue, les paupières, les lèvres, le cou, le tronc. A la face, à la poitrine et à l'abdomen, les parties centrales sont moins sensibles que les parties latérales.

On augmente la sensibilité en augmentant l'étendue de la surface impressionnée. Quand on plonge un doigt dans de l'eau à 32° R., et

---

(1) Hamilton croyait que la sensation de chaleur dépend de deux systèmes de nerfs ; il en donnait deux raisons : 1° certaines parties du corps sont insensibles à cette sensation ; 2° on connaît des exemples dans lesquels la sensibilité en général était abolie, tandis que la sensibilité pour la chaleur n'était pas sensiblement diminuée (Reid, p. 875).

Par contre, les expériences de Weber nous portent à conclure que l'intégrité de la peau est nécessaire à la distinction des degrés de température par le tact, et ne nous permettent pas de supposer que d'autres nerfs que ceux du tact soient nécessaires. (Carpenter, *Human physiology*, 4° édition, § 866.)

Brown-Séquard pense que la moelle épinière, le canal des impressions de la température, est différent de celui des impressions tactiles.

On peut remarquer que la sensibilité discriminative de la peau, qui se révèle dans la plupart des impressions, implique un organe interne ou central qui reçoit, indépendamment les uns des autres, les stimuli des diverses parties. Or, un dérangement interne peut altérer cette indépendance des impressions sans détruire la sensibilité des fibres aux stimulants de chaleur ou de froid, ou de toute autre forte irritation. On a prouvé qu'une lésion des couches optiques détruit la sensation tactile, mais non la sensibilité pour la douleur.

toute la main dans de l'eau à 29°,5, c'est celle-ci qui paraît la plus chaude.

Il est à remarquer que, quand une partie du corps en touche une autre, la température étant la même, c'est la partie douée de la propriété tactile la plus délicate qui sent l'autre. Si les températures sont différentes, la première sent la seconde par le tact, tandis que la seconde sent la première par la température. Quand nous portons la main à nos sourcils, ce n'est pas la main qui est sentie par le sourcil, et ce n'est pas la fraîcheur du sourcil qui est sentie par la main.

Weber a signalé un autre fait singulier qui se rattache au sens de la température : quand deux substances de même poids, mais de températures différentes, sont évaluées par le sens du tact, la plus chaude paraît la plus lourde. On peut expliquer cet effet bizarre par l'impression dépressive du froid sur l'esprit. Il y a là quelque chose d'analogue à la perversion de notre évaluation du temps qui résulte d'un état d'entrain ou de dépression insolite de l'esprit ; dans l'un nous nous imaginons que le temps passe vite, dans l'autre qu'il s'écoule lentement.

La sensation de la température joue un rôle dans beaucoup de nos actes de comparaison ; c'est elle qui décide par exemple quand nous touchons du bois et une pierre, et qui nous les fait distinguer.

III. — Nous allons aborder une classe de sensations, celles du tact proprement dit, qui sont par excellence les sensations intellectuelles de ce sens.

A. *Impressions de points susceptibles d'être distingués.* — Nous avons déjà fait remarquer le caractère discriminatif et flexible du sens du tact qui lui permet de recevoir et de distinguer des impressions relatives à la position des diverses parties d'une surface étendue. Les diverses parties du corps présentent des différences très intéressantes au point de vue de cette propriété. Les expériences de Weber les ont fait connaître.

Weber a touché les différentes parties de la peau d'un même individu, dans des directions différentes, avec un compas dont les pointes émoussées par de la cire à cacheter étaient plus ou moins écartées. Il a trouvé que la plus petite distance à laquelle on perçoit le double contact des pointes varie dans les diverses parties du corps, depuis un trente-sixième de pouce jusqu'à trois pouces ; c'est un excellent moyen de juger l'acuité du sens. Nous percevons une double impression sur les parties très sensibles de la peau, quoique les pointes soient très rapprochées l'une de l'autre ; sur les parties d'une sensibilité moindre, nous ne sentons qu'une seule pointe, bien que les des pointes soient en réalité assez écartées l'une de l'autre.

Dans beaucoup de parties, nous percevons la distance et la situation de deux pointes plus distinctement quand elles sont placées transversalement que lorsqu'elles sont placées dans le sens longitudinal, et *vice versâ*. Par exemple, au milieu du bras et de l'avant-bras, les pointes ne font une impression double qu'à la distance de deux pouces, si elles sont placées en travers; c'est à peine si elles donnent une impression double, même à trois pouces, quand elles sont placées dans le sens de la longueur du membre.

Les deux pointes écartées d'une distance fixe paraissent bien plus écartées quand elles sont posées sur une surface très sensible, que lorsqu'elles touchent une surface de sensibilité obtuse. Quand on les porte successivement sur des régions dont les parties sont différemment douées, il semble qu'elles s'ouvrent à mesure qu'elles se rapprochent des parties très sensibles, et *vice versâ*.

Si l'on appuie plus sur l'une des pointes que sur l'autre, la plus faible cesse d'être distinguée, la plus forte impression tendant à masquer la plus faible d'autant plus complètement qu'elle est plus forte elle-même.

Les deux pointes écartées à une distance fixe sont plus nettement distinguées quand elles sont en contact avec des surfaces qui varient par la structure et par la fonction, que lorsqu'elles sont appliquées sur la surface, comme par exemple à la face interne et externe des lèvres, ou au front et au dos des doigts.

La partie la moins sensible des membres est la partie moyenne, par exemple le milieu du bras, de l'avant-bras, de la jambe, de la cuisse, la face convexe des articulations étant plus sensible que la face concave.

La main et le pied l'emportent en sensibilité sur le bras et la jambe, la main sur le pied, la paume de la main sur le dos, la plante des pieds sur le cou-de-pied. A la face palmaire de la main, l'acuité du sens correspond très exactement avec le développement des rangées de papilles; partout où ces papilles manquent, elle est faible.

Le cuir chevelu a une sensibilité plus émoussée qu'aucune autre partie de la tête; le cou n'est pas même aussi sensible que le cuir chevelu. La peau de la face devient de plus en plus sensible à mesure que nous nous rapprochons de la ligne médiane; le bout du nez et les bords des lèvres sont extrêmement sensibles et ne le cèdent qu'à la pointe de la langue. Cette dernière partie, dans un espace de quelques lignes carrées, montre une sensibilité plus vive que les parties les plus sensibles des doigts; les pointes du compas y font généralement une impression double, même avec un écartement d'un tiers de ligne. A mesure qu'on s'éloigne de la pointe, sur le dos de la langue ou sur les côtés, nous trouvons le sens du tact beaucoup plus obtus.

La sensibilité de la surface du tronc est inférieure à celle des extrémités ou de la tête ; les flancs et les mamelons qui sont si sensibles au chatouillement ne possèdent qu'à un faible degré la faculté de distinguer les distances des deux pointes. On distingue mieux les deux pointes placées sur les côtés opposés, soit en avant, soit en arrière, que lorsqu'elles sont posées du même côté.

Ces résultats sont fournis par les diverses parties quand elles reçoivent d'une façon passive et sans mouvement les impressions d'un corps étranger ; ils nous font voir la précision du sens dans la mesure où il dépend de la structure de la surface tactile. Quand on déplace l'objet sur la surface sensible, la force de la sensibilité augmente, par exemple quand on fait mouvoir rapidement un objet sur la main immobile. On sent alors séparément le contact de deux pointes de compas aussi rapprochées que l'on veut, tandis que, s'il n'y a pas eu mouvement, on n'en sent qu'une. Quand on fait passer rapidement les doigts à la surface d'un objet, sous la direction de l'esprit, on apprécie le contact d'une façon d'autant plus exacte que les mouvement sont plus variés et qu'on y porte plus d'attention. Alors on dit que nous « *sentons*, ou que nous examinons par le sens du tact ». (Todd et Bowman, I, 429-30.)

Les physiologistes ont prôné avec raison ces observations de Weber, qu'ils regardent comme la base d'une méthode exacte d'évaluation de la sensibilité tactile de la peau. D'autres observateurs en ont fait des applications plus étendues, ainsi qu'on peut le voir dans l'article du docteur Carpenter sur le tact dans la *Cyclopœdia of Anatomy* (1).

Il est nécessaire toutefois que nous discutions ce qu'il y a dans ces expériences et que nous y démêlions la part qu'il faut faire au sens du tact de celle qui revient au sens musculaire.

Toutes les fois que deux pointes produisent une sensation double, nous pouvons supposer qu'une pointe tombe sur l'aire desservie par un nerf distinct, tandis que l'autre pointe tombe sur l'aire d'un second nerf. Il y a un certain point de subdivision ou de ramification des nerfs du tact, au delà duquel les impressions se confondent et n'en font plus qu'une en arrivant au cerveau. Combien de fibres élémentaires il y a dans chaque unité nerveuse, nous ne pouvons le deviner ; mais à la peau du dos, au milieu de la cuisse et au milieu de

(1) Les mesures qui suivent sont empruntées à Weber ; les intervalles sont exprimés en lignes ; l'écart qu'elles présentent d'après Weber va d'un vingt-quatrième

l'avant-bras, une aire de trois pouces de diamètre, ou de six à sept pouces carrés, est desservie par les filets nerveux d'une même unité. Au bout des doigts les unités sont si multipliées que chacune ne dessert pas plus qu'un espace d'un dixième de pouce de diamètre. Ces unités correspondraient au corps entier du nerf olfactif ou de celui du goût, car ces nerfs ne donnent qu'une impression indivise pour toute l'aire affectée, ou au plus deux impressions, une pour chaque côté.

Il est important de remarquer que la sensibilité qui nous permet de sentir le contact de plusieurs pointes, ne nous fait pas connaître la distance qui les sépare ; et nous ne pouvons pas dire, avant de l'avoir déterminé par l'expérience, sur quelle partie du corps l'impression est faite. Il faut donc admettre que dans les expérimentations d'où nous tirons la connaissance de l'intervalle relatif des pointes, comme lorsque nous portons les pointes d'une partie plus obtuse à une partie plus sensible, se trouvent mêlées des perceptions que nous avons obtenues par une autre voie que celle du contact.

Cette autre voie c'est le sentiment du mouvement, la sensibilité musculaire, sans l'intervention de laquelle il est impossible de comprendre complètement les sensations du tact.

de pouce, à la pointe de la langue, à deux pouces et demi ; l'écart indiqué dans le texte est plus grand et correspond à des comparaisons extrêmes de différents observateurs.

Pointe de la langue.	1/2 ligne
Pointe du doigt indicateur, face palmaire.	1
Bord de la lèvre inférieure.	2
Seconde articulation des doigts, face palmaire.	2
Dernière articulation des doigts, face dorsale.	3
Bout du nez.	3
Milieu du dos de la langue	4
Bout du gros orteil.	5
Paume de la main.	5
Joue, sur le buccinateur.	5
Partie inférieure du front.	10
Dos de la main.	14
Sommet de la tête.	15
Cuisse, près du genou.	16
Extrémité supérieure des jambes.	18
Poitrine.	20
Partie postérieure du cou, près de l'occiput.	24
Milieu de l'avant-bras, milieu de la cuisse, milieu du dos, du cou.	39

Quand on pose les pointes de façon à ce qu'elles tombent dans l'intervalle où il n'y a pas double sensation, et qu'on les écarte graduellement, on trouve que cet intervalle est plus grand que lorsqu'on fait l'expérience en sens inverse.

B. *Sensations de pression.* — Quand un contact, de doux qu'il était, devient une compression quelque peu forte, le caractère de la sensation change. Il devient indifférent au point de vue du plaisir et de la douleur, à moins qu'il ne soit sur le point d'offenser les parties ; alors il est pénible. Les nerfs du tact sont naturellement affectés, mais probablement ils ne sont pas seuls à l'être. La compression qui résulte de ce contact peut étendre son action aux nerfs situés dans les parties profondes, c'est-à-dire aux fibres qui se distribuent aux muscles, etc.

Si le membre comprimé n'est pas supporté, ses muscles réagissent et donnent le sentiment de la résistance. S'il est supporté, comme quand la main repose sur une table, l'effet n'est qu'une sensation de pression, que les nerfs stimulés soient seulement ceux de la peau, ou ces nerfs combinés avec ceux des parties sous-jacentes.

Le sens de la pression a une certaine faculté de distinction qui s'applique à déterminer les degrés de poids, de dureté, d'élasticité et d'autres propriétés. Les parties les plus sensibles, comme les bouts des doigts, peuvent distinguer 20 onces de 19,2 onces ; l'avant-bras distingue 20 onces de 18,7 onces.

L'intervalle du temps est selon nous pour quelque chose dans la distinction. La différence qui sépare 14, de 15 ou même 14,5, pourrait être saisie en moins de 30 secondes, on peut distinguer 4 onces de 5 en moins de 90 secondes.

La distinction de la pression n'augmente pas proportionnellement avec le nombre des nerfs tactiles que possède la partie.

IV. *Sensations du tact impliquant des perceptions musculaires.* — Nous commencerons par des exemples où la sensation est purement musculaire, la sensibilité tactile n'y figurant qu'accidentellement. Le sentiment du *poids* est de cette espèce, il dépend du sens de l'exercice musculaire, bien que la sensibilité de la peau pour la compression puisse jusqu'à un certain point s'estimer. « Weber a fait des expériences pour constater jusqu'à quel point nous sommes en état de juger du poids par le simple sens du contact (sans intervention des muscles). Il a trouvé que lorsque deux poids égaux, en tout semblables, sont placés sur des parties homologues de la peau, on peut ajouter ou retrancher à l'un d'eux une certaine quantité sans que la personne soumise à l'expérience s'aperçoive du changement, et que lorsque les parties qui supportent les poids, les mains par exemple, reposent inactives sur une table, on peut changer beaucoup plus la quantité des poids sans que la perception en soit affectée, que lorsque les parties sont libres de leurs mouvements. Par exemple, on peut ajouter 8 et 12 onces à 32, ou les retrancher, quand la main est immobile et appuyée ; on n'en peut ajouter ou retrancher que de 1 1/2 à 4 quand les muscles sont libres d'agir, différence d'autant plus remarquables que dans le premier cas une plus grande partie de la peau est affectée (par la pression en sens contraire sur le support), que dans le second cas. Weber en conclut que la faculté de mesurer les poids par le simple tact de la peau est plus que doublé par le jeu des muscles. Nous croyons que cette estimation est plutôt au-dessous qu'au-dessus de la vérité. » (Todd et Bowman, 431.)

Ce qui suit confirme que la sensibilité discriminative de la peau pour les degrés de compression peut contribuer à apprécier les poids. « La faculté que chaque partie possède plus ou moins d'estimer le poids correspond assez exactement avec leur degré de sensibilité tactile. Weber a découvert que les lèvres estiment mieux le poids qu'aucune partie, ainsi que nous pouvions le préjuger d'après la délicatesse du tact dans ces parties et leur *extrême mobilité*. Les doigts et les orteils sont des instruments très délicats de l'évaluation des poids ; la paume de la main et la plante du pied possèdent cette propriété à un degré remarquable, spécialement au niveau de la tête des métacarpiens et des métatarsiens ; tandis que le dos, l'occiput, le thorax, l'abdomen, les épaules et les jambes, n'ont qu'une très faible aptitude à distinguer les poids. » (Todd et Bowman, 432.)

Ce que nous disons du poids s'applique à tout autre forme de *pression*, de *force* ou de *résistance*. Une poussée ou une compression reçue par la main se mesure par l'effort musculaire qu'on leur oppose, et par la compression de la peau au point de contact, mais cette sensation ne joue qu'un rôle accessoire.

Il ne faut pas croire que nous tirions notre sentiment originel de *résistance*, et ses conséquences relativement au monde extérieur, par la simple sensibilité tactile qu'affecte la pression. Le sentiment de la résistance est celui de la force dépensée. Quand la notion est une fois formée, nous sommes en état de remarquer que les degrés de résistance coïncident avec les degrés de sensibilité tactile à la pression ; après quoi le sentiment passif de la pression peut suggérer le sentiment actif de résistance, et devenir un critérium de son intensité.

Les qualités de *dureté* et de *mollesse* sont appréciées par cette faculté mixte : la première signifie une plus grande résistance moindre. Depuis la pierre ou le métal résistant jusqu'au liquide qui cède, nous trouvons tous les degrés de cette propriété. Les artisans qui travaillent de leurs mains savent apprécier des différences délicates de consistance dans les corps mous ; ils acquièrent cette aptitude par la pratique, qui perfectionne tous les sens : naturellement il y a un grand nombre de degrés dans cette aptitude, degrés qui dépendent d'abord du tissu musculaire et ensuite de la peau et des nerfs de la main.

Le sentiment de *l'élasticité* n'est qu'un cas particulier de la résistance à la force, caractérisé par une réaction rebondissante ou croissante à la suite de la pression. L'élasticité implique un retour parfait à la position originelle ; l'air est élastique, l'acier et l'ivoire sont élastiques ; comprimés ou tordus ils reprennent leur première forme.

Le simple contact, avons-nous vu, donne la sensation de plusieurs points. Le doigt posé sur une brosse nous donne la sensation de plusieurs piqûres. C'est ainsi que nous sommes sensibles aux surfaces *rugueuses* et hérissées de pointes. Nous pouvons distinguer entre les aspérités à pointes mousses, comme celles d'un fil, et les pointes aiguës d'une étrille : la sensibilité d'une pointe mousse se distingue de celle d'une pointe d'aiguille. Nous pouvons aussi distinguer entre des pointes pressées et des pointes éparses, pourvu que les premières ne soient pas trop serrées pour la sensibilité de la partie où on les applique, c'est-à-dire un douzième de pouce pour le doigt, et un vingt-quatrième ou un vingtième pour la pointe de la langue. Au dos, au mollet, au milieu de l'avant-bras, où les sensations des deux pointes du compas se confondent, même quand elles sont écartées de deux pouces et demi à trois pouces, la *rugosité* est presque insaisissable.

Nous avons supposé que l'objet touché était posé sur le doigt ou la partie affectée. Mais cette supposition ne donne pas une idée tout à fait exacte de la sensibilité tactile ; si nous promenons le doigt çà et là sur l'objet, de manière à mettre en jeu jusqu'au bout notre faculté discriminative, nous parvenons à distinguer des nuances très délicates de rugosité ; nous pouvons apprécier des intervalles plus petits que nous ne sommes en état de le faire quand le doigt est au repos sur l'objet. Prenons par exemple une rangée de cinq pointes distantes d'un quarantième de pouce, c'est-à-dire de manière à pouvoir affecter le bout des doigts. Cette rangée fera l'impression de deux pointes si le doigt ne bouge pas. Mais par le mouvement du doigt une pointe passe, une autre arrive, il en résulte une sensation qui correspond à l'espace franchi, lequel se mesure par l'intervalle des impressions des pointes. Le sens du mouvement vient donc en aide à la sensibilité tactile, et fait connaître un degré dans le rapprochement des aspérités qui échappe au tact seul. De plus, nous devons remarquer que le frottement donne lieu à un nouveau genre de pression sur la peau et les nerfs ; et le frottement présente une différence telle, selon qu'on l'exerce sur une surface rugueuse ou sur une surface lisse, que c'est par cette différence seule que nous apprenons à distinguer un contact rugueux d'un contact *lisse* ou *poli*.

Quand on promène sur le doigt deux pointes assez serrées pour qu'au tact elles semblent n'en faire qu'une quand elles sont immobiles, on trouve que le mouvement donne une double sensation. Il faudrait un grand nombre d'expériences pour décider quelle est la limite de cette sensibilité mixte; nous croyons pouvoir affirmer qu'on parvient à sentir par le mouvement des pointes promenées l'une derrière l'autre, et non de front, un intervalle au moins moitié moindre que celui qu'on sent quand elles sont immobiles.

Quelle que soit l'explication de l'accroissement de la sensibilité que le mouvement procure, le fait est important. C'est à ce fait que nous devons la faculté de distinguer avec une grande exactitude. Selon la différence des impressions faites par diverses substances, nous pouvons les distinguer ou les identifier à volonté avec une très grande finesse de jugement.

Ces sensations tactiles par lesquelles nous distinguons les substances possèdent à haut degré la propriété de persister dans le souvenir; elles tiennent la place entre les sensations du goût et de l'odorat d'une part, et celle de la vue de l'autre. Nos impressions permanentes du tact nous servent à comparer les surfaces que nous sentons présentement avec celles qui nous sont remémorées, ainsi qu'à identifier et à distinguer les objets qui se présentent à nous successivement. Le tailleur voit si un échantillon correspond à une autre pièce qui lui a passé par la main il y a une semaine, ou à un type permanent imprimé dans la sensibilité de son doigt.

Qualités d'étendue, de volume, de forme, etc. — Nous avons essayé de montrer dans le chapitre précédent que ces qualités sont imprimées dans l'esprit par des mouvements qu'elles causent, et que les sensations qu'elles produisent sont des sensations de mouvement ou de muscularité. Nous allons voir jusqu'où le sens du tact peut concourir à former la notion de la propriété fondamentale du monde extérieur, à savoir l'étendue, dont la distance, la direction, la position et la forme ne sont que des modes spéciaux.

Quand nous considérons les sensations obtenues par le mouvement seul, par exemple en faisant mouvoir le bras çà et là dans l'espace vide, nous trouvons qu'elles ne rendent pas entièrement compte de l'idée d'espace étendu, ou de matière étendue.

D'abord l'absence de certaines marques définies pour indiquer le commencement et la terminaison d'un mouvement musculaire laisse quelque vague dans notre sensation du pur mouvement. Les sensations de force dépensée, et dépensée sous forme de mouvement comme distincte de celle qui se dépense dans la tension, se retrouvent dans tous les cas, mais l'esprit est plus ouvert à ces sensations lorsque quelque impression définie marque où nous commençons et où nous finissons. Le sens du tact fournit cette impression et, pour ainsi dire, évoque l'attention. Supposons que la main se meuve entre deux obstacles fixes, par exemple d'un côté d'une boîte à l'autre. Il y a, pour commencer, le contact d'un côté de la boîte senti plus ou moins comme sensation du tact, comme pression et résistance (cette sensation est en partie musculaire, mais cette considération n'a rien à faire ici); la cessation brusque de cet état est le signe qui appelle l'attention ; l'esprit est éveillé pour le mouvement qui suit. Un moment après, l'autre côté est touché, l'esprit est de nouveau éveillé et prend note de le cessation du mouvement. Cet expérience met vivement en saillie l'antithèse de la matière qui résiste et du mouvement qui ne rencontre pas de résistance, c'est-à-dire de quelque chose de plus que le contraste entre l'amplitude du mouvement d'un membre et son repos complet, contraste qui est tout ce que nous donne le mouvement *in vacuo*.

Ensuite, quand nous passons la main sur une surface, en la touchant en même temps, la sensation de la continuation du mouvement s'accompagne d'une sensation de la continuation d'une impression tactile, qui rend la conscience plus nette et plus vive, et nous met en état d'estimer le degré de la continuation plus exactement. Un sentiment du sujet (tact proprement dit) se surajoute à la sensibilité pour l'objet (force dépensée en mouvement), la rend plus profonde, sans pouvoir la remplacer ni constituer le sentiment de l'objectivité. La sensation tactile particulière appelée frottement est donc un moyen qui suggère l'étendue et permet de l'estimer, sans être pourtant capable d'en fournir la notion.

En troisième lieu, le mouvement *in vacuo* nous paraît incapable de fournir cette distinction entre la succession et la coexistence, le temps et l'espace, qu'il faut posséder d'abord, avant de pouvoir dire qu'on reconnaît l'étendue. La continuation du mouvement est un fait dont nous avons conscience ; en d'autres termes nous avons conscience d'un mode particulier d'effort qui varie par le degré, et nous remarquons qu'un mouvement diffère d'un autre à ce point de vue. Mais si cet état de conscience révélait une qualité des *choses*, ce ne serait pas l'espace, mais le temps. En réalité ce n'est ni l'espace ni le temps, car ces deux notions forment un couple corrélatif, dont chaque terme reste complétement inconnu jusqu'au moment où les deux sont connus ensemble.

Or nous pouvons montrer comment la représentation de nos mouvements sous forme de sensations nous permet de distinguer l'un de l'autre les deux faits ou propriétés appelés le coexistant et le successif.

Quand nous prenons avec la main un corps qui se meut et que nous nous mouvons avec lui, nous avons une sensation d'un contact et d'une pression qui ne change pas et la sensation fait corps avec un mouvement. Voilà une première expérience. Quand nous mouvons la main sur une surface fixe, nous avons, avec les sensations de mouvement, une *succession* de sensations du tact ; si la surface est variable, les sensations changeront constamment, de sorte que nous devons reconnaître que nous subissons une série d'impressions tactiles. Voilà une seconde expérience qui diffère de la première non par le sentiment de la force dépensée, mais par les sensations qui l'accompagnent ; toutefois la différence est capitale. Dans un cas nous avons un objet qui se meut, et qui mesure le *temps* ou la continuation ; dans l'autre nous avons la coexistence dans l'*espace*. La coexistence devient encore plus apparente quand nous renversons le mouvement, et que par suite nous remontons la série tactile en sens inverse. De plus, l'ordre sériaire n'est pas changé, quelque rapidité que nous mettions dans nos mouvements. Si la main passe plus vite, la série se déroule plus rapidement ; si moins vite, la même série reparait plus lentement.

Ces expériences nous conduisent peu à peu à constater une profonde distinction entre des mouvements identiques conduits dans des circonstances différentes ; cette distinction s'exprime par les mots succession et coexistence, temps et espace. La succession est le fait le plus simple ; un contact qui ne varie pas accompagné d'un mouvement suffit pour cela.

Mais la coexistence est très complexe ; les principaux éléments qu'elle suppose sont ceux que nous avons signalés, une série de contacts et l'inversion de la série par l'inversion du mouvement. La répétition de ces séries directes ou renversées, accompagnées des mêmes effets sur l'esprit, constitue la notion de permanence ou de fixité des arrangements, que suppose l'objet, le monde extérieur, l'univers conçu comme le coexistant dans l'espace (1).

En passant la main sur une surface, comme, par exemple, un fil de

(1) M. Herbert Spencer a analysé la relation de coexistence et de succession avec beaucoup de clarté et de bonheur. « C'est, dit-il, la caractéristique de toute série tactile ou visuelles, qui entre dans la genèse de ces idées, qu'elle comporte non-seulement d'être transformée en un état composite dans lequel les positions successives deviennent des positions simultanées, mais aussi d'être renversée. La chaîne d'états de conscience de A à Z produit par le mouvement d'un membre, ou d'un objet sur la peau, ou de l'œil sur le contour d'un objet, peut avec la même facilité

douze pouces, nous avons une impression de la qualité de la surface et aussi de sa longueur. En portant la main sur un autre fil de trente-six pouces de long, l'accroissement de mouvement nécessaire pour atteindre l'extrémité nous donne la mesure de l'accroissement de l'étendue. En exerçant le bras sur ce dernier fil, nous acquérons à la fin une impression fixe du mouvement nécessaire pour une longueur d'un yard, de sorte que nous pouvons dire d'une chose étendue si elle est en dehors ou en dedans de cette longueur-type. Et même, toutes les fois qu'une chose rappelle un yard à notre mémoire, l'élément du souvenir est une impresion du bras, comme l'élément du souvenir du vert est une impression visuelle.

Si nous passons de la longueur à une surface à deux dimensions, comme, par exemple, la surface d'un carreau de vitre, nous ne rencontrons qu'une complexité plus grande de mouvement et de l'impression correspondante. Le mouvement dans une direction nous donne la longueur; en faisant un mouvement en croix sur le premier, nous mettons d'autres muscles en jeu, et nous avons une impression de mouvement d'une partie différente du système moteur. Nous obtenons l'impression d'un angle droit, d'une équerre de maçon. L'impression complète du carreau de vitre serait le résultat de mouvements d'un côté à l'autre sur toute sa longueur, ou de mouvements sur ses bords et aussi en travers qui laisse après eux le sentiment de la posssibilité de trouver un contact partout dans certaines limites de longueur et de largeur.

C'est de cette façon, et non autrement que nous sachions, qu'une surface étendue peut être conçue par l'esprit au moyen de la muscularité et du tact. Nous verrons plus tard le rôle de la vision dans cette notion.

Nous ne trouvons rien de foncièrement nouveau dans un bloc cubique qui nous offre les trois dimensions de la *solidité*. La main reçoit une nouvelle direction, et une nouvelle série de muscles contribue à la sensation. Le mouvement doit se faire sur la longueur, la largeur et l'épaisseur, et les impressions qui en résulte constituent un système complexe formé de ces trois mouvements. Pour saisir la solidité en entier il faut nécessairement embrasser toutes les surfaces l'une après l'autre, ce qui fait l'opération plus longue et la notion plus complexe et plus difficile à retenir. Mais l'impression qui en résulte,

---

être parcourue depuis Z jusqu'à A. Différents de ces états de conscience qui constituent la perception de la séquence, lesquels n'admettent pas de changement dans l'ordre qui les enchaîne, ceux qui constituent la perception de coëxistence comportent l'inversion de leur ordre, et se présentent aussi aisément dans un sens que dans l'autre. » (*Principles of psycholgy*, p. 304.)

fixée par la répétition, est au fond de même nature que la notion d'une ligne ou d'une superficie; c'est la possibilité, la potentialité de trouver une surface dans trois directions différentes dans des limites données. Un bloc cubique d'un pied de côté signifie que, commençant à un angle et en suivant sur un bord, nous pouvons parcourir un espace d'un pied avant que la matière manque; que la même chose aura lieu en travers, comme aussi d'avant en arrière, et que entre deux bords, il y a toujours une surface étendue résistante.

La multiplication des points de contact, conséquence de la pluralité des doigts, abrège beaucoup l'opération par laquelle nous acquérons les notions de surface et de solidité. En fait, nous pouvons au moyen de cette pluralité, arriver à mesurer une longueur sans faire un mouvement; le degré de séparation des doigts, rendu sensible par la séparation de leurs muscles, suffit. C'est ainsi que nous pouvons apprécier une distance de six ou de huit pouces en écartant le pouce des autres doigts et en ouvrant la main. En tenant ainsi les doigts étendus de façon à embrasser la largeur d'un objet et en passant la main sur la longueur, nous pouvons apprécier une surface par un simple mouvement combiné avec l'écartement fixe des doigts et du pouce. Nous pouvons faire plus; en mettant en jeu la propriété du pouce de se fléchir, nous pouvons conserver les doigts sur la même surface et mouvoir le pouce sur un autre côté, de manière à avoir une impression simple qui corresponde à la solidité ou à trois dimensions. Par conséquent nous ne sommes pas réduits à un seul mode d'acquérir cette notion, ou à une seule façon de la représenter dans la mémoire, nous avons plusieurs modes dont nous parvenons si bien à reconnaître l'équivalence, que lorsque nous en rencontrons un nous nous attendons à en rencontrer un autre. Mais la façon la plus parfaite de percevoir la solidité, c'est la coopération des deux mains. Le concours des impressions affluant des deux côtés du corps produit une impression remarquablement forte de la solidité d'un objet solide. Les deux images séparées et pourtant concordantes s'appuient mutuellement et se fondent ensemble de façon à produire la notion de solidité la plus vive que nous puissions acquérir par le tact. La vision nous présentera une analogie frappante avec ces faits.

La notion de solidité que nous acquérons par ces modes divers est complexe, puisqu'elle résulte de l'union du tact et de la muscularité, et de la combinaison de la perception de surface avec celle de forme étendue. L'espace où l'étendue inoccupée est le mouvement *in vacuo* d'un point fixe à un autre; par l'effet de l'inversion de l'opération et de la répétition qui donne les mêmes contacts, ce mouvement finit par signifier l'étendue (par opposition à la pure succession dans le temps).

L'espace vide signifie le pouvoir de mouvement sans contact de résistance, excepté aux termes extrêmes. La résistance et l'espace vide sont des notions corrélatives. En passant de la sensation de résistance au mouvement libre, nous faisons une transition qui développe les deux connaissances du corps et de l'espace, comme possédant la propriété objective commune de l'étendue.

Distance, direction, situation. — Autant de notions dans la production desquelles les organes actifs jouent le même rôle, et où les sensations tactiles n'ont que celui de fournir des jalons.

La *distance* implique deux points fixes que le tact peut constater. La mesure de cette distance c'est l'amplitude du mouvement du bras, de la main ou du corps d'un point à l'autre. La *direction* implique un point fixe auquel on se rapporte ; un mouvement donné doit fixer une direction type, et un mouvement allant vers ce point ou en revenant déterminera tous les autres. Notre corps est le point de départ le plus naturel dont nous puissions nous servir pour déterminer la direction, c'est d'après lui que nous déterminons la droite et la gauche, le derrière et le devant. Pour le haut et le bas nous avons une indication très frappante, c'est la direction de la pesanteur. Quand nous portons un poids nous sommes tirés en bas ; quand nous ne soutenons pas nos bras par un effort volontaire, ils tombent en bas : quand l'appui qui nous porte disparaît, le corps tout entier se meut vers le bas. Nous ne tardons pas à acquérir une impression du mouvement vers le bas, et à le reconnaître comme à le distinguer de tous les autres. Quand un aveugle cherche à tâtons un pilier, il reconnaît la direction qu'il donne à sa main, et sait s'il la porte en haut ou en bas. Les circonstances ne concourent pas sans doute aussi puissamment à imprimer en nous les types de la droite ou de la gauche, mais les occasions de les acquérir ne manquent pas. Le muscle deltoïde droit est un de ceux qui ont pour fonction spéciale de porter le bras droit en haut en l'écartant du corps ; sans que nous sachions rien de ce muscle, nous parvenons à associer le sentiment de sa contraction avec un mouvement vers la droite. Toutes les directions qui mettent en jeu les mêmes muscles sont similaires par rapport au corps ; des muscles différents veulent dire des directions différentes. Le grand pectoral porte le bras en avant, le deltoïde l'écarte du corps, le trapèze le tire en arrière ; les sensations musculaires qu'ils nous fournissent nous indiquent autant de positions différentes de l'objet qui nous guide, et nous ne confondons pas ces positions avec d'autres. Nous apprenons à suivre chacune de ces indications ; nous faisons un pas en avant du côté du grand pectoral, un pas à droite du deltoïde, un pas en arrière du trapèze

La *situation*, ou position relative, est connue, si la distance et la direction sont connues. L'idée de position implique trois points. Deux points suffiraient à donner l'étendue, mais la position relative implique que nous passons de A à B, de B à C et de A à C. Les mouvements souvent répétés à la fois, dans l'ordre direct et dans l'ordre inverse, communiquent l'idée de la coexistence permanente dans la position relative, ce qui n'est autre qu'une connaissance expérimentale d'étendue. La multiplication de ces connaissances constitue l'accroissement de notre éducation relativement au coexistant et à l'étendue, d'où, enfin, par un exercice d'abstraction, nous nous élevons à la notion d'espace ou d'étendue en général.

La *forme* est déterminée par la position. Elle résulte du cours donné aux mouvements sur le contours d'un corps matériel. Nous acquérons ainsi un mouvement qui correspond à une ligne droite, à un anneau, à un ovale, etc. La sensation qui fournit ces notions est purement musculaire. Les impressions faites sur les organes, en rapport avec ces formes, ont un plus haut intérêt que de servir à les distinguer. Nous sommes appelés à les reproduire dans des opérations diverses, en écrivant, en dessinant, en modelant, etc.; et la facilité avec laquelle nous les accomplissons dépend en grande partie de l'impression que ces formes ont faites sur le mécanisme musculaire et nerveux. La susceptibilité que nous avons pour les impressions nécessaires à l'art du dessin ou de la gravure et la faculté de les retenir sont surtout des facultés musculaires.

Nous en dirons autant des qualités révélées par le tact, soit seul, soit en conjonction avec le mouvement. L'activité sert d'accompagnement à tous les sens; elle produit ou accroit le contact des sens avec leur objet. Il y a pour chaque sens un verbe particulier qui exprime une action annexe de ce sens : *goûter* implique le mouvement de mettre des substances sur la langue; *flairer* et *humer* indiquent une inhalation active d'un courant odorant; *tâter* veut dire faire avec la main ou d'autres organes des mouvements sur une surface, en quête d'impressions; de même *écouter* et *regarder* sont des formes d'activité. Pour l'odorat et le goût, l'action ne contribue pas beaucoup à la sensation ou à la connaissance; pour les trois autres (deux surtout), c'est l'élément essentiel, puisque, dans ce sens, la direction et la distance sont des parties nécessaires de l'information qu'ils nous fournissent. Or, puisque le mouvement est nécessaire pour mettre les objets à portée des sens, la valeur d'un sens dépend beaucoup de l'activité des organes qui mettent en mouvement la surface sensitive, les *tentacules*, si nous pouvons ainsi parler. Cette activité s'augmente par la force nerveuse et musculaire de l'organisme, et non par la faculté particulière de la partie sensitive. C'est un effort volontaire, d'abord purement spontané, toujours spontané dans quelque mesure, mais lié à la sensibilité et guidé par elle. L'accès d'activité logé dans le bras et les doigts est la première force qui incite à rechercher les impressions du tact; le plaisir ou la peine qu'on ressent pour les impressions elles-mêmes vient ensuite modifier et régir la force centrale, et fait rentrer le jeu de la main dans un système d'action.

Le tact jouant un rôle dans d'innombrables opérations manuelles, le perfectionnement de ce sens occupe une place éminente parmi nos conquêtes utiles. Le tact doit diriger l'application graduée de la force de la main.

Les observations sur des aveugles-nés ont permis de juger jusqu'à quel point le tact peut remplacer la vue, tant dans les opérations mécaniques que dans l'acquisition de la connaissance; nous savons maintenant qu'il n'y a rien d'essentiel dans les opérations intellectuelles les plus élevées de la science et de la pensée qu'on ne puisse acquérir sans la vue. L'intégrité de l'appareil moteur permet d'acquérir les notions fondamentales d'espace, de grandeur, de figure, de force et de mouvement, et, par celles-ci, de comprendre les grands faits cosmiques tels qu'on les enseigne dans les sciences mathématiques, mécaniques ou physiques.

La peau est susceptible de sensations qui ne sont pas les effets d'un contact extérieur, mais qui ressemblent aux effets que produiraient certains agents, et qui en suggèrent l'idée à l'esprit. On les appelle *sensations subjectives*. Le tressaillement d'un membre pendant le sommeil, la formication, la chaleur, le frisson, etc., en sont des exemples. (Todd et Bowman, I, 433.)

V. — Sens de l'ouïe.

Objets de l'ouïe. — L'oreille. — Rôle des parties de l'oreille dans la sensation de son. — Classification des sensations de son : douceur, intensité, force, volume ou quantité, hauteur ou ton, harmonie et discordance, timbre. — Sons articulés, théorie d'Helmholtz sur les sous-voyelles. — Distance, direction, durée d'une impression de son. — Sensations subjectives de son.

Le sens de l'ouïe est plus spécial et plus localisé que celui du tact, mais c'est comme le tact un sens mécanique et non un sens chimique comme ceux du goût et de l'odorat.

Les *objets* de l'ouïe sont les corps matériels en état de vibration causé par un choc; les vibrations se communiquent à l'air et se transmettent par ce milieu à la cavité de l'oreille.

Tous les corps sans exception sont susceptibles de vibration sonore; mais les vibrations qu'ils présentent diffèrent grandement par l'espèce et le degré. Les métaux sont les sources les plus puissantes de sons, par exemple les cloches; après viennent les bois, les pierres. La propriété nécessaire à la production des vibrations sonores est une structure dure et élastique. Les liquides et les gaz rendent peu de son, à moins qu'ils ne soient frappés par des solides. Le hurlement et le bruissement du vent proviennent de ce qu'il joue sur la surface de la terre comme sur une harpe éolienne. Le tonnerre est un son purement aérien; l'effet qui nous paraît si grand est en réalité très petit en comparaison de la masse d'air mise en mouvement.

Il appartient à la science de l'acoustique d'expliquer la production du son et les formes des instruments sonores de toutes sortes. Ici nous avons à nous occuper du son et non des instruments qui les produisent. La voix humaine qui a sa place marquée dans un traité de l'esprit la trouvera dans un autre chapitre.

L'*organe* de l'ouïe est l'oreille. Cet organe présente à considérer trois parties : l'externe, la moyenne ou tympan, et l'interne ou labyrinthe; les deux premières sont des accessoires et des dépendances de la troisième, qui est la partie sensible de l'organe.

L'oreille externe est formée d'une partie qui fait saillie sur les côtés de la tête, appelée la conque, et d'un conduit ou méat qui mène au tympan dont il est séparé par une membrane tendue au-devant de l'oreille moyenne (membrane du tympan).

Le tympan est une cavité étroite, irrégulière, creusée dans l'épaisseur de l'os temporal, placé entre l'oreille interne et le conduit auditif externe. Il reçoit de l'air du pharynx par la trompe d'Eustache; il contient une chaîne d'osselets au moyen desquels les vibrations parvenues au fond du conduit auditif externe et communiquées à la membrane du tympan sont transmises à travers la cavité moyenne à l'oreille interne, c'est-à-dire à la partie sensible de l'organe. Le tympan contient aussi de petits muscles et des ligaments appartenant à ces osselets, et des nerfs qui se terminent dans cette cavité, ou ne font que la traverser pour se rendre ailleurs.

La caisse du tympan est fermée en dehors par la membrane du

tympan qu'on peut apercevoir au fond de l'oreille. Cette membrane est légèrement concave en dehors; elle est tendue obliquement de manière à former avec la partie antérieure et inférieure du méat un angle à 45°. Le manche d'un des osselets du tympan, appelé le marteau, pénètre entre les couches interne et moyenne de la membrane,

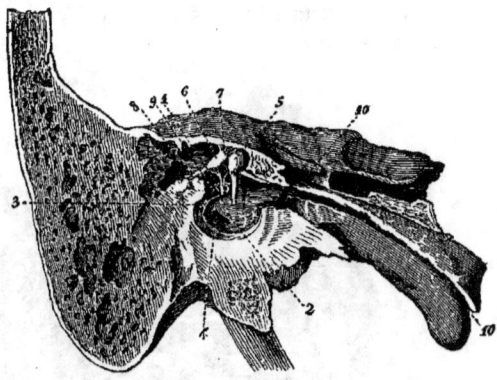

Fig. 6. — *Oreille moyenne, vue par sa partie antérieure et externe.* 1. 2, cavité de l'oreille moyenne ou caisse du tympan; 4, fenêtre ronde; 5, marteau; 6, enclume, dont la longue branche dirigée en bas s'articule avec l'étrier par l'intermédiaire de l'os lenticulaire; 10, canal de la trompe d'Eustache.

un peu au-dessous de son centre et s'y attache fermement; et comme le manche du marteau est légèrement dirigé en dedans, la face externe de la membrane prend une forme concave.

La paroi interne du tympan formée par la paroi externe de l'oreille interne est très inégale et présente plusieurs éminences et ouvertures. Les ouvertures sont au nombre de deux, l'une ovale (fenêtre ovale), l'autre ronde ou triangulaire (fenêtre ronde). Toutes deux sont fermées par des membranes qui ferment parfaitement l'oreille interne, et isolent le liquide qu'elle contient. L'une, la fenêtre ovale, donne attache à un osselet; l'autre, la fenêtre ronde, est libre. Ces deux ouvertures sont les passages par où les vibrations sonores pénètrent jusqu'au nerf auditif.

Les osselets du tympan, appelés des noms des objets auxquels ils paraissent ressembler, sont, en allant de dehors en dedans, le marteau, attaché à la membrane du tympan; l'enclume et l'étrier fixé à la fenêtre ovale. L'enclume est placée entre les deux autres osselets et forme avec eux une sorte d'arc articulé qui met en communication

SENS DE L'OUÏE

les deux parois externe et interne de la cavité tympanique, et transmet les vibrations de la membrane du tympan au liquide contenu dans le vestibule de l'oreille interne.

Il y a de petits muscles qui règlent les mouvements de ces osselets.

L'oreille interne ou *labyrinthe*, siège de la sensibilité de l'organe, est contenu dans la portion pierreuse de l'os temporal, et formée de parties de structure différente ; on y distingue un labyrinthe osseux et un membraneux.

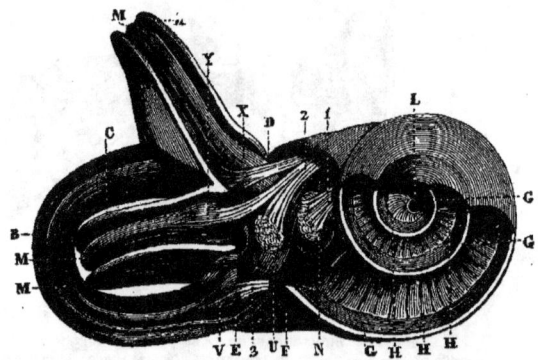

Fig. 7. — *Cavités du labyrinthe ouvertes pour montrer la distribution des ramifications du nerf acoustique dans l'oreille interne.* A, B, C, canaux demi-circulaires osseux ouverts ; D, vestibule osseux ouvert ; F, fenêtre ronde ; G. limaçon ouvert, lame des contours ; H, lame spirale sur laquelle s'épanouissent les filets terminaux de la branche cochléenne du nerf acoustique ; L, sommet de l'axe du limaçon ; N, saccule du vestibule ; U, utricule du vestibule ; M, canaux demi-circulaires membraneux ; V, Y, X, ampoules des canaux membraneux sur lesquelles se portent les branches ampullaires du rameau vestibulaire du nerf acoustique ; 1, nerf sacculaire ; 2, nerf utriculaire ; 3, nerf ampullaire postérieur.

Le labyrinthe osseux creusé dans l'épaisseur de l'os temporal, se divise en trois parties imparfaitement délimitées, connues sous les noms de vestibule, canaux semi-circulaire et limaçon ; il est doublé d'une membrane séreuse, mince, qui sécrète un liquide clair.

La labyrinthe membraneux, contenu dans le labyrinthe osseux et plus petit que lui, en est séparé par le liquide clair que nous venons de mentionner. Le tissu du labyrinthe membraneux supporte les ramifications nombreuses et ténues du nerf auditif et contient un liquide sécrété.

Le *vestibule* est la chambre centrale de l'oreille interne ; c'est la partie du labyrinthe qui regarde le tympan, et présente les orifices dont nous avons déjà parlé. Les *canaux semi-circulaires* sont trois tubes osseux situés en haut et en arrière du vestibule, où ils s'ouvrent par cinq ouvertures; chacun de ces tubes est courbé de telle sorte qu'il décrit plus d'un demi-cercle. Le *limaçon* est un cône obtus, portant à sa surface un sillon en spirale qui donne à cette portion du labyrinthe un peu de ressemblance avec une coquille spiroïde, ce qui lui a valu son nom. L'intérieur du limaçon est un canal spiral divisé en deux par une mince cloison qui manque au sommet du limaçon. Le canal s'ouvre librement dans la cavité du vestibule.

Il faut donc considérer le labyrinthe comme une chambre à forme compliquée remplie de liquide, et contenant aussi une expansion membraneuse pour la distribution du nerf de l'ouïe. Nous allons voir l'*action* de ces diverses parties dans la production des sensations du son.

Les ondes sonores pénétrant dans le conduit de l'oreille interne, viennent frapper la membrane du tympan. La structure de l'oreille externe est disposée à recueillir et à concentrer les vibrations, comme un cornet acoustique. Par sa forme la conque offre aux ondes une surface qui les réfléchit et les dirige en dedans; on admet que ce conduit augmente l'intensité du son par résonance. Arrivées à la membrane du tympan, les vibrations se transmettent à la surface et la mettent d'autant plus facilement en vibration qu'elle est très mince et d'une structure délicate. L'expérience a montré que le seul moyen de recevoir avec succès les vibrations de l'air, c'est d'établir à cet effet une membrane tendue de ce genre. Les vibrations de la membrane se transmettent à la chaîne d'osselets qui traverse l'oreille moyenne, et qui, par la fenêtre ovale, est en rapport avec le liquide contenu dans l'oreille interne. C'est ainsi qu'une série de battements se transmet au liquide, se répand en ondes dans les canaux du labyrinthe, et agit par compression sur la portion membraneuse et par elle, sur la couche formée par les fibres du nerf auditif; cette compression est l'antécédent immédiat de la sensation de l'ouïe. Le caractère de la sensation varie naturellement avec le caractère des ondes; comme celles-ci, elles sont fortes ou faibles, rapides ou lentes, simples ou composées, etc.

Il y a peu de différence d'opinion sur la marche des ondes; on a imité dans des expériences ce mode naturel de transmission, et l'on a trouvé que l'arrangement des parties favorise l'effet final, à savoir la compression douce des filets du nerf acoustique. Nul autre milieu ne peut favoriser ce contact aussi bien qu'un liquide; mais pour que le liquide soit ébranlé, il faut qu'entre lui et l'air un appareil soit interposé. Cet appareil intermédiaire est solide et composé de deux parties:

la première est une membrane légère, tendue, que les vibrations de l'air peuvent impressionner; la seconde ferme et solide, la chaîne des osselets, qui produit dans le liquide des oscillations suffisamment puissantes. Une fois affectée, la membrane peut communiquer ses vibrations aux osselets, dont le dernier, l'étrier, est disposé de manière à les transmettre au fluide du labyrinthe. Jusqu'ici l'opération est suffisamment intelligible.

Les fonctions distinctes des diverses parties de l'oreille interne ne sont pas connues. Dans le limaçon, la partie la plus importante, la membrane, où le nerf s'épanouit, prend une forme dentelée; elle contient aussi des lamelles élastiques. La longueur de chaque lamelle est d'environ de $\frac{1}{750}$ pouce, et son épaisseur de $\frac{1}{12500}$ de pouce. Les lamelles reposent sur les extrémités des denticules de la membrane, où elles sont arrangées comme les touches d'un piano, et étroitement reliées ensemble. Wundt croit que les différentes notes affectent différentes parties du nerf de l'ouïe, grâce à cette disposition, et que, de même que les corps élastiques répondent à quelque note, et restent en repos quand d'autres notes résonnent, les lamelles élastiques se divisent en groupes pour chaque note, et excitent en conséquence les fibres nerveuses qui leur correspondent.

Dans la caisse du tympan il y a trois muscles attachés aux osselets. Le plus grand, appelé *tensor tympani*, s'insère sur le marteau, et sa direction lui permet de tirer en dedans et de tendre la membrane du tympan. Le second, *laxator tympani*, qui s'insère aussi au marteau, passe pour produire l'action inverse; mais on conteste que ce soit un muscle: la membrane se relâcherait alors par simple élasticité quand l'action du tenseur viendrait à se suspendre. Le troisième muscle, *stapedius*, attaché à l'étrier, semble régler le contact de cet osselet avec la membrane de la fenêtre ovale; le tenseur du tympan concourt avec le muscle de l'étrier pour tendre cette petite membrane.

On n'a pas suffisamment constaté les conditions qui président au fonctionnement du tenseur du tympan, ni l'effet qui l'accompagne. La seule observation précise sur ce sujet est celle de Wollaston, à savoir que, lorsque la membrane du tympan est tendue, l'oreille devient moins sensible aux sons graves, tels que les notes basses de l'orgue ou les bruits du tonnerre et du canon. En conséquence, quand l'oreille est exposée à des sons très intenses dans les notes basses, comme le bruit de l'artillerie, l'action du tenseur du tympan en amortirait l'effet. Elle ne ferait rien ou presque rien dans l'audition des sons aigus, tels que les notes perçantes du sifflet. Il est probable que les sons excitent ces muscles par voie réflexe, ou bien que ces muscles appartiennent à la classe des muscles volontaires, c'est-à-dire qu'ils peuvent être mis en jeu quand nous nous préparons à écouter ou que nous voulons résister à des sons trop bruyants. La seule circonstance qui puisse passer pour déterminer l'action réflexe du tenseur du tympan, c'est l'intensité du son. On peut supposer qu'un son quelconque provoque une action réflexe qui tende la membrane du tympan, et que cette action est d'autant plus grande que le son est plus fort. Quand les sons sont trop bruyants et qu'ils appartiennent aux notes graves, la tension de la membrane les adoucit ; quand ils sont trop bruyants et qu'ils appartiennent aux notes aiguës, la tension n'a aucun effet ou elle aggrave le mal.

« M. Wollaston a fait de nombreuses expériences sur les effets de la tension de la membrane du tympan : il a trouvé qu'elle produit toujours la surdité pour les sons graves, ce qui équivaut à la surdité générale, puisque la plupart des sons ordinaires sont bas. Cependant, la tension de la membrane du tympan favorise l'audition des sons aigus. Müller remarque, et nous avons fait souvent la même observation, que le roulement sourd des voitures sur un pont, le bruit du canon, le son du tambour dans le lointain, cessent d'être entendus quand la membrane du tympan est tendue ; tandis qu'on peut entendre distinctement le piétinement des chevaux sur le pavé, le craquement aigu des ressorts des voitures et le froissement du papier. » (Todd et Bowman, II, 95.)

Les sons, considérés comme sensation, peuvent être divisés en trois classes : la première comprend des effets de son auxquels toutes les oreilles sont sensibles, ce sont les effets de la qualité, de l'intensité, du volume ou quantité ; la seconde classe comprend les sons musicaux, pour lesquels il faut une aptitude à percevoir la hauteur ; enfin, dans la troisième prennent place les sensations données par l'articulation, la distance et la direction des sons ; ce sont celles qui participent le plus de l'intelligence.

Douceur. — Les mots doux, riches, moelleux s'appliquent aussi aux effets des sons simples : ce sont les qualités agréables des sons. On distingue les instruments et les voix par la douceur de leurs notes particulières ; il y a quelque chose dans le mécanisme matériel d'un instrument qui donne un effet doux et riche tout à fait indépendant de l'air qu'il joue. D'autres instruments ou d'autres sons ont des notes dures, âpres, désagréables, qui font un effet analogue à l'amertume sur le goût, ou à la puanteur sur l'odorat. Quelques substances doivent à leur texture des notes bien plus douces que d'autres. Ainsi, l'argent, parmi les métaux, et le verre se font remarquer par leurs notes riches et moelleuses.

Les recherches d'Helmholtz et d'autres savants semblent établir que la différence des sons, pour ce qui est de la douceur (avec les qualités opposées), le timbre, la qualité voyelle, sont dues à la combinaison du son fondamental de chacun d'eux et de quelques sons surnuméraires; cette combinaison est susceptible d'une grande variété. La tendance des corps sonores à produire des sons surnuméraires est telle que les sons purs, bien qu'on puisse les produire expérimentalement, nous sont à peine connus. Les tuyaux du grand jeu d'orgues donnent des sons très près de la pureté. Ils font sur l'oreille un effet moelleux mais insipide : ils tiennent le milieu entre les sons doux et les durs.

D'après ces idées, la douceur d'un son est une harmonie, le son fondamental se combine avec des sons surnuméraires pour former un accord agréable. Un son dur et âpre est une combinaison de sons dissonants. Un son criard, l'opposé du son doux et mélodieux, est une dissonance.

En se fondant sur cette théorie, il faudrait diviser les sons en sons simples, combinaisons douces ou harmoniques, et combinaisons dures ou discordantes. Mais, comme les sons simples n'existent pas d'ordinaire, nous pouvons nous en tenir à la triple classification que nous avons donnée : 1° la douceur avec la dureté, qui en est l'opposé; 2° l'intensité ; et 3° le volume. L'intensité et le volume sont des modes importants du son, quel que soit le degré de douceur ou de dureté qu'il possède, et servent à caractériser les sons qui n'appartiennent ni à l'un ni à l'autre extrême.

Nous avons dit que dans le son la sensation douce était le plaisir simple, pur, et propre de l'ouïe ; ce plaisir est très vif, mais peu volumineux ; la vivacité en est proportionnée au degré de sensibilité de l'oreille ou à la susceptibilité de l'esprit à être ébranlé et mis en jeu par l'ouïe. On peut supporter bien plus longtemps les sons doux que les sensations douces des sens inférieurs. Nous avons vu qu'il en était de même du tact comparé à l'odorat et au goût, cette faculté est plus prononcée dans l'ouïe et nous aurons à constater qu'elle atteint son apogée dans la vue. C'est grâce à cette faculté que nous pouvons réunir par la vue et par l'ouïe une plus grande somme de plaisir sans dépasser le même degré de fatigue ou d'épuisement, ou sans arriver à la satiété. C'est une des raisons pour lesquelles on les appelle *sens supérieurs*.

L'état intellectuel persistant qui régit la continuation et la reproduction idéales des plaisirs et des peines causées par les sens, est aussi du même ordre et probablement résulte de la propriété qui fait la supériorité du sens.

Les sensations opposées aux sensations douces sont appelées dures et grinçantes ; c'est la douleur propre de l'ouïe. Mais il y a d'autres sons extrêmement pénibles qui ne sont pas des dissonances.

Intensité, force. — Les sons sont plus ou moins faibles, ou plus ou moins forts. Un son faible, ni doux ni dur, est agréable au milieu du silence, simplement comme sensation, et dans les conditions sous lesquelles une stimulation est agréable. Suivant que la force du son augmente, s'accroît aussi la stimulation. Arrivé à un certain point, l'effet devient poignant, comme l'action de l'ammoniaque sur le nez, et celle d'un rude coup sur la peau. La voix forte d'un orateur produit un effet excitant. Le bruit des voitures, le cliquetis du fer, le ronflement d'une filature, le tintement des cloches près de l'oreille, les décharges de mousqueterie et d'artillerie, sont les bruits les plus excitants par leur intensité ; ils donnent du plaisir à des nerfs dispos et vigoureux qui sortent du repos. On peut dire, toutefois, que ce sont des excitants *grossiers* ; le plaisir qu'ils procurent s'achète par une certaine usure du nerf.

Au delà d'une certaine hauteur l'intensité devient pénible. Les cris du perroquet domestique, l'aboiement perçant de certaines variétés de chiens de petite taille, le sifflement que des enfants font retentir dans les rues en se servant de leurs doigts, les cris perçants des petits enfants, sont des exemples de sons poignants et douloureux. La scie qu'on affûte, le verre qu'on gratte avec le doigt, donnent des notes perçantes. Dans la plupart des cas nous pouvons attribuer l'effet pénible à un élément de dissonance aussi bien qu'à l'intensité du son. Le seul moyen de distinguer une dissonance marquée de l'effet simplement poignant c'est l'effet pénible que l'oreille ressent de la dissonance dans toutes les conditions et non pas seulement quand le son produit de la fatigue et de l'épuisement.

La soudaineté des sons aggrave l'effet de leur intensité par une brusque transition, ce qu'explique le principe de la relativité. Quand ils éclatent sans être attendus, ils produisent le genre de malaise qui est d'ordinaire la conséquence d'une attente trompée.

Volume ou quantité. — On entend par là que le son vient d'une masse sonore d'une grande surface. Les flots de la « mer retentissante », les décharges du tonnerre, le hurlement des vents, sont des sons volumineux. Un son répercuté de divers côtés par l'écho est volumineux. Les clameurs d'une multitude font impression par leur volume. Les sons graves, qui ont besoin pour se produire d'un instrument plus gros, sont comparativement volumineux.

Que l'effet des sons soit doux ou indifférent, leur multiplication impressionne agréablement l'oreille. La sensation devient plus volumineuse sans s'accompagner de cette déperdition de force nerveuse que produit le son perçant. Au point de vue physique aussi bien qu'au point de vue mental les sons obéissent à la loi de la sensation volumineuse.

Quand un son est en lui-même dur ou rude, ou quand il est pénible par son intensité, il ne devient pas plus volumineux sans devenir plus pénible. Le braiment de l'âne est à la fois rude et volumineux.

Hauteur ou ton. — Par hauteur on entend l'acuité ou la gravité d'un son, que l'oreille détermine et qui peut se ramener à un nombre de vibrations du corps sonore dans un temps donné. Le son le plus grave que puisse entendre l'oreille humaine est, d'après Helmhotz, de 16 vibrations par seconde ; le plus élevé correspond à 38,000 vibrations par seconde, et se trouve séparé du plus bas par l'intervalle de huit octaves. Une des notes les plus basses que fournissent les instruments d'orchestre est le *mi* de la contre-basse, qui donne 41 vibrations 1/4 par seconde. La note la plus élevée de l'orchestre est le *ré* de la petite flûte qui a 4752 vibrations. (Helmholtz, *Tyndall's Lectures on Sound*, p. 72.) On fait donc en réalité usage de sept octaves. Tout le monde n'a pas l'oreille faite pour entendre les sons élevés ; à la limite supérieure de l'ouïe, on peut trouver chez deux personnes jusqu'à une différence de deux octaves ; beaucoup de personnes n'entendent ni le cri de la chauve-souris, ni celui du grillon.

Un son d'une hauteur uniforme est une note musicale. La continuation uniforme donne un plaisir de la nature de l'harmonie. Les notes sont les seuls sons qu'on puisse combiner pour en faire des harmonies musicales.

Bien qu'on n'admette pas en musique des intervalles de moins d'un demi-ton, l'oreille peut distinguer des différences encore plus faibles. Une oreille ordinaire peut saisir un quart de ton. Un bon musicien peut distinguer deux tons dont les vibrations sont comme 1149 à 1145, émis l'un après l'autre, et même des différences plus petites, s'ils sont émis ensemble. Une oreille de première finesse peut distinguer deux diapasons frappés ensemble, dont l'un a 1209 vibrations et par seconde et l'autre 1210.

L'accroissement ou la diminution de la force d'un son sont des effets qu'on introduit dans la composition musicale, parce qu'ils ont le pouvoir de donner un nouveau plaisir. Le hurlement et le gémissement du vent ont quelquefois ce caractère, et produisent une impression profonde sur tous les esprits sensibles au son. Un son qui meurt est touchant. Il se peut qu'il entre dans cette sensation un effet du sens musculaire, puisque l'augmentation et la diminution de la tension des muscles de l'oreille accompagnent probablement l'augmentation ou la diminution de la force du son. Mais nous ne pouvons pas affirmer que cette sensation soit uniquement un effet des impressions du nerf auditif. Le changement graduel de la hauteur aussi bien que du degré introduit une nouvelle modification dans la composition musicale, mais de nature à dégénérer en plainte ou en un ton monotone. Nous constatons cet effet dans les notes des oiseaux ; dans l'exécution des chanteurs accomplis, ou dans les morceaux que les virtuoses exécutent sur le violon ou sur d'autres instruments, et dans les périodes cadencées d'un orateur harmonieux ; dans tous les cas il produit une puissante impression.

Harmonie et discordance. — La rencontre de deux ou plusieurs sons peut être agréable ou désagréable indépendamment du caractère de chacun d'eux. La rencontre agréable s'appelle harmonie. Elle dépend des relations numériques des vibrations des deux sons. Des rapports simples, comme 1 à 2 (octave), 2 à 3 (quinte), 3 à 4 (quarte), 4 à 5 (tierce majeure), 5 à 6 (tierce mineure), sont harmoniques dans l'ordre indiqué. On les appelle *accords*, et on en fait usage dans la composition musicale. La combinaison de 7 à 9 est dissonante ; celle de 15 à 16 (demi-ton) écorche l'oreille.

Nous avons déjà dit qu'un son dont le caractère est doux est déjà une harmonie ou un accord de plusieurs sons, le son principal y étant combiné avec des sons harmoniques. En musique ces sons entrent dans des combinaisons encore plus complexes, suivant les lois générales de l'harmonie.

Le plaisir de l'harmonie est le fait le plus général de l'esprit, il s'étend à la vue comme à l'ouïe ; il ne manque même pas dans les sens inférieurs ; nous pouvons trouver des goûts harmoniques et des goûts discordants. Dans les émotions supérieures mêmes, il peut y avoir harmonie ou discordance entre deux éléments. Il est probable que le fondement du plaisir est le même partout ; il y a un principe général qui fait considérer les états de l'esprit comme coopérants ou comme contendants l'un avec l'autre, ceux-là économisant la force nerveuse et donnant du plaisir, ceux-ci la dépensant et causant de la douleur.

Timbre. — Le timbre est une différence entre des sons, d'ailleurs identiques, qui proviennent de matières, d'instruments ou de voix différents. Nous reconnaissons une différence qualitative entre la flûte et le violon, ou entre la trompette et le clairon ; nous pouvons distinguer un violon d'un autre, et entre des voix différentes qui donnent la même note avec la même intensité. Ces différences s'expliquent maintenant qu'on sait qu'à côté de la note principale existent d'autres notes harmoniques plus élevées dans tous les instruments, notes qui varient avec les matières et l'instrument. On suppose que des notes parfaitement pures, identiques par la hauteur et l'intensité, ne sauraient être distinguées, quelle qu'en soit la source.

Sons articulés. — Certains sons articulés ont un caractère si particulier qu'il n'est pas surprenant que nous les distinguions. Le son sifflant de l's, le roulement de l'r, le bourdonnement de l'm, sont des procédés auxquels on a recours pour produire de nombreux effets. Nous pouvons comprendre comment chacun de ces sons peut communiquer une impression différente au nerf de l'ouïe. De même, nous pouvons avoir une raison de distinguer les sons abrupts *p, t, k* des sons continus ou vocaux *b, d, g*, et des mêmes sons avec l'accompagnement nasal *m, n*. Il n'est pas aussi aisé d'expliquer la distinction de l'impression entre les labiales, les dentales, les gutturales ; néanmoins, si nous comparons la labiale *p* avec la gutturale *k*, nous pouvons supposer que l'impression que donne le *k* est plus forte que l'autre.

Les sons voyelles s'expliquent par des sons surnuméraires (octaves) qui concourent avec le son fondamental, et varient suivant la résonance de la bouche, dont la forme change pour chaque voyelle. Quand nous entendons le son fondamental à peu près seul, nous n'entendons que le son *ou* (*u* allemand). Dans l'*o*, le son fondamental et l'octave suivante sont combinés. Dans l'*a*, on constate la présence d'octaves très élevées (1).

Il y a des personnes qui peuvent distinguer des nuances délicates dans les sons articulés. Si la théorie qui précède est correcte, une bonne oreille musicale est aussi une bonne oreille pour les sons arti-

(1) *Tableau des voyelles d'après Helmholtz.*

VOYELLE	SON fondamental	2e OCTAVE	3e OCTAVE	4e OCTAVE	5e OCTAVE	6e OCTAVE	7e OCTAVE
ou	fort	—	faible	—	—	—	—
o	fort	fort	(faible)	(faible)	—	—	—
e	fort	moyen	fort	(faible)	(faible)	—	—
i	assez faible	fort	(très-faible)	fort	(moyen)	—	—
a	fort	(faible)	faible	moyen	plus fort	plus fort	plus fort

que les octaves 3 et 4

Les parenthèses indiquent que les sons qu'elles comprennent ne sont pas absolument nécessaires à la production des sons voyelles.

culés, puisque les sons articulés impliquent des sons musicaux composites. Une oreille qui distingue les timbres est donc nécessaire aussi bien à la musique qu'au discours. Ce que nous disons est rigoureusement vrai pour les voyelles. La distinction des consonnes peut dépendre d'autres qualités de l'oreille ; circonstance qu'il faut remarquer, vu qu'en fait, une bonne oreille musicale n'est pas toujours bonne pour les sons articulés. Le sens du temps n'appartient exclusivement à aucun organe, ni à aucune classe de sensation ; mais il peut arriver à une grande perfection dans l'ouïe.

La perception de la *distance* ne peut résulter que de l'expérience. « Du moment que l'organe de l'ouïe, dit Longet, présente une sensibilité et un développement suffisants pour discerner facilement l'intensité relative de deux sons consécutifs, il n'en faut pas davantage pour acquérir la notion, soit de la distance, soit de la direction des corps d'où émanent les ondes sonores. En effet, si le son que nous entendons nous est déjà connu, comme celui d'un instrument, de la voix humaine, etc., nous jugeons de son éloignement par la faiblesse de l'impression qu'il produit sur le nerf auditif ; s'il s'agit d'un son dont l'intensité soit inconnue à une distance donnée, comme le bruit du tonnerre, etc., nous jugeons qu'il est rapproché s'il est très fort, éloigné s'il est faible. » (Longet, *Physiologie*, II, 147.)

Nous sommes portés à mêler des inférences à notre jugement de la distance. Si nous sommes conduits à imaginer qu'un son est plus éloigné qu'il n'est réellement, il semble que nous l'entendons plus fort qu'il n'est. Quand en nous réveillant subitement, dans la nuit, nous entendons un léger bruit, et que nous le supposons plus fort, c'est que la notion que nous avons de la distance qui nous en sépare réellement est pour quelques instants vague et confuse. C'est un effet de la distance que les sons s'effacent dans un faible murmure : quand nous sommes frappés d'un son dont l'intensité est faible, comme le bourdonnement de l'abeille, nous nous le figurons aussitôt plus éloigné qu'il ne l'est en réalité.

Direction. — Le sens de la direction du son est une faculté purement intellectuelle, importante en ce qu'elle nous conduit à percevoir la situation des objets du monde extérieur d'où part le son.

Les lignes suivantes, que nous empruntons à Longet, indiquent l'espèce d'expérience qui nous donne le sentiment de la direction :

« Quant à la direction des ondes sonores, on peut dire encore que c'est la sensation auditive raisonnée qui en donne la connaissance. Ainsi nous entendons distinctement un son parti d'un point donné, quelle que soit la position de notre tête ; mais l'organe auditif étant apte à juger de différences légères dans l'intensité des vibrations, nous remarquons que, dans certaines positions de la tête, le son paraît plus fort. Nous sommes donc amenés à placer notre tête dans une position déterminée par rapport au corps sonore. L'expérience nous apprend journellement, quand nous voyons le lieu d'où part le son, quelle est la direction, relative à notre oreille, où il est le mieux perçu. Il ne reste plus qu'à appliquer ces données dans le cas où le corps vibrant est inaccessible à la vue. » (Longet, *Physiologie*, II, 147.)

L'action combinée des *deux oreilles* favorise aussi très réellement la perception de la direction du son. Une personne devenue sourde d'une oreille est d'ordinaire incapable de dire si un son est parti de devant ou de derrière. Le changement dans l'effet du son qui résulte d'un léger mouvement de rotation de la tête suffit à indiquer à l'esprit la direction du son. En effet, tandis que le son devient plus perceptible pour une oreille, celle qui regarde plus directement l'objet d'où il est parti, il l'est moins pour l'autre oreille. Quand la tête est placée, après diverses expériences, de sorte que la plus forte sensation soit celle de l'oreille droite et la moindre celle de l'oreille gauche, nous jugeons que le corps sonore est à droite ; quand les deux effets sont égaux, et quand un mouvement de la tête les rend inégaux, nous jugeons que le son vient directement de devant ou de derrière ; un jugement ultérieur détermine laquelle de ces deux suppositions est la vraie (1).

Le sens de la direction n'est jamais très délicat, même après que son éducation a été faite complètement. Nous pouvons juger immédiatement si une voix est devant ou derrière, à droite ou à gauche, en haut ou en bas ; mais si nous faisons face à une rangée de personnes à environ

(1) D'après Ed. Weber, quand nous déterminons la direction des sons, nous employons l'oreille externe pour ceux qui viennent d'en haut, d'en bas, de derrière, de devant ; le tympan pour ceux qui viennent de gauche à droite. Il a fait les expériences suivantes : La tête était introduite dans l'eau, le conduit auditif restant plein d'air, en sorte que le tympan put vibrer librement. L'oreille reconnaissait les sons comme venant du dehors, mais ne pouvait distinguer que deux directions, la droite et la gauche. Quand l'oreille était remplie d'eau et que le tympan ne pouvait plus jouer librement, le sens de l'externalité était totalement perdu : les sensations semblaient subjectives. Ed. Weber a observé que l'action combinée des deux oreilles, l'analogue de la vision binoculaire, a ses limites. Quand on place deux montres qui ne battent pas en même temps contre une oreille, l'oreille distingue les périodes où les battements des deux montres coïncident, et se forme un rythme avec les deux séries de battements. Si on applique les deux montres, une sur chaque oreille, le sens du rythme est perdu. L'esprit ne peut plus faire la combinaison qui s'effectuait quand les deux montres étaient appliquées ensemble sur l'une des deux oreilles.

dix pieds, nous ne sommes pas en état de dire laquelle a émis un son. Les maîtres d'école le savent bien. Il est à peu près impossible de trouver une alouette dans l'air d'après le son de sa voix.

On peut apprécier la durée de la sensation d'un battement en notant l'intervalle après lequel une série de battements semble un courant sonore sans interruption. C'est la limite au-dessous de laquelle il n'y a plus de son perçu. D'après les expériences de Helmholtz, il semblerait qu'une série de battements commence à faire un tout continu quand il y en a seize par seconde, de sorte que l'impression de chaque battement ne doit pas durer moins qu'un seizième de seconde.

Les sensations *subjectives* de l'oreille sont des battements ou des bourdonnements ; elles ont pour cause des affections cérébrales, des maladies du nerf auditif, des obstructions du tympan ou de la trompe d'Eustache, etc.

VI. — Sens de la vue

Objets de la vue. — L'œil. — Conditions d'une vision parfaite. — Adaptation de l'œil à différentes distances. — De la vision unique avec deux yeux, vision binoculaire, expériences de Wheatstone. — Vision droite d'après des images renversées. — Sensation de la vue : sensation de pure lumière, couleur, lumières artificielles, lustre, son explication. — Sensations complexes de la vue, combinaisons des effets optiques et musculaires, images permanentes dans l'intelligence. — Images visibles, distinction entre la succession et la simultanéité ou coexistence dans l'espace. — Grandeur apparente, extrême délicatesse du sens qui juge *la grandeur rétinienne*. — Distance, ou éloignement variant. — Mouvements visibles et formes visibles à trois dimensions, volume, étendue de l'image intellectuelle dérivée de l'œil.

Les *objets* de la vue comprennent presque tous les corps matériels. Ils sont visibles quand la lumière tombe sur eux. Certains corps, comme le soleil, les étoiles, la flamme, les solides à une haute température, donnent naissance à des rayons lumineux ; on dit qu'ils ont une lumière propre. D'autres corps, comme la lune, les planètes, et le plus grand nombre des objets terrestres, ne sont visibles que parce qu'ils réfléchissent les rayons qu'ils reçoivent des corps qui ont une lumière propre.

Il y a deux sortes de réflexions lumineuses : celle des miroirs qui présente le corps d'où la lumière émane, et celle de la visibilité qui représente des surfaces réfléchissantes. Dans cette dernière réflexion, la lumière est brisée et dispersée dans toutes les directions comme d'un corps qui émettrait sa lumière propre. Les surfaces visibles qui reçoivent la lumière du soleil ont la propriété de l'absorber et de l'émettre ensuite, tandis qu'un miroir donne seulement une nouvelle direction aux rayons. Quand nous regardons sous un faux jour un tableau, les rayons réfléchis masquent ceux qui partent de la surface peinte, et l'on voit mal la peinture.

Relativement à la vision, on divise les corps en opaques et en transparents : il y a une échelle de degrés allant de la plus complète opacité, comme dans un morceau d'argile, à la transparence la plus parfaite, comme dans l'air. Plus les corps sont transparents, moins ils sont visibles.

La transparence de l'air n'est pas absolument parfaite ; la lumière, en traversant l'atmosphère, est dans une certaine mesure arrêtée et en partie réfléchie, en sorte que la masse est faiblement visible à l'œil. Quand nous regardons le ciel à travers une atmosphère sans nuages, toute la lumière venant d'au delà du disque du soleil est réfléchie par l'atmosphère. Les liquides sont moins transparents encore, quoiqu'ils transmettent assez bien la lumière pour laisser voir les objets situés derrière eux, ils en réfléchissent assez pour être visibles eux-mêmes. La lumière qui tombe sur la surface de l'eau se divise en trois parties : l'une traverse l'eau, la seconde est réfléchie comme par un miroir, la troisième est absorbée et rayonnée de nouveau, de façon à rendre la surface visible comme surface. Cette triple action se retrouve dans les solides transparents, comme le verre, le cristal, etc. Il faut remarquer que les corps solides sont presque tous transparents jusqu'à une certaine profondeur ; une feuille d'or, par exemple, laisse passer la lumière, et tout autre métal, si l'on pouvait l'amincir autant que l'or, donnerait le même résultat. Toutefois, il y a une grande différence à noter ; bien que les métaux transmettent la lumière, on ne voit pas bien les objets à travers ; on les appelle translucides pour les distinguer des corps transparents. Il y a quelque chose de plus qu'une différence de degré entre les deux actions.

Les corps opaques peuvent diffuser plus ou moins de lumière ; quelques substances, comme la craie et l'écume de mer, en émettent beaucoup ; le charbon a la propriété remarquable d'absorber sans les émettre de nouveau les rayons du soleil. C'est ainsi qu'on explique d'ordinaire, sinon d'une manière complètement satisfaisante, le blanc et le noir ; celui-là suppose une surface qui n'en émette qu'une petite partie ou point du tout.

Outre la différence d'action qui produit le blanc et le noir, et les nuances intermédiaires de gris, il y a une différence dans la texture des surfaces qui donne naissance à ce que nous appelons la *couleur*.

Nous ne pouvons pas dire quelle particularité de surface donne lieu au rouge ou au bleu ; mais ce fait de la couleur est un des caractères qui nous servent à distinguer les divers matériaux du globe. En même temps que la couleur, une substance peut avoir à un degré plus ou moins élevé la propriété qui décide entre le blanc et le noir, à savoir la richesse du rayonnement. C'est ce qui fait la richesse de la couleur, comme la différence entre les couleurs nouvelles et les couleurs fanées, celle du vermillon et de la terre de brique.

Certains corps ont une autre propriété qu'on appelle le lustre.

Les corps minéraux présentent toutes les variétés de lumière, de couleur et de lustre, mais la teinte des roches et du sol est généralement quelque nuance de gris. La teinte rougeâtre de l'argile vient de la présence d'un oxyde de fer. Dans le règne végétal, nous trouvons le vert sur les feuilles et des teintes variées sur les fleurs. Les corps des animaux présentent un grand nombre de couleurs variées.

L'*organe* de la vue est l'œil.

Outre le globe de l'œil, qui est un instrument optique, nous avons à considérer certaines parties externes accessoires qui protègent cet organe et sont étroitement liées à l'intégrité de ses fonctions. Parmi ces appendices, nous trouvons les sourcils, les paupières, l'organe qui sécrète la substance sébacée et l'appareil lacrymal. Ces parties jouent plutôt un rôle dans l'expression de la physionomie que dans la vision.

Le globe de l'œil occupe la partie antérieure de la cavité orbitaire ; il peut se mouvoir et changer de position dans de certaines limites. Sa forme est celle d'un sphéroïde irrégulier, vu de profil, il paraît composé de segments de deux sphères, dont l'antérieure est la plus petite, la plus saillante ; par suite, le diamètre d'avant en arrière de l'œil excède le diamètre transverse d'environ une ligne.

Les axes des yeux sont à peu près parallèles, excepté quand les muscles oculaires sont en action ; au contraire, les nerfs optiques divergent fortement l'un de l'autre, et par conséquent chaque nerf pénètre dans l'œil *correspondant* un peu en dedans de l'axe du globe.

Le globe de l'œil se compose de plusieurs membranes d'enveloppe, arrangées concentriquement, et de certaines parties fluides et solides contenues par ces enveloppes. Il y a trois membranes : une externe, fibreuse, enveloppant tout le système, appelée sclérotique, et cornée à la partie antérieure ; une moyenne, vasculaire, pigmentaire, en partie musculaire, forme la choroïde et l'iris, et une interne, nerveuse, la rétine. Les parties contenues, milieux réfringents, sont aussi au nombre de trois : ce sont l'humeur aqueuse, le corps vitré et le cristallin avec sa capsule.

La *conjonctive* est plutôt un appendice de l'œil qu'une partie du globe; c'est une membrane mince transparente qui couvre seulement la partie visible de l'œil, et se réfléchit du globe sur la face interne des paupières dont elle constitue la membrane muqueuse ; en avant de la partie claire et bombée de l'œil, elle est tout à fait transparente : sur les parties voisines, elle l'est moins.

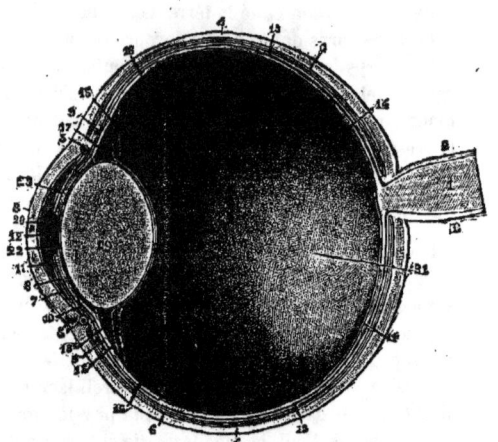

Fig. 8. — *Coupe verticale antéro-postérieure de l'œil.* — 1, nerf optique; 3, cornée; 4, sclérotique; 5, canal de Fontana; 6, choroïde; 8, iris; 10, procès ciliaires; 13, rétine; 14, membrane hyaloïde; 16, zone de Zinn ou procès ciliaires du corps hyaloïde; 19, cristallin; 21, corps hyaloïde ou humeur vitrée; 22, humeur aqueuse.

La *sclérotique* est une membrane forte, opaque, ferme, fibreuse, formée de faisceaux de fibres blanches entrelacées dans tous les sens; elle couvre les cinq sixièmes du globe dont elle assure la forme; en avant, elle laisse une ouverture large occupée par la cornée, et en arrière une petite que traverse le nerf optique.

La *cornée* qui occupe l'ouverture antérieure de la sclérotique est une membrane transparente.

A l'intérieur de la sclérotique, et la tapissant dans toute son étendue, se trouve la seconde membrane, la *choroïde*, de couleur noire ou d'un brun foncé. A l'union de la sclérotique et de la cornée, elle se réfléchit pour former une sorte d'anneau tendu en travers de l'œil; elle est très vasculaire, formée d'un très grand nombre de vaisseaux disposés, les veines en une couche externe, les artères en une couche interne, à l'intérieur de laquelle se trouve une couche pigmentaire formée de cellules serrées.

Après la choroïde vient la rétine qui en couvre la face interne, mais non en entier. Quand on projette dans l'œil un vif rayon de lumière, la rétine paraît d'une couleur rougeâtre qu'elle doit à ses vaisseaux sanguins. Après la mort, elle est rosée et transparente. Au centre de la rétine, dans la ligne de la vision la plus parfaite, il y a un point elliptique, jaune d'or, de $\frac{1}{17}$ de pouce de long sur $\frac{1}{70}$ de pouce de large, au milieu de laquelle se montre une dépression appelée par Sœmmering, l'anatomiste qui l'a découverte, *foramen centrale*, pli central. Ce n'est pas un creux, mais un amincissement de la rétine. Environ à $\frac{1}{25}$ ou $\frac{1}{20}$ de pouce du fond interne de la tache jaune se trouve une papille aplatie, circulaire, correspondant à la place où le nerf optique perce la choroïde.

La rétine se compose de plusieurs couches ; en commençant par le dedans, nous trouvons, en contact avec le corps vitré, une membrane transparente appelée *membrane limitante*, dont l'épaisseur n'excède pas $\frac{1}{50\,000}$ de pouce. Après viennent les *ramifications du nerf optique ;* les fibres y sont arrangées en réseau à fines mailles ; elles manquent du double contour, et sont extrêmement ténues ; leur diamètre moyen n'excède pas $\frac{1}{50\,000}$ à $\frac{1}{40\,000}$ de pouce, tandis que quelques-unes ont moins de $\frac{1}{100\,000}$ de pouce d'épaisseur.

Au dedans de la couche fibreuse, il y a une couche de cellules semblables aux cellules de la substance grise du cerveau. Elles sont plus abondantes à la partie postérieure ou centrale de la rétine ; elles varient de $\frac{1}{6000}$ à $\frac{1}{1500}$ de diamètre. Après cette couche, nous trouvons une couche encore plus compliquée appelée *couche granuleuse et fibreuse*, qui constitue l'union entre la rétine et la choroïde. Elle est composée de deux feuillets distincts de petites granulations ou noyaux et d'un grand nombre de petits filaments placés perpendiculairement à la rétine ; à leur extrémité externe, ces petits filaments ont de $\frac{1}{50\,000}$ à $\frac{1}{70\,000}$ de pouce de diamètre ; à l'extrémité interne où ils se continuent avec les fibres du nerf optique, ils ont de $\frac{1}{80\,000}$ à $\frac{1}{120\,000}$ de pouce de diamètre. Le feuillet de la couche granuleuse et fibreuse qui touche la choroïde s'appelle couche des *bâtonnets ;* il est composé de petits bâtons étroitement serrés, perpendiculaires, transparents et incolores, d'environ $\frac{1}{1000}$ de pouce de long sur $\frac{1}{50\,000}$ d'épaisseur. Entremêlés avec ces bâtonnets, il y a des bâtons plus larges appelés cônes, qui ont $\frac{1}{2500}$ de pouce de diamètre. Chaque cellule pigmentaire de la choroïde reçoit six ou huit de ces cônes avec un plus grand nombre de bâtonnets qui les entourent. Ils sont unis aux autres parties de la rétine par des filaments perpendiculaires fins.

Il est intéressant de remarquer comment ces divers éléments sont disposés dans la tache jaune et dans son voisinage, à l'endroit où la vision est la plus parfaite. Depuis le bord de la tache, en allant vers le pli central, les bâtonnets, les noyaux et les fibres du nerf optique diminuent graduellement, et enfin disparaissent. Au pli central, il ne reste plus rien que les plus gros bâtonnets ou cônes, avec les fibres perpendiculaires et les cellules qui y sont plus serrées que partout ailleurs, il y en a une pour chaque cône. Les éléments qui disparaissent au pli central sont toutefois très abondants près du bord de la tache jaune. Les bâtonnets prennent la place des cônes, et les fibres du nerf optique sont très abondantes et très serrées. Si donc nous comparons la tache jaune avec les parties voisines, nous trouvons que c'est là que la rétine a son maximum de développement; c'est sur ce point que nous pouvons distinguer les objets visibles avec la plus grande netteté. La distribution inégale des différents éléments entre les parties externe et interne de la tache jaune est remarquable (1).

En arrière de la jonction de la sclérotique avec la cornée, se trouve un petit cordon circulaire d'une couleur grisâtre appelé *ligament ciliaire*, dont le bord antérieur plus épais donne attache à l'iris, et dont le bord postérieur plus mince se confond avec la choroïde qui se prolonge au-dedans en une série de plis rayonnés, appelés *procès ciliaires*, situés derrière l'iris, où ils forment un rebord ridé, noir, étroit, soustrait à la vue.

L'iris peut être considéré comme un prolongement de la choroïde, bien qu'il n'y ait pas entre ces deux membranes identité de structure.

(1) M. Herbert Spencer (*Psychology*, 35) signale un genre d'organes placés à l'extrémité des nerfs des sens, et qu'il appelle *multiplicateurs d'impressions*, qui servent à accroître l'efficacité de la stimulation périphérique des nerfs. Ainsi, dans le tact, les poils courts qui recouvrent la peau la rendent plus sensible aux contacts, et les corpuscules du tact ont pour effet d'exagérer la pression que subissent les fibres nerveuses quand la peau est comprimée. Dans l'oreille, les otolithes servent à transformer les vibrations des liquides en vibrations plus énergiques des solides, de façon à impressionner le nerf plus puissamment. Finalement, dans l'œil, les lentilles concentrent la lumière sur la rétine.

La structure des tissus du fond de l'œil s'explique par la même fonction; ils concourent à accroître la susceptibilité pour les impressions légères, les ondes lumineuses étant les plus faibles des agents connus. Les fibres de la rétine sont réduites à l'indispensable, la tunique médullaire manque. La lumière traversant la rétine transparente affecte les cellules pigmentaires plus susceptibles de la choroïde, d'où l'impression est transmise par les bâtonnets et les fibres perpendiculaires à la couche nerveuse de la rétine. Enfin, la couche nerveuse se compose non de fibres seulement, mais de cellules, qui sont plus susceptibles que les fibres de recevoir des impressions moléculaires et d'engendrer des mouvements moléculaires.

L'iris est tendu en travers de l'œil comme un rideau percé d'une ouverture pour le passage de la lumière. Sa surface antérieure est brillante, marquée de lignes rayonnantes qui en attestent la structure fibreuse; en effet, quand la pupille est contractée elles sont tendues, et plissées en zigzags quand elle est dilatée. La pupille est à peu près circulaire, elle est située un peu en dedans du centre de l'iris; elle se dilate ou se contracte de façon à admettre plus ou moins de lumière à l'intérieur de l'œil.

L'iris est un organe musculaire; ses fibres sont lisses, de l'espèce qui se trouve surtout dans les muscles involontaires. Il reçoit beaucoup de nerfs. Les fibres déjà indiquées servent à dilater la pupille, tandis que d'autres arrangées en cercles autour de l'ouverture pupillaire, plus visibles en arrière, la contractent. L'action dépend de l'intensité de la lumière. Dans l'obscurité ou à une faible lumière, les fibres dilatantes sont contractées entièrement, tenant la pupille largement ouverte. Le stimulus de la lumière met les fibres contractantes ou circulaires en jeu, et contracte l'ouverture. Ces changements de dimension de la pupille servent à adapter l'œil aux différentes lumières, admettant une plus grande quantité avec une faible lumière et une quantité plus petite quand la lumière est trop forte. Quand ce pouvoir réflexe d'adaptation a atteint sa limite et que l'éclat de la lumière est encore trop fort, nous faisons les efforts volontaires pour fermer l'œil et détourner la tête.

En arrière du ligament ciliaire, et couvrant le côté externe des procès ciliaires, est un organe grisâtre demi-transparent, appelé *muscle ciliaire*. C'est un muscle à fibres lisses, rayonnées, dirigées en arrière depuis la jonction de la sclérotique et de la cornée jusqu'à la face externe du corps ciliaire où elles vont se perdre. Chez les oiseaux, ce muscle est très développé. On suppose qu'il sert à adapter l'œil aux objets à différentes distances.

A l'intérieur de l'œil, dans les espaces clos par les membranes que nous venons de décrire, sont contenues trois *humeurs*, ou masses transparentes, dans l'ordre suivant : en avant l'*humeur aqueuse*, en arrière l'*humeur vitrée*, au milieu *le cristallin*.

L'humeur aqueuse est un liquide clair contenu dans l'espace borné en avant par la cornée, en arrière par le cristallin et les procès ciliaires. C'est de l'eau à peu près pure avec un peu de sel commun et d'albumine.

L'humeur vitrée occupe tout le vide situé en arrière du cristallin, à peu près les deux tiers de l'œil. C'est un liquide clair, enfermé dans une membrane, non seulement qui l'enveloppe, mais qui rayonne à l'intérieur une foule de petites cloisons de façon à leur donner l'apparence d'une masse gélatineuse qu'on appelle corps vitré, ou lentille postérieure de l'œil. Les cloisons s'avancent vers l'axe de l'œil, mais ne l'atteignent pas, en sorte qu'il y a un cylindre central, allant d'avant en arrière où ne se trouve que du liquide. La forme du corps vitré est convexe en arrière, tandis qu'en avant elle est creusée comme une coupe pour recevoir le cristallin. La membrane d'enveloppe de l'humeur vitrée se dédouble en avant de façon à recevoir le cristallin entre ses deux feuillets; de plus, elle s'unit aux procès ciliaires qui entourent le cristallin sans en toucher le bord. Ainsi la séparation entre l'humeur aqueuse en avant et l'humeur vitrée en arrière est formée de trois parties qui s'emboîtent : l'anneau noir, plissé, des procès ciliaires en dehors, le dédoublement de la membrane d'enveloppe du corps vitré, et enfin tout à fait en dedans le cristallin enfermé entre les deux feuillets de cette membrane.

Le *cristallin* est une lentille solide, biconvexe, plus saillante en arrière qu'en avant. Sa convexité touche presque le rideau de l'iris tendu devant lui. La lentille est enfermée dans une capsule, dont la partie antérieure est épaisse, ferme et cornée, tandis que la partie postérieure est fine et membraneuse, adhérant fortement à la membrane de l'humeur vitrée. La substance de la lentille est molle et gélatineuse à l'extérieur, plus dense au-dessous, et formant au centre un noyau plus dur. Dans le fœtus, le cristallin est à peu près sphérique et incomplètement transparent; à un âge avancé, ses deux faces s'aplatissent, la transparence se trouble, la densité et la dureté s'accroissent.

Des six muscles de l'œil, quatre sont appelés *droits* et deux *obliques*. Les quatre droits s'attachent en arrière à la boîte osseuse où l'œil est logé, autour de l'ouverture par où le nerf optique sort du crâne; en avant, ils s'insèrent tous sur la surface extérieure du globe de l'œil en des points diamétralement opposés au-dessus, au-dessous, en dedans et en dehors. Le muscle oblique supérieur s'attache en arrière au-dessus du muscle droit supérieur, son tendon s'infléchit sur une anse cartilagineuse suspendue au bord supérieur de l'orbite et va s'attacher à la face supérieure de l'œil. L'oblique inférieur naît de l'angle inférieur interne de la partie antérieure de l'orbite et s'insère à la face inférieure du globe de l'œil derrière le milieu du globe.

Les mouvements du globe de l'œil qui seraient causés par les contractions de ces muscles ne sont pas difficiles à décrire. Le muscle inférieur tourne l'œil de sorte qu'il regarde en bas, le supérieur le tourne de façon qu'il regarde en haut. Les muscles droits interne et externe tournent l'œil dans leur sens respectif, l'un en dedans, l'autre en dehors. L'action du muscle oblique supérieur tourne l'œil en bas et en dehors, en même temps qu'il tend à projeter l'œil un peu en avant.

Le muscle oblique inférieur, tire aussi l'œil en avant, mais en haut et en dedans.

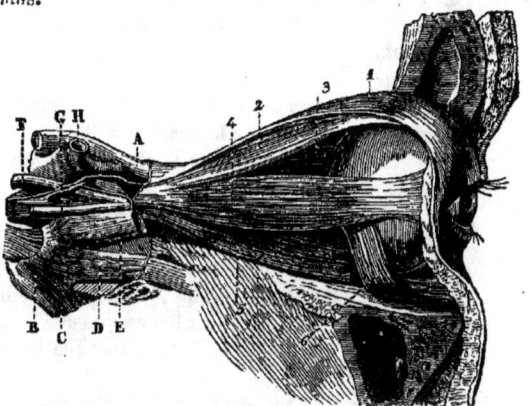

Fig. 9. — *Muscles de l'œil.* — 1, muscle élévateur de la paupière supérieure ; 2, muscle droit supérieur ; 3, muscle grand oblique ou trochléaire ; 4, muscle droit externe ; 5, muscle droit inférieur ; 6, muscle petit oblique.

Le muscle droit interne est contrebalancé par le droit externe. Le droit supérieur est appuyé par l'oblique inférieur dans le mouvement en haut qu'il donne à l'œil. Le droit inférieur est appuyé par le muscle oblique supérieur pour produire le mouvement en bas de l'œil ; il y a donc une plus grande dépense de tension musculaire dans la production des mouvements en haut et en bas que dans celle des mouvements latéraux. C'est peut-être à cela que tient la plus grande puissance d'impression de la dimension verticale : on sait que la ligne verticale d'une croix à branches égales paraît la plus longue à la vue.

Tous les mouvements de l'œil pourraient être accomplis par trois muscles droits et un muscle oblique, les deux autres, rigoureusement parlant, sont surnuméraires, mais pourtant ils agissent. C'est ce qui ne permet pas de savoir au juste quels muscles effectuent réellement tel ou tel mouvement. Il est probable que ce sont ceux qui l'accomplissent avec la moindre dépense de force. Un seul muscle ne peut produire que très peu de mouvements. Les mouvements, effets de deux muscles, ne sont même pas très nombreux. Meissner indique douze directions de l'œil à partir de la position primaire, qu'il suppose dirigée dans une ligne inclinée de 45° au-dessous de l'horizontale. L'œil, en passant d'une partie du champ à l'autre, serait supposé prendre la route directe. Wundt croit que cette route est préférée seulement dans le mouvement horizontal et dans le vertical ; dans d'autres directions, le mouvement est courbe ; il est le plus étendu quand les deux points du champ de la vision font un angle de 45° avec l'horizon.

Tel étant le mécanisme de l'œil, il nous reste à parler de son *mode d'action* comme organe de la vue. La partie qu'on peut appeler optique n'offre pas de difficulté. Quand l'œil est dirigé vers un objet, une image de cet objet se peint sur le fond de l'œil au moyen des rayons lumineux qui pénètrent dans la pupille, et qui sont réfractés par différentes humeurs. On ne connaît pas le mode précis suivant lequel les filaments nerveux de la rétine sont stimulés ; mais les cellules pigmentaires de la choroïde jouent un rôle important puisqu'elles absorbent la lumière ; où elles manquent il n'y a pas de vision (*punctum cœcum*). Pour qu'une vision soit parfaite, il faut que les conditions suivantes soient remplies :

1° Une lumière suffisante sur l'objet regardé ; c'est une nécessité évidente. Nous jugeons de la quantité de lumière présente par la faculté que nous avons de voir les objets distinctement. Certains animaux peuvent voir avec moins de lumière que d'autres, et le soleil de midi doit leur faire une impression pénible.

2° La formation de l'image exactement sur la rétine et non en avant ou en arrière ; le foyer de l'image doit coïncider avec la rétine, sans cela l'image est indistincte ; ou bien les rayons de lumière ne convergent pas, ou ont déjà commencé à se disperser avant d'arriver sur le fond de l'œil. La convergence parfaite de l'image par l'effet des lentilles qui constituent le globe de l'œil dépend de la distance de l'objet et aussi dans une certaine mesure, de l'adaptation spontanée de l'œil. « Comme ce pouvoir d'adaptation de l'œil pour la vision à des distances différentes a ses limites, il y a pour chaque individu une distance à laquelle il voit plus distinctement et pour laquelle le foyer de l'image formé par les milieux réfringents de l'œil correspond le plus exactement avec la position de la rétine. Cette distance va de quinze à trente centimètres pour la majorité des individus. Les objets qui sont trop près de l'œil envoient sur la rétine des images très indistinctes ; un objet mince, une épingle placée très près de l'œil ne fait pas d'impression sur la rétine ou en fait une très vague. D'autre part, quelques personnes sont capables de lire un imprimé à plus de soixante centimètres.

3° La troisième condition d'une vision parfaite est la petite dimension des subdivisions de la rétine capables de sensations indépendantes. Nous sommes sensibles à des lignes et à des points très déliés, et il y a une limite de ténuité, où plusieurs lignes séparées paraissent n'en faire qu'une. Cette limite des subdivisions optiques de la rétine rappelle les intervalles de la double sensation dans le tact.

Il semble que les circonstances suivantes favorisent la distinction de l'exiguïté : 1° une lumière intense permet de voir un objet plus petit; 2° une peinture blanche peut être vue plus petite que ne le peut une bleue; 3° une ligne se voit mieux qu'un point de même diamètre. Le plus petit angle pour un corps rond est de 20″, un objet filiforme peut être aperçu sous un angle de 3″, un fil étincelant peut faire impression sur l'œil sous un angle de 1/5″. D'après Weber et Volkmann, deux lignes brillantes doivent être séparées au moins de $\frac{1}{6000}$ à $\frac{1}{12000}$ de pouce sur la tache jaune pour donner une impression. Cette estimation concorde parfaitement avec la ténuité connue des fibres et des vésicules de la rétine, en supposant que chacun de ces éléments soit capable de porter une impression indépendante au cerveau.

La faculté de distinguer deux impressions très rapprochées diminue rapidement à mesure qu'elles s'éloignent de la tache jaune. A un point situé à 60° de la tache, il faut pour qu'un objet soit distingué qu'il soit 150 fois plus grand. Ainsi, bien que l'œil puisse embrasser un vaste champ à la fois, la faculté d'observation délicate est limitée à une très petite partie au centre de la rétine (1).

(1) Les expériences suivantes de Wundt ont fait connaître une autre condition de la vision parfaite. Si l'on place devant l'œil un petit morceau de papier rouge et qu'on le fasse mouvoir d'un côté, sans que l'œil le suive, de sorte que l'impression porte d'abord sur la tache jaune et ensuite sur les parties latérales de la rétine, la couleur est vue de diverses manières. A la tache jaune, le papier est rouge ; à mesure qu'il se meut de côté, il devient plus foncé, peu à peu il prend une teinte bleuâtre, et, enfin, il paraît tout à fait noir. Toute couleur, simple ou mixte, le blanc même composé de toutes les couleurs, subissent des variations analogues. La dernière couleur de la série est toujours le noir. Il en résulte que les diverses parties de la rétine ne sont pas douées de la même sensibilité pour les impressions de couleur. Les variations se présentent dans le même ordre dans toute direction, mais avec une rapidité inégale. La série est plus rapidement parcourue quand l'objet se meut en dehors que lorsqu'il se meut en dedans, plus rapidement aussi quand le mouvement va en haut que quand il va en bas. Il n'en résulte pas que, quand nous regardons une grande surface colorée, nous voyions des anneaux concentriques de teintes dégradées. Dans ce cas comme dans beaucoup d'autres, l'esprit domine les sens. La notion de chaque surface nous vient de la façon dont les parties nous affectent quand elles passent successivement devant la tache jaune, le lieu des observations délicates, et ce qu'il nous semble que nous voyons, c'est l'effet habituel plutôt que l'effet du moment. Nous aurons plus loin à faire une application importante de ce fait pour expliquer la faculté que nous avons de localiser les différentes impressions faites sur la rétine. Nous ne faisons que signaler ici le phénomène de la cécité pour les couleurs et les suppositions qu'on a faites pour en rendre compte. Nous avons déjà mentionné une théorie d'après laquelle les différentes parties de

La grande supériorité de l'œil, comme milieu pour la perception du monde extérieur, tient à la propriété qu'il a d'une sensibilité indépendante pour les points ténus. Le nerf de la vision doit nécessairement se composer d'un grand nombre de fibres indépendantes conservant leur isolement jusqu'au cerveau, et capables de transmettre des ondes distinctes à travers toute la masse cérébrale, chacune de ces milliers d'impressions apportant un effet différent à la connaissance, et créant une volition. Nous ne trouverons probablement jamais aucun fait qui prouve mieux la complexité et en même temps la disjonction de l'action du système cérébral; il nous fournit aussi l'explication de ce fait que les hémisphères cérébraux sont indispensables à la vision.

De l'adaptation de l'œil à la vision aux différentes distances. — Nous voyons distinctement un objet éloigné de l'œil de six pouces; tous les objets placés à une distance plus grande sont indistincts. L'image des objets proches tombe juste sur la rétine, tandis que les images des objets éloignés tombent en avant. Par un effort volontaire, je puis adapter l'œil à voir un objet éloigné assez clairement, mais alors tout corps rapproché devient confus. Quel est le changement survenu dans le globe oculaire, dans le cours de cette adaptation du prochain au lointain et du lointain au prochain, et quel appareil effectue ces changements ?

Quand on regarde très près, la lentille cristalline devient plus épaisse et plus convexe en avant. Quand on regarde à distance, la surface s'aplatit. Le changement de courbure est considérable. Le pôle antérieur du cristallin se porte en avant de près d'une demi-ligne dans la vision d'un objet proche. La face postérieure subit aussi un léger accroissement de courbure.

Les changements de courbure dépendent de l'action du muscle ciliaire. Ce muscle se contracte par la vision des objets proches. La contraction a pour effet de tirer la choroïde en avant, et par ce moyen

---

l'oreille répondraient à différentes notes. On a fait aussi pour l'œil une hypothèse analogue. On a pensé, non sans quelque probabilité, qu'il y a différentes fibres et terminaisons nerveuses pour les différentes couleurs primaires, terminaisons qui sont inégalement mêlées à la surface de la rétine. On supposait qu'à un endroit les bâtonnets violets prédominent, à un autre, les verts, et qu'à la tache jaune les rouges sont abondants. La cécité pour la couleur consisterait donc dans le défaut ou l'absence d'une série de terminaisons nerveuses. La forme la plus fréquente de ce défaut est la privation de la sensation primaire de rouge ; tous les corps colorés paraissent composés de vert et de violet. Le spectre se présente aux sujets atteints de cette affection avec un teint jaunâtre et bleuâtre. Ce qu'ils appellent blanc, un œil ordinaire le voit coloré. La cécité pour la couleur a été observée pour le vert, mais on ne l'a pas encore rencontrée pour le violet.

de comprimer l'humeur vitrée qui exerce une pression sur le cristallin en le poussant en avant. En même temps les fibres musculaires de l'iris entrent en jeu, contractent la pupille et la circonférence externe; ce qui fait supporter au cristallin une pression d'avant en arrière, mais inégale, plus forte aux bords qu'au centre. Ces deux pressions d'avant en arrière et d'arrière en avant font tomber le cristallin à son centre et en accroissent la courbure. Pour la vision des objets proches, il y a donc une action musculaire très considérable. Quand nous regardons quelque chose de près, nous avons conscience d'un effort dans l'intérieur du globe de l'œil. Pour la vision des objets éloignés, l'action se relâche, et l'élasticité naturelle des parties rétablit l'aplatissement du cristallin. C'est le repos naturel de l'œil qui fait l'adaptation pour la vision à distance (1).

Le changement du globe de l'œil est principalement l'effet de l'adaptation aux petites distances. Entre la plus petite distance, quatre pouces, et la plus grande, trois pieds, il y a à peu près toute la gamme de l'adaptation. Quand nous comparons des objets éloignés d'éloignement divers, de trente, de cent, de mille pieds, le globe de l'œil ne subit guère de changement, et l'ajustement dépend d'une convergence plus ou moins grande des deux yeux.

De la vision simple avec deux yeux, vision binoculaire. — On a longtemps discuté la question de savoir pourquoi avec deux yeux, nous ne voyons les objets que simplement, c'est-à-dire en une seule image. On a essayé d'en donner des solutions qui ont été plus ou moins satisfaisantes. Ce n'est qu'en 1838 que la discussion a pris un tour nouveau quand le professeur Wheatstone vint lire à la Société royale son mémoire sur la vision binoculaire et faire connaître un instrument de son invention, qui imitait et expliquait l'action des deux yeux dans la vision simple, le stéréoscope.

« Quand nous regardons un objet, dit-il, à une assez grande distance pour que les axes des deux yeux soient à peu près parallèles quand ils sont dirigés sur l'objet, les projections perspectives de cet objet, vues

---

(1) L'expérience suivante fait connaître les limites de la vision avec un seul œil. Si nous regardons avec un seul œil, à travers un tube, un fil qui se meut contre une paroi blanche, nous pouvons sentir une différence quand il se rapproche, mais non quand il s'éloigne. Cela s'explique, parce que, lorsqu'on commence à regarder de près, on fait contracter un muscle, tandis que lorsqu'on commence à regarder de loin, l'élasticité naturelle des parties relâche une contraction existante. C'est ainsi que dans les mêmes circonstances, nous pouvons estimer l'intervalle parcouru par le fil quand il se rapproche de la paroi, mais nous ne pouvons aucunement estimer la distance absolue. (Wundt.)

par chaque œil séparément, sont semblables, et l'image obtenue par les deux yeux est la même que celle de l'objet vu par un seul œil. Il n'y a dans ce cas aucune différence entre l'image visuelle d'un objet en relief et sa position perspective sur une surface plane. Par suite on peut faire des représentations peintes d'objets éloignés avec assez de ressemblance pour que l'illusion soit complète, si l'on a soin d'écarter toute circonstance qui pouvait y mettre obstacle ; le diorama en est un exemple. Mais la ressemblance cesse quand l'objet est placé si près des yeux que pour le regarder les axes optiques doivent converger, et les perspectives deviennent d'autant plus dissemblables que la convergence des axes optiques devient plus grande. On peut facilement vérifier ce fait en plaçant une figure à trois dimensions, un dessin d'un cube par exemple, à quelque distance des yeux, en tenant la tête fixe et en regardant le dessin successivement avec un œil tandis que l'autre est fermé. La figure 10 représente les deux projections perspec-

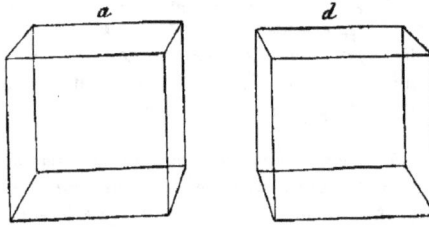

Fig. 10.

tives d'un cube ; la perspective de droite est vue par l'œil droit, celle de gauche par l'œil gauche, la figure est ainsi placée à sept pouces environ en face du spectateur.

« On comprend pourquoi il est impossible à l'artiste de représenter fidèlement un objet solide rapproché, c'est-à-dire une peinture qui ne se distingue pas dans l'esprit de l'objet lui-même. Quand la peinture et l'objet sont vus avec les deux yeux, du côté de la peinture deux images *semblables* sont projetées sur la rétine, et du côté de l'objet les images sont *dissemblables*; il y a donc une différence produite dans les deux cas sur les organes des sens et par conséquent entre les perceptions formées dans l'esprit. La peinture ne peut donc pas être confondue avec les objets solides. ».

La dissimilarité des images est le principal signe optique de la solidité, ou des trois dimensions. Plus grande est la dissimilarité, plus intense est la suggestion d'une troisième dimension ; c'est quand on regarde des objets très éloignés que la similarité est la plus parfaite, ou quand on examine une surface à angles droits avec la ligne de vision, toutes les parties étant également distantes. Ainsi quand nous regardons une peinture de très près, nous ne risquons pas de la prendre pour une réalité. Pour qu'une chose proche présente des images identiques il faut qu'elle ait ses parties à égale distance de l'œil ; nous concluons en conséquence. Le stéréoscope donne l'illusion d'un effet solide en présentant aux deux yeux des images dissemblables, par une imitation de la présentation naturelle d'un objet ou d'une scène dont les points ne sont pas également distants de l'œil.

On éprouve une grande difficulté à expliquer la vision double, parce qu'on se méprend sur la nature exacte de l'effet produit sur l'esprit par l'impression faite sur l'œil une seule fois. On peut dire que l'état de conscience total à un moment donné, l'image qui nous est présentée est déterminée par les rayons qui affectent la rétine à ce moment. Mais la vérité est que ce qui se présente à l'esprit à la vue d'un objet extérieur est un agrégat d'impressions passées que suggère l'impression du moment, mais qu'elle ne constitue pas. L'éducation du sens de la vue nous apprend qu'une impression identique sur les deux yeux correspond aussi bien avec une grande distance qu'avec une surface pure, c'est-à-dire avec deux dimensions seulement, puisqu'il n'y a aucune inégalité de distance de l'œil. D'autre part, la dissemblance des images correspond à l'introduction de l'élément de l'inégalité des distances, et plus cette inégalité s'accentue, plus la dissimilarité est grande ; en conséquence, l'esprit, au lieu d'être embarrassé par ces doubles images, adopte d'un seul coup la notion d'un objet unique complexe dont les parties sont inégalement éloignées ; l'inégalité des distances étant évaluée entre autres moyens par cette dissemblance des images. Que les présentations rétiniennes soient au nombre de deux, comme dans la vision binoculaire, ou de plusieurs milliers comme chez les insectes, cela n'y fait rien ; elles ne sont que le point de départ d'une construction mentale qui représente l'unité de la scène extérieure, dans sa longueur, sa largeur, sa profondeur.

Nous voyons les objets droits au moyen d'images renversées sur la rétine. On a trouvé dans ce fait un mystère inexplicable ; mais il ne saurait y voir une difficulté que si l'on se fait une idée fausse de la perception visuelle. Un objet nous semble en haut ou en bas suivant que nous élevons ou que nous abaissons la pupille de l'œil pour le voir. La notion du haut et du bas est un effet de nos propres sentiments du mouvement et non d'une image optique peinte au fond de l'œil. En quelque point que cette image se forme, et de quelque façon qu'elle soit placée, nous appelons partie supérieure de l'objet celle que nous ne pouvons atteindre qu'en élevant nos yeux ou notre corps (1).

Les *sensations*, ou éléments mentals proprement dits de la vue, sont en partie optiques, c'est-à-dire effets de la lumière sur la rétine, et en partie musculaires, provenant de l'action des divers muscles. Presque toutes les sensations de la vue sont des effets de ces deux éléments combinés.

L'exemple le plus frappant des sensations de pure *lumière* est la lumière solaire diffuse. C'est un des agents les plus puissants qui affectent la sensibilité humaine. La lumière est éminemment une source de plaisir, qui s'accroît en proportion de l'abondance de l'émanation lumineuse, mais dans de certaines limites. Le degré est volumineux ou aigu, suivant que l'effet provient d'une surface étendue comme le soleil, ou de points lumineux comme dans une lumière artificielle. Dans l'un comme dans l'autre cas, il est possible d'en recevoir une somme considérable de plaisir, et la lumière prend place avec la chaleur douce, l'alimentation et un repos agréable parmi les causes d'agrément. Comme l'on pouvait s'y attendre d'après le principe de relativité, on ne goûte complètement ce plaisir qu'en passant des ténèbres à la lumière.

Le caractère spécial des plaisirs de la vue est leur persistance. L'effet de la lumière, bien que puissant, est doux; il n'épuise pas les nerfs aussi rapidement que les goûts doux, les odeurs piquantes, ou les sons bruyants. C'est le caractère distinctif du sens de la vue. L'ouïe aussi possède la même propriété à un haut degré; mais nous ne pouvons lui donner que la seconde place. Parmi les choses que l'on exprime par le terme raffinement appliqué au plaisir se trouve l'aptitude du plaisir à se prolonger longtemps sans fatiguer ni causer la satiété. Les plaisirs de la vue sont plus durables qu'aucun de ceux des sens infé-

(1) On peut dire aussi, avec Wundt, que par la construction même de l'organe de la vue, il faut que l'image soit renversée sur la rétine. Les parties antérieure et postérieure du globe doivent toujours se mouvoir en sens opposé; soit donc un mouvement de haut en bas de l'œil comme lorsque nous suivons un objet de son sommet à sa base, cela veut dire par rapport à sa rétine que nous portons successivement sur la tache jaune les différentes parties de l'image entière, en commençant par l'image de la partie supérieure. Mais la rétine étant à l'arrière de l'œil, et la partie postérieure de l'œil s'élevant quand la partie antérieure descend, ce qui est la partie supérieure de l'objet réel doit être le point inférieur de l'image rétinienne, si l'on tient compte de la relation naturelle de devant et de derrière dans le mouvement.

rieurs; c'est par cette qualité et par d'autres aussi, dont nous n'avons pas à nous occuper ici, qu'ils contribuent aux sentiments du beau. La lumière et l'ombre, comme l'arrangement harmonieux des couleurs, peuvent suffire à constituer une œuvre d'art. L'influence sereine et douce du soleil sert de trait d'union entre les effets de la lumière et les sentiments tendres. Et la raison en est, d'après nous, que le plaisir volumineux et non aigu dompte généralement l'excitation active du système nerveux, neutralise sa tendance à l'action et place l'esprit dans l'état le plus convenable pour les plaisirs des émotions tendres.

Par rapport à la volonté, les plaisirs de la lumière s'accordent avec la règle générale, c'est-à-dire qu'ils stimulent la volonté proportionnellement à leur degré. Nous fuyons les lieux obscurs, et nous cherchons le jour gai ou une pièce bien éclairée; quand la lumière du soleil est excessive et pénible, nous nous retirons à l'ombre.

Il y a toutefois une exception remarquable à cette règle. En présence d'une lumière trop forte pour être agréable, l'œil subit comme un charme et continue à contempler ce qui donne du malaise. La preuve expérimentale de ce fait, c'est que nous trouvons du soulagement à placer un écran entre nous et cette lumière dont nous ne pouvons pourtant pas détourner les yeux tant qu'elle est devant nous. L'homme subit, à un faible degré sans doute, cette fascination qui, chez le papillon, est assez puissante pour le précipiter sur l'objet qui doit le faire périr.

Nous mentionnons ici, pour la première fois, un fait qui atteste l'existence de tendances en sens contraire du cours normal de la volonté, laquelle tend vers le plaisir et éloigne de la douleur; ces tendances font de nous, jusqu'à un certain point, des êtres irrationnels. Nos sensations paraissent avoir dans certains cas au moins l'efficacité de nous attacher, de nous captiver, non seulement alors qu'elles ne donnent pas de plaisir, mais alors même qu'elles sont positivement pénibles. Le fait dont nous venons de parler en est un exemple significatif.

Par rapport à l'intelligence, les sensations de la vue occupent le premier rang dans l'échelle de la sensibilité.

Les plaisirs et les peines attachés aux sensations de la vue ont, plus que ceux des autres sens, la propriété de persister dans l'esprit et d'y être rappelés. Les seules exceptions à cette règle se trouvent dans des facultés exceptionnelles, soit naturelles, soit acquises, que possède quelquefois le sens de l'ouïe.

Si les sensations de la vue peuvent durer sans donner de la fatigue, et si l'on peut les conserver longtemps dans l'esprit comme souvenir ou idée, il faut peut-être l'attribuer à la même propriété fondamentale, c'est-à-dire à une grande délicatesse du choc de la lumière sur la substance nerveuse relativement à la sensibilité qui en résulte.

La supériorité de la vue est encore plus prononcée dans ses rapports purement intellectuels, dans les matériaux qu'elle fournit à la connaissance. Les sensations ont, au plus haut degré, la faculté de comporter la comparaison, d'être distinguées ou identifiées, et d'être fixées dans la mémoire comme images des choses ambiantes.

Le plaisir que donne la lumière doit être coupé par des suspensions, et limité quant à l'intensité. Dans les climats favorisés par le soleil, l'action de la lumière solaire durant tout un jour est accablante pour celui qui la subit; il faut en neutraliser les effets en produisant artificiellement de l'ombre. D'autre part, les lieux qui ne peuvent offrir la quantité de lumière sont appelés sombres et tristes.

La *couleur* apporte de nouveaux effets qui tranchent sur ceux de la lumière blanche. La succession alternante des diverses couleurs nous procure des plaisirs où se retrouvent toutes les propriétés des plaisirs de la lumière et de l'ombre. La décomposition du rayon solaire en certaines couleurs primaires, en proportions définies, nous donne la clef de l'harmonie des couleurs ou de la succession de couleurs qui peut faire le plus de plaisir.

On dit généralement que les couleurs ont des effets caractéristiques; on appelle doux le bleu et le gris, ardent ou excitant le rouge. Tout le monde sait que l'œil fatigué par l'éclat du soleil se repose sur la verdure des champs. Mais ces façons de parler ne doivent pas être prises au sens absolu. La couleur, comme tous les agents, agit d'après le principe de la relativité. L'effet d'une couleur simple tient à celui qu'ont déjà fait d'autres couleurs. Si le rouge était la couleur universelle, nous n'aurions jamais connu de couleur et il n'aurait pu être question que de lumière et d'obscurité. Les effets du rouge viennent du contraste qu'ils présentent avec les teintes qui se retrouvent le plus autour de nous : le blanc et les diverses nuances du gris, couleur triste, le bleu et le vert. Ce sont les couleurs de la moitié du spectre où le bleu domine qui sont le plus répandues, aussi l'apparition du rouge produit-elle une stimulation. Si les proportions étaient renversées dans la nature, si le rouge et le jaune remplaçaient le bleu et le vert, ces couleurs seraient excitantes; elles auraient la fraîcheur de la rareté et de la nouveauté. Le plaisir que font les nuances nouvellement découvertes, comme celles des teintures mauve et magenta, n'a d'autre raison que la nouveauté et le contraste. Les aspects variés des champs et des jardins, au beau moment de la végétation, ont plus de beauté que la verdure uniforme de la feuille. La diffusion du rouge et du jaune fournit les éléments dont l'image avait besoin. Les contours du lever du soleil et du soir ont des splendeurs magiques.

Les lumières artificielles manquent quelquefois de la proportion qui fait la lumière blanche, et par suite elles font l'effet irritant des couleurs vives uniformes. La flamme du feu produit une stimulation agréable; l'intensité de cette lumière ne va pas jusqu'à produire de la peine. La lumière d'une lampe arrête et captive nos regards; la jeune sensibilité du petit enfant est caressée par cette lumière ; aussi ce petit être ne tarde pas à apprendre les mouvements volontaires qui lui permettent de la suivre des yeux quand elle s'éloigne.

La sensation de *lustre* est l'opposé de la sensation de terne. Le plaisir que donne le lustre est plus grand que celui que donne la couleur seule.

Le type de l'effet des corps lustrés est celui que produit l'*étincelle*, ou l'apparition d'un point brillant au milieu d'une obscurité relative; c'est un exemple du contraste de la lumière et de l'ombre. C'est une combinaison très propre à augmenter l'effet stimulant de la lumière. Les corps lustrés ont une surface qui fait l'effet d'un miroir, et qui réfléchit les rayons du soleil en faisceaux lumineux; les points d'où partent ces faisceaux font un contraste frappant avec le reste de la surface.

C'est le lustre qui donne aux objets visibles leur plus grande beauté; c'est ce qui fait la valeur des pierres fines. Les bois précieux l'acquièrent par le poli et le vernis. Les couleurs du peintre sont naturellement mates; il les recouvre d'une couche transparente, et leur donne une vivacité qui compense l'absence de couleur, comme dans le noir lustré. Un peu d'humidité rend les feuilles vertes des arbres plus belles en leur donnant du lustre. Il n'est pas impossible qu'une bonne part de l'influence rafraîchissante du vert dans la végétation soit l'effet du vert lustré. Les tissus animaux nous offrent à un haut degré les effets de cette qualité. L'ivoire, la nacre, l'os, la soie, la laine, sont des substances brillantes ou luisantes. La peau de l'homme présente à la fois la richesse du coloris et le lustre. Les cheveux doivent à leur brillant une partie de leur beauté. Mais le plus bel exemple, c'est l'œil où le noir foncé de la choroïde et les couleurs de l'iris sont fondus par la transparence des humeurs.

Nous allons étudier les *sensations complexes* de la vue, c'est-à-dire celles qui résultent de la combinaison de l'effet optique avec les sentiments du mouvement fournis par les muscles du globe de l'œil.

Comme pour le tact, cette combinaison est nécessaire aux perceptions du monde extérieur qui se rattachent à la vue ; elles forment la base de ces perceptions, c'est-à-dire de l'externalité, du mouvement de la forme, de la distance, du volume, de la solidité et de la position relative. La lumière seule et la couleur ne suffiraient pas pour supporter ces perceptions ; il faut, comme nous l'avons déjà avancé à propos de la muscularité et du tact, les rapporter à l'appareil moteur de l'œil et du corps en général.

Mouvements visibles. — Une des premières actions volontaires que nous apprenons à faire, c'est de suivre par la vue un objet en mouvement. Supposons notre regard arrêté par une vive lumière, comme la flamme d'une bougie, l'œil suivra les changements de place de la flamme en partie par ses propres mouvements, en partie par la rotation de la tête. Il en résulte une sensation complexe de lumière et de mouvement qui a de l'analogie avec la sensation complexe de tact et de mouvement qu'un poids fait sur la main. Si la flamme se meut à droite, les muscles droits entrent en jeu pour que l'œil la suive ; si à gauche, les muscles gauches, etc ; ce qui nous donne diverses combinaisons de lumière et d'impressions musculaires qui marquent nettement la direction, et qu'on ne confond pas les unes les autres.

Le mouvement, au lieu de continuer dans un sens, peut changer sa direction et s'infléchir ou se courber. D'autres muscles entrent en jeu, d'autres combinaisons se produisent, il reste une trace différente d'action musculaire. Les muscles droits de l'œil peuvent avoir à agir de concert avec les muscles supérieurs dans un sens oblique ; il en résulte un mouvement de biais que nous pouvons ultérieurement reconnaître quand les mêmes muscles sont de nouveau mis en jeu. Nous obtenons par là une distinction parfaite du *changement de direction* par les muscles distincts qu'elle met en jeu.

Nous pouvons avec l'œil, comme avec d'autres organes actifs, distinguer la *continuation* plus ou moins grande d'un mouvement, et par là estimer en premier lieu la durée, et ensuite nous habituer à estimer la grandeur étendue.

La sensibilité musculaire distingue la vitesse du mouvement. Un mouvement rapide n'excite pas la même sensation qu'un mouvement lent, nous acquérons par suite une échelle de sensations qui correspondent aux degrés de vitesse, jusqu'à un certain point de finesse. L'estimation de la vitesse sert indirectement de moyen de juger l'étendue quand nous sommes déjà en possession de la notion d'espace visible par opposition à la succession dans le temps.

L'impression musculaire de la tension passive, ou de la résistance, ne peut guère se présenter dans l'œil où rien ne résiste à l'effort musculaire que la propre inertie de l'organe. Ce qu'on appelle la tension de l'œil (dans la vision des objets rapprochés de l'œil ou des objets menus) n'est pas la même chose que la tension des bras pour soutenir un poids. Des trois sensations primaires des muscles, la résistance, la continuation, la vitesse, deux seulement appartiennent aux muscles oculaires. On ne peut donc pas dire que l'œil, malgré la supériorité avec laquelle il dote l'esprit de tableaux du monde extérieur, nous donne l'aperception de l'objet, la sensation de la résistance; c'est par association et non par une sensibilité propre que la vision excite si fortement en nous le sentiment du monde objectif.

Pendant que la rétine ne reçoit qu'une même impression optique, celle de la flamme de la bougie par exemple, cette impression peut se combiner avec un grand nombre d'impressions musculaires différentes, et constituer un grand nombre d'images diverses. En changeant les mouvements et en variant leur rapidité nous changeons les impressions qui résultent de cette combinaison, à ce point que nous pourrons reconnaître qu'un mouvement est distinct d'un autre, et le reconnaître lui-même quand l'occasion le ramènera.

Un grand nombre de plaisirs du mouvement musculaire peuvent résulter du *spectacle* des objets en mouvement. Le sentiment volumineux, languissant, du mouvement lent, l'excitation qui résulte d'un pas rapide; le plaisir encore plus marqué que cause une vitesse croissante ou décroissante, peuvent tous être causés par les mouvements des muscles de l'œil et de la tête. Une procession qui se déroule lentement, le galop d'un cheval, la trajectoire d'un boulet de canon, nous présentent différentes variétés des effets que le mouvement fait sur nous. Quand nous suivons le mouvement d'un projectile, où une course rapide s'accompagne d'un mouvement doux d'élévation et de chute, il y a en nous une série de muscles qui jouent rapidement et une autre dont la tension varie avec lenteur, contraste qui rend encore plus agréable l'effet du mouvement qui s'accélère et se ralentit. Quand le projectile vole à travers le champ de la vision, le mouvement horizontal est uniforme, mais celui qui l'élève diminue et enfin s'arrête quand il a atteint le point le plus élevé de la course, puis il se transforme en un mouvement de descente, lent d'abord, mais qui va s'accélérant jusqu'à ce que le projectile ait atteint le sol. C'est là l'origine de la beauté des courbes.

Les plaisirs que nous cause la vue des objets en mouvement et un spectacle animé sont pour beaucoup dans ce qui fait aimer la vie. Ce sont réellement des plaisirs de l'action; mais comme ils n'excitent qu'une faible partie du système musculaire, ils ne constituent pas un exercice du corps, et à tous les points de vue ils ne sont que des plaisirs passifs, comme ceux que nous recevons de la musique ou de la lumière du jour. Une scène de théâtre, un ballet, la course d'un cheval, le spectacle des exercices du corps, engagent bien l'activité des muscles de l'œil, mais ce ne sont pas pour cela des plaisirs actifs; toutefois ce sont des stimulants de l'activité générale de l'organisme.

Nous devons compter les mouvements visibles parmi les *images permanentes de l'intelligence*, qu'elle évoque, combine et emploie de tant de façons diverses. Le vol d'un oiseau est un caractère qui distingue une espèce d'une autre; les impressions qu'il laisse font partie de la connaissance et du souvenir que nous conservons de chaque espèce particulière. Le galop d'un cheval est une série d'images, de mouvements qui laisse après elle une trace et qui se reproduit comme une série d'images. Les mouvements qui constituent l'allure et l'expression d'un animal ou d'un homme ont besoin des mouvements particuliers de l'œil qui les prennent, les fixent parmi les notions permanentes de l'esprit. Tous les gestes, tous les modes d'action, les changements des traits que l'émotion provoque, sont visibles à l'œil à titre d'assemblages de mouvements, et nous reconnaissons que ces mouvements constituent une ressemblance ou une différence dans les individus, et dans les différentes passions. Un grand nombre de tableaux du monde extérieur s'impriment sur l'appareil moteur de l'œil. La surface agitée de la mer, les nuages qui s'accumulent, la chute de la pluie, l'agitation des arbres par le vent, le cours de l'eau, un météore qui file, le soleil qui monte et descend, nous communiquent autant d'impressions mixtes de la vue et du mouvement. Pareillement dans les diverses opérations artistiques il y a des mouvements qui sont des moyens de jugement, et le type de ces opérations.

Forme visible. — Nous avons pris les objets qui se meuvent comme l'exemple le moins compliqué que nous présente la vision. Nous devons chercher maintenant par quel procédé nous percevons la forme visible et l'étendue, et nous acquérons la notion de l'existence simultanée dans l'*Espace*. Il faut montrer que l'œil est actif même pendant qu'il observe les objets au repos, et que cette activité est précisément celle qui fait sentir à l'esprit la différence entre la succession et la coexistence.

Quand nous suivons un objet qui se meut, comme une fusée ou un oiseau, ou quand nous promenons l'œil sur la courbe de l'arc-en-ciel, nous constatons, dans l'un comme dans l'autre cas, un fait commun de mouvement et des différences importantes dans le mode de mouvement. Ces différences ont une très grande analogie avec celles que nous avons décrites en traitant du tact, lesquelles nous donnent la connaissance des objets en tant que coexistants : 1° Quand nous suivons le contour de l'arc-en-ciel, nous ne sommes contraints de faire aucun mouvement, comme lorsqu'il s'agit de suivre un oiseau ou un projectile ; cela seul suffirait à donner un sentiment vif de la différence des deux faits. 2° L'impression optique d'une forme immobile n'est pas une sensation immobile, mais une série de sensations qui peuvent être de même nature comme dans l'arc-en-ciel, ou de nature différente comme dans un paysage. 3° Nous pouvons, en renversant le mouvement, retrouver la même série de sensations optiques dans l'ordre inverse, tandis que lorsque l'objet se meut, il sort finalement du champ de la vision. 4° Nous pouvons répéter le mouvement avec toutes les vitesses, et en obtenir la même série de sensations dans le même ordre. Pour le tact comme pour la vue, cette circonstance est probablement plus que toute autre ce qui nous donne le sentiment vif de la différence entre les objets qui se meuvent et qui disparaissent, ce qui est le type de la succession, et les objets qui sont simultanés ou qui coexistent, ce qui signifie l'espace. Plus fréquemment nous éprouvons ce retour fixe des sensations optiques accompagnées d'un mouvement défini, et plus profonde devient la démarcation qui sépare ce mode d'existence d'avec les objets qui ne se présentent à nous qu'un instant. La réception constante d'une série définie de sensations par un mouvement défini, et le retour également constant des séries renversées par l'effet d'un mouvement renversé, c'est tout ce qu'il y a dans la notion, le sens, et l'attente des objets étendus dans l'espace visible. 5° Nous trouvons encore une preuve en faveur de la même distinction dans la faculté particulière que possède la vue d'embrasser une vaste étendue, bien qu'elle n'en perçoive en détail qu'une faible portion. Quand le regard se promène sur le champ de la vision, les parties qui cessent d'occuper le centre de l'œil impressionnent encore la rétine et se font représenter dans la conscience, bien qu'elles soient perçues moins distinctement. C'est une distinction nouvelle entre le passage d'une étoile filante et l'image de la voûte étoilée. Le tact ne possède ce moyen de distinction qu'à un degré très faible. Par la surface de la main, par la pluralité des doigts, par l'application simultanée des deux mains, et par d'autres parties de la surface du corps susceptibles de réunir des impressions simultanées de contact, nous parvenons comme avec la vue à constater la différence entre le coexistant dans l'espace et le successif dans le temps ; mais c'est à cela que se réduisent les avantages que le tact peut mettre en parallèle avec cette grande prérogative de la vue. Quand des sensations successives formant une série définie sont senties *simultanément*, elles suggèrent *tous les faits séparés* de mouvement, en même temps que le fait total du mouvement impliqué dans une perception de l'étendue.

L'observation des *formes* immobiles est donc une combinaison de mouvements de l'œil avec des impressions optiques qui correspondent aux différentes parties du champ de la vue. De même que pour les choses en mouvement, nous nous rendons compte d'une ligne horizontale par un mouvement horizontal, d'un mouvement en cercle, nous connaissons un angle par un changement soudain de direction ; dans chacun de ces cas la figure tout entière persiste sur la rétine, tandis que l'œil se fixe successivement sur les parties de l'ensemble.

Des lignes aux surfaces la transition est aisée. Une série de mouvements plus nombreux et plus complexes est nécessaire pour donner l'impression d'une surface visible. Mais la même série constante d'effets optiques associés aux mêmes mouvements, intervertie et répétée tant que nous voulons, entre dans l'aperception de l'espace à *deux* dimensions aussi bien que dans celle de la grandeur linéaire ou espace considéré au point de vue d'une seule dimension.

Grandeur apparente. — La grandeur apparente ou grandeur visible se compose de deux distinctions, l'une optique, l'autre musculaire. La distinction optique se fait par l'étendue de l'image sur la rétine ; c'est pour cela que Wheastone appelle le volume apparent la *grandeur rétinienne*. La distinction optique repose sur le mouvement de l'œil sous l'action de ses muscles ; c'est par conséquent un fait de muscularité. Les deux appréciations concourent à produire un effet unique. Elles sont l'une et l'autre équivalentes à une appréciation angulaire, ou le rapport d'une surface visible à une sphère totale. Le diamètre apparent du soleil ou de la lune est d'un demi-degré, ou de 1/720 de la circonférence de la voûte céleste.

L'appréciation combinée de la grandeur rétinienne par nos deux organes les plus sensibles, la rétine et le groupe oculaire des muscles, rend extrêmement délicate la mesure de la grandeur apparente. En fait, c'est la distinction la plus délicate que nos sens aient à faire, partout où nous voulons mesurer une propriété avec exactitude, nous essayons de la ramener à des grandeurs visibles ; c'est ainsi que la balance nous sert à mesurer les poids, le thermomètre, la chaleur, etc.

Les variations de la grandeur visible par suite des changements de distance s'apprécient de même manière : après que nous avons constaté que ces variations correspondent au changement de la distance *réelle*, nous nous en servons comme du critérium le plus délicat de l'éloignement.

Nous n'avons idée de la grandeur des corps célestes et des nuages que par leur volume apparent. Les objets terrestres se présentant à nous à des distances différentes, leur volume apparent varie, et c'est par d'autres moyens, en les touchant ou en faisant le tour, que nous nous faisons une idée de leur grandeur réelle. Faute de pouvoir recourir à ces moyens, nous nous en faisons une idée à laquelle on nous a accoutumés, et nous croyons que l'objet est tel que nous le voyons du point où nous sommes. Pour ce qui est des choses familières, comme une chaise, un homme, nous ne manquons jamais de transformer l'appréciation apparente en appréciation réelle. Un bâtiment, une montagne éloignée, un paysage, sont pour nous comme nous les voyons de l'endroit où nous nous plaçons le plus habituellement pour les regarder.

Distance ou éloignement variant. — La grandeur apparente telle que nous venons de la considérer n'a que deux dimensions. Pour apprécier le volume ou solidité apparent, en plus de l'étendue pure ou surface, il faut aussi apprécier la différence de l'éloignement variant. Laissant pour le moment la considération de la distance *réelle*, aussi bien que la grandeur réelle, examinons les effets que produisent les changements de distance sur les divers sens oculaires.

Nous avons déjà remarqué les deux modes d'adaptation musculaire à la distance, c'est-à-dire le changement de forme du globe oculaire par l'action du muscle ciliaire, pour les distances proches, et la convergence ou la divergence des deux yeux pour les distances proches comme pour les éloignées. Pour avoir une image distincte quand un objet est placé près de l'œil, il faut un effort musculaire qui change la courbure du cristallin dans chaque œil et fasse converger les axes optiques des deux yeux. L'un et l'autre de ces efforts s'accompagne d'un état de conscience, lequel se mêle aux sensations de grandeur rétinienne modifiée, et avec la *dissimilarité* des images binoculaires, quand les objets se reculent de l'œil ou s'en rapprochent ; en outre, le fait optique de la clarté variable de l'image peut aussi témoigner de la présence ou de l'absence d'objets intermédiaires.

Mouvements visibles et formes visibles en trois dimensions ; volume. — En combinant les mouvements visibles qui traversent le champ de la vision avec les mouvements d'ajustement, monoculaire et binoculaire, nous arrivons à saisir les mouvements visibles, les formes visibles, les grandeurs visibles, dans les trois dimensions de l'espace, en d'autres termes le *volume* et la *solidité*, en tant que le volume et la solidité peuvent tomber sous les prises de l'œil. Pour bien voir un objet qui se ment de biais, il faut des changements d'ajustement en même temps que des mouvements du globe de l'œil en bas ou en haut, à droite ou à gauche; et l'image de cet objet reste intimement unie à cette série compliquée de mouvements et de changements optiques. Pour voir une rangée de maisons qui se présentent obliquement, il faut la même combinaison de mouvements. Au mouvement latéral de l'œil, il faut unir des mouvements d'ajustement, afin d'avoir partout la même netteté des images. Ces changements d'ajustement sont répétés et renversés avec les autres mouvements, et concourent avec eux à donner le sentiment du coexistant dans l'espace, en tant qu'opposé au transitoire ou successif dans le temps.

Le nombre des images intellectuelles que l'œil dérive des formes de la nature morte n'a d'autre limite que celui des objets de l'univers visible. Les sensations des objets de la vue servent plus qu'aucune autre classe de sensations à distinguer et à identifier les choses de la nature, comme aussi à pourvoir l'esprit de connaissances et de pensées. L'œil ne cesse de parcourir la scène qui l'entoure; il suit les contours, les sinuosités de chaque objet, dans tous les sens; en même temps que les mouvements que ces examens suscitent servent à distinguer chaque objet de ceux qui en diffèrent par la forme, le volume, ou la distance, et à l'identifier avec lui-même et avec ceux qui possèdent les mêmes caractères particuliers. Les mouvements successifs qu'il faut faire pour suivre le contour d'un carré sont reconnus différents de ceux qui permettent de suivre le contour d'un ovale. Le contour d'un pilier provoque un système de mouvements tout à fait différents de ceux que nécessite la figure d'un arbre. La propriété que possède le système mental de donner de la cohésion aux mouvements qui se sont accomplis successivement, fixe les séries qui correspondent à chaque regard, et constitue d'une façon permanente la connaissance de toutes les formes qui ont été présentées à l'œil. Cette propriété de l'intelligence fera l'objet d'une étude particulière quand le moment sera venu.

CHAPITRE III

DES APPÉTITS

Rapprochement de l'appétit et de la volition. — Énumération des appétits. — Le sommeil. — L'exercice et le repos. — La soif et la faim. — L'appétit sexuel. — La routine. — Les appétits comme causes d'erreurs.

En abordant le sujet des appétits en ce moment, nous n'entendons pas dire qu'ils soient uniquement les effets de nos impulsions primitives, ou que l'opération de l'intelligence et de l'expérience n'y ait aucun rôle. Au contraire, nous croyons que l'appétit étant une espèce de volition, est, comme toutes les autres formes de volition, une combinaison où entre l'éducation aussi bien que l'instinct. Mais l'opération d'acquisition y est simple et brève; tandis que dans la volonté, le stimulus de l'action ou l'origine du désir est d'ordinaire une des sensations ou un des sentiments dont nous avons parlé dans les deux premiers chapitres. Et même, à ne considérer que le désir, sans avoir égard à l'action qui le satisfait, le désir n'est autre chose que ce que nous avons appelé, durant notre étude des sens, la propriété volitionnelle de la sensation.

Si une excitation à l'action constituait l'appétit, toutes les peines et tous les plaisirs mériteraient ce nom. Mais les appétits sont communément considérées comme une classe particulière de sentiments, et caractérisés par une propriété qui les comprend tous; ce sont les *désirs produits par les besoins et les nécessités renouvelés de la vie organique.* Le désir d'éviter une brûlure, une coupure, ou une chute, est un stimulant énergique de la volition ; ce n'est pourtant pas un appétit, ce n'est point un besoin renouvelé ou périodique de l'organisme. Le *sommeil*, l'*exercice*, le *repos*, la *soif*, la *faim*, l'*attraction sexuelle*, sont les appétits qu'on retrouve le plus universellement chez tous les animaux.

L'état appelé désir s'accorde avec l'appétit en ce qu'il est aussi un stimulant de la volonté, qui naît de quelque condition pénible ou non satisfaite du corps. Mais dans le désir, il y a une expérience préalable d'un plaisir dont la mémoire est l'aiguillon qui pousse à le renouveler. Ceci n'est pas un élément nécessaire de l'appétit; quoique évidemment après l'expérience des moyens qui l'ont satisfait, l'appétit ait aussi le caractère des désirs.

Il n'y a pas d'exemple plus frappant d'un retour périodique que le *sommeil*. Après une certaine période de veille, survient une puissance de repos. Si nous y cédons tout de suite, le sommeil nous gagne, et nous passons à l'état d'inconscience en traversant quelques instants d'agréable repos. Si nous sommes empêchés de céder à l'orgasme somnifère, son caractère d'appétit est energiquement mis en relief. Le malaise étendu qui s'empare de tous les muscles et des organes des sens suscite une forte résistance à la force qui nous tient éveillés; le malaise et la résistance augmentent à mesure que nous refusons de nous abandonner au sommeil, jusqu'à ce que la situation devienne intolérable, ou qu'une réaction s'ensuive qui chasse l'assoupissement pour quelque temps. C'est surtout chez les enfants que l'assoupissement révèle sa force toute-puissante.

La nécessité de faire alterner l'*exercice* avec le *repos*, dans tous nos organes actifs, ramène périodiquement les mêmes désirs et les mêmes malaises profonds. Quand les muscles sont reposés, ils sont d'eux-mêmes stimulés à l'action; sans que nous ayons conscience d'une fin, c'est-à-dire sans la vouloir, l'action commence lorsque le corps est reposé et retrempé. Si cette demande d'action toute spontanée rencontre un objet qui l'arrête, nous sentons un malaise intense, que nous connaissons déjà comme l'un des états du système musculaire qui frappe la conscience. Cet état est comme tous les appétits, il augmente par la privation, à moins que par l'effet de quelque cause organique l'accès passe pour le moment. Le chien enchaîné dans sa niche, l'enfant dont on comprime l'exubérante activité, l'oiseau dans sa cage, le prisonnier dans sa cellule, éprouvent la peine et le désir des organes actifs qui ont besoin d'entrer en jeu. D'un autre côté, après l'exercice, un désir également puissant de repos produit, si on le contrarie, le même malaise.

Les mêmes nécessités s'imposent à nos sens les plus actifs, le tact, l'ouïe et la vue. L'exercice des sens est toujours accompagné d'actions musculaires; ces actions, avec les sensations tactiles, auditives, visuelles, tendent à l'usure des parties et au désir du repos; mais après un repos convenable, les parties rentrent dans l'état dispos, et tendent à fonctionner de nouveau. L'exercice et le repos alternatifs des sens se confondent dans le roulement du sommeil et de la veille; l'assoupissement involontaire du système nerveux est à peu près le seul moyen qui procure du repos à des sens si constamment sollicités que la vue, le tact, et l'ouïe.

On peut dire la même chose de l'activité des organes pensants. Mais les désirs périodiques y sont moins nettement marqués et nous trompent plus souvent que ceux qui réclament l'exercice musculaire. Il y a souvent de la répugnance à entreprendre un travail de pensée, lors même que le cerveau est parfaitement vigoureux et capable de le supporter; il y a aussi des tempéraments chez lesquels une tendance à un excès de travail mental ne rencontre jamais le correctif d'un penchant normal pour le repos.

Le sentiment de fatigue qui se montre peu après le commencement d'un travail et qui s'efface bientôt, se rattache à l'inaction du cerveau. Il faut peu de temps pour déterminer l'afflux du sang aux parties en fonction.

La soif et la faim. — « La soif, dit Müller, n'est souvent que le besoin de la sensation rafraîchissante que procurent les boissons froides, par exemple quand les voies aériennes, la peau et la bouche sont chaudes et arides, pendant les fièvres, par l'effet de l'élévation de la température et de la diminution de la turgescence des parties. Dans ces circonstances l'exhalation est diminuée le plus souvent et la sécheresse des surfaces provient de ce que, malgré le passage du sang à travers les capillaires, l'action réciproque qui s'exerce entre le sang et les tissus, qu'on appelle *turgor vitalis*, est amoindrie. »

La faim est autre chose ; c'est un état de l'estomac qu'on ne connaît pas suffisamment encore aujourd'hui : le sentiment de l'inanition ne doit pas être confondu avec la faim ; c'est le résultat d'un long jeûne, et un sentiment général de l'organisme. La sollicitation impérieuse de la faim devrait coïncider avec le manque de nourriture; souvent il en est tout autrement. « Elle est augmentée par des bains froids, la friction de la peau, surtout de la peau de l'abdomen, par le mouvement qui se transmet aux viscères abdominaux pendant l'exercice du cheval, aussi bien que par l'exercice musculaire. » Les influences nauséeuses la diminuent en même temps sans doute qu'elles affaiblissent la digestion. « Les sensations locales de la faim, dit Müller, qui sont limitées aux organes digestifs, et paraissent avoir leur siège dans le nerf vague, sont des sensations de pression, de mouvement, de contraction, de mal de cœur, accompagnées de borborygmes, et finalement de douleur. »

Dans la faim, comme dans la plupart des appétits, il y a une double excitation à prendre de la nourriture ; d'abord le stimulus du malaise, et ensuite celui du plaisir de manger. Ce sont deux choses bien différentes, et sur leur différence repose tout l'art d'une cuisine raffinée. Une nourriture sans apprêts pourrait satisfaire l'appétit pour les aliments ; mais nous avons aussi à pourvoir à la satisfaction du plaisir de manger. L'un est un appétit au sens propre, tel que nous le rencontrons chez les animaux ; l'autre pourrait s'appeler un désir, parce qu'il suppose le souvenir et l'avant-goût d'un plaisir positif, comme le désir d'entendre de la musique, ou d'apprendre.

Les actes de prendre de la nourriture et de boire sont les exemples les plus frappants où nous voyons l'activité jaillir des sensations de la faim et de la soif. L'apaisement du malaise produit une sensation agréable intense qui met en jeu les mouvements les plus vigoureux pour se continuer, s'accroître ; en outre les organes du mouvement qui reprennent des forces font spontanément ces efforts dans ce but. L'union de la sensation qui apaise la faim, avec les actes de succion, de préhension, de mastication et de déglutition, est peut-être le premier chainon de la volition dans l'organisme animal. C'est la première action en vue d'une fin, ou sous l'impulsion et la direction d'une sensation, dont l'enfant nouveau-né se montre capable.

Outre l'appétit naturel pour les éléments nutritifs que réclament les tissus, nous acquérons d'autres appétits artificiels par l'usage habituel de certains aliments et de certains condiments, tels que le poivre par exemple, etc. Nous avons l'appétit pour l'alcool, pour la nourriture animale, pour le thé, le café, le tabac, etc.

L'appétit qui rapproche les sexes a son point de départ dans certaines sécrétions particulières qui s'accumulent périodiquement en quelque point de l'organisme, et y causent une sensation de gêne, jusqu'à ce qu'elles soient expulsées ou absorbées. L'émission de ces sécrétions pour les fins de la reproduction s'accompagne d'un plaisir intense. Il faudrait pour ces impressions une classe à part parmi les sensations, ou une place dans la première classe que nous avons décrite sous le nom de sensations organiques. Il est mieux d'y voir une sensation organique qui donne naissance à une émotion spéciale. Nous y trouvons, comme dans la faim, à la fois un appétit et un désir ; mais ce qui n'existe pas au même degré dans la faim, le désir prend feu de tous les côtés, par les sens, par le cours même de la pensée, et par d'autres émotions de divers genres.

Les habitudes invétérées donnent lieu à une tendance qui ressemble à un appétit. Quand le temps revient auquel on a l'habitude de se livrer à une occupation habituelle, on éprouve une tendance à s'y engager et un malaise si l'on en est empêché. C'est ainsi que nos appétits proprement dits reviennent aux moments déterminés par les périodes où nous avons l'habitude de les satisfaire.

Tous les appétits peuvent être pervertis, et devenir des sources de fausses indications relativement aux besoins de l'organisme. Ils sont de même susceptibles de s'enflammer d'une manière artificielle et hors de saison par la présence des choses qui les stimulent et les satisfont. Chez les animaux inférieurs, dit-on, nous ne savons sur quel témoignage, l'appétit se trompe rarement ; chez l'homme l'erreur est très commune. Nous sommes capables de désirer la chaleur quand la fraîcheur nous serait plus salutaire ; nous prenons des aliments et des boissons bien au delà du nécessaire ; nous nous laissons aller à ce qui nous excite à l'action quand nous devrions rechercher le repos, ou bien nous nous abandonnons au repos jusqu'à y perdre nos forces. L'appétit pour le sommeil est si incertain que l'on n'a pas encore pu établir ce qu'il faut de sommeil à l'organisme. C'est peut-être que la complication de l'organisme humain et les penchants contraires qui l'agitent sont les causes de toutes ces incertitudes, de toutes ces erreurs, qui nous obligent à recourir à l'expérience, à la science, et à une volonté supérieure à l'appétit, pour nous guider dans nos actions de chaque jour.

CHAPITRE IV

DES INSTINCTS

Définition de l'instinct. — Enumération des arrangements instinctifs ou primitifs.

Dans les chapitres précédents nous avons énuméré tous les modes primaires de la conscience ; nous allons maintenant examiner les modes originels de l'ACTION chez l'homme, c'est-à-dire les *instincts*.

On définit plus expressément l'INSTINCT une aptitude *non apprise* à faire des actions de toute sorte, et plus spécialement celles qui sont nécessaires ou utiles à l'animal. Avec l'instinct un animal possède, au moment de sa naissance, des facultés pour agir de même nature que celles qu'il tiendra plus tard de l'expérience et de l'éducation. Nous appelons instinctifs les actes par lesquels un veau nouveau-né se tient debout, marche, suce le pis de la vache.

Dans les trois domaines qui composent l'esprit, le sentiment, la volonté et l'intelligence, il y a certaines dispositions primitives et fondamentales, où l'éducation et l'acquisition prennent leur point de départ. Toutes nos facultés instinctives rentrent sous les titres suivants :

I. *Les actions réflexes*. Ce sont des actions soustraites à la sphère de l'esprit et qui présentent pourtant des analogies aussi bien que des contrastes avec les actions mentales proprement dites.

II. Les dispositions primitives pour les *actions combinées et harmoniques*. Les actes rythmiques de la marche, du vol, de la natation, etc., en sont des exemples. La volonté peut fournir le stimulus du mouvement, mais c'est une faculté instinctive qui pourvoit au groupement harmonique des mouvements.

III. Les liaisons existantes dès le début entre le *sentiment* et ses manifestations physiques.

IV. Le germe instinctif de la *volition*. Ce que nous appelons le pouvoir de la volonté a son origine dans quelque stimulus inné ou primitif qui rattache ensemble les sentiments et les actions et permet aux uns de contrôler les autres. C'est peut-être la recherche la plus délicate de la psychologie.

Nous verrons plus tard les bases primitives de l'intelligence quand nous aborderons la seconde partie de cet ouvrage.

V. La description du mécanisme de la voix, qui n'a pas été comprise dans le chapitre consacré au mouvement, trouvera place à la fin de celui-ci.

I. — Les actions réflexes

Définition des actions réflexes, involontaires ou automatiques ; leurs centres nerveux : I. Actions réflexes qui régissent les opérations organiques au moyen des muscles involontai s ; rythme du cœur, action *vaso-motrice* et influence qu'elle exerce sur les sécrétions et les excrétions ; mouvements des intestins, déglution, colique et diarrhée, vomissement. — II. Actions réflexes qui affectent les opérations organiques par les muscles volontaires : *respiration*, toux, éternuement, succion. — III. Actions réflexes qui affectent les fonctions organiques au moyen des centres cérébro-spinaux et des muscles involontaires ; *salivation, larmes, clignement*, mouvement de *l'iris*. — IV. Actions réflexes qui nécessitent l'action de muscles volontaires stimulés par les centres cérébro-spinaux ; mouvement du *muscle ciliaire*, mouvements dans *l'oreille*, *mouvements réflexes* des *sens* en général. Actions improprement appelées réflexes. — Lois aujourd'hui acquises touchant l'action réflexe.— Ressemblance de l'action réflexe et de l'action volontaire.

Les actions réflexes ou involontaires ont pour signe l'absence du caractère propre des actions volontaires, c'est-à-dire du stimulus d'un *sentiment* directeur. Un grand nombre de ces actions sont essentielles à la vie animale. Elles ont pour condition une disposition des nerfs consistant en fibres afférentes et en fibres efférentes unies par un centre de substance grise. Quelques actions réflexes sont entretenues par le système des *nerfs* et des *ganglions sympathiques*, celui de tous les groupes de centres nerveux qui a le moins de connexion avec le cerveau, c'est-à-dire avec les centres de la conscience ; d'autres dépendent de la *moelle épinière ;* une troisième classe se rattache à la *moelle allongée* ; d'autres enfin sont mises en jeu par des centres encore plus élevés du système cérébro-spinal, comme le *mésocéphale* et les tubercules *quadrijumeaux*. Parfois les ganglions du sympathique et une portion du système cérébro-spinal concourent à la production des mouvements réflexes.

On peut les diviser de la manière suivante.

1. D'abord, celles qui se rattachent aux opérations de la vie organique, et qu'effectuent les muscles involontaires ; ce sont les plus éloignées du domaine mental ou volontaire.

On comprend d'ordinaire le *rythme du cœur* parmi les actions réflexes, mais on n'en peut indiquer sûrement le véritable stimulant. La force qui l'entretient provient principalement du système du grand sympathique, et d'une manière spéciale des ganglions du cœur même ; le rythme continue quelque temps encore après que le cœur a été séparé du corps. Cette force est donc de la nature des forces spontanées, réglées ou rythmiques, plutôt que de celle des actions réflexes. La contraction qui vient de s'accomplir dans une partie de la substance musculaire est le signal du commencement de la contraction d'une autre partie ; on n'y connaît pas d'autre antécédent. Le simple contact du sang sur les parois musculaires du cœur ne peut passer pour un stimulant capable de provoquer une action réflexe. Quand on galvanise certaines parties du grand sympathique dans le voisinage du cœur, les battements s'accélèrent. Par contre, la stimulation du nerf vague a pour effet l'affaiblissement de l'action du cœur, ce qui s'accorde avec la tendance bien connue des nerfs cérébro-spinaux à faire échec à l'influence des centres du sympathique. Toutefois on a vu que l'ablation complète des centres cérébro-spinaux a pour effet d'affaiblir l'action du cœur, ce qui montre que, somme toute, la force de ses pulsations tire quelque chose d'au delà des limites du système sympathique. Ainsi, l'irritation ou l'excitation de la moelle épinière d'un animal qui vient d'être décapité, accroît la force du cœur en même temps que celle des intestins et d'autres viscères. Nous savons, en outre, que l'excitation mentale, surtout l'excitation joyeuse, s'accompagne d'une plus forte impulsion donnée à la circulation ; au contraire, les passions tristes la dépriment ; ces deux sortes d'effets opposés dépendent de la force relative des centres du sympathique et du système cérébro-spinal.

A la circulation du sang se rattache encore ce qu'on a appelé l'action *vaso-motrice*, par laquelle les petites artères qui possèdent des fibres musculaires se contractent ou se dilatent, de façon à modifier considérablement la circulation locale. La contraction de ces fibres, due à l'influence des nerfs du sympathique, diminue le calibre des vaisseaux et l'afflux du sang vers les organes ; leur relâchement augmente le calibre, accroît l'afflux du sang, élève la température et accélère la nutrition de la partie. La contraction permanente qu'entretient dans ces fibres l'action du sympathique est un des exemples de la spontanéité de la force, ce n'est pas simplement un cas de stimulation réflexe.

C'est par l'action vaso-motrice que la force nerveuse affecte puissamment les excrétions et les sécrétions ; mais on ne sait pas bien si c'est la seule action qui soumette les opérations de la vie organique aux centres nerveux.

Les mouvements de l'*intestin* sont plus évidemment réflexes. Le canal intestinal est pourvu dans toute son étendue de fibres musculaires, circulaires et longitudinales, appartenant à l'ordre des fibres lisses, soustraites à la volonté. Une contraction successive des fibres circulaires aidées par les longitudinales chasse la matière alimentaire tout le long du canal, par l'effet d'une stimulation réflexe. Le premier temps de l'opération commence avec la déglutition, qui succède à la mastication. Des trois mouvements de la déglutition, le premier est purement volontaire ; l'aliment est poussé dans le pharynx par l'action combinée de la mâchoire inférieure, de la bouche et de la langue ; à partir de ce moment les mouvements sont purement réflexes et involontaires. Dans le second mouvement le contact de l'aliment avec les parois du pharynx met en jeu la contraction rapide des muscles constricteurs de ce canal, à laquelle s'ajoute l'opération des fibres musculaires qui élèvent le voile du palais (muscles stylo-pharyngiens), dont le résultat est de porter en haut les parois du pharynx. Le troisième mouvement de la déglutition se fait dans l'œsophage, dont les fibres circulaires se contractent successivement de façon à former une espèce de vague cheminant de haut en bas, tandis que les fibres longitudinales, qui tirent en haut et élargissent le canal, facilitent la descente. Le mouvement particulier appelé *vermiculaire* ou *péristaltique* se montre dans toute l'étendue du canal intestinal. Les centres cérébro-spinaux et sympathiques concourent à l'entretien de ces mouvements. Le stimulus est le contact de la matière alimentaire et des sucs digestifs, dont le plus actif est la bile.

Cet exemple est le type de l'action réflexe dans sa forme la plus simple et la plus répandue, à savoir, un contact avec une surface auquel répond une contraction des muscles du point affecté. A chaque point, la matière alimentaire stimule les fibres circulaires et longitudinales de la partie touchée et celles qui viennent immédiatement après, de sorte que la masse est graduellement poussée en avant. Dans le pharynx, l'action est violente et rapide, car cette partie du tube digestif est sous la dépendance de la moelle allongée ; comme la respiration reste suspendue pendant cet acte, il n'y a pas de temps à perdre ; en outre, certains muscles accessoires ajoutent leur action à celle du pharynx. Dans l'intestin, l'action est relativement faible et lente ; la masse alimentaire ne met pas moins de trois heures à traverser l'intestin grêle de toute sa longueur.

Tel est le cours régulier de l'action réflexe dans le canal alimentaire. Parmi les actions réflexes qui résultent de stimulations accidentelles et extraordinaires, nous pouvons citer la production de la diarrhée et de coliques par des substances irritantes. Ce sont encore des actions réflexes sous une forme plus aiguë. Une forte irritation agit à une grande distance de la partie affectée, comme par exemple quand il se produit un dérangement intestinal chez les enfants pendant la dentition. Dans ce cas, l'influence irritante se propage le long de la principale chaîne du sympathique au lieu d'être réfléchie par un point unique. C'est la tendance de toute stimulation puissante d'étendre son influence. La même tendance se montre dans l'autre direction, quand l'irritation du canal alimentaire s'étend des ganglions sympathiques aux centres cérébro-spinaux, et produit, chez les enfants, du strabisme et des convulsions, et, chez les adultes, l'épilepsie, par l'intermédiaire de la moelle allongée.

Pour les actions réflexes, qui se rattachent à la digestion, nous avons à noter le *vomissement*. Le stimulus qui l'excite le plus ordinairement est la présence, dans l'estomac, de substances indigestes, irritantes ou vénéneuses; l'acte réflexe nécessaire au vomissement est quelque peu compliqué, et peut se faire de deux façons, soit par un mouvement antipéristaltique de l'intestin, ou par une inversion de l'ordre de contraction des fibres musculaires. On peut concevoir que la violence de l'irritation ait cet effet, non par quelque connexion nerveuse spécifique, mais par le simple dérangement du rythme normal. Les coliques et la diarrhée seraient des effets du même stimulus perturbateur, soit d'une autre façon qu'on observe le plus fréquemment; alors le vomissement est l'effet de la contraction des muscles abdominaux. Nous en parlerons dans le chapitre suivant.

II. Dans la seconde classe des actions réflexes, les opérations organiques sont affectées, mais par l'entremise des muscles volontaires. Le principal exemple est la *respiration*, qui est placée sous la dépendance de la moelle allongée.

Le grand muscle de la respiration est le diaphragme, dont la contraction accomplit l'action la plus difficile, l'inspiration, tandis que l'élasticité naturelle de la poitrine est la principale cause de l'expiration. D'autres muscles viennent en aide au diaphragme dans l'acte inspiratoire; et d'autres, ceux de l'abdomen, les intercostaux internes, les sous-costaux et les muscles du dos, coopèrent avec l'élasticité de la poitrine dans l'expiration.

L'action se compose d'un simple rythme, ou d'une contraction et d'un relâchement alternants du diaphragme, le muscle inspirateur en chef; en même temps que les muscles assistants, tant qu'ils sont en mouvement, reçoivent pareillement une stimulation alternative.

Quoique nous citions la respiration comme un exemple excellent de l'opération réflexe, il y a des doutes sur la question de savoir quel en est le véritable stimulant. On dit que le commencement de la respiration est dû, au moment de la naissance, à l'effet du froid, spécialement sur la peau de la face, qui se transmet à la moelle allongée par les nerfs de la cinquième paire. Toutefois, nous pouvons supposer, et tout le confirme, que ce centre est doué d'une grande puissance, et qu'il n'attend que la plus légère stimulation pour se décharger avec la vigueur nécessaire. Toute la vie, le froid, surtout à la face, stimule la respiration; l'effet de l'éventail, si faible qu'il soit, dans une pièce chauffée, ranime l'action affaiblie des poumons.

Quand la respiration est une fois établie, on suppose que le stimulus part désormais de la surface interne des poumons sous l'action du sang veineux, chargé d'acide carbonique et d'autres impuretés, et d'ailleurs pauvre d'oxygène; mais, en l'absence de faits décisifs, ou d'une analogie, cette explication doit être regardée comme une simple conjecture. En reconnaissant qu'il y a une stimulation réflexe proprement dite, nous pouvons supposer qu'il y a dans ce fait une émanation spontanée considérable que les stimulants modifient, mais qu'ils ne créent point (1).

Le circuit principal de l'action nerveuse comprend le nerf vague (sensitif ou afférent), une petite partie de la face postérieure de la moelle allongée, et le nerf spinal (moteur) qui naît tout près du nerf vague. Le circuit s'étend pour embrasser les nerfs de la cinquième paire qui président à la sensibilité de la face, et les nerfs issus de la moelle épinière qui se répandent dans toute la surface du corps (tactiles et moteurs). Ainsi que nous l'avons déjà fait remarquer, l'opération est peu compliquée; le grand désidératum est l'énergie de l'impulsion qui accompagne un rythme très simple. Tant que l'opération

(1) Quand le nerf sensitif qui se distribue à la surface des poumons est coupé en travers, l'action de la respiration est affaiblie, ce qui montre qu'une certaine somme de stimulus provient de l'action qui s'opère partout à la surface. De plus, si le cerveau est paralysé par un poison, la respiration est encore plus affaiblie, ce qui nous amène à conclure que le cerveau est pour quelque chose dans l'activité respiratoire. M. Brown-Séquard a été conduit, par l'examen de nombreux exemples, à conclure que la base entière du cerveau joue un rôle dans la respiration. « Tous les faits que je viens de mentionner, dit-il, et beaucoup d'autres, m'ont conduit à abandonner l'idée si généralement admise que la moelle allongée est la principale source des mouvements respiratoires, et à proposer l'idée que ces mouvements dépendent des parties *incito-motrices* de l'axe cérébro-spinal, et de la substance grise qui rattache ces parties aux nerfs moteurs qui se rendent aux muscles respiratoires. Le principal stimulus de la respiration est l'action qui s'opère à la surface des poumons, mais les excitations qui proviennent de toutes les parties du corps (par exemple sous l'influence du froid), et des excitations directes portées sur la base du cerveau et de la moelle épinière, qui ont lieu à peu près constamment, contribuent à la production des mouvements respiratoires. » (Lectures, 192.)

peut être faite par le diaphragme seul, elle est des plus simples : un effort et un repos d'un stimulus défini la constituent tout entière. Les muscles accessoires sont deux groupes opposés, comme les fléchisseurs et les extenseurs du corps ; l'alternance de la stimulation qui les met en jeu tour à tour est une conséquence de la stimulation même. En vertu de la grande loi de conservation que nous signalons en passant, une opération si essentiellement liée aux forces de l'organisme doit étendre la portée des actions qui concourent à la produire, pour mettre en jeu des auxiliaires éloignés et accroître le pouvoir de son principal instrument, le diaphragme.

L'appareil respiratoire est le théâtre de certains actes qui se produisent accidentellement, et dont le caractère réflexe est plus certain que celui de la respiration même. L'un de ces actes est la *toux*. Quoique cet acte s'accompagne d'une sensation pénible qui donne naissance à une impulsion volontaire, laquelle contribue à le reproduire, il dépend aussi d'une stimulation réflexe, involontaire. Les parties du corps dont l'irritation nous fait tousser sont la glotte, le larynx, les bronches et le pharynx. Les causes irritantes sont les sécrétions morbides des poumons, ou de l'estomac, qui viennent à toucher ces parties, comme aussi les substances solides et liquides qui viennent du dehors, ou bien l'entrée d'aliments ou de boissons dans le larynx, l'inhalation de gaz irritants et enfin l'air froid. Le premier résultat, le résultat immédiat du stimulus réflexe, est l'occlusion de l'ouverture supérieure du larynx par la contraction des muscles aryténoïdiens. Le second acte est un violent mouvement d'expiration qui force le passage de la glotte et chasse les substances irritantes. Les instruments de ce second temps sont les muscles abdominaux et les autres muscles auxiliaires de la respiration.

L'opération qui nous offre le caractère réflexe avec sa plus grande pureté, c'est le premier acte qui s'accomplit d'après la règle la plus générale de la stimulation réflexe, à savoir une contraction des muscles de la partie affectée. Dans le second acte la cause étend son action, et par l'intermédiaire de la moelle allongée elle se propage, par les nerfs respiratoires, aux muscles qui renforcent l'expiration. L'irritation produit cette sensation particulièrement insupportable qu'on appelle chatouillement, laquelle, sans avoir toutefois le caractère ordinaire d'une douleur aiguë, provoque toujours les mouvements volontaires énergiques qui peuvent la faire cesser. On peut expliquer l'extension de l'action par le malaise qui résulte de la stimulation réflexe engendrée par un léger attouchement sur des parties très sensibles. Le second acte, s'il n'est pas entièrement volontaire, l'est en partie ; il est provoqué en dernier ressort par la tendance qui nous porte à pourvoir à **notre propre conservation**, tendance qui est la seule connue de la volonté.

La toux peut provenir de l'impression de l'air froid sur la peau, du froid aux pieds ou d'un frisson général. Dans la plupart de ces cas, sinon dans tous, l'influence perturbatrice du froid produit dans les poumons ou dans l'estomac des mucosités qui dans leur marche vers la bouche irritent la glotte ou les parties voisines, et constituent la cause directe de la toux.

L'*éternuement* ressemble beaucoup à la toux; ces deux actes s'éclairent l'un l'autre. Dans l'éternuement la surface affectée est l'intérieur du nez. Les irritants sont les gaz piquants et les substances étrangères qui s'introduisent dans les fosses nasales. La réponse immédiate, qui fait le pendant de l'occlusion de la glotte dans la toux, paraît être l'occlusion de l'isthme du gosier, qui permet de faire passer par le nez le courant d'air qui devrait traverser la bouche. L'acte le plus frappant consiste en une inspiration profonde et brusque, suivie d'une explosion à travers les fosses nasales produite par un violent effort expiratoire, et qui chasse l'objet irritant. Il y a dans le stimulus de cette explosion une part qui revient à la volonté, qui entre en jeu en vue de faire cesser la sensation de chatouillement; en effet, bien qu'on puisse faire éternuer un homme endormi en introduisant dans son nez du tabac ou d'autres substances piquantes, la conscience est éveillée d'abord avant l'acte de l'éternuement. Quand une lumière trop vive ou les rayons d'un foyer, en tombant sur la face ou la tête, font éternuer, il y a probablement un premier effet réflexe appartenant à l'espèce des mouvements des muscles vaso-moteurs, dont le résultat est un flux de mucus dans le nez.

L'acte de *téter* est un acte réflexe qui se transforme en acte volontaire. Le temps préparatoire de cet acte consiste à fermer les lèvres autour du mamelon, opération purement réflexe que stimule le simple contact. Il y a en outre des dispositions adjuvantes. La langue se porte en avant vers le mamelon. L'accès de l'air dans la bouche par le nez et le pharynx est empêché par un ajustement approprié du voile du palais, de ses piliers postérieurs et de la luette, tandis que la respiration est encore possible par le nez, excepté au moment de la déglutition. L'acte lui-même consiste en un retrait de la langue pendant que les lèvres font autour du mamelon une fermeture hermétique, en sorte qu'un vide partiel se produit dans la bouche, et que par suite le lait s'y précipite par l'effet de la pression atmosphérique. Toutefois il ne suffit pas de retirer la langue, ce qui peut se faire, comme tout le monde peut le vérifier, sans agrandir la cavité de la bouche en gonflant les joues. Il faut ou bien bomber les joues par l'action des muscles buccaux, ou bien une inspiration d'un moment, les narines fermées, pour produire le dérangement de l'équilibre atmosphérique sans lequel l'écoulement du lait ne se ferait pas.

Nous avons déjà fait allusion à un mode de production du vomissement par les fibres involontaires du canal alimentaire. Le plus ordinairement il se fait par la contraction des muscles abdominaux. Quand l'anneau musculaire du pylore, situé à la jonction de l'estomac et du duodénum, se contracte fortement, tandis que l'orifice du cardia, situé à l'entrée de l'estomac, s'ouvre, les muscles abdominaux, agissant énergiquement, chassent au-delà de la bouche le contenu de l'estomac. L'action est essentiellement irrégulière ; le concours normal de tous les actes n'y est pas arrangé d'après un plan préconçu. Quelquefois les fibres du cardia sont contractées, aussi bien que celles du pylore, par l effet de la stimulation réflexe du canal alimentaire même ; dans ce cas, les efforts de vomissement n'aboutissent pas.

Pour que les muscles abdominaux entrent en jeu, il faut que la moelle allongée soit affectée. Il faut donc que les nerfs pneumogastriques (vagues) soient affectés d'une stimulation suffisamment puissante. Cet effet peut être obtenu par le contact d'une substance irritante avec la surface de l'estomac ; c'est la cause la plus ordinaire du vomissement. L'effet peut aussi être le résultat d'une titillation du voile du palais, qui donne lieu à une très puissante stimulation de la moelle allongée, laquelle se propage aux nerfs qui se rendent aux muscles abdominaux. Certaines sensations du goût sont appelées nauséeuses à cause de leur tendance à exciter l'estomac à vomir ; l'impression est transmise à la moelle allongée par le nerf glosso-pharyngien qui s'y rattache. Il est probable que les odeurs nauséeuses agissent par le même nerf ; le nerf olfactif porterait l'impression trop loin de la moelle allongée. Certaines sensations, dont le point d'origine est encore plus éloigné de l'estomac, donnent l'impression nauséeuse qu'on appelle mal au cœur, par exemple un coup violent sur le tibia, le testicule, ou le globe de l'œil. Le siège de l'irritation est alors le cerveau, en premier lieu ; l'impression part de là pour s'étendre à la moelle allongée. On dirait la même chose des émotions violentes, qui peuvent amener le mal au cœur. L'ébranlement du cerveau est aussi une cause du même état. Ces diverses circonstances semblent indiquer que l'effet est dû à une grande perte de force cérébrale et à une perturbation de quelque état de tension et d'équilibre, qui permet un appauvrissement local et spécial de stimulus, laquelle ne saurait se produire dans une condition normale. L'exemple du mal de mer s'accorde avec cette manière de voir.

Il est probable que l'aide donnée à la défécation par les muscles abdominaux et expiratoires est tout à fait volontaire. Les enfants semblent incapables d'effort ; par conséquent, chez eux, c'est par les mouvements péristaltiques réflexes que se fait l'évacuation des fèces.

L'expulsion de la liqueur séminale est un acte réflexe opéré par les nerfs sensitifs et les centres cérébro-spinaux ; les muscles qui y concourent appartiennent à la classe des muscles volontaires.

III. Il y a une troisième classe d'actions réflexes où les fonctions organiques sont affectées par l'intermédiaire du système cérébro-spinal.

La *salivation* est sous la dépendance du nerf du goût. Un corps sapide qui entre dans la bouche cause un accroissement dans l'écoulement de la salive. Les glandes salivaires ont toutes des rapports avec le système du grand sympathique ; les petites artères des vaisseaux sont maintenues à un certain point de contraction par la fonction vaso-motrice du grand sympathique. Pour produire une augmentation de l'écoulement, les fibres musculaires se relâchent sous l'influence des nerfs sensitifs, laquelle paraît suspendre ou diminuer l'action des ganglions sympathiques. La sécrétion *gastrique* dans l'estomac est influencée probablement de la même façon par les nerfs sensitifs de l'estomac, le pneumogastrique (nerf vague). De même l'afflux du *lait* dans la mamelle est augmenté par une irritation du mamelon.

L'*écoulement des larmes* s'accroît quand un corps étranger pénètre dans les paupières. Le même effet a aussi pour cause une forte lumière, une irritation de la conjonctive, de la muqueuse du nez, des branches linguales de la cinquième paire, d'où l'impression est réfléchie sur les ganglions du sympathique. Quand l'écoulement des larmes est stimulé par les perturbations plus éloignées du vomissement, d'une toux violente, du rire, du sanglot, c'est probablement par l'entremise d'une stimulation des fibres de la cinquième paire.

Quand on souffre, l'écoulement des larmes est un soulagement à la congestion du cerveau, et peut-être le résultat forcé de cette circonstance, loin d'être une action réflexe. L'effet de la douleur est d'affaiblir les centres cérébraux et de donner pleine liberté au jeu du grand sympathique, dont l'action prépondérante se manifeste par l'arrêt des sécrétions, comme par exemple la salive et le suc gastrique.

Le *clignement de l'œil* est un acte réflexe qui obéit aux mêmes stimuli que l'écoulement des larmes, à savoir la présence d'un corps étranger, de gouttes d'eau dans les paupières, et une forte lumière : l'impression est transmise par l'intermédiaire du nerf de la cinquième paire, et les autres qui commandent le mouvement sont en partie le grand sympathique, en partie le système cérébro-spinal, et probablement dans ce cas-ci la moelle allongée. L'occlusion complète et énergique de l'œil comprenant à la fois la fermeture des paupières et le froncement du sourcil, est un acte tout à fait volontaire.

Les mouvements de l'*iris* sont dus au système sympathique dirigé par les nerfs sensitifs et les nerfs moteurs du globe de l'œil. L'iris se contracte sous l'influence d'une forte lumière et se dilate quand la lumière faiblit. Si nous raisonnons par analogie, d'après les exemples précédents, les ganglions sympathiques auraient sous leur empire des fibres rayonnées qui tiennent la pupille ouverte; l'affaiblissement de cet empire par l'action sensorielle permettrait aux fibres circulaires qui contractent la pupille d'entrer en jeu. Il est possible aussi que les fibres du nerf de la troisième paire cérébrale, qui se rendent à l'iris, soient stimulés par une influence réflexe de la lumière, par l'intermédiaire de quelque partie du cerveau, comme les corps quadrijumeaux.

IV. Dans la quatrième et dernière classe d'actions réflexes, nous trouvons que les muscles plus ou moins volontaires sont affectés par l'intermédiaire des centres cérébro-spinaux. Ici nous nous rapprochons des actes volontaires : le stimulant dans tous les cas est accompagné d'une sensation, et le mouvement est de ceux que la volonté pourrait produire.

Nous mentionnerons d'abord la contraction du muscle ciliaire dans l'adaptation de l'œil à la vision à petite distance. Cette action, sans que nous le voulions ou le souhaitions avec conscience, se produit comme effet du défaut de netteté de l'image quand l'objet qui affecte l'organe de la vision en est trop rapproché. De concert avec la contraction du muscle ciliaire, se fait le rétrécissement de la pupille et s'arrange la convergence des yeux : trois dispositions qui concourent à produire la vision nette des objets rapprochés. Le nerf qui règle le muscle ciliaire est, à ce que l'on croit, une branche de la troisième paire; la contraction de l'iris peut être due au même nerf qui gouverne pareillement la convergence des yeux par le muscle droit interne. Le centre nerveux qui est le plus immédiatement intéressé dans ces mouvements est la paire antérieure des tubercules quadrijumeaux, qui reçoit sa stimulation des nerfs optiques.

L'adaptation des *muscles du tympan* s'opère d'une manière analogue à celle des muscles de l'œil. L'analogie s'étend aussi à l'appareil nerveux mixte qui y joue un rôle; les nerfs du tenseur du tympan viennent du sympathique (comme ceux des fibres rayonnées de l'iris); ceux du muscle de l'étrier, de la cinquième paire cérébrale. D'après la théorie de l'action de ces muscles qui s'accorde avec l'analogie que nous venons de signaler, le tenseur du tympan tend à la fois et la membrane du tympan et celles des fenêtres de l'oreille interne, sous l'influence des ganglions sympathiques, et rend l'oreille extrêmement susceptible pour le son, de même que les fibres rayonnées de l'iris élargissent la pupille à l'extrême. La sensation d'un son excessif aurait pour effet de relâcher ces parties au moyen du muscle de l'étrier, qui est animé par le nerf facial (moteur).

Nous devons parler ici des *mouvements réflexes* des *sens* en général. Nous entendons par là les mouvements spéciaux de l'organe du sens même, que nous distinguons de ceux qui, sous l'influence d'une sensation vive, occupent une région plus étendue. Ainsi, un objet placé dans la main stimule d'une façon spéciale les muscles qui tendent les doigts, et produit en outre des effets plus éloignés qui s'associent à la sensation pour former un fait de conscience. On peut en observer l'effet chez un homme endormi. Une mauvaise odeur affecte spécialement les muscles du nez, un goût amer produit des mouvements de distorsion dans la bouche.

Le mot *réflexe* ne doit être appliqué aux actes que nous venons de passer en revue qu'avec circonspection et explication. On l'emploie souvent dans des cas où il n'a pas son sens propre, et on ne l'emploie pas dans d'autres cas où il serait à sa place (1).

La notion que ce mot représente est celle d'une action circulaire où l'on peut distinguer une stimulation externe ou périphérique portée par les nerfs afférents à un centre ganglionnaire et produisant, en manière de réponse, certains mouvements. La stimulation peut être inconsciente, comme dans les intestins, ou consciente, comme dans l'adaptation de l'œil. La distinction est importante, elle marque deux degrés de l'acte réflexe, un degré inférieur et un supérieur; aussi s'est-on servi de dénominations différentes pour les désigner : on a appelé le premier *excito-moteur*, et le second *sensori-moteur*.

Mais on a fait remarquer justement que des actions de l'ordre le plus élevé, à la production desquelles la volonté et l'intelligence concourent, peuvent présenter le caractère réflexe. Un individu qui répond promptement à une question nous offre un exemple d'une action réflexe au sens général du mot. Cependant on ne compte pas les actions de ce genre parmi les actions réflexes que l'on oppose comme un contraste tranché aux actions volontaires de tout genre.

(1) Le mot *automatique* est employé comme synonyme de *réflexe* et pour en tenir lieu, mais il convient moins encore à l'usage qu'on en fait. Il devrait servir à exprimer l'activité spontanée, et nulle autre. Bien expliqué et employé avec les précautions convenables, le nom de *réflexe* est le plus juste qui ait encore été proposé. Le mot *involontaire*, bien qu'applicable à cette classe de mouvements, a une signification trop vague.

En outre, il y a aussi certains effets qu'on comprend dans la même classe et qui sont évidemment dépourvus du caractère réflexe. C'est ainsi que nous avons vu que certains mouvements sout dus uniquement ou principalement à l'influence centrale : nous voulons parler des mouvements spontanés, auxquels on ne peut assigner aucun stimulus périphérique, ou dont le stimulus est insignifiant par rapport à l'énergie de la réponse, laquelle monte et baisse avec l'état physique des masses grises centrales. Les mouvements convulsifs que nous voyons se produire dans certaines maladies, comme l'hydrophobie, l'hystérie, la chorée, l'épilepsie, le tétanos, etc., doivent être attribués à des altérations morbides des centres nerveux. Ces mouvements sont involontaires, mais ils ne sont pas, à proprement parler, réflexes. C'est ainsi que nous devons exclure le bâillement, qui provient probablement d'une dépression inégale de l'action nerveuse qui dérange l'équilibre de la tension musculaire. Ce serait abuser de la supposition que de l'appeler action réflexe au sens littéral du mot.

Dans l'énumération des actions réflexes, on comprend souvent un groupe d'effets qui se distinguent de tous ceux dont nous avons parlé : ce sont le rire, les cris, le sanglot, le gémissement, le tressaillement, la crispation, etc. On les a quelquefois appelés sensori-moteurs, parce qu'ils se produisent sous la provocation de sensations. Mais ce nom ne nous en fait pas connaître le véritable caractère. Il est, selon nous, plus convenable de les classer avec les effets de la diffusion émotionnelle ou de l'impression des sentiments. Tout état de conscience s'accompagne d'une onde d'effets qui s'étend au loin, d'effets musculaires et organiques, qui sont plus forts quand le sentiment est plus intense. Les émotions agréables s'accompagnent d'un groupe de manifestations, comme le rire, par exemple; les états de conscience pénibles sont suivis de manifestations d'un autre genre. Les principales émotions de l'esprit, l'admiration, la crainte, l'amour, la colère, etc., ont chacune une expression bien connue.

Ces mouvements, qui font pour ainsi dire corps avec le fait même d'avoir conscience, peuvent être appelés sensori-moteurs, parce qu'une sensation, pourvu qu'elle soit assez puissante, les stimule d'une manière qu'on peut toujours apprécier, en sorte qu'ils sont pour ainsi dire la riposte de l'impression externe. On peut aussi les appeler réflexes par la même raison. En outre, ils sont involontaires, et tout à fait distincts des actes volitionnels. Mais ils sont loin d'être inconscients : ils sont, si nous ne nous trompons, inséparables de la conscience. Quand la conscience est faiblement excitée, ces mouvements sont faibles, si faibles qu'ils échappent quelquefois à l'attention; sous l'influence d'une excitation plus forte, ils montent en proportion de son intensité. Sous une forme perfectionnée par la culture, ils constituent l'expression usuelle ou le langage naturel du sentiment dont aucun homme, aucun peuple, n'est dépourvu, et que certaines nations portent à un degré remarquable de perfection. Le peintre, le sculpteur, le poète s'emparent de ces mouvements et s'en servent dans leurs compositions, et ils sont pour beaucoup dans le plaisir que nous cause la présence de nos semblables.

Bornons-nous aux actions réflexes proprement dites, soit excito-motrices, soit sensori-motrices, en laissant de côté la spontanéité centrale, la diffusion émotionnelle, et les actions volontaires proprement dites, et essayons de généraliser les faits ou d'établir les lois les plus compréhensives de cette opération vitale.

1. Dans toute la série du règne animal nous retrouvons une disposition commune, à savoir un lien entre un stimulus périphérique et les mouvements de la partie affectée. C'est la forme la plus simple et la plus généralisée du système nerveux; un cercle composé de fibres afférentes, d'un ganglion central, et de fibres afférentes, qui viennent animer les muscles de la même région. Dans les créatures inférieures qui possèdent un système nerveux, l'appareil et la fonction se réduisent à ce que nous venons de dire. Le mollusque fixé à sa coquille répond à un contact par un mouvement de contraction de son corps. Dans les expériences sur les animaux décapités, l'irritation de la patte s'accompagne de la rétraction du membre.

Malgré les complications qui viennent s'ajouter à ce simple arrangement, il se montre à peu près pur dans la plupart des actions décrites ci-dessus. Les mouvements péristaltiques de l'intestin semblent obéir principalement au contact exercé sur la partie actuellement en mouvement. C'est la même chose dans le pharynx et l'œsophage, et aussi dans le rectum. Dans la toux, l'éternuement et la succion, le premier temps est une stimulation réflexe qui met en jeu les muscles des parties irritées. Dans l'opération des divers sens, nous retrouvons un stimulus réflexe analogue, quoique d'ordinaire déguisé et dominé par des influences plus étendues et plus puissantes, des émotions et des volitions.

Nous pouvons faire rapidement la théorie du mode d'action de ces cercles réflexes simples. La stimulation périphérique est ou bien un simple contact, comme l'attouchement d'un corps solide, ou un contact avec absorption de substances propres à agir sur les nerfs. Dans les deux cas, il y a une perturbation moléculaire des nerfs, qui se propage aux ganglions, s'y renforce des modifications plus actives survenues dans la substance grise, d'où part un mouvement moléculaire dans les nerfs afférents ou moteurs. Cependant tous les stimulants n'ont pas la propriété de provoquer l'activité moléculaire; certains, comme le froid, sous certaines circonstances, tendent à abaisser, à réduire ou à détruire l'activité déjà existante. Les stimuli les plus puissants, comme nous pouvons nous y attendre, sont les substances nutritives, celles qui en s'unissant à l'oxygène, ou d'autre façon, engendrent de la force. L'élévation de la température, dans ses conséquences directes ou immédiates, vient en aide à la force moléculaire.

2. Immédiatement au-dessus des plus simples mouvements réflexes, nous rencontrons l'alternance de deux mouvements qui portent la même partie d'un côté et de l'autre. Toutes les fois qu'un organe est pourvu d'un couple de muscles opposés, chacun de ces muscles a des rapports avec le ganglion auquel la partie se rattache, chacun reçoit des fibres afférentes, et le stimulus local excite des mouvements dans les deux muscles, qui par le fait de leur opposition, doivent alterner. C'est une propriété de cette disposition anatomique que les muscles passent à cet état de mouvement alternatif, en sorte que la contraction complète de l'un sans autre stimulus, est l'occasion d'un commencement de la contraction de l'autre. La contraction alternante des couples opposants, soit comme riposte à une stimulation externe, soit par l'effet de la simple spontanéité, ou, enfin, comme conséquence d'une sollicitation nerveuse éloignée, est un fait très général, et très voisin du simple circuit réflexe du paragraphe précédent.

3. Un degré de complexité de plus et nous arrivons à des actes formés par le concours de plusieurs mouvements distincts. Il faut un concours de plusieurs mouvements pour la déglutition, la succion, la toux, l'inspiration forcée, l'adaptation des yeux et la locomotion. La condition qui règle l'action combinée est la tendance à réaliser quelque fin dans l'économie. Nous savons par quels moyens on apprend les mouvements combinés dans l'éducation ordinaire, ce sont des tentatives répétées sous la direction de l'effet désiré.

4. Nous ne faisons que signaler en passant la faculté d'ajustement spontané, dont nous parlerons en l'étudiant complètement à propos de la volonté. Les origines de cette faculté peuvent être suivies jusque dans la région que nous avons considérée. La nutrition et d'autres stimuli donnent naissance à la force moléculaire, qui aboutit au mouvement musculaire, lequel à son tour favorise de mille manières l'accès du stimulus nutritif et des stimuli d'autres natures, par où il est de nouveau stimulé.

Dans quelques actions dont nous avons déjà parlé, la conscience ne fait ordinairement pas défaut, par exemple dans la toux, l'éternuement, la succion, l'activité de la respiration accélérée sous l'impression du froid, l'action réflexe des sens et les adaptations spéciales de l'oreille et de l'œil. Quand ces actions se produisent durant le sommeil, on peut les considérer comme indépendantes de la conscience. Mais dans quelques-unes la conscience joue un rôle; elles ont pour but, non de répondre à une stimulation physique, mais d'écarter un malaise; tel est le clignement des paupières, et l'adaptation des yeux à la vision et de l'oreille au son. Un sentiment obscur de malaise est la circonstance antécédente du clignement. A tous ces mouvements nous pouvons appliquer la loi fondamentale de la volonté; ils contiennent le fait essentiel de la volition. Ils ne diffèrent des formes plus usuelles de l'action volontaire que parce qu'ils n'absorbent pas l'attention; nous pouvons être occupés d'autre chose tandis qu'ils ont lieu. En cela ils ressemblent aux actions arrivées au degré où elles sont devenues des habitudes consommées.

Cependant il est impossible de négliger la grande ressemblance que ces opérations réflexes inférieures, qui passent pour n'être point conscientes, ont avec les actions volontaires. D'ordinaire, sinon toujours ou nécessairement, elles tendent à la conservation de l'individu, ce qui est le caractère fondamental de l'action consciente et volontaire. Lorsque plusieurs mouvements sont unis dans un acte, comme dans la succion, c'est qu'ils conviennent le mieux à quelque fonction de préservation.

Il ne nous paraît pas possible de tirer une ligne de démarcation nette entre les actes involontaires réflexes et les volontaires; ces deux ordres se confondent par des degrés insensibles; un même fait ou une même tendance de l'organisme est peut-être leur racine commune.

II. — Des mouvements combinés primitifs.

Rythme locomoteur. — Faits qui prouvent que les combinaisons qui l'assurent naissent de l'instinct. — Dispositions qui assurent l'action réciproque de chaque membre et un mouvement alternatif des membres correspondants. — Propagation insensible ou *vermiculaire* du mouvement. — Mouvements associés ou concourants, consensus des deux yeux. — Loi d'harmonie du système musculaire. — Action instinctive d'un sens à la place d'un autre.

L'exemple le plus frappant des mouvements combinés primitifs dans le sujet humain, est le *rythme locomoteur*. Le caractère instinctif de la locomotion, si évident chez les animaux, est moins apparent chez nous, parce que nous ne possédons guère la faculté de marcher qu'un an après la naissance. Néanmoins il y a de fortes présomptions en faveur de la théorie qui explique notre aptitude à la locomotion par une faculté originelle.

1. L'analogie tirée des quadrupèdes inférieurs appuie la probabilité de l'existence d'un rythme locomoteur dans les membres de l'homme. Il y a entre les vertébrés une communauté de structure assez grande pour entraîner, comme conséquence, une propriété aussi intime du système nerveux. Ce que la nature a fait pour le veau, afin qu'il accomplisse un des actes les plus essentiels à l'animal, il n'est pas improbable qu'elle l'ait fait au même degré pour l'homme. Sans doute il semble bien plus difficile d'organiser un être pour marcher debout, et cet effort paraît excéder les limites extrêmes des arrangements que nous offrent les organismes inférieurs; mais puisque nous retrouvons dans les deux espèces la même alternance des membres, et que la nature a gratifié une espèce de la faculté de les mettre en mouvement tour à tour, nous avons bien le droit d'admettre qu'elle en a aussi doté l'autre.

2. C'est un fait d'observation que l'alternance des membres inférieurs est instinctive chez l'homme. Nous en appelons aux mouvements spontanés de l'enfance. Remarquez comme l'enfant agite ses jambes quand on le porte dans les bras, ou quand il est couché sur le dos; observez l'action des deux jambes, et vous verrez que l'enfant les lance tour à tour avec vigueur et rapidité. Voyez encore quand il pose pour la première fois le pied sur le sol, longtemps avant qu'il puisse se régler, vous le voyez donner alternativement au mouvement de ses membres toute l'amplitude de la marche. Ce n'est qu'en vertu de cette alternance instinctive que l'enfant peut apprendre aussi vite à marcher. Nulle autre combinaison de même complexité ne pourrait être acquise à la fin de la première année. Dans cette acquisition primitive, il y a à la fois une impulsion spontanée vigoureuse à mouvoir les membres inférieurs, et une direction rythmique ou alternante donnée à cette impulsion. Essayons d'apprendre à un enfant du même âge à marcher de côté, nous échouerons, parce que l'enfant n'a aucune tendance spontanée à marcher de la sorte.

3. Nous avons vu que le cervelet est probablement le centre dont la fonction est de maintenir la combinaison et la coordination des mouvements. Nous savons que ces combinaisons sont possibles en l'absence du cerveau, mais qu'elles ne sauraient subsister sans le cervelet. Or, il est très peu probable que le cervelet soit développé chez l'homme, et soit pourtant incapable de faire subsister des mouvements harmoniques que nous retrouvons chez les vertébrés inférieurs.

A moins de trouver une raison qui invalide ces faits, il est raisonnable d'en conclure qu'il existe dans l'homme une adaptation préétablie pour les mouvemements locomoteurs ; nous allons essayer de la décrire.

D'abord, cette adaptation suppose une vibration, une *alternance*, dans le membre. Ne nous occupons que d'un membre ; nous y voyons un balancement en arrière et en avant, comme dans la pendule, ce qui suppose l'existence d'une disposition nerveuse, telle que le mouvement en avant qui s'achève amène le commencement du mouvement en arrière et réciproquement. Les deux groupes antagonistes de muscles qui jouent un rôle dans la marche, appartiennent principalement aux deux grandes classes des fléchisseurs et des extenseurs. Tout membre qui se meut doit avoir deux muscles opposés à son service, en sorte que par eux il se meut dans les deux sens à volonté. Il y a évidemment un rapport entre les muscles antagonistes en général, qui donne spontanément aux parties un mouvement oscillatoire ou alternant ; en d'autres termes, quand un membre a parcouru toute l'étendue de son mouvement dans une direction, une impulsion prend naissance et se propage aux muscles opposés pour le ramener dans sa position primitive, ou le porter dans la direction opposée. Naturellement cette réaction se manifeste le plus énergiquement quand le mouvement reçoit une amplitude plus étendue et une allure plus vive. Ainsi quand le bras est porté perpendiculairement en haut, nous y reconnaissons une tendance des muscles opposants à entrer en action pour le ramener en bas. Tout mouvement de flexion du bras, de la jambe, du tronc, de la tête, s'il n'est pas entièrement l'effet d'une volition, ce qu'il serait difficile de prouver, doit provenir d'une disposition analogue à celle que nous venons de décrire (1).

(1) Il y a, dit Müller, dans presque toutes les parties du corps, des muscles opposés l'un à l'autre dans leur action. Les membres ont des fléchisseurs et des extenseurs, des pronateurs et des supinateurs, des adducteurs et des abducteurs, des rotateurs en dedans et des rotateurs en dehors. Il arrive fréquemment que les groupes opposés reçoivent des nerfs différents ; ainsi les fléchisseurs de la main et des doigts tirent leurs fibres nerveuses des nerfs médian et cubital ; les extenseurs du nerf radial. Le nerf crural fournit aux extenseurs de la jambe, le sciatique aux fléchisseurs. Les muscles péroniers qui relèvent le bord externe du pied tirent leurs fibres nerveuses des nerfs péroniers ; le muscle tibial postérieur qui relève le bord interne du pied est desservi par le nerf tibial. Les mouvements convulsifs qui, dans les affections de la moelle épinière, vont jusqu'à courber le corps dans une direction particulière, nous apprennent qu'il y a quelque chose dans la disposition des fibres nerveuses des organes centraux qui facilite l'*excitation simultanée* des groupes musculaires, tels que les fléchisseurs ou les extenseurs, etc. Il ne faut pas exagérer la portée de l'observation que nous avons faite sur la distribution de nerfs différents à des groupes différents ; le fait n'est pas constant. Quelquefois le même nerf donne des branches aux muscles opposés par leur action ; le nerf de la neuvième paire, l'hypoglosse, dessert à la fois les muscles qui portent l'os hyoïde en avant et le muscle qui le porte en arrière ; le nerf péronier fournit aux muscles péroniers qui élèvent le bord externe du pied, et au tibial antérieur qui s'oppose à

Dans la marche, il y a aussi une oscillation de la jambe qui provient des causes mécaniques seulement. Comme tout corps suspendu, la jambe est un véritable pendule, et quand elle a été portée en arrière, elle commence d'elle-même à se mouvoir en avant. De plus, les muscles extenseurs qui maintiennent le corps dans une position droite, ont à combattre le poids des parties, quand dans la danse on monte et descend, le mouvement de descente peut se faire par le simple relâchement de la tension des muscles qui nous soutiennent. De même, la mâchoire tend à s'abaisser elle-même.

Secondement, il y a dans la locomotion un mouvement *alterne* des membres homologues, ou une alternance des deux côtés du corps. Après qu'une jambe a fait son pas en avant, il faut une impulsion pour que l'autre jambe commence son mouvement dans le même sens : il faut qu'il y ait entre les deux côtés du corps une relation telle que la tension complète des muscles d'un côté donne le branle au mouvement de ceux de l'autre. Il ne faut pas moins pour mettre un veau nouveau-né en état de marcher; il faut que l'alternance entre les jambes droites et les gauches, à la fois devant et derrière, soit fermement établie dans l'organisme de l'animal, par un arrangement approprié des nerfs et des centres nerveux. Et si la faculté de marcher que possèdent les hommes est aidée par les penchants et des dispositions primitifs, cette relation spécifique doit nécessairement être comprise parmi ces dispositions.

L'alternance des deux côtés dans la locomotion s'étend au delà des muscles des membres; le tronc tout entier et la tête s'inclinent par un mouvement en harmonie avec ceux des membres, tant chez l'homme que chez les quadrupèdes.

Il y a quelques exceptions importantes à cet arrangement alterne; mais elles sont de nature à donner encore plus de valeur aux exemples déjà cités. Les deux yeux se meuvent ensemble et n'alternent jamais. Cette disposition est l'exemple le plus saillant de mouvements *simultanés associés*; mais il n'est pas le seul. Elle est, sans doute, pour quelque chose dans l'unité de la vision. Nous trouvons aussi, en observant les premiers mouvements des bras de l'enfant, qu'ils ont plus de tendance à agir ensemble qu'à alterner; ce qui nous montre que le penchant à l'alternance n'est pas un instinct aussi enraciné chez l'homme que chez les quadrupèdes.

ce mouvement. Ajoutons que des muscles antagonistes peuvent combiner leur action avec la plus grande facilité; ainsi les muscles péroniers et le tibial antérieur, agissant ensemble, élèvent le pied. Le radial antérieur et le premier radial externe peuvent en combinant leur action porter la main en dehors.

Les mouvements des muscles de la face sont pour la plupart les mêmes des deux côtés de la face.

Troisièmement, la locomotion des animaux qui marchent à quatre pattes nous montre la nécessité d'un nouvel arrangement. Il est nécessaire qu'il y ait quelque disposition qui conserve aux mouvements des jambes de devant et de celles de derrière un rythme convenable ; nous sommes obligés d'admettre qu'il y a dans cette relation des membres de devant avec ceux de derrière quelque chose qui rappelle le mouvement vermiculaire du canal alimentaire. Il faut qu'il existe entre les segments antérieurs et les segments postérieurs une connexion en vertu de laquelle les mouvements de l'autre, par une *propagation* nerveuse le long de la moelle allongée jusqu'au cervelet, et aux autres centres qui président aux mouvements rythmiques primitifs. Chez le serpent qui rampe, il faut évidemment que la contraction musculaire d'un segment fournisse un stimulus à un nerf en rapport avec le segment suivant, lequel est en conséquence dans l'obligation de se contracter et fournit un stimulus au troisième, et ainsi de suite jusqu'au bout du corps. L'action des intestins est à peu près la même. Chez le chien, les mouvements des membres se propagent à la queue. Chaque espèce possède une formule particulière pour ordonner la marche aux membres, formule qui peut être déterminée en partie par la forme du corps, mais qui est dûment transmise dans la race comme une propriété organique. Le mouvement lourd de l'éléphant ne représente qu'une espèce de rythme ; le cheval au contraire peut passer par toutes les variétés de la marche et du galop. Dans l'acte de grimper, l'alternance et la propagation entrent en jeux comme adjuvants. Dans l'acte de nager, nous retrouvons ces deux rythmes.

Nous devons maintenant mentionner plus particulièrement les mouvements associés, unis dans un consensus, c'est-à-dire ceux qui sont unis de manière à se faire ensemble. L'exemple le plus parfait que nous en puissions citer, la vision, nous le fournit. Pour que les deux yeux agissent ensemble, il faut que les muscles correspondants de chaque œil soient excités simultanément par les nerfs. Nous empruntons à Müller un extrait sur ce sujet.

« Quelques-uns des faits les plus remarquables de l'association et de l'antagonisme des actions musculaires, nous sont fournis par des muscles moteurs des yeux. Les branches correspondantes du nerf de la troisième paire des deux côtés ont une tendance innée remarquable à agir concurremment, tendance qu'on ne peut attribuer à l'habitude. Les deux yeux, soit qu'ils se meuvent en haut, en bas, ou en dedans, doivent toujours se mouvoir ensemble; il est absolument impossible de diriger un œil en haut et un autre en bas en même temps. Cette tendance à l'action harmonique se manifeste dès la naissance; il faut donc qu'elle tienne à quelque particularité de structure située à l'origine des deux nerfs. La combinaison d'action que nous remarquons dans cet exemple rend plus frappante l'absence de la tendance à l'harmonie des mouvements dans les muscles droits externes, et le nerf de la sixième paire. Nous pouvons, il est vrai, dans une certaine mesure faire agir ensemble les deux muscles droits externes, par exemple, quand nous rétablissons le parallélisme des deux yeux dont les axes convergeaient; mais là finit le consensus. Nous ne pouvons jamais faire diverger les deux yeux, quelque effort que nous fassions. Il y a dans les branches correspondantes des nerfs de la troisième paire une tendance innée, un penchant irrésistible à agir de concert, tandis que dans les nerfs de la sixième paire, non seulement cette tendance manque, mais une action forte de l'un de ces nerfs est incompatible avec l'action de l'autre. Ces tendances innées des nerfs de la troisième et de la sixième paire ont une grande importance dans les fonctions de la vision : en effet, si au lieu du nerf de la sixième paire, les muscles droits externes avaient reçu chacun une branche de la troisième, il aurait été impossible de faire mouvoir l'un de ces muscles sans l'autre : un œil, par exemple, ne pourrait se diriger en dedans, tandis que l'autre se dirige en dehors, de manière à conserver le parallélisme, ou à produire la convergence des axes; mais ils auraient nécessairement divergé quand un seul muscle droit externe aurait obéi à la volonté. Pour rendre possible le mouvement de l'œil en dedans, tandis que l'autre est dirigé en dehors, les muscles droits externes ont reçu des nerfs qui n'ont pas de tendance à agir de concert. Toutefois, en conséquence de la tendance des deux droits internes à associer leur mouvement, il est nécessaire, quand un œil se dirige en dedans, et l'autre en dehors, que la contraction du droit interne de celui-ci soit assez forte pour surmonter l'action associée du droit interne du même œil; dans l'effort que nous faisons pour diriger un œil complètement en dehors, nous sentons effectivement cette contraction plus forte du muscle droit externe. Ces considérations nous permettent de comprendre parfaitement le fait jusqu'ici sans explication, que, chez tous les vertébrés, le muscle droit externe reçoit un nerf spécial. » (P. 929.)

L'auteur montre ensuite la relation qui unit l'un à l'autre les muscles obliques correspondants, et indique une raison analogue pour expliquer que le muscle oblique supérieur reçoive un nerf spécial.

Il existe une association entre l'ajustement de l'iris et les autres mouvements de l'œil; ainsi, toutes les fois que l'œil est tiré volonlairement en dedans, l'iris se contracte. De là provient le fait que nous avons déjà constaté, que l'iris se contracte pendant la vision à petite distance.

Müller fait aussi remarquer que « les mouvements qui sont très susceptibles de s'associer sans l'intervention de la volonté sont ceux des parties correspondantes des deux côtés du corps. Les mouvements de l'iris, des muscles des paupières, de l'oreille et des membres qui tendent à effectuer des mouvements opposés, sont des exemples de ce genre d'association. » Nous avons déjà fait voir que cette coïncidence de mouvements des deux côtés coexiste, pour les membres au moins, avec une disposition anatomique qui règle l'alternance du mouvement.

Le même auteur fait encore observer que « les associations s'établissent d'autant plus fréquemment entre les mouvements des membres que l'action du système nerveux est moins parfaite. Ce n'est que par l'effet de l'éducation que nous parvenons à restreindre l'influence de la volition dans la production des mouvements, à un certain nombre de fibres nerveuses qui sortent du cerveau. Une personne maladroite qui fait un mouvement volontaire, en fait plusieurs autres, qui sont produits involontairement par l'action nerveuse concertée » (p. 928). Mais ceci nous conduirait à des considérations beaucoup plus étendues, et nous amènerait en face du système général des émotions et de la volition.

Un certain nombre de faits permettent de croire à l'existence d'une loi générale d'*harmonie* qui tient sous sa dépendance le système nerveux tout entier. Quand nous étendons les membres inférieurs, nous sentons en même temps une impulsion qui pousse à étendre les bras, le tronc, la tête et les traits du visage. L'acte de bâiller propage un mouvement sur toute la surface du corps. Nous ne pouvons pas affirmer que cette tendance générale s'explique par une similarité d'état qui produirait partout une impulsion similaire, mais les apparences sont en faveur d'une harmonie produite par le système nerveux. Quand l'œil s'arrête attentivement sur un objet, tout le corps s'arrête spontanément, les traits se fixent, la bouche s'ouvre ; la même suspension harmonique se fait remarquer dans l'acte d'écouter. Ainsi, un mouvement exécuté dans une partie se propage à une autre, à moins qu'un temps d'arrêt ne lui soit imposé : les mouvements de l'œil retentissent dans tout le corps. L'émission de la voix provoque les gestes. L'allure du mouvement aussi devient harmonique. Les mouvements rapides de l'œil, en présence de spectacles excitants, accélèrent tous les autres mouvements. Une parole lente s'accompagne de gestes languissants.

Dans une marche rapide (avant que l'exercice ait produit sur le cerveau un effet dérivatif) la pensée prend un cours plus rapide.

Il faut classer ces mouvements parmi les tendances primitives qui servent aux fins utiles à l'animal; ils appartiennent à la classe des instincts *pratiques* dont nous nous occupons en ce moment. C'est par eux que l'animal peut entrer en harmonie avec les circonstances de son milieu, se calmer quand la scène qu'elles forment est tranquille, s'éveiller et se mettre à l'unisson quand la scène est excitante.

Cette propriété fait le caractère des individus. Une personne est lente ou vive; chez elle l'allure du mouvement est la même dans tous les organes, dans l'action et dans la pensée. Elle fournit des moyens d'exciter et de régler les actions, les pensées, les passions des hommes et des animaux.

Le cri de l'homme et des animaux qui forme un élément de l'expression du sentiment, nous offre une combinaison primitive ou un concert de mouvements remarquable par son uniformité. La tension des cordes vocales par les muscles du larynx, l'expiration forcée et l'ajustement de la bouche s'unissent pour l'accomplissement du même acte. Ce sont peut-être des effets concourants d'un même onde d'émotion, du stimulus diffusé d'un même sentiment énergique.

Il y a des circonstances où un sens semble agir pour un autre, en agissant avant lui, comme lorsqu'un animal découvre la qualité saine ou insalubre d'un aliment par l'odorat avant de le goûter. Que le sens du goût nous informe de ce qui est bon pour la digestion (ce qu'il ne fait chez l'homme que d'une façon très imparfaite), cela ne doit pas nous surprendre, puisqu'à la bouche le canal alimentaire est déjà commencé; nous avons plus de peine à comprendre comment l'odorat possède la faculté de dire d'avance les impressions de la digestion et de la nutrition.

Les exhalaisons des corps sont peut-être pour le nez des spécimens représentatifs de leur substance et des effets qu'elle produirait sur l'estomac; elles ont peut-être un effet analogue sur le système nerveux. Nous savons que l'odeur putride cause le dégoût, et qu'en essayant de manger la substance qui l'exhale nous complétons l'effet commencé par l'odeur. D'autre part, les substances qui émettent un arome frais ou doux, ne provoquent probablement pas de nausée quand elles arrivent dans l'estomac.

Toutes les fois qu'un sens agit pour un autre, comme en manière d'avertissement ou d'invitation, nous remarquons l'harmonie profonde qui règle le jeu des différents sens; aussi appliquons-nous aux objets de tous les sens des épithètes communes. L'effet que nous appelons

« fraîcheur », déterminé par le stimulus des poumons, de la digestion, ou de la tension nerveuse en général, se manifeste dans différents sens. La difficulté consiste à trouver le *même objet extérieur*, agissant de la même manière sur deux ou plusieurs sens, comme l'aliment agit sur la vue et l'odorat. Nous croyons qu'un petit nombre seulement de ces coïncidences peuvent être reconnues avant l'expérience, et que la principale sauvegarde de l'animal consiste à faire l'expérience directe de manger ce qu'il rencontre, et de décider d'après les impressions qui en sont la conséquence (1).

Nous devons citer aussi parmi les sensations concourantes, les faits de transmission, de radiation et de réflexion de sensations. Nous avons déjà parlé (ACTIONS RÉFLEXES, p. 184) de la tendance qui portait une stimulation nerveuse violente à étendre sa sphère sur les branches collatérales. Nous connaissons des cas de transmission définie et constante du siège d'une sensation à une région distante. Dans la coxalgie, la douleur se fait sentir au genou. Quand le rein est le siège d'une irritation, la sensation de la douleur se localise dans le talon. Certaines maladies du cerveau s'accompagnent de douleurs dans les membres. (Voy. *Physiologie* de Marshall, t. I, p. 347.)

III. — Jeu instinctif du sentiment.

Mouvements et effets qui dépendent de l'influence du sentiment, opinions de Müller sur les « mouvements dus aux passions de l'âme ». — Opinion de Ch. Bell sur les mouvements de la *face*. — Muscle qui jouent un rôle dans l'expression des sentiments. — Muscles du sourcil, du nez, de la bouche. — La voix, le diaphragme, influence du sentiment sur les muscles en général. — Effets organiques du sentiment sur la glande lacrymale, les organes sexuels, digestifs, la peau, le cœur, les poumons, la glande mammaire. — Plaisir qui résulte de l'accroissement du jeu des fonctions vitales, peine qui résulte de son affaiblissement, stimulants du plaisir et de la peine. — *Manifestations* des sentiments au point de vue de ce principe, explication de l'existence de muscles spécifiques de la douleur, manifestations vives d'une peine aiguë, rire et sanglot. — Exception au principe qui relie le plaisir à l'accroissement de l'action vitale. — Nécessité de l'hypothèse d'un principe de stimulation, stimulants naturels des sens, narcotiques. — Raison en faveur d'un autre principe complémentaire. — La vie à la ville et la vie à la campagne.

Pour continuer notre revue des éléments primitifs de la sensibilité et de l'activité de l'organisme mental, nous allons examiner le mécanisme

---

(1) C'est un fait que l'agneau commence à manger, non l'herbe tendre et courte, mais les épis longs et secs.

instinctif ou originel qui sert à l'expression du sentiment (1). On sait parfaitement que quelques-unes des manifestations les plus évidentes du sentiment chez l'homme, comme le rire et les larmes, nous appartiennent depuis la naissance. L'éducation s'attache à réprimer les penchants originels non moins qu'à donner de nouvelles formes, artificielles cette fois, à l'expression des émotions.

Nous citons les pages que Müller a consacrées à ce sujet dans sa Physiologie, sous le nom de *Mouvements provoqués par les passions de l'esprit.*

« C'est surtout la portion respiratoire du système nerveux qui produit des mouvements indépendants de la volonté sous l'influence des passions de l'esprit. Ce qui arrive en pareil cas confirme de nouveau que tout changement brusque dans le cerveau, qui se propage à la moelle allongée, modifie sur-le-champ le mode des mouvements respiratoires, y compris le nerf respiratoire de la face. Nous manquons de données pour affirmer soit pour nier que les passions résident dans une région particulière du cerveau, d'où émaneraient leurs effets. Mais ces effets sont transmis *dans toutes les directions* par les fibres nerveuses motrices qui, suivant la nature de la passion, sont ou excitées, ou affaiblies, ou même paralysées.

« Dans les passions excitantes, il survient des spasmes et souvent même des mouvements convulsifs qui affectent les muscles placés sous la dépendance des nerfs respiratoires et du nerf facial. Non seulement les traits de la face sont décomposés, mais encore les mouvements de la respiration sont altérés au point de produire des gémissements, des sanglots. Toute passion quelle qu'en soit la nature, pourvu qu'elle soit vive, peut déterminer des cris et des sanglots. La joie, la douleur, la colère, la rage, peuvent produire des larmes. Dans les passions dépri-

---

(1) Nous avons déjà (p. 193) fait connaître la loi qui, selon nous, relie ensemble l'émotion, ou sentiment, et les actions physiques de l'organisme que l'on considère comme l'expression du sentiment. Les mouvements causés par l'excitation mentale ont passé pour être purement des incidents de quelques-uns des plus énergiques sentiments; on s'est peu occupé de rechercher la place qui leur revient dans une étude scientifique de l'esprit. Pour notre part, nous considérons les gestes actifs comme un élément du fait complexe de la représentation dans la conscience, dans toutes ses formes, comme dans toutes ses variétés. Nous ne nous bornons pas à dire que nous pouvons avoir des sentiments qui ne donnent pas naissance à une excitation visible des membres actifs, soit comme conséquence d'une suppression par la volonté, soit parce que le stimulus diffusé est trop faible pour vaincre l'inertie des parties à mouvoir, mais nous entendons affirmer qu'*avec le sentiment* il y a toujours un courant librement diffusé d'activité nerveuse, qui tend à produire des mouvements, des gestes, une expression et tous les autres effets que nous allons décrire. (Voyez aussi LES ÉMOTIONS ET LA VOLONTÉ, *Émotions*, chap. I, § 2.)

mantes, comme l'anxiété, la crainte, la terreur, tous les muscles sont détendus, parce que l'influence motrice du cerveau et de la moelle épinière diminue; les jambes ne portent plus le corps, les traits s'affaissent, l'œil devient fixe, la voix s'éteint. Certaines passions sont mixtes, l'esprit ne pouvant s'affranchir de l'influence déprimante, il faut un effort du cerveau pour chasser l'influence funeste. Dans ces passions mixtes, il peut arriver que certains muscles, ceux de la face surtout, expriment l'abattement, tandis que d'autres entrent en action; en sorte que les traits sont contournés, soit par l'effet de l'inertie des muscles antagonistes du côté opposé, soit par une contraction convulsive. Souvent aussi, tant dans les passions mixtes que dans les passions déprimantes, il survient un tremblement de quelques muscles de la face. Le mouvement volontaire d'un muscle paralysé par l'influence de la passion doit aussi devenir tremblotant, parce qu'il n'obéit plus d'une manière exclusive à l'influence de la volonté. C'est ce que nous eprouvons surtout dans les muscles de la face, lorsque nous voulons les mouvoir pendant que s'exerce l'action d'une passion déprimante ou mixte : ils tremblent alors ainsi que ceux de l'organe vocal, et si nous essayons de parler, notre voix manque d'assurance.

« Le nerf le mieux doué pour indiquer l'état d'esprit pendant qu'une passion sévit, est le facial (1); c'est le nerf de la physionomie, et son volume diminue déjà chez les mammifères à mesure que les traits de la face perdent de leur expression mobile. Chez les oiseaux, il n'exerce aucune influence sur l'expression de la face; il n'en reste plus que la branche qui se rend aux muscles hyoïdiens et au muscle cutané du cou; le froncement de la peau du cou, et chez quelques oiseaux, le redressement de la huppe, sont les seuls mouvements par lesquels le facial signale une passion. Outre le nerf facial, les nerfs respiratoires tant internes, comme les laryngés et les phréniques (2), que les externes comme ceux qui se rendent aux muscles thoraciques et abdominaux, sont très sujets à subir l'influence des passions. Cependant quand les passions atteignent leur paroxysme, leur effet s'étend à tous les nerfs rachidiens, de manière à déterminer quelquefois une paralysie incomplète et le tremblement de tout le corps.

« L'expression si variée des traits de la face dans les diverses passions, montre que chaque état de l'âme met en jeu ou relâche certains

---

(1) Le nerf *facial* est le nerf moteur de la face. Il se distribue aux muscles de l'oreille et du cuir chevelu, à ceux de la bouche, du nez et des paupières, ainsi qu'aux muscles cutanés du cou.

(2) Les nerfs *laryngés* se distribuent aux différentes parties du larynx; ils ont par conséquent un rôle dans l'émission de la voix. Les nerfs *phréniques* ou diaphragmatiques sont les nerfs spéciaux du diaphragme.

groupes de fibres du nerf facial. Les causes de ce phénomène et de cette relation nous échappent entièrement.

« Le trouble qui saisit l'action du cœur durant les émotions mentales est un cas remarquable de l'influence des passions sur les mouvements des organes desservis par le grand sympathique. » (P. 932. — 4.)

Quant aux mouvements de la face, Ch. Bell pense que la plupart d'entre eux sont secondaires et dépendent des mouvements de la respiration. Il considère le cœur et les poumons comme les grandes sources primaires d'expression, comme les organes qu'affectent en premier lieu des excitations émotionnelles du cerveau.

Il signale « l'étendue des actions de la respiration ; l'éloignement qui sépare du cœur les parties agitées. L'acte de la respiration n'est pas limité au tronc ; les actions de certains muscles du larynx, du pharynx, des lèvres, des narines sont indispensables pour dilater les passages de l'air, afin qu'il s'introduise librement dans l'acte de la respiration dans la proportion requise par l'augmentation de l'activité de la poitrine. Sans cette disposition les parois de ces tubes mous s'affaisseraient, et nous serions étouffés par l'effort et par la passion. Voyez combien de muscles concourent à l'acte unique de la respiration, combien s'y ajoutent pour celui de la toux, combien sont mis en jeu par celui d'éternuer, réfléchissez aux combinaisons variées où entrent les mouvements des muscles du pharynx, du larynx, de la langue, des lèvres, dans la parole et dans le chant (1), et vous pourrez apprécier exactement la quantité de muscles qui s'associent à l'acte simple qui consiste à dilater et à comprimer la poitrine. Mais combien plus nombreux sont les changements opérés sur ces muscles quand la nature s'en sert pour transmettre nos idées et nos sentiments, non seulement par la langue des sons, mais par celle de l'expression et de la physionomie.

« Voyons marcher le mécanisme. Un homme est menacé de suffocation, une énergie subite et violente caractérise ses traits, son pharynx se contracte, il fait des efforts de respiration, il contracte son visage, élève sa poitrine et ses épaules, serre les poings, et s'attrape à tout, comme un noyé. Tels sont les efforts qu'il fait sous l'intolérable sensation qui oppresse son cœur, tels sont les moyens que la nature emploie pour préserver la machine animale, en donnant à l'organe du cœur une sensibilité qui provoque les efforts suprêmes. » (*Anatomy of expression*, 3ᵉ éd. 91.)

Ce dernier exemple ne tranche pas la question de savoir si les organes

---

(1) Ces associations ne sont pas primitives ou instinctives, elles n'appartiennent pas à la classe que nous sommes le plus intéressés à suivre à présent.

respiratoires tiennent sous leur dépendance la contorsion des traits, puisque la douleur intense qu'on suppose est capable d'exciter directement à l'action toutes les parties du corps. Les premières remarques sur la nécessité des mouvements des passages de l'air, le pharynx, la bouche, les narines, pour favoriser l'action des poumons, sont bien plus favorables aux idées de l'auteur.

L'expression des yeux prouve d'une manière décisive que l'action de la face n'est pas totalement la conséquence de l'excitation respiratoire, car les yeux ne sont pas des agents de la fonction de la respiration. Nous sommes donc conduits à la conclusion que, s'il faut rapporter une partie considérable de l'expression à la sympathie ou à l'association des parties avec les mouvements des poumons, il y en a une autre qui n'en dépend pas, mais qui tire directement son excitation du cerveau, par la même impulsion commune qui affecte les organes respiratoires, vocaux, etc. Le passage de Müller cité ci-dessus reconnaît cette action distincte.

En suivant systématiquement et en détail les phénomènes physiques qui accompagnent les états de sentiment, on peut voir qu'ils se rangent en deux classes nettement tranchées, à savoir les effets de *mouvement* par le système musculaire, et les effets *organiques*, ou bien les influences exercées sur les viscères et les organes glandulaires. Voyons d'abord les mouvements. Nous trouvons que certains muscles sont plus particulièrement influencés par le sentiment ; on les appelle pour cela muscles d'expression. Dans cet ordre, les muscles de la face attirent surtout notre attention.

Les muscles de la face qui en entretiennent les mouvements sont disposés autour de trois centres distincts : les yeux, le nez et la bouche. La bouche possède le plus grand nombre de muscles, aussi est-elle le plus facilement impressionnée par les états de sentiment. Le nez est de tous le moins doué de mobilité.

Le muscle du sourcil est l'*occipito-frontal*, qui descend en avant du front pour s'insérer dans le sourcil, qu'il relève en le courbant. Il a pour antagoniste le *sourcilier* (*corrugator supercilii*) qui fronce la peau du front et rapproche les deux sourcils. Ces deux muscles sont des muscles d'expression par excellence, bien qu'ils aient un rôle dans la vision comme muscles soumis à la volonté. Ils sont mis en jeu pour exprimer des émotions de caractère opposé, l'un pour les émotions agréables, l'autre pour les émotions pénibles, le doute et l'embarras ; le spectateur qui en aperçoit les mouvements aperçoit en même temps par l'effet d'une association les états de l'esprit qui correspondent à ces mouvements. Le muscle *orbiculaire* des paupières qui ferme l'œil appartient à la classe des sphincters, comme celui qui entoure la bouche et ferme les lèvres. A l'orbiculaire s'oppose *l'élévateur de la paupière supérieure*, sous l'influence de la volonté, comme aussi sous celle de l'émotion. Le *tenseur du cartilage tarse* est un muscle très grêle, très court, situé au côté interne de l'orbite et reposant sur l'enveloppe fibreuse du sac lacrymal, en arrière du tendon de l'orbiculaire.

Les muscles du nez sont d'abord le *pyramidal*, sorte de prolongement de l'occipito-frontal ; il descend jusqu'au milieu du nez où il devient tendineux et s'unit au muscle constricteur de la narine. Il ne semble avoir d'autre effet que de donner un point d'attache fixe au muscle frontal ; il fronce la peau à la racine du nez.

L'élévateur commun de la lèvre et de l'aile du nez est situé sur le côté du nez s'étendant du bord interne de l'orbite à la lèvre supérieure. Il élève l'aile du nez et la lèvre supérieure en même temps.

Le *dilatateur de la narine* est un muscle mince triangulaire, situé sur le côté du nez, appliqué contre l'os maxillaire supérieur, transversalement dirigé de dehors en dedans et en haut. Il élève le cartilage latéral du nez et par suite élargit la narine, action qui se rattache à l'harmonie de la respiration puisqu'elle ouvre le passage nasal au courant atmosphérique.

Le *constricteur de l'aile du nez* est un petit muscle situé entre la membrane muqueuse et la couche musculaire de la lèvre avec laquelle ses fibres sont étroitement unies.

De tous ces muscles et même de quelques autres petits groupes de fibres musculaires qu'on peut découvrir sur les cartilages du nez, le plus puissant est l'élévateur commun de la lèvre et du nez, lequel est complètement soumis à la volonté et produit une contorsion des traits très prononcée, en fronçant le nez et en élevant la lèvre supérieure. Ce muscle se contracte fortement dans l'expression du dégoût à la suite d'une mauvaise odeur ; par suite, il sert à exprimer les dégoûts en général. Toutefois, il s'emploie aussi dans d'autres circonstances où le dégoût n'a rien à faire.

Il y a neuf muscles attachés aux mouvements de la bouche. Un seul, l'*orbiculaire*, est unique, il entoure l'ouverture buccale ; tous les autres sont pairs et rangés symétriquement autour de cette ouverture.

L'*élévateur propre de la lèvre supérieure* s'étend du bord inférieur de l'orbite à la lèvre supérieure ; il sert à élever la lèvre sans le nez, ce qui n'est pas un acte très aisé.

L'*élévateur de l'angle de la bouche* (*canin*) est en partie caché par le précédent.

Les *zygomatiques* forment deux faisceaux étroits de fibres musculaires étendus obliquement du point le plus saillant de la joue à l'angle de la bouche et les zygomatiques servent à tirer en dehors l'angle de la bouche dans le *sourire ;* ce sont des muscles d'expression.

De ces quatre muscles, les deux premiers sont consacrés à l'élévation de la lèvre supérieure, mais leur action n'est ni énergique ni frappante. En fait, la lèvre supérieure est remarquable par sa fixité, si on la compare à la lèvre inférieure ; elle ne s'élève pas souvent, chez l'homme, et quand elle s'élève c'est plutôt par l'action de l'élévateur commun que par celle du muscle propre.

La région de la mâchoire inférieure contient trois muscles : l'*abaisseur de l'angle de la bouche*, tendu de l'angle de la bouche à la mâchoire inférieure ; l'*abaisseur de la lèvre inférieure (carré)*, plus près de la ligne médiane du menton que le précédent par lequel il est un peu caché ; il s'insère sur la lèvre inférieure d'une part et de l'autre sur l'os inférieur maxillaire inférieur, ses fibres s'unissent d'abord avec celles du muscle du côté opposé, et ensuite avec celles de l'orbiculaire des lèvres ; l'*élévateur de la lèvre inférieure (houppe du menton)* s'attache à l'os maxillaire inférieur au-dessous des alvéoles dentaires de chaque côté de la ligne médiane, et se rend dans le tégument du menton qu'il élève en se contractant.

Les autres muscles ne prennent pas leur attache sur les mâchoires. Ils sont au nombre de deux : le *buccinateur*, muscle mince, plat, quadrilatère, qui joue un rôle dans la mastication ; l'*orbiculaire des lèvres*, sorte de sphincter, de forme elliptique comme tous les sphincters, composé des fibres concentriques disposées autour de l'ouverture de la bouche, mais avec cette particularité que les fibres ne passent pas d'une lèvre à l'autre ; ce muscle est plat et mince.

L'ouverture de la bouche est susceptible d'une dilatation et d'une contraction considérables ; la dilatation est produite par les différents muscles qui rayonnent autour de la bouche, et tirent sous différents degrés d'obliquité les lèvres et leurs commissures vers leurs points respectifs d'attache fixe. Les élévateurs sont nécessairement situés en haut, les dépresseurs en bas, et les rétracteurs proprement dits (zygomatiques et buccinateurs) sur les côtés. Les buccinateurs ont une autre fonction, celle de comprimer les joues, quand les substances alimentaires viennent se loger entre les joues et les mâchoires pendant l'acte de la mastication.

Ce serait une erreur de croire que les effets de l'émotion s'arrêtent à la face parce que cette région en est le principal théâtre. La voix émet des sons qui présentent des différences caractéristiques sous l'influence de la joie ou de la souffrance, de l'affection ou de la rage. (Le mécanisme des organes de la voix trouvera sa place plus loin.) Parmi les muscles qui sont spécialement affectés par un état mental, nous ne devons pas oublier le diaphragme.

Tous les muscles du corps peuvent être mis en branle par une onde de sentiment violent ; les mouvements, les gesticulations, les déplacements du corps sont considérés comme des preuves d'un certain état d'émotion. Dans les émotions joyeuses, nous remarquons souvent des gestes abondants qui s'unissent au jeu des traits et de la voix. Dans le chagrin, c'est quelquefois une agitation frénétique, mais le plus souvent une inertie, un accablement des membres. Dans l'admiration, il peut se produire des mouvements vifs, de même dans la rage, tandis que dans la peur nous observons un tremblement caractéristique.

Les effets organiques de l'émotion ont une importance égale à celle des effets musculaires. Les viscères et les organes glandulaires qui sont le plus nettement affectés sont :

1° La *glande lacrymale* et le *sac lacrymal*. Les larmes ne cessent de couler durant les heures de veille. Certaines émotions, la tendresse, la souffrance, une joie excessive sont les causes d'une augmentation de la sécrétion et de l'effusion des larmes, au point qu'elles se répandent sur les joues. Cet épanchement abondant produit fréquemment le soulagement d'une douleur accablante, probablement par un phénomène physique qui consiste à diminuer la réplétion des vaisseaux cérébraux. Une sensibilité puissante est sans doute attribuée aux organes lacrymaux, preuve de rapports étroits avec le cerveau. L'écoulement normal de cette sécrétion pendant l'état régulier de l'organisme quand il est représenté dans la conscience, se rattache à une sensation de bien-être ; dans le sanglot convulsif, non seulement la quantité des larmes est excessive, mais la qualité en paraît changée : elles sont fortement salées.

2° Les *organes sexuels* sont à la fois une source de sensation quand ils sont affectés directement, et les réservoirs où se décharge l'influence du cerveau durant certains états de sentiment dont les sources sont ailleurs. Ils nous fournissent la preuve la plus frappante que les émotions ne sont pas seulement sous la dépendance du cerveau, mais sous l'influence cérébrale combinée avec celle des autres organes du corps. On ne connaît pas de modification cérébrale qui survienne à l'époque de la puberté ; c'est néanmoins à cette époque que l'aptitude émotionnelle reçoit un grand développement. Bien que les organes sexuels ne reçoivent pas encore du dehors le genre de stimulation qui leur convient, le seul fait de leur complet développement, comme par une répercussion des ondes diffusées par le cerveau, modifie le ton général des sentiments de l'esprit par un changement analogue à celui que produirait dans un orgue l'addition d'une nouvelle série de tuyaux.

3° Nous avons déjà exposé l'influence des *organes digestifs* sur l'esprit ; nous avons maintenant à indiquer l'influence de l'esprit sur ces organes. On ne peut guère douter qu'une émotion considérable passe sur les organes digestifs, sans affecter les opérations de la digestion, soit pour les accélérer, soit pour les ralentir. Toutes les passions perturbatrices et déprimantes enlèvent l'appétit et arrêtent l'action normale de l'estomac, du foie, des intestins, etc. Une excitation gaie, renfermée dans certaines limites, stimule ces fonctions, quoique la joie puisse être assez intense pour produire un effet perturbateur.

L'influence des sentiments sur la digestion se montre de la façon la plus évidente dans l'acte de la salivation. Dans la crainte, la bouche est desséchée par la suppression de l'écoulement de la salive, comme l'estomac par la suppression de la sécrétion du suc gastrique.

Un exemple également frappant de la relation des sentiments avec les organes digestifs est la sensation d'étouffement qui se produit dans le pharynx pendant le paroxysme d'une vive douleur. Les muscles du pharynx sont saisis d'une contraction spasmodique. La sensibilité remarquable de cette partie durant diverses émotions n'est pas autre chose qu'un degré supérieur de celle de l'intestin en général. L'effet est considérable par sa masse, mais il n'est pas aigu. Dans les émotions agréables même, on sent quelquefois une titillation du gosier.

4° La *peau* subit les effets des émotions. Les sentiments violents affectent la perspiration cutanée. La sueur froide qui couvre la peau sous l'influence de la peur ou d'une passion déprimante est une décharge soudaine des glandes sudorifiques de la peau. Nous apprenons par l'altération de l'odeur de la perspiration insensible ou gazeuse durant une forte excitation jusqu'à quel point les fonctions de la peau peuvent être influencées par cette cause. D'autre part, on peut supposer que les émotions causées par une agréable satisfaction exercent une influence heureuse sur toutes ces fonctions.

Les mêmes remarques conviendraient à l'action des sentiments sur les *reins*.

5° La force de propulsion du *cœur* varie avec l'état mental aussi bien qu'avec la santé et la vigueur de l'organisme. Certains sentiments sont des stimulants qui ajoutent à la force ; les douleurs intenses au contraire, l'effroi et l'accablement en diminuent l'effet. Müller remarque que le trouble du cœur est une preuve de la grande étendue de l'onde émotionnelle, ou de son extension au delà de la sphère des nerfs cérébraux jusqu'aux parties soumises à l'influence du grand sympathique.

6° Les *poumons*. Les citations que nous avons déjà empruntées à Müller et à Bell expriment assez l'influence des émotions sur les *mouvements* de la respiration. L'effet immédiat de l'augmentation ou de la diminution des mouvements est d'accroître ou de diminuer l'activité de l'échange de deux gaz, l'oxygène et l'acide carbonique, à la surface des poumons. Les nerfs ne peuvent ultérer cet échange qu'en altérant la force des mouvements respiratoires.

7° La *glande mammaire* chez la femme. Comme toutes les autres sécrétions, celle du lait est une cause de bien-être quand elle s'opère durant certains états d'esprit ; tandis que les passions déprimantes la suppriment et l'empoisonnent. Si l'on considère que cet organe est le siège d'une sensibilité qui vient s'ajouter à toutes les autres, et qu'il reçoit aussi l'onde émotionnelle diffuse pour en augmenter les effets, on ne sera pas surpris qu'il élève le tempérament de la femme à un degré de sensibilité que ne possède pas l'homme, et surtout après l'enfantement, alors que cet appareil est en pleine activité.

Pouvons-nous formuler des lois qui expliquent cette fusion des effets physiques avec les états de sentiment ?

On peut ramener un très grand nombre de faits sous le principe suivant : *Les états agréables se rattachent à un accroissement, et les états pénibles à une diminution de l'action de quelque fonction vitale, ou de toutes les fonctions vitales.*

Revenons aux agents, aux stimulants des sentiments de plaisir pour les comparer avec leurs opposés. Pour commencer par les sensations musculaires, on sait que l'exercice n'est agréable que lorsque nous dépensons un excès de force, et que par là nous donnons un cours plus rapide au sang. Le cœur et les poumons sont accélérés par l'exercice corporel, tandis qu'une accumulation de force qu'il serait pénible de retenir se dégage. Que le moment de la fatigue vienne, et que l'excitation continue, nous constatons les caractères de la peine et de la diminution de la force de l'organisme. Quand l'exercice se prolonge jusqu'au point où la fatigue devient pénible, il se fait une diminution réelle de la somme d'acide carbonique dégagé par les poumons, signe d'un affaiblissement de la respiration. L'action du cœur est pareillement affaiblie ; l'activité des deux organes vitaux a diminué. Il est également certain que la force digestive est diminuée dans les mêmes circonstances.

Le principe ne s'applique pas moins au sentiment très agréable du repos musculaire, si la somme d'exercice a été bien proportionnée à la force. Voici évidemment ce qui arrive dans le repos après l'exercice : les muscles ont dépensé leur excès de force, et stimulé par l'effet de cette dépense plusieurs fonctions vitales, telles que le cœur, les poumons et la peau. La fonction digestive n'est pas directement accélérée par l'effet de l'exercice, mais plutôt retardée par suite de la concentration des courants nerveux dans les muscles. Cependant la hausse provoquée dans les fonctions de ces autres organes a produit beaucoup de bien et, au moment du repos, la force jusqu'ici appelée dans une direction exclusive, étant redevenue libre, revient aux autres parties et spécialement aux fonctions digestives, dont l'exaltation par cette circonstance coïncide avec le plaisir que procure l'attitude du repos. Tandis que nous reposons, une force vitale cesse de se manifester ; par contre, d'autres travaillent d'autant plus : les fonctions organiques sont généralement exaltées, en même temps que celles de l'esprit et des muscles baissent.

À l'égard des sensations organiques, il est à peu près superflu de rien ajouter. Quelques faits peu nombreux semblent faire exception à la règle que les douleurs organiques ont des rapports avec la perte de force dans quelque fonction vitale et les plaisirs organiques avec l'état inverse. Les blessures, les contusions, les maladies, la suffocation, la soif, la faim, la nausée sont autant d'attaques à notre vitalité.

En somme, il ne peut y avoir de discussion quant à la tendance générale. Les exceptions mêmes, quand on les étudie, servent dans quelques cas au moins à confirmer le principe. Le froid est un agent qui cause de la douleur, nous savons pourtant qu'il accroit l'activité des muscles, des nerfs, des poumons et de la digestion, et ne déprime qu'un seul organe, la peau. Nous pouvons en conclure que la peau est un organe plus sensible que tous ceux que nous venons de citer. La stimulation s'obtient quelquefois sans la dépression, comme dans la réaction après un bain froid par lequel la peau reprend du ton : l'effet de cette excitation porte à la gaieté. Dans d'autres cas, alors même que le froid déprime la peau, nous pouvons encore désirer, même au prix de cette peine, stimuler les autres organes, comme lorsque nous marchons en plein air par une froide journée d'hiver.

Une autre exception apparente c'est l'absence accidentelle de toute douleur que nous trouvons parfois chez les malades ; c'est ainsi qu'aux derniers moments de la vie, se montre une période de bien-être. Ces exemples prouvent une vérité à laquelle nous sommes déjà préparés par celui du repos musculaire dont nous avons déjà parlé, à savoir qu'une surexcitation de *toutes* les fonctions n'est pas nécessaire pour la production du plaisir ; dès lors la question se pose de savoir quelles fonctions sont le plus nécessairement liées à la production du bonheur, et quelles le sont le moins. Il est clair que le fait de la dépense ou de la possession d'une grande force musculaire n'est pas un élément essentiel, quoique en s'ajoutant à d'autres, il acquière une grande valeur. Il est aussi clair que la force de la digestion, et, dans une certaine mesure, celle qui produit la chaleur animale, sont indispensables. L'inanition, l'indigestion et le frisson portent dans certains cas les cœurs les plus assurés au désespoir. Il se peut que le bien-être du malade alité et la placidité des derniers moments du mourant soient jusqu'à un certain point l'effet de ce que la maladie a atteint surtout les fonctions qui participent le moins à notre sensibilité. C'est par là qu'une mort sans douleur fait un contraste avec une vie de souffrances. Il y a des parties dont on ne sent le dérangement que la veille de l'issue fatale ; il y en a d'autres qui ne peuvent être lésées sans révéler leur altération, et qui donnent des douleurs bien des années avant la mort. Même les organes qui ont, après le cerveau, l'union la plus étroite avec l'esprit, peuvent subir des altérations morbides qui ne les empêchent pas de faire à une onde agréable la réponse vive accoutumée. La simple obstruction de l'intestin fait sur le bonheur un effet plus déprimant que certaines maladies organiques des mêmes organes. Les poumons arrivent souvent au terme de leur destruction avant d'affecter la gaieté du malade; tandis que l'homme le mieux portant est en proie à l'angoisse la plus cruelle par l'effet d'une suffocation partielle.

Quand nous passons des sensations organiques à celles des cinq sens, nous n'apercevons pas une coïncidence aussi nette. Dans le goût et l'odorat, par exemple, la règle se vérifierait peut-être pour les sensations qui intéresserait des organes importants comme l'estomac et les poumons, mais fort peu pour les sensations propres à ces sens. Un goût simplement doux, sans être savoureux, fait plaisir ; mais nous ne pouvons, dans ce cas, dire qu'une fonction importante a subi un accroissement marqué. Un goût amer peut avoir un effet tonique ; de même certaines odeurs. Il y a des odeurs douces qui sont malsaines, c'est-à-dire déprimantes, et quoique quelques-unes des mauvaises odeurs aient un effet déprimant, elles ne le sont pas toutes, et il n'y a pas de proportion entre la peine produite et l'affaiblissement des fonctions.

Des impressions du tact douces et agréables font sur l'esprit un effet qui a de l'analogie avec une chaleur agréable ; mais nous ne pouvons attribuer à ces impressions les mêmes conséquences physiques qu'à la chaleur. D'autre part, une douleur poignante, bien loin de diminuer les forces, les exalte plutôt, pour un temps au moins ; de sorte que dans ces cas aussi l'induction qui lie le plaisir et la peine à l'exercice de la fonction ne se confirme pas.

Les plaisirs de la vue s'accompagnent probablement d'un certain accroissement des forces. Quand une personne passe d'une pièce obscure à la lumière du jour, les pulsations et les mouvements respiratoires s'accélèrent, ce qui concorde avec la doctrine générale. Encore ne pouvons-nous pas affirmer que le degré d'augmentation de l'énergie vitale correspond toujours avec le degré de plaisir. Le principe qui nous était si utile avec les plaisirs ou les peines organiques ne paraît pas vrai pour les cinq sens. Il faut chercher quelque autre mode d'action, si l'on veut donner une théorie complète du plaisir et de la peine.

Mais avant de rechercher cette loi complémentaire, achevons la revue des faits qui vérifient la loi déjà connue, en considérant le cortège des sensations à un autre point de vue.

Jusqu'ici nous avons examiné les *agents* du plaisir ou de la peine, et nous avons constaté que dans beaucoup de cas ils exaltaient ou déprimaient les forces. Ce n'est pas tout : nous trouvons une autre série de preuves dans les *manifestations* produites sous l'influence des conditions mentales opposées, ce qui nous conduit à examiner d'autres plaisirs et d'autres peines que celles qui proviennent des sens.

Qu'est-ce donc que cette expression du plaisir qu'on retrouve partout, quelle qu'en soit l'origine ? Peut-elle mieux s'exprimer que par les synonymes du mot plaisir, par les épithètes de vifs, animés, gais, joyeux, riants, appliquées aux mouvements et à l'expression, qui tendent toutes à faire naître l'idée que nos forces sont exaltées pendant le plaisir. Dans les modes joyeux, les traits se dilatent, la voix est pleine et forte, les gestes nombreux, la pensée plus riche. Dans les gambades de l'enfant, nous voyons réunis deux plaisirs, celui de l'esprit et l'activité du corps. Qu'à ce moment quelque souffrance aiguë pénètre dans cet esprit, tout s'affaisse comme si le cœur avait reçu un coup. (Nous ne disons rien à présent d'une forme de souffrance tumultueuse et convulsive.) Un diagnostic médical montrerait à l'évidence que le jeu du cœur et des poumons est affaibli à ce moment ; et il y a de bonnes raisons de croire qu'il en est de même de la digestion.

Nous pouvons être plus précis dans notre esquisse. Ch. Bell a complètement analysé l'expression de la face. Dans les émotions agréables, les sourcils sont relevés et la bouche dilatée, la physionomie s'ouvre ; dans les émotions pénibles, les sourcils se froncent, la bouche se resserre, et peut-être se déprime aux angles, par l'opération du muscle canin. Dans l'expression agréable, il y a évidemment une somme considérable d'énergie musculaire manifestée ; un nombre de muscles relativement puissants se contractent à fond. Nous trouvons dans ce cas la confirmation du principe général. Il est difficile de dire pourquoi la nature a choisi ces muscles pour en faire l'objet d'une stimulation plus particulière quand les forces du corps répondent à un frémissement de plaisir. Jusqu'ici les faits s'accordent avec nos idées. Mais passons à l'expression pénible, que trouvons-nous ? Un effet qui semble mixte (1). D'un côté les parties qui étaient tendues sous l'influence du plaisir se relâchent, c'est un effet auquel nous pouvions nous attendre. Si c'était tout, la preuve serait complète ; l'état de douleur s'accompagnerait de perte d'énergie musculaire dans les traits de la face. Mais ce n'est pas tout. Nous allons voir d'autres muscles entrer en jeu, par exemple le sourcilier, l'orbiculaire des lèvres, le canin. Si la force a abandonné un groupe de muscles, c'est pour se porter sur un autre. Il n'y a pas perte mais *transport* de force. C'est en considérant l'expression des sentiments à cette lumière, que Müller déclarait que l'on ne pouvait expliquer pourquoi certains muscles sont mis en jeu par le plaisir et d'autres par la peine ; et que Ch. Bell appelait le muscle canin, abaisseur de l'angle de la bouche, un muscle spécifique de l'expression de la peine. Toutefois un examen plus attentif nous fera voir que même la dépense de force sous l'influence de la peine, qui semble si incompatible avec le principe général énoncé plus haut, est en réalité d'accord avec lui. C'est le jeu de certains muscles de *petit volume*, dont la contraction rend plus complet le relâchement des muscles plus grands. Par une très légère dépense de force, nous pouvons donner aux organes actifs en général une attitude qui leur permette de renoncer à toute stimulation et d'affranchir la force de l'organisme au profit des autres parties. Par un léger effort des muscles fléchisseurs du corps et des membres, nous pouvons amener le relâchement des extenseurs, qui sont réellement les muscles de l'effort, beaucoup plus loin qu'en cessant de les stimuler. Il en est ainsi à la face. Un léger effort du sourcilier produit le relâchement d'un muscle plus puissant, celui qui élève les sourcils ; un faible courant de force dans l'orbiculaire des lèvres et dans l'abaisseur de l'angle de la bouche, aide les muscles zygomatiques

---

(1) « Dans le chagrin, dit Ch. Bell, une langueur générale envahit toute la physionomie. La violence et la tension de la douleur, les lamentations et le tumulte comme toutes les excitations fortes, épuisent graduellement l'organisme. La tristesse et le regret accompagnés de dépression des esprits et de souvenirs tendres, viennent ensuite ; la lassitude de tout le corps, avec les traits défaits et les yeux fatigués, en sont les caractères les plus frappants. Les lèvres sont relâchées, la mâchoire inférieure s'abaisse, la paupière supérieure tombe et recouvre à moitié la pupille de l'œil. L'œil est fréquemment rempli de larmes, et les sourcils s'inclinent comme le fait la bouche sous l'action des abaisseurs des commissures des lèvres. » (*Anatomy of Expression*, 151.)

et buccinateurs à se relâcher complètement. On peut dire qu'avec une petite force on en relâche une plus grande, en sorte qu'après tout, l'effort positif des muscles qui opèrent sous l'influence de la douleur ne fait que coopérer dans la direction générale. Nous n'hésitons pas à dire que, sauf cet effet, ils ne seraient pas stimulés du tout dans les passions déprimantes ; n'était que la dépense est plus que payée par l'épargne, ils resteraient immobiles dans ces circonstances. Comment se fait-il que la dépense d'une certaine quantité de force musculaire serve à disposer le corps et les membres à se reposer après la fatigue ? C'est tout simplement parce que la *masse générale* du muscle peut arriver au maximum de relâchement grâce à la contraction de quelques parties. Comme le corps est mis en mouvement partout par des forces opposées, nous ne pouvons relâcher tous les muscles du corps à la fois ; le plus que nous puissions faire c'est de relâcher ceux qui ont supporté la fatigue et la chaleur du jour, c'est-à-dire ce qu'il y a de plus considérable par la masse et la force ; mais cette détente nécessite la contraction des muscles opposés. Nous pensons donc que la tension de quelques muscles sous l'empire de la douleur n'invalide pas, mais confirme plutôt le principe en question.

Nous rencontrons une autre exception dans l'expression énergique provoquée par des douleurs aiguës. Quand un homme fait un bond sous l'impression d'une violente brûlure, on ne peut pas dire qu'il y ait chez lui un relâchement de la force musculaire ; c'est évidemment le contraire. Ce fait paraît contredire franchement notre doctrine. En réalité, pourtant, ce fait est l'effet d'une autre loi de l'économie qui à ce moment masque le principe général, mais pour le faire reparaître d'une manière plus saillante. Une peine soudaine et aiguë stimule les nerfs moteurs. Ils entrent en jeu un instant et lancent dans les organes du mouvement un courant violent, et y causent des effets spasmodiques. Au premier abord rien ne saurait contredire plus fortement notre thèse. Mais regardons l'autre côté du tableau. En premier lieu, l'explosion spasmodique a détourné des fonctions organiques le tribut régulier de force nerveuse qui leur est dû, elles en sont toutes sérieusement affectées ; en sorte que le mieux qui puisse arriver, c'est une perturbation de la direction normale de la force de l'organisme. Mais ensuite, quelle effrayante prostration après cette stimulation douloureuse ! Cela suffit à nous convaincre que si la susceptibilité des nerfs sous l'influence d'un stimulus aigu, a donné lieu à une manifestation de force insolite, cette force a été en somme dépensée avec prodigalité (1).

(1) Dans la douleur, le corps subit une violente tension, et toutes les émotions et

Nous ne dirons rien pour le moment des causes du *rire* : il suffit qu'on sache que c'est une expression de la gaieté. Le principal agent du rire est le diaphragme, tous les autres sont secondaires. Ce grand muscle se contracte convulsivement, c'est-à-dire il subit une série de contractions rapides et violentes. Sous l'influence de quelque stimulus cérébral le diaphragme se contracte, le sujet inspire une grande colonne d'air, et la rejette par des secousses interrompues, courtes et accompagnées d'un effet vocal. Une charge de force nerveuse a été engendrée quelque part, et elle se décharge dans le grand muscle de l'inspiration. Les actions subsidiaires indiquent aussi un accroissement de force. Quand le rire se fait entendre, c'est que les cordes vocales ont été tendues par l'effet de l'application d'un stimulus aux muscles du larynx. Les traits sont de la partie ; ils s'étendent jusqu'à la dernière limite. Les mouvements principaux du rire, aussi bien que les accessoires, impliquent tous la production d'un excès de force ; nous verrons si c'est une addition véritable à la force de l'organisme ou un transfert d'une partie à une autre, qui appauvrit certains organes et en stimule d'autres avec violence, comme cela arrive dans les convulsions occasionnées par la douleur. Or, à l'exception d'un rire excessif ou d'une dépression anormale de l'organisme, nulle fonction essentielle n'est affaiblie par la décharge de force que nécessite ce violent effort. Si la digestion, la perspiration, l'exhalation par les poumons, l'action du cœur s'affaiblissaient pour fournir à la dépense occasionnée par les mouvements convulsifs du diaphragme, nous pouvons être assurés qu'il y aurait ensuite une dépression aussi incontestable que celle qui suit la douleur aiguë, ce qui prouve qu'une explosion d'émotion joyeuse est une hausse subite des forces de la vie, qui se manifeste dans une respiration convulsive précipitée, la tension de l'organe vocal, et l'expression de contentement du visage.

L'explosion convulsive de la *souffrance* contraste d'une manière frappante avec la précédente. C'est encore l'action convulsive de la poitrine qui joue le principal rôle ; mais quelle différence ! L'expiration, qui dans le rire était accrue avec violence, est *ralentie* maintenant. Il faut chercher la raison de ce fait dans le diaphragme, ou plutôt dans les centres nerveux qui l'animent. Ces centres, loin d'être dans l'abondance, sont en pleine banqueroute, ils ne peuvent pas même payer le

---

passions voisines de la douleur, ou qui ont leur origine, leur fondement dans des sensations pénibles, ont pour caractère distinctif une action énergique ou un tremblement violent, effet d'une excitation générale. Il faut se rappeler, en même temps, que toutes les passions de cette classe, les unes plus immédiatement, les autres plus indirectement, produisent, à la seconde période, de l'épuisement, la perte de la tonicité, par suite de l'excès de l'effort. (Ch. Bell, *Anatomy of Expression*, 154.)

tribut ordinaire. Cet arrêt partiel, cette paralysie du diaphragme explique le phénomène. Pour éviter la suffocation, il faut que les muscles de l'inspiration soient stimulés par des efforts (c'est ainsi qu'on emploie l'insufflation pour gonfler d'air les poumons d'un noyé) : ce qui, par réaction, force au mouvement d'expiration. Ce fait rend le grand abattement des forces évident. Les accessoires l'attestent aussi. La voix est faible, et ne donne qu'une note longue, mélancolique. Le pharynx, saisi de convulsion, ne peut se prêter aux mouvements rythmiques de la déglutition. Les traits sont relâchés, excepté quand ils sont agités par l'effort de l'inspiration forcée. Quelquefois ces phénomènes sont modifiés, par exemple lorsqu'un enfant robuste éclate en un violent accès de cris et y dépense une grande force ; mais cet exemple s'explique par un excès de vitalité, c'est une décharge d'une force surabondante, il y a là plus de colère que de chagrin. En tout cas, la réaction qui survient montre que la force s'est dévorée et que l'organisme s'est appauvri, ce qui est le contraire du rire.

L'effusion des larmes est un phénomène concomitant de la souffrance, mais il y a aussi des larmes de joie. Dans les accès de gaieté, les yeux se noient de larmes. Il est permis de supposer que c'est un accroissement du stimulus vital de la glande lacrymale et du sac, qui amène la sécrétion d'un liquide lacrymal normal, lequel, en coulant sur la surface sensible des paupières, y laisse une sensation agréable que nous éprouvons dans les émotions tendres. La quantité des larmes n'est pas augmentée au point qu'elles débordent. Mais il ne faut pas croire que l'effusion des larmes qui accompagne la souffrance ne soit que le même fait agrandi. L'abondance du liquide ne prouve pas que toutes les autres parties du phénomène soient les mêmes dans les deux cas ; on peut admettre que l'action de la glande a diminué et que la qualité du liquide est radicalement changée. Nous avons pour le croire des raisons spéculatives et un fait positif : la différence des sensations des paupières quand elles sont mouillées par des larmes de joie, et quand elles sont noyées par des larmes de douleur ou de chagrin.

Les vaisseaux sanguins du cerveau sont congestionnés non seulement dans les états douloureux, mais aussi dans les cas extrêmes des émotions tendres, et l'effusion des larmes est un moyen de soulagement.

Le principe que nous défendons sert à expliquer non seulement un grand nombre de faits, mais aussi les efforts qui tendent à la conservation de l'individu. Si le plaisir contribuait à détruire les forces, l'organisme serait comme une maison divisée contre elle-même. D'autre part, si le principe indiqué ci-dessus était rigoureusement vrai, nous ne serions jamais intérieurement poussés à agir d'une manière préjudiciable à notre bien physique. Si nous y sommes poussés, c'est une preuve de l'existence de quelque influence modificatrice qu'il faut mettre en lumière, afin de compléter la théorie du plaisir et de la peine. On a vu que les plaisirs ordinaires des cinq sens n'indiquent pas un accroissement considérable de vitalité ; on pourrait en dire autant des émotions spéciales, de l'admiration, de l'affection, de la puissance, de la connaissance des beaux-arts, etc. Ces émotions s'accompagnent pourtant de quelque accroissement de force vitale, ce qui le prouve c'est que leur expression est vive et animée quand le plaisir est intense. Mais on ne pourrait pas dire que l'accroissement de vigueur d'un organisme correspond en toute occasion au degré de plaisir. Les stimulants narcotiques présentent une exception encore plus saillante ; on sait en effet qu'ils affaiblissent et usent les forces de la vie. Si l'on soutenait que cette destruction est une conséquence tardive, qui correspond à la période où l'excitation mentale a fait place à la peine, à la dépression, on pourrait répondre qu'il n'en est pas tout à fait ainsi : un homme qui boit jusqu'à l'ivresse perd sa force physique avant que le sentiment de gaieté l'abandonne, et l'excitation agréable que se donnent les fumeurs de tabac et d'opium peut continuer alors même que les forces vitales sont déjà complètement prostrées.

Nous voilà donc en demeure de restreindre la doctrine qui rattache le plaisir à la conservation personnelle par une autre doctrine qui rattache simplement le plaisir à la stimulation. Nous devons, à l'aide des faits, déterminer les limites précises de ce second principe.

Il est convenable de diviser les modes de stimulation en deux classes : 1° Les stimulants des sens et des émotions; 2° les narcotiques et les drogues.

1° Voici ce que nous apprend l'étude des stimulants des sens. Les tacts, les sons, les sensations de la vue sont agréables quand leur intensité ne dépasse pas certaines limites (excepté peut-être les sons discordants). La douleur, dans ces trois sens supérieurs, naît de l'excès du stimulus. Le point de l'excès est extrêmement variable chez les différentes personnes, et chez la même personne à différentes époques; il dépend évidemment de la vigueur de l'organisme. En sorte que nous pouvons dire avec certitude, pour les sensations du tact, de l'ouïe et de la vue, que la sensation, en tant que sensation, est agréable dans la limite déterminée par la vigueur du système nerveux. Pour les sens chimiques, le goût et l'odorat, nous ne pouvons affirmer aussi positivement cette règle; nous ne pouvons affirmer que la différence qui distingue les états pénibles du goût et de l'odorat de ceux qui sont agréables, est simplement une différence d'intensité. Nous ne comprenons pas encore en quoi consistent les modes distinctifs d'action des goûts doux et amers sur la substance nerveuse, et nous ne pouvons pas dire des goûts et des odeurs que la sensation en tant que sensation est agréable. En tout cas, ces plaisirs et ces peines ne s'expliquent pas d'eux-mêmes par le principe de la conservation personnelle ; on ne peut les rapporter qu'au principe de la stimulation. Une mauvaise odeur ne doit pas son effet pénible à une dépression de la vitalité, ni une odeur douce à une exaltation des forces.

Quelques-unes des émotions plus simples peuvent s'expliquer aisément avec l'un ou l'autre des deux principes. L'admiration est un stimulant agréable si elle n'excède pas la limite qu'assignent les forces de l'organisme. On peut en dire autant de la tendresse du sentiment, de la domination, de celui des beaux-arts, etc. Un grand nombre d'émotions pénibles accompagnent certains agents déprimants : la crainte, le chagrin, la honte en sont des exemples familiers. Ces passions peuvent aussi agir comme débilitants, ou comme irritants, du système nerveux.

2° Les stimulants narcotiques, l'alcool, le tabac, le thé, l'opium, le haschich, la noix de bétel, sont agréables, mais n'arrivent guère à produire une faible action vitale. Ils peuvent avoir quelque influence favorable à la vigueur du corps pour un temps assez court, mais leur effet comme stimulants du ton de l'esprit, est hors de toute proportion avec l'effet le plus intense qu'ils puissent produire sur l'activité musculaire. D'autre part, si cet effet dépasse certaines limites assez étroites, ils minent et détruisent la constitution humaine ; et le principe de la conservation personnelle n'est pas toujours susceptible d'en détourner les funestes conséquences.

La loi de stimulation, au sens où elle sert à compléter le principe de conservation, revient à ceci : nous possédons une certaine somme de vigueur nerveuse ou d'irritabilité, qui ne se convertit en plaisir actuel que sous l'impulsion de chocs qui n'ont aucune tendance nutritive, mais qui en épuisent et en consument la réserve. Si l'effet des stimulants ne dépasse pas une certaine limite, nous ne dissipons pas plus de force qu'il ne s'en reproduit ; s'il reste en deçà, nous perdons le plaisir que notre organisme est capable de supporter ; s'ils le dépassent, nous marchons vers la ruine et la décadence. Il semble que nous pouvons nous passer à la fois la stimulation naturelle des sens, et une petite quantité de drogues stimulantes, sans épuiser notre réserve de force nerveuse.

On pourrait, non sans raison, soutenir que la stimulation est la seule cause de plaisir, et que l'entretien de la force vitale permet de la pousser très loin sans qu'elle dégénère en peine. Les faits fourniraient sans doute cette interprétation. On pourrait dire qu'il ne peut jamais manquer d'y avoir quelque genre de stimulation, et que par l'effet de l'accroissement de la force générale cette stimulation, mettant en jeu la substance nerveuse restaurée, communique à l'organisme le ton agréable. Un certain degré de vitalité, dans quelques organes au moins, s'il n'est pas une condition essentielle d'un ton agréable, peut toujours élever l'intensité de l'effet d'une autre cause, et dans la pratique nous n'avons souvent pas autre chose à considérer.

Le contraste de la vie de campagne et de la vie de ville met en relief par un exemple familier l'effet des deux lois. Le plaisir de la campagne résulte principalement des influences conservatrices, salubres, ou vitalisantes. Le plaisir de la ville provient de la variété de la stimulation. Il est possible d'arriver au bonheur par les deux genres de vie. Une santé vigoureuse n'est pas indispensable pour le plaisir ; les nerfs peuvent répondre à des stimulations agréables, malgré certains modes de faiblesse physique, mais non malgré tous. La promptitude avec laquelle on arrive au frémissement que provoque un plaisir intense est une *spécialité* de la constitution nerveuse ; l'état de l'organisme et plus particulièrement des organes glandulaires, est un élément important de cette spécialité, mais le principal doit être cherché, dans une propriété du tissu nerveux. Il se peut que l'individu ait, pour ainsi parler, un génie naturel pour le bonheur. (Voyez, à l'appendice B, d'autres développements de la discussion des effets physiques.)

IV. — Des germes instinctifs de la volition.

Actions spontanées qui servent de fondement à la volition. — Opinion de Müller sur les rudiments des actes volontaires. — Insuffisance du principe de la spontanéité pour expliquer les mouvements volontaires. — Relation primordiale des sentiments et des mouvements : loi qui relie le plaisir à l'accroissement de l'action. — La succion chez l'enfant à la mamelle ; soulagement qui suit la douleur. — L'instinct de la conservation personnelle comme mode de la volonté.

Dans un chapitre précédent, nous avons essayé d'établir que tous les organes sont susceptibles d'être mis en mouvement par un stimulus émané des centres nerveux, en l'absence de toute impression du dehors ou sans avoir été précédés d'aucun sentiment. Nous considérons ce fait d'activité spontanée, comme le prélude de la volonté, comme l'un des éléments de la volition. En d'autres termes, nous pensons que la volition se compense d'un fait d'activité spontanée et de quelque chose de plus.

Aucun psychologue n'a, que nous sachions, soutenu la doctrine des actions spontanées, ni des rapports essentiels de ces actions avec celles qu'on appelle volontaires; toutefois un physiologiste, Müller, a ressenti l'influence de ces deux idées.

« Il est évident, dit-il, que l'origine première du mouvement volontaire ne dépend point de la conception de son objet, car le fœtus accomplit des mouvements volontaires (nous dirions spontanés) avant qu'aucun objet puisse affecter son esprit, avant que l'idée de ce qui est accompli par le mouvement volontaire soit possible. Il faut donc concevoir la question d'une façon plus simple. Quelle est la cause des premiers mouvements volontaires du fœtus? Nous n'y retrouvons aucune des conditions qui donnent naissance aux mouvements volontaires chez l'adulte. Le propre corps du fœtus est le seul monde d'où il tire des idées confuses, et sur lequel il réagit. Il ne meut pas d'abord ses membres pour atteindre un but extérieur; il les meut uniquement *parce qu'il peut les mouvoir.* Cependant comme, dans cette supposition, il n'y a aucun motif de mouvoir une partie plutôt qu'une autre, et qu'au contraire le fœtus en aurait pour faire mouvoir tous ses muscles en même temps, il doit y avoir quelque chose qui le détermine à exécuter tel mouvement plutôt que tel autre, qui le pousse à retirer tantôt un bras, tantôt une jambe. »

Nous croyons que Müller a formulé en termes trop absolus la supposition d'une tendance égale de tous les muscles à entrer en jeu par l'effet de l'activité spontanée des centres nerveux. On a peine à comprendre l'existence d'un équilibre si parfait dans la charge des centres qui les mettrait tous en état de lancer un stimulus égal sur les muscles soumis à leur commandement. Il arrive toujours que quelqu'un des centres est plus disposé que d'autres à agir, en vertu de la vigueur qu'il doit à sa constitution ou à la nutrition, et lorsque l'un s'est épuisé, on peut attendre la décharge de l'autre. Nous avons vu qu'un arrangement particulier dispose les membres à se mouvoir tour à tour, en sorte que lorsque par une raison quelconque les jambes ont commencé à se mouvoir, le mouvement continue et suit un cours régulier d'alternances.

« La connaissance des changements de situation, continue Müller, qui sont produits par des mouvements donnés, ne s'acquiert que peu à peu et par le fait des mouvements eux-mêmes. Le premier jeu de la volonté sur certains groupes de racines de fibres motrices dans la moelle allongée ne peut évidemment avoir pour but un changement de situation ; c'est un simple jeu de volition sans aucune conception des effets qu'il produira dans les membres. Cette excitation volontaire (disons plutôt spontanée) des origines des fibres, sans but, amène des mouvements déterminés, des changements de position, des sensations de ces mouvements. *Ainsi se forme dans l'esprit encore vide une liaison entre certaines sensations et certains mouvements.* Lorsque ensuite une partie du corps quelconque vient à recevoir une impression du dehors, dans une partie quelconque du corps, l'esprit sait déjà que le mouvement volontaire provoqué par cette impression convertie en sensation, se manifestera dans le membre qui est le siège de la sensation; le fœtus mettra en mouvement le membre affecté et non tous les autres en même temps. C'est de cette manière aussi qu'il faut se représenter les mouvements volontaires chez les animaux. L'oiseau commencera à chanter pour obéir à un instinct qui stimule les nerfs de ses muscles laryngés; de là naissent des notes musicales. Par la répétition de cet effort aveugle, l'oiseau apprend à la longue à relier la cause avec le caractère de l'effet produit.

« Nous avons déjà vu d'après d'autres faits que le principe nerveux qui agit dans la moelle allongée possède un degré extraordinaire de tension ou de penchant à l'action ; que le plus léger changement de cet état excite une décharge de force nerveuse, qui se manifeste par le rire, l'éternuement, le hoquet, etc. Tant que la tension du principe nerveux n'est pas troublée, nous sommes également prêts à des mouvements volontaires dans toutes les parties du corps, et c'est là ce qui constitue l'état de repos, ou d'inaction. Toute impulsion au mouvement qui vient de l'esprit, dérange l'équilibre de la tension, et amène une décharge dans une direction déterminée, c'est-à-dire excite à l'action un certain nombre de fibres de l'appareil nerveux moteur. » (*Physiologie* de Müller.)

Voilà, selon nous, une formule exacte de la nature de la force nerveuse. On peut comparer le système nerveux à un orgue dont les soufflets sont constamment tendus et près à se décharger dans tous les sens suivant les touches que frappe l'organiste. Le stimulus de nos sensations et de nos sentiments ne donne pas la force interne, mais détermine le point où se fera la décharge et comment elle se fera. Quand les centres nerveux du langage et du chant, par exemple, sont en bon état, ils débordent de manière à entamer l'action d'une façon purement spontanée, ou ils restent chargés jusqu'à ce qu'une irritation venue du dehors, le son d'une autre voix, si l'on veut, les fasse partir. Un oiseau dont le chant ne s'est pas fait entendre depuis longtemps, n'a besoin pour se remettre à chanter que du stimulus de la voix d'un autre chanteur.

Qu'y a-t-il dans la volition de plus que l'impulsion active qui stimule les divers organes de mouvement, les membres, la voix, la langue, les yeux, etc., sous l'influence d'une décharge spontanée ? En l'examinant de près, nous voyons que cette impulsion est insuffisante pour expliquer la volition, parce qu'elle est irrégulière, imprévue. Comme elle dépend de l'état des divers centres nerveux, la décharge obéit à des conditions physiques, et non aux fins, aux buts que l'animal poursuit. Quand les centres de la locomotion sont bien réparés et exubérants, chez un chien par exemple, au moment où on le détache le matin, l'animal part de toute sa vitesse ; puis quand la force est épuisée, il revient au repos par la même tendance spontanée, comme une montre qui s'arrête. Mais ce moment d'épuisement est le moment même où l'animal doit être actif pour se procurer l'aliment qui doit refaire son organisme ; il faut qu'il trouve dans l'épuisement même un stimulus qui le fasse agir, comme une montre qui, au moment de s'arrêter, ferait connaître au moyen d'un certain mécanisme qu'elle a besoin d'être remontée. La pure spontanéité ne parvient pas à faire ce que la volonté doit accomplir pour assurer notre conservation ; une force qui meurt quand l'action est le plus nécessaire ne peut être le véritable soutien de notre existence.

Müller n'a pas fait du mot *volontaire* un usage correct en l'appliquant aux mouvements initiaux provoqués par l'état de tension des centres nerveux ; ces mouvements ne sont qu'un des termes du couple qui compose l'acte de volition. Le sentiment et le mouvement en sont les éléments nécessaires. Un morceau d'un aliment placé sur la langue stimule le mouvement de la mastication ; il y a là un effort volontaire, un effort provoqué et réglé par un sentiment, à savoir la sensation du goût ou de la saveur. Les actes qui s'accomplissent indépendamment de tout stimulus tiré du sentiment sont habituellement des actes involontaires, tels sont les spasmes et beaucoup de mouvements réflexes.

L'animal arrivé à son plein développement possède dans certains sentiments, certaines émotions, la faculté de produire des mouvements dans ses divers organes actifs. Il y a entre nos états émotionnels et nos états actifs, une connexion qui suffit à constituer un lien de cause à effet entre l'un et l'autre. La question est de savoir si ce lien est originel ou s'il est le produit d'une acquisition.

Reid n'a pas hésité à classer le commandement de la volonté auquel obéissent nos organes, c'est-à-dire la séquence du sentiment et de l'action, qui se retrouve dans tous les actes de la volonté, parmi les instincts. (Voyez le chapitre sur les Instincts, *Essays on the Active Powers*.) Le pouvoir de porter un morceau à la bouche est, suivant lui, une conjonction instinctive ou préétablie du désir et de l'acte ; c'est-à-dire que l'état émotionnel de la faim accouplée avec la vue d'un morceau de pain, par exemple, s'associe par l'effet d'une faculté originelle de l'esprit avec les divers mouvements de la main, du bras et de la bouche, qui jouent un rôle dans l'acte de manger.

Pour réfuter cette opinion de Reid, il n'y a qu'à faire appel aux faits. Il n'est pas vrai que les hommes possèdent, au moment de la naissance, la faculté de commander à leurs membres par la volonté. Un enfant de deux mois ne peut se servir de ses mains selon ses désirs; il ne saisit rien, ne tient rien, et peut à peine fixer ses yeux sur quelque chose. Reid aurait pu soutenir tout aussi bien que les mouvements d'un danseur de ballet sont instinctifs, ou que nous apportons en naissant dans notre esprit un lien de cause à effet entre le désir de peindre un paysage et les mouvements que doit faire le bras d'un peintre. Si la perfection de l'empire de la volonté sur les mouvements est l'effet d'une faculté acquise, cet empire sera le moins parfait durant la première année de la vie. Au moment de la naissance, l'action volontaire n'est qu'une non-entité.

En conséquence, il faut que l'établissement de ces liens qui unissent le sentiment à l'action, liens que la volition implique, soient l'effet de quelque opération *acquisitive*. Mais l'acquisition repose elle-même sur quelque fait primordial, sur un instinct. La question qu'il s'agit de résoudre consiste dans la constatation de la nature, au début de la vie, de ce lien qui unit nos sentiments à nos mouvements, et qui se change en volitions mûries par l'éducation et l'expérience.

Quoique dans la volonté arrivée à son complet développement, un plaisir puisse provoquer les actions qui sont nécessaires pour le prolonger, comme nous en voyons un exemple dans la foule qui se presse sur les pas d'une musique militaire, nous voyons que dans l'enfance le plaisir peut bien provoquer *quelque genre* d'action, mais non pas nécessairement le genre qu'il faut.

Les mouvements de l'enfant surexcités par l'influence du plaisir, ne sont pas de ceux, et n'ont pas non plus la direction qu'il faut pour soutenir ou accroître ce plaisir, comme nous le voyons chez l'homme à un âge plus avancé. Il y a pourtant un effet d'amélioration dans le jeu des forces, quand un sentiment agréable s'empare soudainement de l'esprit. Nous avons vu qu'un accroissement de la force vitale est une des suites du plaisir, ce qui s'explique même dans la théorie qui rapporte les effets des sentiments à la stimulation; cet accroissement s'étend quelquefois aux fonctions organiques sans les dépasser, et quelquefois aussi il gagne l'action des muscles, il n'est pas rare même qu'il se généralise dans tout le système musculaire, surtout à cette première époque où la vie est dans toute sa fraîcheur. Or, ce qui importe dans la question de la volonté, c'est que cet accroissement gagne les *muscles*. Si l'organisme est au repos, il y aura une décharge de force; s'il était déjà en action, l'action sera accrue. Nous n'avons pas encore de détermination dans un sens ni dans l'autre; il n'y a pas de préférence, et par conséquent pas de volition.

Supposez maintenant que les mouvements qui proviennent de l'exubérance des forces, soient accidentellement de nature à accroître le sentiment agréable du moment; le fait même de cet accroissement de plaisir impliquerait l'autre fait de l'accroissement des forces de l'organisme, et des *mouvements qui sont en jeu au moment même*. Le plaisir s'entretiendrait de la sorte lui-même, et nous aurions là un fait équivalent en substance à une volition. La spontanéité, ou l'accident, a mis en jeu certains mouvements : l'effet de ces mouvements c'est la production d'un nouveau plaisir; mais nous ne pouvons produire du plaisir sans produire une force nouvelle dans l'organisme, par conséquent dans les membres qui agissent en ce moment. Tant que les mouvements ajoutent au plaisir, ils ajoutent à la stimulation qui les met en jeu. Qu'ils cessent d'apporter du plaisir et nous verrons finir l'accélération de leur mouvement qui est la conséquence de l'accroissement des forces.

Avant de donner des exemples concrets, complétons l'exposé général de la doctrine par l'examen de la peine. Prenons des mouvements qui commencent, comme dans le cas précédent, en vertu de la force spontanée d'un organisme en bon état, mais avec cette différence que ces mouvements occasionnent un sentiment subit de peine. En agissant ainsi, ils occasionnent aussi, d'après le principe que nous avons fait connaître, une dépression des forces vitales, qui, en s'étendant aux mouvements, en diminue l'effort et les ramène au repos. (Pour éviter toute complication, nous supposerons que la douleur n'a pas le caractère aigu qui irriterait les nerfs et provoquerait des mouvements spasmodiques de douleur; nul doute que cet effet ne soit bien réellement naturel, mais comme il n'arrive pas d'une façon constante, nous pouvons supposer en ce moment qu'il n'a pas lieu. La dépression des forces est le principal, l'inévitable effet de la peine.) Mais cet effet est justement ce qu'il faut pour faire échec aux mouvements qui sont la cause de la souffrance, et le but est pour le moment aussi bien atteint par la production de la dépression des forces, qu'il le sera plus tard quand la volonté aura acquis tout son développement. Si le remède qui convient à un état de souffrance, est la cessation du jeu d'une force, le remède consiste dans le fait lui-même, car la souffrance et la dépression de la force vont de pair. Nous voyons parfaitement l'application de ce fait chez l'homme et les animaux. Si nous voulons réprimer un excès d'activité chez un être vivant, la peine est un moyen sûr. Une peine légère peut avoir un effet opposé par les raisons que nous avons données, mais une peine cruelle réussira certainement. L'effet naturel, direct, d'une peine est de déprimer les forces, y compris l'action musculaire. Un choc même léger a souvent pour conséquence instantanée d'arrêter pour un moment l'activité. Ainsi donc, nous voyons que lorsque le mouvement et la peine se rencontrent, la peine arrête le mouvement par ses effets déprimants, comme aussi, par contre, un mouvement qui produit du plaisir, est soutenu et prolongé par l'exaltation des forces qui est un effet de ce plaisir.

Prenons, par exemple, l'acte de sucer que l'enfant ou le jeune animal ont besoin d'exécuter dès leur naissance. Au début, il doit y avoir une opération réflexe, en vertu de laquelle, dès que le mamelon a été saisi par les lèvres, les mouvements de la langue commencent. La période où la volonté apparaît commence quand le sentiment du plaisir peut entrer en jeu pour soutenir l'action une fois qu'elle a commencé. Mais comment ce sentiment possède-t-il le pouvoir de provoquer la continuation de l'acte et peut-être d'en élever l'énergie? Nous croyons que c'est par le contact de la substance nutritive sur l'estomac, qui excite toutes les propriétés vitales, y compris celle des organes du mouvement qui sont en ce moment même en jeu, c'est-à-dire la poitrine, la langue et la bouche. L'acte de manifester une force nouvelle en mâchant, en avalant, etc., quand l'aliment nous est agréable, est volontaire à toutes les époques de la vie. Supposons maintenant le point de satiété dépassé, admettons que l'enfant a franchi de lui-même ce point. Il en résulte que le contact du liquide sur l'estomac rempli, n'a plus le pouvoir de stimuler les forces de la vie; que, si l'estomac continuait à s'emplir, il s'ensuivrait un effet contraire; l'onde de force qui vient se répandre dans les organes de la succion disparaît, ces organes tombent dans l'inaction; en d'autres termes, l'enfant s'arrête quand il juge qu'il en a assez; en réalité, l'état mental pénible appelé satiété s'accompagne d'une dépression des organes actifs, laquelle arrête enfin le mouvement qui a produit la satiété; *non pas, toutefois, comme plus tard, en supprimant de la force à cette partie, mais par un moyen détourné qui consiste à faire cesser le mouvement partout.* La force primordiale de la volonté ne sait pas isoler un membre du reste du corps; cette faculté se forme par une série d'efforts et d'essais. Le plaisir peut élever la force partout. La peine la déprime partout, dès l'origine ; la faculté de choisir avec discernement le point qui doit agir n'est pas innée, il faut en faire l'apprentissage.

Nous avons supposé un plaisir qui se rencontre avec le mouvement qui l'entretient, et une peine qui se rencontre avec un mouvement qui l'occasionne ; et nous en avons montré les résultats naturels. Voici un troisième cas aussi, si non plus fréquent : un animal souffre, son esprit est déprimé, en conséquence, et naturellement, ses forces sont tombées ; néanmoins il fait encore des mouvements inconcertés ; la spontanéité n'est peut-être pas épuisée ; et peut-être aussi la peine a-t-elle produit un autre effet, l'irritation spasmodique des nerfs. En tous cas il y a des mouvements, les membres sont jetés de côté et d'autre, la tête se tourne à droite puis à gauche, etc. Tout d'un coup, la peine cesse. Au point de vue mental, le résultat est une grande réaction, un transport de plaisir : au point de vue physique, le résultat est une hausse de l'intensité des forces, y compris celles des organes du mouvement. Les mouvements qui étaient en jeu quand la peine a cessé, ont reçu une nouvelle ration de force tirée du fonds général, et sont devenus plus énergiques. Appliquons cette théorie à un fait concret. Un animal nouvellement né gît souffrant sur le sol. Il ne sait pas ce qui cause son malaise, il n'en connaît pas davantage le remède. En supposant qu'il n'y ait aucune stimulation aiguë des nerfs, les suites physiques de cet état sont une faiblesse générale des membres. Pourtant les forces motrices ne sont pas entièrement domptées ; par les efforts spontanés qu'il fait tantôt dans un sens, tant dans l'autre, il parvient enfin à se dresser sur ses pattes et commence un mouvement de locomotion en avant. Avec la locomotion l'agitation diminue sensiblement. Supposons que cette locomotion ait éloigné l'animal d'une position trop près du feu. A chaque degré d'apaisement de la sensation, l'animal ressent un élan de plaisir, et la stimulation habituelle augmente. Il en résulte nécessairement que les mouvements locomoteurs qui ont commencé accidentellement, participent de l'accroissement de la force impartie à tout l'organisme, à la suite du soulagement de la peine, et qu'ils s'accélèrent. Si le soulagement continue, la stimulation augmente encore, jusqu'à ce que le malaise se soit effacé même de la mémoire ; alors il n'y a plus d'accroissement, et l'animal, après avoir donné issue à toute la force qu'il avait à sa disposition, reprend l'attitude du repos. Toutefois, si pour éviter Scylla l'animal tombait dans Charybde, le cours des phénomènes serait renversé : une nouvelle peine produirait son effet normal en arrêtant l'action ; une augmentation graduelle de peine accélérerait la dépression, jusqu'à ce que le mouvement ne fût plus possible.

Prenons un autre exemple, un enfant couché dans un lit éprouve la sensation pénible du frisson. Cette sensation a ses suites habituelles, elle cause ou ne cause pas l'explosion convulsive que nous pouvons appeler l'expression *émotionnelle* caractéristique du frisson. En tous cas, que ce soit par suite du bon état de l'organisme, ou d'une irritation des nerfs, il y a des mouvements spontanés. Au cours de ces mouvements, il y en a un qui rapproche l'enfant de sa nourrice couchée à côté de lui ; à ce contact, il sent instantanément de la chaleur, il a un élan de plaisir, et un stimulus qui s'applique à l'organisme. Ce mouvement heureux se soutient, se renouvelle, devient plus énergique, et le contact est continué. Telle doit être l'opération naturelle de la loi qui rattache le soulagement d'où résulte une sensation agréable, à un accroissement de force. L'enfant de douze mois peut accomplir cet acte en vertu d'un choix qui dirige sa volonté, l'enfant de trois jours ne peut le faire qu'au hasard, et par le secours du principe que nous avons expliqué. Dans l'intervalle il y a eu un apprentissage, dont nous parlerons plus loin (contiguïté, associations de la volition), et plus longuement encore, dans un autre ouvrage, LES ÉMOTIONS ET LA VOLONTÉ.

Certaines actions de diverse nature, qu'on appelle vulgairement instincts, ne sont pas autre chose que des phases ou des résultats de cette propriété fondamentale de l'esprit. L'*instinct de la préservation* implique la suppression de la peine et de la souffrance, et une combinaison de moyens convenables qui assurent la subsistance de l'individu. Il ne semble pas que nous ayons une tendance originelle à nous protéger contre les influences dangereuses, tant qu'elles ne nous causent aucune peine, ni à tenir aux influences salutaires qui ne donnent aucun plaisir actuel.

On a souvent remarqué des exemples de précaution primitive contre le mal, et on les a attribués à une faculté protectrice dont la nature nous aurait dotés. Ainsi la *crainte de tomber* est très forte dans les premiers temps de la vie, et suscite de puissants efforts en vue d'éviter la chute. Mais il n'y a là qu'un fait de volition.

Il suffit qu'on se rappelle la douleur aiguë qu'on a éprouvée à l'occasion d'une chute, pour qu'on assure la stabilité de sa démarche. Avant cela même, avant que l'expérience des chutes ait produit ses effets, nous connaissons une sensation très intense, très cruelle, qui résulte de la perte subite du point d'appui, et qui provoque des efforts destinés à le recouvrer.

V. — La voix.

Anatomie de l'organe de la voix. — Muscles du larynx. — Du larynx comme instrument. — De la voix articulée, voyelles, consonnes. — Phénomènes mentaux de la voix. — Sensibilité pour les degrés de la tension vocale.

L'influence de la parole se fait si profondément sentir dans toutes les opérations de l'esprit, dans le sentiment comme dans l'action et l'intelligence, qu'il est indispensable de décrire le mécanisme de l'organe qui en est l'instrument.

La partie supérieure du conduit aérien se modifie dans sa structure pour former l'*organe de la voix*, le larynx, qui occupe la partie antérieure et supérieure du cou, où il forme une saillie considérable, sur la ligne médiane, entre les gros vaisseaux du cou, au-dessous de la langue, et de l'os hyoïde auquel il est attaché.

Le larynx est cylindrique à sa partie inférieure où il s'unit à la trachée-artère (canal aérien), mais il s'élargit en haut, s'aplatit en arrière et sur les côtés, et présente un bord vertical mousse en avant.

Le larynx est formé de cartilages, articulés ensemble et reliés par des ligaments propres, dont deux appelés les *cordes vocales proprement dites* jouent un rôle dans la production de la voix. On y trouve aussi des muscles qui font exécuter des mouvements aux cartilages, une membrane muqueuse qui tapisse sa face interne, de nombreuses glandes muqueuses, et enfin des vaisseaux sanguins, des lymphatiques et des nerfs, outre du tissu cellulaire et de la graisse.

On appelle *cartilages du larynx* trois pièces impaires et symétriques nommées : le *cartilage thyroïde*, le *cartilage cricoïde*, et le *cartilage de l'épiglotte* ; on comprend encore sous ce nom six petits cartilages disposés par paires, à savoir, les *cartilages aryténoïdes*, les petites cornes du larynx et les cartilages cunéiformes. Le thyroïde et le cricoïde se montrent seuls en avant et sur les côtés du larynx ; les aryténoïdes, surmontés par les petites cornes du larynx avec la partie postérieure du cricoïde sur lequel ils reposent, forment la paroi postérieure du larynx, tandis que l'épiglotte est placée en avant, et les cartilages cunéiformes de chaque côté de l'ouverture supérieure.

Comme nous tenons à nous restreindre à l'étude des parties qui intéressent immédiatement la production de la voix, nous n'avons qu'à parler des cartilages thyroïde, cricoïde, aryténoïde, des cordes vocales proprement dites, et des muscles qui font mouvoir les cartilages et affectent par là la tension et la position des cordes vocales.

Le cartilage *thyroïde* est la plus grande des pièces qui composent le larynx. Il est formé par deux lamelles plates unies en avant par un angle aigu sur la ligne médiane, où elles forment une saillie verticale qui s'efface en allant de haut en bas. Les deux lamelles s'écartent l'une de l'autre en divergeant, embrassent le cartilage cricoïde, et se terminent en arrière par deux bords épais, saillants et verticaux. Le cartilage thyroïde n'existe donc pas en arrière. La projection angulaire de la surface antérieure sur la ligne médiane, est placée sous la peau, où elle fait une saillie plus grande chez l'homme que chez la femme.

Le cartilage *cricoïde*, ainsi nommé parce qu'il a la forme d'un anneau, est plus épais et plus fort que le thyroïde ; il forme la partie inférieure et la portion la plus considérable de la partie postérieure du larynx, et c'est le seul des cartilages qui entoure complètement cet organe. Il est plus épais derrière où le cartilage thyroïde manque, mais plus étroit en avant, où il n'a pas plus de deux lignes et demie. Le cartilage cricoïde est circulaire en *bas*, mais en *haut* il est quelque peu comprimé sur les côtés, de sorte qu'il présente à l'air un passage elliptique.

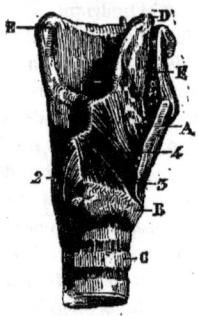

Fig. 11. — *Larynx (coupe antéro-postérieure).*

A, Cartilage thyroïde divisé de haut en bas sur la partie médiane pour laisser voir l'intérieur du larynx ; B, cartilage cricoïde ; C, anneaux de la trachée artère ; D, épiglotte ; E, os hyoïde (grandes cornes) ; 2, muscle crico-aryténoïdien postérieur ; 3, muscle crico-aryténoïdien latéral ; 4, muscle thyro-aryténoïdien.

Les cartilages *aryténoïdes* sont au nombre de deux et parfaitement symétriques. On peut les comparer à deux pyramides recourbées à leur sommet, ils mesurent de cinq à six lignes de hauteur, ils reposent par leur base sur la partie postérieure, la plus élevée du cartilage cricoïde, et se rapprochent l'un de l'autre sur la ligne médiane. Chacun mesure en haut trois lignes de large, et plus d'une ligne d'avant en arrière.

Les cartilages sont unis ensemble par des ligaments dont nous passons la description. L'intérieur du larynx présente l'aspect précédent.

Quand on regarde de haut en bas à travers l'ouverture supérieure du larynx (où cet organe communique avec le pharynx en haut, et où il est limité par l'épiglotte), on voit le conduit aérien se contracter graduellement, surtout dans son diamètre transverse, de manière à prendre la forme d'une longue fente dirigée d'avant en arrière. Cette partie étroite du larynx s'appelle la *glotte*. Au-dessous, au bord supérieur du cartilage cricoïde, l'intérieur du larynx prend une forme elliptique, et plus bas encore il devient circulaire. La glotte est bornée latéralement par quatre plis fortement accusés de la membrane muqueuse, tendus d'avant en arrière, deux de chaque côté, et appelés *cordes vocales*. Les cordes vocales *supérieures* sont beaucoup plus minces et plus faibles que les inférieures, et elles sont de forme semi-lunaire. Les cordes vocales *inférieures* ou *proprement dites* sont épaisses, fortes et droites. Entre la corde vocale inférieure droite et la gauche, se trouve l'ouverture étroite de la glotte, appelée quelquefois la *glotte proprement dite*.

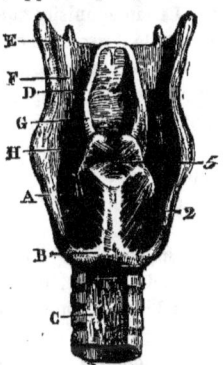

Fig. 12. — *Larynx vu par sa face postérieure.*

A, Bord vertical postérieur du cartilage thyroïde ; B, partie postérieure de l'anneau du cartilage cricoïde ; C, anneaux de la trachée artère ; D, épiglotte ; E, os hyoïde ; F, ligament hyo-thyroïdien ; G, ligament-aryténo-épiglottique ; H, cartilages aryténoïdes ; t, muscle crico-thyroïdien postérieur ; 5, muscles aryténoïdiens.

Les cordes vocales inférieures, dont les vibrations produisent la voix, sont deux bandes de substance élastique attachées en avant au milieu à peu près de l'angle que forment les deux lamelles du cartilage thyroïde, et en arrière aux cartilages aryténoïdes. Ils consistent en fibres parallèles serrées appartenant à ce tissu qu'on rencontre dans d'autres parties du corps et qu'on appelle *tissu jaune élastique*. Les bords supérieurs et libres des cordes, qui sont tendus et minces, entrent en vibration pour produire la voix.

Les principaux mouvements que les *muscles* du larynx effectuent ont pour but de modifier la tension des deux cordes et la distance qui les sépare ; dans ce but il faut des paires de muscles opposés. Les uns, en se contractant tendent les cordes, les autres les relâchent ; d'autres les rapprochent, tandis que leurs antagonistes les écartent.

Le principal muscle de la tension des cordes vocales, le plus puissant des muscles de la voix, le crico-thyroïdien, est court et épais ; on le voit en avant du larynx, sur les côtés et en avant du cartilage cricoïde. Il s'attache sur une large étendue au cartilage cricoïde, d'où ses fibres vont en rayonnant s'insérer sur le bord inférieur du cartilage thyroïde. La contraction des muscles crico-thyroïdiens fait basculer les deux cartilages l'un sur l'autre. Si le cricoïde reste fixe, la partie supérieure du thyroïde se porte en avant, c'est-à-dire s'écarte du cartilage cricoïde, entraînant l'attache antérieure des cordes vocales, dont l'attache postérieure est fixée au cartilage cricoïde par l'intermédiaire des aryténoïdes. Les cordes vocales sont donc tendues dans la mesure de la contraction de ce muscle. Les antagonistes sont tendus de chacun des aryténoïdes au thyroïde près de l'extrémité des cordes vocales.

Un autre muscle qui va d'un cartilage aryténoïde à l'autre, les rapproche en se contractant, et rapproche ainsi les cordes vocales. L'ouverture de la glotte par l'écartement des cordes est l'effet de la contraction d'un muscle tendu du cartilage cricoïde aux aryténoïdes en arrière ; enfin deux autres muscles qui unissent les mêmes cartilages sur les côtés produisent la contraction de la glotte.

La première supposition qu'on est tenté de faire à la vue des deux cordes vibrantes du larynx, c'est de le considérer comme un instrument à corde tel que le violon, où la même corde produit une note plus élevée ou plus basse selon son degré de tension. Mais on n'a jamais vu d'instrument à corde ou deux cordes d'un pouce de long tout au plus qui puisse supporter des tensions assez variées pour émettre des notes d'une portée de plus de deux octaves. Une comparaison plus attentive conduit à considérer le larynx comme un *instrument à anches*, comme le flageolet ou le tuyau d'orgues, où le son est produit par la vibration d'une anche. Müller imitait la voix humaine en tendant deux membranes élastiques en travers de la bouche d'un tube court, dont chacune couvrait une partie de l'ouverture, ne laissant entre elles qu'une petite fente. En prolongeant les membranes en bas dans le tube, de sorte que non seulement leurs bords, mais toute leur surface, pussent entrer en vibration, Willis a porté plus loin encore l'imitation de la glotte humaine. Les expériences sur une glotte artificielle de cette sorte ont montré que l'on pouvait obtenir des notes diverses en variant la tension des languettes ; plus la tension est grande, plus les notes sont élevées. « On ne peut obtenir une échelle de notes aussi étendue que celle de la voix humaine quand on se sert de languettes de plomb, mais on en obtient une beaucoup plus étendue avec du caoutchouc qu'avec du plomb ; et comme nous savons que l'élasticité de cette substance est bien inférieure à celle des ligaments vocaux, nous avons le droit d'en conclure que l'étendue de l'échelle des notes de ces ligaments doit être rapportée à l'élasticité plus grande qu'ils possèdent. On a trouvé aussi que, dans les languettes membraneuses, la force du vent peut élever quelque peu la note, bien que la tension reste la même.

Nous empruntons un exposé sommaire de l'action de la voix à un article publié dans *the Proceedings of the Royal Society* (juin 1862) par M. John Bishop, où sont consignés les résultats de l'examen direct des cordes vocales à l'aide du laryngoscope de Czermak.

« Dans la respiration ordinaire, la glotte est largement ouverte, et les cartilages aryténoïdes sont fortement écartés ; mais dès qu'il s'agit de produire le son le plus simple, ces cartilages se ferment subitement et rapidement, et les bords des cordes vocales viennent se juxtaposer l'un à l'autre, de façon à ne laisser entre eux, dans toute leur longueur, aucun intervalle.

« Dans la production des notes basses, les cordes vocales vibrent dans toute leur longueur et même dans leurs prolongements à la base des cartilages aryténoïdes ; il semble aussi qu'elles vibrent dans toute leur largeur. A mesure que la hauteur du son s'élève dans l'échelle, la longueur des cordes en état de vibration diminue, et elles se serrent plus étroitement l'une contre l'autre ; quand les notes deviennent plus aiguës, la pression augmente ainsi que la tension des cordes vocales ; la largeur des cordes diminue aussi.

« Quand les notes de poitrine sont épuisées et que commencent les notes de fausset, la glotte se resserre encore plus étroitement, les bords des cordes sont seuls en vibration, ainsi que Garcia l'avait déjà observé. D'autre part, quand les notes de poitrine sont émises, une grande partie de la surface des cordes entre en vibration. Quand ce sont les notes de fausset, le bord extrême de la corde vibre seul, et il y a une bien moins grande dépense d'air. Pendant les notes les plus élevées de la voix, les cordes vocales sont si étroitement pressées l'une contre l'autre, qu'on ne voit qu'une petite portion de la glotte céder à la pression à peu près à la partie centrale.

« De l'examen des organes vocaux qu'on fait maintenant si facilement, on peut conclure en termes généraux que lorsque la voix monte de ses notes les plus basses aux plus élevées, la longueur des portions vibrantes des cordes vocales diminue proportionnellement, tandis qu'en même temps la tension des cordes augmente; en réalité, elles se comportent comme des cordes d'instruments de musique et obéissent aux lois que Ferrein leur avait depuis longtemps assignées, et que Müller et moi-même nous avons vérifiées.

« De plus, les cordes vocales forment comme des valves disposées dans un tube, qui agissent sur la colonne d'air comme des anches.

« On observe que tandis que les notes de la voix sont graves l'épiglotte est déprimée et le pharynx relâché, et au contraire que lorsque les notes deviennent aiguës l'épiglotte se relève, et le pharynx se contracte; la dépression de l'épiglotte concourt probablement à abaisser le son, comme le fait l'opercule d'un tuyau d'orgue.

« Dans la production et la modulation de la voix, certaines personnes peuvent produire à volonté, avec une précision surprenante, des sons d'une hauteur déterminée et d'une qualité qui charme et captive l'oreille d'un musicien. Les muscles le plus particulièrement engagés dans cette merveilleuse faculté sont le thyro-aryténoïdien et le crico-aryténoïdien latéral; le crico-thyroïdien ne fait que tendre les ligaments vocaux.

« Les physiologistes qui ont soutenu des controverses sur la question de savoir si les organes vocaux doivent être considérés comme des instruments à corde ou comme des instruments à anches, paraissent s'être inspirés de l'idée que les mêmes organes ne peuvent remplir le rôle de chacun de ces deux ordres d'instruments. Toutefois, sous la dénomination d'instruments à anches, il y a une grande variété d'instruments de forme et de structure différentes, et il n'est pas difficile de concevoir que si les cordes vocales sont soumises pour la durée des oscillations aux mêmes lois que les instruments à corde, les valves de la glotte qui ouvrent et ferment l'ouverture du canal aérien accomplissent une action très semblable à celle des anches des instruments de musique. Les phénomènes révélés par le laryngoscope tendent à confirmer l'idée que les organes vocaux jouent à la fois le rôle d'une corde et d'une anche.

« Dans les sons exclamatoires, comme la production des syllabes *ha-ha-ha* du rire, la glotte s'ouvre à chaque intervalle et se ferme à chaque intonation par des mouvements successifs rapides. »

La différence de la voix de l'homme et de celle de la femme dépend du volume du larynx et de la longueur des cordes vocales, qui sont plus longues chez l'homme. Chez les personnes du même sexe, nous trouvons des différences individuelles de tous les degrés.

La voix musicale dépend de l'action des cordes vocales et des effets qui reviennent aux autres parties du larynx. Le crâne est aussi pour quelque chose dans la résonance des sons. La bouche, la langue et les fosses nasales jouent aussi un rôle dans l'*articulation* de la voix. La voix articulée peut être musicale, c'est-à-dire accompagner l'action des cordes vocales; elle peut être aussi dépourvue de qualités musicales, par exemple dans l'articulation à voix basse ou chuchotement. Nous pouvons parler très bas, sans émettre une note, c'est que le canal aérien contribue à la voix par ses anneaux et non par les cordes; mais pour parler à voix basse, il faut dépenser beaucoup de force, aussi bien que chasser un grand volume d'air, ce qui fait qu'on l'évite.

On divise les sons articulés en voyelles et consonnes, mais la division n'est pas tracée par une profonde démarcation. Certaines lettres s'appellent des voyelles, et d'autres des consonnes.

Voici une expérience qui fait comprendre la nature de la voyelle :

« Ouvrez la bouche le plus possible, en rétractant les lèvres de manière à découvrir les dents, émettez ensuite la voix : vous aurez le son *ah* ; continuez à émettre cette voyelle en même temps que vous fermez la *bouche* avec la main, en mettant les doigts de la main gauche sur la joue droite, et la paume de la main sur l'ouverture, la qualité du son changera à chaque degré de la diminution de l'ouverture vocale, et deviendra peu à peu *ouh, au, oh, ou*, à mesure que la main couvrira davantage la bouche. » (*Bell's Elocutionary Manual*, p. 21.)

On peut ramener à deux les changements que subit la bouche pour articuler les différentes voyelles, on les appelle pour les distinguer *buccaux* et *oraux*, les premiers dépendant de la cavité buccale, les autres de l'ouverture des lèvres. Ces changements combinés avec la position de la langue donnent naissance à toutes les variétés de voyelles. En admettant cinq degrés pour l'ouverture de la bouche et pour celle de l'espace compris entre les lèvres et le palais, le docteur Carpenter a trouvé pour les différentes voyelles les résultats suivants, qui modifient légèrement les résultats obtenus par Kempelen :

Voyelles.	Ouverture orale.	Ouverture buccale.
a	5	5
e	4	2
i	3	1
o	2	4
ou	1	5

On a divisé les consonnes de bien des manières. Pour toutes il faut le concours de la langue, des lèvres et des dents, à tous les degrés de force, depuis le léger frémissement de la langue pour l's, jusqu'à la suppression totale du son par l'occlusion subite des lèvres dans le *p* final. Les sons *p*, *t*, *k*, sont produits par l'occlusion subite des lèvres pendant l'émission brusque du courant vocal; on les appelle lettres *muettes* ou *explosives* : le *p* étant formé par l'occlusion des lèvres s'appelle une *labiale*; *t* étant formé par le contact de la langue avec le palais s'appelle une *palatale* et aussi une *dentale*; *k* est une gutturale, c'est-à-dire une lettre donnée par le gosier, par suite d'un mouvement de la langue qui se porte plus en arrière dans la cavité du pharynx. Comme toutes les consonnes se forment dans des conditions qu'on peut ramener plus ou moins à l'une de ces trois positions, on peut les diviser en labiales, palatales et gutturales. Il y a six labiales qui dépendent des sons fournis par les différents degrés d'occlusion des lèvres. Nous avons déjà parlé de la lettre muette ou explosive *p*; ensuite vient *b* produite par une occlusion moins violente, qui permet d'entendre la voix pendant l'acte de l'occlusion. La troisième labiale *m*, a un son nasal; le frottement de l'air dans les fosses nasales, lui donne le caractère d'un bourdonnement, et l'occlusion des lèvres le distingue des autres sons nasaux; c'est une labiale *nasale*, tandis que *b* est une labiale *vocale*. La quatrième labiale est *f*, produite par la jonction de la pointe de la langue avec les dents supérieures, tandis que l'air passe entre elles sans voix; c'est la labiale *aspirée*. Quand on peut entendre le son malgré cette occlusion, on a le *v* ou une seconde labiale vocale, appelée *vocale aspirée*. Enfin on peut émettre un son à travers les lèvres closes, les faire vibrer comme des anches, comme dans le son *prr* : c'est la labiale *vibrante*, ou la labiale *r*. On peut trouver une série semblable dans les palatales; une muette *t*, une vocale *d*, deux nasales *n* et *l*, des aspirées *s*, *ch*, résultant des positions différentes que la langue peut prendre en contact avec le palais; les *vocales*, ou lettres susceptibles d'affecter l'ouïe, sont le *z* et le *j*; la palatale vibratoire est l'*r* qui appartient à l'autre groupe. Les gutturales nous présentent aussi la même série de lettres : d'abord la muette *k*, puis la vocale *g*, la nasale *gn*, l'aspirée *ch* (dans la langue anglaise comme dans l'allemande), et l'*h* qui en est une forme plus douce; l'aspirée vocale *gh*, et la vibratoire *ghr*. On peut résumer dans le tableau suivant cette classification que nous devons au docteur Arnott.

	LABIALES.	PALATALES	GUTTURALES
Muettes.	*p*	*t*	*k*
Vocales.	*b*	*d*	*g*
Nasales.	*m*	*n, l*	*gn*
Aspirées	*f*	*s, ch* (*th* anglais)	*ch, h*
Aspirées nasales	*v*	*z, j*	*gh*
Vibratoires	*prr*	*r*	*ghr*

Phénomènes mentals de la voix. La voix étant le produit d'un organe du mouvement, présente tous les faits mentals qui appartiennent aux organes du mouvement en général. L'exercice de la voix donne lieu à une masse considérable de sentiments de l'ordre musculaire, agréables quand ils ne dépassent par certaines limites, et s'acompagnant aussi de fatigue et de besoin de repos. La tension des organes vocaux s'accompagne toujours d'une action de la poitrine, qui doit être plus forte que celle qui suffit d'ordinaire à l'expiration. Quand les cordes produisent un son sans l'assistance d'aucun effort de la poitrine, il n'y a qu'un gémissement, grave ou aigu, suivant le degré de tension des cordes. Mais l'association qui unit les notes élevées à un accroissement de l'action des poumons est si intime, qu'il est bien difficile de produire un gémissement avec la force habituelle des mouvements respiratoires.

En appréciant le plaisir qui naît de l'exercice de la voix, ou la sensibilité du larynx pendant qu'il fonctionne, il faut tenir compte de cette action des organes respiratoires, et aussi de la sensation que les sons qui en résultent font éprouver à l'oreille. Toutefois, il n'y a guère de doute que lorsqu'on a déduit l'effet de ces deux causes de l'effet général, il reste encore une source de plaisir très abondante, qu'on ne doit attribuer qu'aux muscles laryngiens.

Outre les sentiments de plaisir ou de peine qui proviennent de l'appareil vocal, il y a une faculté qui distingue le degré de tension de chaque muscle, et qui peut indiquer les diverses positions du tube aérien et des cordes vocales. Nous avons une sensation pour un degré élevé de tension, une autre pour un intérieur, un troisième quand il n'y a pas de tension du tout, etc. Les sons produits à chacun de ces degrés s'associent aux états musculaire de l'organe qui y correspondent et nous donnent la faculté d'imiter des sons, et de les produire à volonté. L'association entre le son dans l'oreille et la position des parties de l'organe vocal d'une part, avec le mouvement qui les produit d'autre part, nous met en état de rappeler et de rétablir les autres mouvements.

DEUXIÈME PARTIE

DE L'INTELLIGENCE

Attributs fondamentaux de la pensée ou intelligence. — Aperception de la différence, loi de relativité. — Rétentivité. — Aperception de la concordance ou similarité. — Utilité de l'étude scientifique des facultés intellectuelles.

Nous allons maintenant aborder l'Intelligence ou la faculté de la pensée. Les diverses facultés appelées mémoire, jugement, abstraction, raison, imagination, sont des modes, des variétés de l'intelligence. Nous ne pouvons pas, il est vrai, exercer cette faculté de l'esprit séparée des autres, c'est-à-dire du sentiment et de la volonté, mais la méthode scientifique nous fait un devoir de l'étudier à part.

Les attributs primaires ou fondamentaux de la Pensée ou de l'Intelligence sont, comme nous l'avons déjà dit, l'aperception de la *différence*, l'aperception de la *ressemblance*, et la *retentivité*. L'étude de l'intelligence consistera à suivre le jeu de ces diverses facultés ; la première partie a été consacrée à l'énumération de tout ce que nous avons d'abord à distinguer, à identifier, à retenir.

1. La première propriété, la plus fondamentale, est l'aperception de la différence, ou DISTINCTION. Le fait le plus général de la conscience, c'est qu'elle est distinctement affectée par deux ou plusieurs impressions successives. Nous ne sommes pas conscients du tout à moins de concevoir une transition, un changement ; c'est ce fait que nous avons appelé la loi de relativité. Quand le fait actuel de conscience est caractérisé par du plaisir ou par de la peine, on dit que l'état de conscience est un *sentiment*. Quand le caractère saillant du fait actuel de conscience est la distinction de deux modes distincts de transition, ce fait est *intellectuel*. Entre ces deux états types, il en est qui servent d'intermédiaires, où la conscience est peu occupée de plaisir ou de peine, et n'est attentive qu'à des transitions, en d'autres termes à des différences. Quand nous avons du plaisir, ou que nous souffrons, nous ne sommes pas absolument privés d'aperception de différence, mais nous ne mettons pas en jeu la fonction du jugement qui distingue et identifie, et nous ne suivons pas attentivement les conséquences d'un

état de sentiment, comme tel, qui tendent à conserver le plaisir et à amoindrir la peine par des actions volontaires.

En exposant en détail les sensations du mouvement et les sensations proprement dites, nous avons toujours séparé celles de leurs propriétés qui touchent au sentiment d'avec celles qui sont relatives à l'intelligence. Dans quelques sens, comme ceux de la sensibilité organique, le sentiment est à peu près tout. Dans le goût et l'odorat, le sentiment et la faculté intellectuelle de la distinction se montrent ensemble. Dans le tact et encore plus dans l'ouïe et la vue, il y a des états de conscience agréables et pénibles, et aussi un grand nombre d'autres états qui sont indifférents sous l'un ou l'autre rapport, mais qui ont pour caractère de mettre en jeu la sensibilité pour la différence ou la concordance; ce sont les sensations intellectuelles proprement dites. Ainsi dans le tact, les degrés de rugosité ou de poli, de dureté ou de mollesse, ne sont rien comme sentiments, mais sont tout comme connaissance. La chaleur peut par sa quantité affecter la conscience par un plaisir ou une peine intense; elle peut aussi ne donner ni plaisir ni peine, et n'occuper l'esprit que par l'aperception du degré. De même les sensations de l'ouïe affectent le sentiment, comme dans le plaisir de la musique, ou l'intelligence, comme dans l'articulation des sons. La lumière, les couleurs et les formes visibles, ont pareillement la propriété d'affecter l'esprit de cette double manière.

Nous avons, en énumérant les sentiments et les sensations musculaires, donné des exemples, presque tous les exemples, du sens de la différence, de la distinction. En tant que moyen de *reproduction* intellectuelle, c'est-à-dire comme l'une des fonctions directrices de l'Intelligence, appelée ordinairement mémoire, la faculté de distinction se montre sous une seule forme dite le principe associant du contraste. En tant qu'identique avec la loi de la Relativité de tout sentiment et de toute connaissance, elle se montre sur un très grand nombre de points, et elle doit être impliquée partout.

Il y aura lieu de parler de la faculté de distinction *acquise*, mais c'est une des applications de la faculté rétentive de l'esprit.

L'aperception de la concordance au milieu de la différence est le complément naturel de l'attribut qui précède; ensemble ces deux facultés comprennent toutes les formes primitives de l'intelligence. Mais dans l'intérêt de l'exposition nous devons donner la première place à la faculté de la rétentivité, par la raison que la faculté d'apercevoir la concordance dans ses applications les plus élevées, suppose la totalité de la connaissance acquise, laquelle dépend de la fonction rétentive.

2. La propriété fondamentale de l'intelligence, appelée RÉTENTIVITÉ présente à considérer deux points de vue ou deux degrés.

D'abord, la persistance des impressions mentales, après la suppression de l'agent externe. Quand l'oreille est frappée par une onde sonore, nous avons une sensation de son, cependant l'excitation mentale ne s'évanouit que parce que le son cesse, il reste un certain effet persistant, en général beaucoup plus faible, mais variant beaucoup selon les circonstances, et dans certains cas atteignant l'intensité de la sensation actuelle. En conséquence de cette propriété, l'excitation mentale due aux causes externes l'emporte grandement par la durée sur les causes elles-mêmes ; et grâce à elle nous pouvons ajouter à notre vie d'actualités une vie qui se passe tout entière dans un monde d'idées.

Ce n'est pas tout : nous avons encore la faculté de recouvrer et raviver, sous forme d'idées, toute sorte de sensations et de sentiments passés ou éteints, sans que les originaux soient présents et par l'effet des forces mentales seules (1).

Après que l'impression d'un son a entièrement cessé, alors que l'esprit est occupé d'autre chose, il est possible de rappeler d'un oubli temporaire l'idée ou l'effet mental, sans reproduire le son actuel. Nous nous rappelons ou nous ramenons dans l'esprit des sensations de la vue, des sons, des pensées, que nous n'avons pas eus depuis des mois ou des années. Cette faculté suppose un mode de rétentivité encore supérieur au précédent; elle fait croire que quelque chose s'est imprimé dans l'organisme mental, qu'il s'est poduit un effet de nature telle que les impressions ultérieures n'ont pu l'effacer. Ce qui restauré dans la conscience un certain état déjà passé, c'est la présence actuelle de quelque impression qui s'y est rencontrée souvent *en compagnie de* cet état. Ainsi ce qui nous rappelle un *nom*, vaisseau, arbre, étoile, c'est la vue de la *chose*. Le concours préalable du nom et de la chose a noué entre eux une association mentale. Les impressions qui se sont accompagnées fréquemment l'une l'autre dans l'esprit s'attachent l'une

---

(1) Quoique nous ne puissions pas nous dispenser d'employer les mots recouvrer, raviver, reproduire, rappeler, quand nous traitons des sensations, il faut se figurer qu'il y a une différence radicale entre la sensation et la sensation rappelée, qu'on appelle proprement l'idée. Cette différence fondamentale et indestructible se rattache au sens de la *réalité objective* qui est la propriété de la sensation, non la propriété de l'idée. La sensation causée par la vue du soleil est une chose, et l'idée ou sensation rappelée du soleil en est une autre; bien qu'elles se ressemblent, elles diffèrent pourtant par cette propriété essentielle. Dans certains cas, en effet, comme par exemple lorsque la volonté tend à rechercher ou à éviter, l'idée peut tenir lieu de la sensation; le souvenir des choses répond à la même fin que la présence réelle. Mais il est dans la science qui nous occupe une question dont cette distinction est la clef, c'est celle de la perception et de la croyance à l'existence d'un monde extérieur. Quand nous la discuterons, nous aurons à examiner de près les caractères qui distinguent une sensation de l'idée qui lui sert de pendant.

à l'autre de telle sorte qu'en définitive elles deviennent presque inséparables : nous ne pouvons avoir l'une d'elles sans que les autres soient près de revenir. Telle est la Rétentivité dans sa forme la plus élevée, qu'on pourrait appeler la propriété plastique de l'esprit. Nous en reparlerons longuement sous le nom d'*Association* par *Contiguïté*.

3. La dernière propriété de l'esprit est l'aperception de la CONCORDANCE OU RESSEMBLANCE. L'esprit est affecté même par la concordance qui ne provient que d'une différence partielle. La continuation de la même impression ne produit pas d'effet, mais quand après qu'on a éprouvé une certaine impression on a passé à une autre, le retour de la première produit un certain effet ou choc, le choc de la reconnaissance, qui est d'autant plus intense que les circonstances de l'impression passée et de l'impression présente sont plus différentes. Le changement produit un effet : la distinction ; la similarité au milieu du changement produit un effet nouveau et distinct ; ce sont les deux modes de la stimulation intellectuelle, les deux éléments constitutifs de la connaissance. Quand nous voyons dans l'enfant les traits de l'homme, nous sommes frappés d'une concordance au milieu d'une différence.

Cette faculté de reconnaître, d'identifier, de découvrir les ressemblances, est un nouveau moyen de rappeler à l'esprit les idées passées ; on lui donne le nom de principe *associant* ou *reproductif* de la *similarité*. Nous nous rappelons les choses aussi souvent par leur *ressemblance* avec quelque chose de présent, que par leur *proximité* passée avec qui nous occupe en ce moment. La contiguïté et la similarité sont les deux grands principes ou forces de la *reproduction* mentale ; ce sont des facultés distinctes de l'esprit qui se présentent à des degrés différents chez les divers individus ; tantôt c'est l'une qui l'emporte, tantôt c'est l'autre. La première préside à l'acquisition, la seconde à l'invention.

Les facultés intellectuelles vulgairement admises, telles qu'elles sont énumérées par les psychologues, non sans de grandes différences, peuvent se ramener, en tant qu'elles n'impliquent pas le sentiment ni la volonté, à ces trois propriétés primitives de l'intelligence : la distinction, la rétention, la similarité. La faculté qu'on appelle mémoire est presque exclusivement basée sur la rétention, bien qu'aidée quelquefois par la similarité. Les opérations de la raison et de l'abstraction impliquent principalement la similarité ; elles consistent à identifier des choses qui se ressemblent. Ce qu'on appelle jugement se compose d'une part de distinction, et d'autre part de sens de la ressemblance : nous décidons si deux ou plusieurs choses diffèrent ou se ressemblent. Il n'y a pas de jugement qui en dernière analyse ne se résolve en l'une ou l'autre de ces deux fonctions de l'intelligence. Enfin, l'imagination est un produit des trois éléments primaires de l'intelligence, auxquels s'ajoute un élément d'émotion.

La description de l'intelligence proprement dite consistera surtout en un développement complet des deux opérations de rétention et de ressemblance. Ce sera le sujet des deux premiers chapitres. Un troisième chapitre sera consacré à l'association par contraste. Un quatrième traitera des applications des forces intellectuelles à des constructions nouvelles, c'est-à-dire de la faculté créative et inventive de l'esprit.

L'étude scientifique des facultés intellectuelles servira à démontrer les vérités suivantes :

1. L'explication des lois qui régissent le courant ou la succession des pensées est de nature à satisfaire notre curiosité, le désir naturel qui nous porte à connaître les causes des choses. Toute personne qui goûte vivement le plaisir de la connaissance est conduite par ce penchant à rechercher les lois qui simplifient l'immense complication du monde, surtout celle de l'esprit, dont les opérations sont plus que tous les autres objets de la connaissance de nature à éveiller ce désir.

2. La théorie des facultés intellectuelles fournit un moyen de représenter et d'expliquer les différences du caractère intellectuel des divers individus. Ces différences doivent se rattacher à l'un ou à l'autre des attributs fondamentaux de l'intelligence, et sont par suite susceptibles de classification.

3. L'art de l'éducation doit être fondé sur une connaissance exacte de la faculté de rétentivité. Nous devons chercher à découvrir les circonstances qui favorisent ou qui contrarient les opérations de l'acquisition mentale.

Ce que Locke appelait la conduite de l'entendement, signifiant l'emploi économique et efficace de toutes nos forces intellectuelles, comprend l'éducation et certaines autres choses aussi ; ce qui suppose des méthodes pour diriger et aider nos efforts dans les opérations supérieures du raisonnement et de l'invention, et une connaissance de ces instruments qui nous permet de nous en servir avec le plus grand avantage.

4. Il y a des questions d'un intérêt vital dont la solution doit nous faire connaître quelles parties de l'intelligence sont *primitives*, et quelles sont acquises. Telles sont la perception du monde matériel et l'origine des idées d'espace, de temps et de cause.

5. L'étude des facultés intellectuelles nous donnera les éléments d'une théorie de la connaissance, de ses limites, et de la nature d'une explication légitime. C'était pour constater exactement ce que l'homme peut connaître que Locke entreprit les recherches qui sont le sujet de son *Essai sur l'entendement humain*, dont la publication a fait époque dans la science de l'esprit.

CHAPITRE PREMIER

RÉTENTIVITÉ. — LOI DE CONTIGUÏTÉ

La loi de contiguïté est la base de la mémoire, de l'habitude et des facultés acquises en général. Les psychologues l'ont appelée de divers noms; Hamilton lui donnait le nom de loi de « rédintégration »; il la regardait comme la loi en vertu de laquelle une partie d'un tout évoque les autres parties, comme par exemple, quand le premier mot d'une citation rappelle le reste, ou que la vue d'une maison dans une rue suggère le souvenir de celles qui viennent après. Les principes d'association appelés ordre dans le temps, ordre dans le lieu, cause et effet, rentrent dans cette loi. On peut dire que c'est la loi d'association proprement dite, d'adhésivité mentale ou d'acquisition.

On peut donner à ce mode de reproduction mentale la formule générale suivante :

Les actions, les sensations, les états de sensibilité, qui se présentent l'un avec l'autre ou l'un immédiatement après l'autre, tendent à s'unir étroitement, à adhérer l'un à l'autre, de cette façon que lorsque l'un d'eux se présente par la suite à l'esprit, les autres sont susceptibles d'être évoqués par la pensée.

Des circonstances ou des conditions diverses règlent l'opération de cette loi de manière à rendre l'adhérence plus ou moins rapide et plus ou moins solide. Dans le cours de notre exposition, nous mettrons peu à peu en relief ces conditions de l'association. En règle générale, la répétition est nécessaire pour attacher fixement dans la pensée toutes les parties d'un agrégat d'images, comme par exemple, les divers points de vue d'un panorama, avec assez de force pour que l'un d'eux soit capable de suggérer les autres à une époque ultérieure. Le degré de répétition nécessaire dépend de causes diverses, dont l'une est la qualité de l'esprit de l'individu

I. — **Mouvements.**

Effets de la répétition sur les actions spontanées et instinctives. — Acquisition des agrégats et des séries de mouvements. — Conditions qui régissent la marche de l'acquisition. — Conditions générales : 1, continuation ou répétition ; 2, concentration mentale ; 3, aptitude individuelle. Conditions spéciales aux mouvements : 1, force physique ; 2, spontanéité ; 3, discrimination musculaire.

Nous commencerons l'exposition détaillée de la loi de contiguïté, en l'appliquant à l'activité musculaire, c'est-à-dire à toutes les espèces de mouvements, d'attitudes et d'efforts de résistance.

Par l'effet de la propriété intellectuelle d'adhérence ou de plasticité, qui s'exprime par la loi d'association par contiguïté, les mouvements peuvent s'enchaîner l'un à l'autre pour former des séries, et s'évoquer les uns les autres en succession, avec la même certitude et la même fixité sériaire que dans les successions instinctives de l'action rythmique, déjà étudiées. Les évolutions compliquées de la danse se déroulent spontanément, non moins que les mouvements des quatre pattes de l'agneau qui vient de naître.

Les actions spontanées et instinctives sont affermies et corroborées par la répétition. Quoique un grand nombre d'animaux puissent marcher aussitôt après leur naissance, ils marchent beaucoup mieux après quelque temps de pratique. Cependant il n'est pas facile de démêler dans cet effet la part qui revient au développement des organes, et de la séparer de celle qui revient à l'exercice. Les muscles des membres augmentent de volume, et les centres nerveux qui stimulent et soutiennent les mouvements rythmiques acquièrent plus de développement par le seul effet du temps. C'est par la pratique, c'est-à-dire par la répétition, que l'enfant apprend à sucer plus à l'aise et plus fortement. L'exercice concourt indubitablement, avec la tendance alternante des membres au mouvement, à nous apprendre à marcher. Les muscles du corps sont fortifiés par leur développement, et ce développement s'accélère quand les muscles s'exercent régulièrement dans de certaines limites ; il en est probablement de même des nerfs et des centres nerveux qui règlent le cours et l'alternance des mouvements musculaires.

Nous avons essayé de démontrer que toutes les actions que nous appelons volontaires sont en fait spontanées à leur début. Les membres, les traits, les yeux, la voix, la langue, la mâchoire, la tête, le tronc, etc., commencent à se mouvoir par suite d'une décharge spontanée de stimulus émané des centres nerveux, qui se porte tantôt sur un point, tantôt sur un autre, de sorte que les organes peuvent agir séparément et indépendamment les uns des autres sous l'influence qui les excite. Or, ces mouvements spontanés sont sans nul doute raffermis par la répétition, et rendus susceptibles de revenir plus rapidement à l'avenir. Un mouvement produit par la force centrale laisse, pour ainsi dire, une trace après lui ; il faudra pour le reproduire une somme moindre de force nerveuse. Un courant spontané fait fermer les mains ; cet acte termine un courant ou un penchant dans cette direction, et l'effort suivant en est d'autant plus aisé. Une impulsion fait lever et baisser les bras alternativement, une autre les fait mouvoir en avant et en arrière ; après quelques répétitions, la faculté de cohésion vient en aide au stimulus interne, et les mouvements deviennent plus fréquents et plus nets. C'est par une action spontanée des centres que les yeux se meuvent dans un sens et dans l'autre, et la répétition rend ces mouvements plus faciles. De même une impulsion du dedans communique à la voix des mouvements variés, et les centres nerveux en déchargeant leur force dans cette direction rendent plus facile chaque mouvement, chaque note, pour la prochaine occasion. La langue est un organe doué d'un grand nombre de mouvements, et tous volontaires ; ils commencent d'eux-mêmes, se fortifient et se développent pour ainsi dire par la répétition. Les mouvements d'inclination et de circumduction de la tête et du tronc appartiennent à la même classe. La répétition de tous ces divers mouvements n'en fait pas, au sens propre du mot, des mouvements volontaires, mais les prépare à le devenir par l'effet d'une acquisition qui se fera plus tard. Elle les rend plus susceptibles de revenir plus souvent et plus rapidement, en élevant l'impulsion spontanée des centres. Vienne une certaine occasion, la voix donne une note élevée. Du premier stimulus de la voix nous ne pouvons rien dire, si ce n'est qu'à tous les organes actifs est associée une batterie nerveuse qui donne le branle à leurs mouvements. Après un intervalle, la même note élevée est encore émise par une décharge semblable du centre qui préside à l'émission de la voix. Après plusieurs répétitions, la voix a acquis la propriété d'émettre la note plus facilement, et il faut une tension moindre des centres pour la produire, ou pour la soutenir quand elle est émise. C'est ainsi qu'un grand nombre de mouvements se disposent eux-mêmes pour servir à un usage ultérieur.

L'importance que nous donnons à l'hypothèse de la spontanéité ne paraîtra ni justifiée ni justifiable aux personnes qui n'ont pas réfléchi à la grande difficulté qui s'oppose au développement des mouvements volontaires dans l'enfance, ni au grand travail qu'il nécessite. Mais nous ferons voir plus loin qu'il est impossible d'expliquer le commencement de la volonté sans recourir à cette hypothèse.

Voyons maintenant le procédé d'acquisition des agrégats et des séries de mouvements que nous voyons accomplir dans les opérations mécaniques. Nous supposons un individu déjà capable de commander à ses membres ou à d'autres parties du corps, sous la direction d'une autre personne, ou d'après un exemple qu'il doit imiter.

Le cas le plus simple consiste dans l'union d'un mouvement à un autre déjà donné. Prenons par exemple la marche, et supposons que nous voulions communiquer à quelqu'un une position particulière du membre, par exemple celle de tourner les pieds en dehors. Un acte de volonté dirigé sur le muscle qui tourne la cuisse en dehors, donne au pied la position demandée, et l'acte se continue tant que dure le mouvement de la marche. Par ce moyen et avec l'aide du temps, une adhérence se forme entre la tension des muscles rotateurs et les divers mouvements de la marche; à la longue, ils forment un tout complexe, comme s'ils avaient été unis dans le mécanisme originel de l'organisme.

L'acquisition du langage articulé suppose un grande extension de ce procédé d'agglutination. Chaque lettre a besoin d'un ajustement de la langue, des mâchoires, des lèvres, difficile d'abord, mais à la fin si aisé que nous ne nous apercevons pas que nous exécutons un acte compliqué.

Prenons encore une série de mouvements. La série des actes que nous faisons en mangeant est une de nos premières acquisitions. L'acte d'élever le morceau avec la cuiller ou la fourchette, celui de le porter à la bouche, celui d'ouvrir la bouche au bon moment, l'action des mâchoires et celle de la langue, nous offrent une série d'actes réglés fixés dans un ordre machinal par le seul fait que ces actes ont été très fréquemment répétés dans le même ordre. L'action de porter la main à la bouche est suivie de celle d'ouvrir les mâchoires, aussi sûrement que les deux actes alternants de la respiration se produisent l'un l'autre.

Dans la plupart des successions machinales, le sentiment de l'effet produit à chaque acte est l'anneau qui sert de transition à l'acte suivant. Ainsi, quand on écrit, la vue de la dernière partie formée est le préambule de celle qui vient après, aussi bien que du mouvement exécuté; dans ce cas nous n'avons pas affaire à une série de purs mouvements, où un mouvement appelle le suivant dans l'ordre habituel. Nous traiterons de ces séries mixtes de sensations et de mouvements dans un chapitre à part; nous voulons maintenant présenter un petit nombre d'exemples de mouvements purs unis ensemble, indépendamment de tout autre élément. Mais si la direction que donne le sentiment est nécessaire pour *apprendre* un effort mécanique quelconque, la fixation des mouvements en une série qui soit indépendante de cette direction, est le *dernier temps*, ou le plus haut point de perfection de l'acquisition machinale. Ainsi quand on joue du piano, et qu'en même temps on fait attention à autre chose, on peut dire que la série ne se compose que de mouvements, c'est-à-dire que chaque coup est associé à un coup déterminé, et cela durant toute la durée du morceau. Pourtant, dans ce cas même, il est difficile de dire s'il n'y a pas des sensations latentes dans les doigts et dans l'oreille, qui agissent en même temps que les sensations du pur mouvement.

Un sourd qui parle doit compter presque absolument sur la succession associée des mouvements ; s'il trouve encore une autre assistance, c'est dans les sensations musculaires elles-mêmes qui comptent toujours pour quelque chose. Quand on se récite à soi-même des mots appris par cœur, la série des mouvements articulés est parfaite. Un mot émis appelle le suivant, sans que l'ouïe ou la conscience de l'articulation aient à intervenir. C'est une preuve de l'extrême aptitude pour les mouvements associés qui appartient aux organes vocaux. Pas un autre organe du corps, pas même la main ne peut acquérir cette perfection de dextérité inconsciente. Dans l'acte de tricoter, il y a probablement aussi une série analogue de mouvements acquise au prix de milliers de répétitions. Après une longue pratique on parvient à exécuter les figures de la danse avec cette sûreté machinale et inconsciente, mais la docilité des membres inférieurs est de beaucoup au-dessous de celle de la main, qui elle-même reste en arrière des organes de la voix.

La difficulté de former une association parfaite de purs mouvements, et la dépendance qui relie la plupart des séries machinales au sens de l'effet produit, se manifeste par des exemples curieux dans les cas de paralysie de la sensibilité. On a souvent parlé de cette femme qui ne pouvait tenir un petit enfant dans ses bras, à moins d'avoir les yeux fixés sur lui. Elle n'avait pas dans les bras la sensation du poids, et l'effort continu des muscles n'était pas suffisamment associé avec l'acte de porter l'enfant par le seul lien musculaire. Le sens de la vue était capable de tenir lieu de la sensibilité qui faisait défaut aux bras ; mais ces deux sens manquant à la fois ne pourraient être suppléés.

L'acte de signer un nom nous offre un exemple familier du même fait ; la répétition a fait de cette opération une des plus automatiques, et pourtant, quand nous faisons notre signature sans la regarder, l'exécution en est très défectueuse.

Cette union des mouvements, si parfaite que, pour succéder l'un à l'autre, ils n'ont pas besoin de l'intervention de la conscience, est ce qui rapproche les acquisitions des instincts. On donne quelquefois à ce genre d'actions associées le nom de secondaires automatiques.

Bien que ce genre d'actions comprenne peu de cas d'acquisitions machinales, il y a des particularités distinctives dans les caractères qui n'ont pas d'autre fondement que cette facilité d'acquérir des séries de mouvements, qui puissent s'accomplir avec la moindre intervention possible de sensations ou d'idées directrices. Les séries d'actions de cette nature s'effectuent avec la plus petite fatigue mentale ; bien plus, elles peuvent continuer tandis que l'esprit est occupé ailleurs

Parmi les conditions qui règlent la marche des diverses acquisitions, quelques-unes sont générales, d'autres spéciales et génériques.

Voici les conditions générales :

1. Une certaine durée de continuation, ou répétition de la matière à apprendre, est nécessaire; plus grande est la continuation, ou plus fréquente est la répétition, et plus grands sont les progrès de celui qui apprend. Si d'autres conditions viennent à manquer, une répétition prolongée doit y suppléer.

2. La concentration de l'esprit est une condition importante au point de vue matériel; cette concentration signifie que les forces du système nerveux sont fortement engagées à propos d'un fait particulier, ce qui ne peut se faire que lorsque l'attention est empêchée de s'égarer sur d'autres choses. On sait que la distraction de l'esprit est un obstacle qui empêche de rien apprendre.

Il y a diverses manières d'arriver à la concentration désirée. C'est un acte volontaire provoqué par les plaisirs et les peines tant présents que futurs.

Le plus puissant des motifs de concentration est le plaisir que nous donne au moment même ce que nous sommes en train de faire. Tout exercice qui possède un attrait spécial nous captive par une attraction immédiate; tout le reste est négligé tant que dure le charme. C'est la force propre de la volonté dans sa manifestation immédiate et la plus efficace; nous y trouvons l'explication de la grande influence de ce qu'on appelle le goût pour une occupation spéciale. Le goût pour la musique, pour la science, pour les affaires, c'est-à-dire le charme de ces occupations, attache exclusivement à ces sujets l'esprit qui apprend, et rend plus rapide la marche de l'acquisition.

Après la satisfaction du moment, vient la satisfaction associée ou à venir, par exemple, lorsque nous nous dévouons à quelque œuvre sans intérêt ou qui est pénible, mais de nature à nous procurer dans l'avenir une satisfaction. En général, on peut dire que c'est une influence moins pressante, c'est l'influence du plaisir existant seulement en idée; toutefois, on peut y trouver tous les degrés d'intensité du motif, suivant la force de la représentation idéale du plaisir à venir. C'est sous l'influence de ce stimulant que nous nous adonnons à des études arides nécessaires à l'exercice d'une profession lucrative ou à la possession d'un objet vivement désiré. Les jeunes gens ne sont pas suffisamment poussés par la perspective d'un plaisir lointain, parce que la représentation idéale de ce plaisir n'a pas chez eux assez de puissance; aussi ne s'engagent-ils que mollement dans la voie qui conduit au but.

Nous trouvons une troisième forme de concentration dans l'effet produit par une peine présente infligée en vue de soustraire l'esprit aux causes de distraction ou de le détourner des sujets qui ont en eux-mêmes un attrait supérieur. C'est le moyen extrême auquel il faut recourir pour affermir l'attention d'un élève dissipé. C'est un motif d'un ordre inférieur auquel on a recours à titre d'économie, mais dont on ne peut se passer dans les premiers temps de l'éducation. Par l'effet d'un artifice, on rend un objet *relativement* le plus attrayant. Il en est de même des peines à venir, eu égard aux différences de caractère qu'elles présentent, comme pour les plaisirs qui n'existent qu'en perspective.

Une excitation agréable, pénible ou indifférente, a le pouvoir de produire la concentration intellectuelle. Une idée qui nous excite puissamment persiste dans l'esprit alors même qu'elle est pénible, le souvenir de cette idée s'y imprime profondément. Nous reviendrons bientôt sur ce genre d'influence.

Quand on expose les conditions générales de la rétentivité ou mémoire, on manque rarement de signaler la *vivacité* ou l'intensité d'une impression; c'est par la vivacité de l'impression que nous nous rappelons facilement les effets d'une odeur intense, un discours prononcé avec chaleur, un incendie. Cette condition rentre pourtant dans la concentration de la force mentale et nerveuse due à l'excitation émotionnelle. Séparée des sentiments qui l'accompagnent, une idée est plus ou moins nette et claire, mais à proprement parler elle n'est pas plus ou moins intense. Qu'une impression soit aisément lisible, c'est tout ce que l'intelligence réclame; l'assistance fournie par l'éclat des caractères, comme par exemple lorsque dans une illumination publique nous lisons des devises écrites en jets de gaz, est une espèce d'excitation qui assure une intensité insolite d'attention ou de concentration d'esprit.

Si nous comparons un objet nettement dessiné avec un autre dont les contours sont effacés et obscurs, la mémoire en reçoit deux impressions qui diffèrent grandement l'une de l'autre; cependant la différence n'est pas seulement dans le degré, elle est dans l'espèce. Les mots *vif* et *intense* ne sont applicables qu'au figuré. A moins d'une différence décisive. c'est-à-dire d'un contraste, l'esprit n'est pas impressionné du tout; tout ce qui favorise l'aperception du contraste favorise le jugement qui distingue, et implante plus profondément l'impression. Toutefois ces conditions appartiennent à la propriété *discriminative* de l'intelligence, et nous n'avons pas à les reproduire ici parmi celles qui se rattachent à la fonction *rétentive*.

3. Il semble que *chaque individu ait pour caractère spécifique* un certain degré de rétentivité générale, ou une certaine aptitude pour l'acquisition intellectuelle en général. Nous constatons une grande irrégularité dans le progrès d'élèves placés à peu près exactement dans les mêmes circonstances. Souvent la différence n'existe que pour certaines branches de l'étude, les arts mécaniques, la musique, le langage; on peut la rapporter à des facultés spéciales et locales, comme la sensibilité musculaire, l'oreille musicale, etc. Cependant il y a beaucoup d'exemples d'individus qui manifestent des aptitudes supérieures dans tous les genres d'acquisition; ils possèdent une faculté qu'on pourrait appeler une faculté générale de rétentivité.

A mesure que nous avancerons, nous signalerons les circonstances modificatrices d'une espèce locale particulière à chaque classe d'acquisitions. Pour ce qui est de la classe qui nous occupe, les mouvements, les conditions spéciales semblent être celles qui suivent :

1. La force corporelle ou simple vigueur musculaire doit être considérée comme une condition favorable à l'acquisition. Non seulement c'est la preuve d'une vitalité considérable des muscles, qui accompagnent probablement leurs aptitudes acquises, mais c'est aussi l'indice qu'ils peuvent, sans fatigue, continuer longtemps les opérations qui leur sont imposées.

2. La spontanéité ou le tempérament actif se distingue de la simple force musculaire; c'est un penchant naturel à une activité musculaire énergique, il faut y voir non pas une propriété du tissu musculaire, mais des centres nerveux dans la partie active du cerveau. Il y a donc une probabilité, sinon une certitude que cette faculté s'accompagne d'une plus grande facilité dans l'association des mouvements. L'observation s'accorde avec cette manière de voir. On rencontre ordinairement des hommes doués d'une riche activité naturelle qui font d'habiles artisans, de bons chasseurs et qui excellent dans le maniement des armes.

3. La délicatesse ou la faculté de discrimination musculaire est d'une plus grande importance encore; cette qualité n'est pas nécessai-

rement impliquée dans l'une de celles qui précèdent, quoiqu'elle se rapproche beaucoup de la seconde. La faculté de discerner les fines nuances du mouvement musculaire se retrouve à la base de tous les genres d'adresse musculaire. Nous ne manquons pas de faits qui prouvent que partout où la délicatesse de la discrimination se retrouve, il existe aussi une faculté spéciale de retenir ce genre d'impressions. La condition physique de cette propriété est l'abondance des éléments nerveux, fibres et cellules, c'est aussi de là que naît l'aptitude à former des groupes variés et des associations fixes.

Il ne faut pas oublier de mentionner parmi les conditions de la rétentivité la vigueur physique en général, et ceux de ses modes qui sont la contre-partie de la vigueur mentale en particulier. Toutes les autres conditions restant les mêmes, l'acquisition est plus rapide pendant la santé et quand tous les organes sont en bon état. Quand les forces de l'organisation affluent vers le système nerveux en général, il y a une exubérance naturelle de toutes les manifestations mentales ; l'activité de l'esprit devient alors compatible avec une grande faiblesse du corps, mais elle ne l'est jamais avec les circonstances qui portent atteinte à la nutrition du cerveau.

II. — Sentiments idéaux du mouvement.

Passage de l'actuel à l'idéal. — Du siège des sentiments musculaires et autres après l'impression actuelle. — Le siège des impressions réveillées est le même que celui des originelles ; exemples tirés des impressions du mouvement. — Exemples tirés des impressions des sens. — Émotions et passions. — La tendance d'une idée à devenir la réalité est une faculté active de l'esprit et intervient dans la volonté. — Exemples tirés de la crainte ; autres exemples. — Signification de la sympathie, de l'ambition. — Portée de cette doctrine. — Association des sentiments du mouvement. — Exemples tirés de l'acquisition du langage. — Circonstances qui les favorisent.

La continuation et le réveil des sentiments du mouvement sans mouvement, c'est-à-dire les sentiments *idéaux* en tant qu'opposés aux sentiments qui accompagnent le mouvement réel, nous présentent un cas nouveau du principe d'association, un cas d'un grand intérêt et qui nous introduit dans le domaine de la pensée.

Les règles dont nous ne voulons pas nous départir dans notre exposition nous font une nécessité d'étudier d'abord le passage qui conduit du monde extérieur au monde intérieur, de la réalité à l'idée, le plus grand hiatus de la science qui nous occupe. Quel est le siège probable d'une sensation ou d'un sentiment machinal ; comment se fixent-ils, pour persister après que le fait qui les a causés a cessé d'être, ou pour se réveiller en l'absence de toute réalité ? Pour examiner cette question nous sommes obligés d'interrompre pendant quelques pages l'exposition de la loi de l'association par contiguïté.

Tous les sentiments musculaires peuvent durer quelque temps encore après que la cause physique qui les produisait a cessé. Toutes les sensations des sens peuvent durer de même plus ou moins, avec plus ou moins de facilité ; et elles peuvent ensuite être réveillées comme idées par la fonction d'association. Quel est donc le mode d'existence de ces sentiments dépourvus de leur support extérieur et de leur cause première ? Sous quelle forme particulière possèdent-ils, occupent-ils le système mental et cérébral ? Cette question comporte deux réponses ou suppositions différentes, l'une ancienne et de beaucoup la plus répandue, l'autre nouvelle mais mieux fondée. D'après la notion ancienne, le cerveau serait une sorte de réceptacle des impressions des sens, où elles resteraient accumulées dans un magasin séparé de l'appareil de réception, pour en sortir de nouveau et se manifester à l'esprit quand l'occasion le réclame. La théorie moderne du cerveau que nous avons développée dans notre introduction, suggère une manière de voir tout autre. Nous avons vu que le cerveau n'est qu'une partie du domaine où s'exerce la force nerveuse; que ce domaine comprend les nerfs et les extrémités périphériques des diverses parties du corps ; que l'action nerveuse suppose des courants qui parcourent ce domaine, allant des ganglions centraux aux organes des sens et du mouvement, et *vice versâ* ; enfin que faute d'une communication complète entre les ganglions centraux et les parties, il n'y a pas d'action nerveuse. L'idée d'une chambre cérébrale fermée est radicalement incompatible avec la véritable manière d'agir des nerfs. Si donc une sensation, pour commencer par la sensation, répond des courants nerveux à travers le cerveau en les dirigeant vers les organes d'expression et de mouvement, la persistance de la sensation après la cessation de la cause extérieure ne peut être que la continuation des mêmes courants, moins intenses peut-être, mais ne présentant aucune autre différence. L'ébranlement qui reste dans le cerveau après le bruit du tonnerre doit suivre les mêmes voies et y agir de même que pendant le bruit actuel. Nous n'avons aucune raison de croire que dans cette condition où l'impression se maintient d'elle-même, l'impression change de siège et passe dans de nouvelles voies qui auraient la propriété de la retenir. Toute partie mise en jeu *après* le choc doit avoir été mise en jeu *par* le choc, seulement avec plus de puissance. A cette seule différence d'intensité près, le mode d'existence d'une sensation qui persiste après le fait qui l'a causée, est essentiellement le même que celui qu'elle nous présente pendant le lait; les mêmes organes sont engagés, les mêmes courants circulent. Nous voyons dans la continuation de l'attitude et de l'expression les mêmes phénomènes externes, et ces phénomènes sont les effets de la même force qui se décharge dans le même sens. En outre, l'identité que nous constatons dans le mode de conscience implique que l'action à l'intérieur du cerveau n'a pas changé de nature.

Or, s'il en est ainsi des impressions qui *persistent* après que la cause a cessé, comment envisagerons-nous les impressions *reproduites* par les causes mentales seules, sans l'aide de l'original, comme dans la remémoration ordinaire? De quelle manière le cerveau est-il occupé par un sentiment ressuscité de résistance, un odorat, un son? Il n'y a qu'une réponse qui semble admissible. *Le sentiment renouvelé occupe les mêmes parties, de la même manière que le sentiment original, et aucune autre partie, ni d'aucune autre manière appréciable.* Nous pensons que si les premiers métaphysiciens avait connu le cerveau comme nous le connaissons, ils n'auraient pas admis d'autre hypothèse. En effet, où un sentiment passé pourrait-il être restauré, sinon dans les mêmes organes où le sentiment avait son siège quand il était présent? C'est seulement par ce moyen que son identité peut être conservée; un sentiment qui aurait un siège différent serait un sentiment différent.

Cependant il y a des faits qui mettent sous un jour plus vif cette réoccupation des lieux sensibles par des impressions renouvelées. Prenons d'abord la mémoire des impressions d'une action forte, par exemple quand nous nous rappelons les efforts que nous avons faits hier. C'est une circonstance bien connue que si le souvenir de ces efforts entraîne une grande excitation, nous avons beaucoup de peine à nous empêcher de les répéter. L'impression a envahi les mêmes voies qu'elle avait déjà parcourues et occupé les mêmes muscles; elle irait jusqu'à les stimuler effectivement à produire la répétition des mêmes mouvements. Un enfant ne peut décrire une scène à laquelle il a pris part sans la mimer autant que les circonstances le permettent. Un chien qui rêve remue les pattes et quelquefois aboie. Il ne faut pas moins qu'un effort exprès de la volonté pour supprimer la scène entière d'une restauration complète, et souvent nous sommes incapables de cet effort. Si le souvenir était porté dans une chambre particulière du cerveau, il ne presserait pas de la sorte sur les organes du corps qui ont joué un rôle dans la scène actuelle. Il n'y a qu'une explication possible, c'est que la chaîne de sensations est rétablie dans la même partie qui a pour la première fois vibré sous le stimulus original, et que notre souvenir n'est qu'une pure répétition, laquelle d'ordinaire ne va pas jusqu'à la reproduction complète de la scène actuelle. Nous ne pouvons en donner de meilleurs exemples que les souvenirs vocaux. Quand nous nous rappelons le souvenir d'un mot ou d'une phrase, si nous ne les prononçons pas, nous sentons les organes s'agiter jusqu'au moment où ils seraient arrivés au bout. Les parties qui articulent, le larynx, la langue, les lèvres, sont sensiblement excitées : une *articulation supprimée* est la matière du souvenir, la manifestation intellectuelle, *l'idée* de la phrase. Il y a des personnes dont les nerfs sont faibles et incontinents qui ne peuvent guère penser sans marmotter ; elles se parlent à elles-mêmes. L'excitation des parties peut être très légère, elle peut ne pas aller jusqu'à affecter sensiblement les muscles, mais dans le cerveau et les nerfs qui l'unissent à ces muscles, elle suit les mêmes voies, bien qu'avec une intensité moindre. Les besoins de l'intelligence peuvent ne pas être satisfaits, même après cet extrême affaiblissement des courants, mais leur nature et leur siège n'ont pas changé. Parce qu'ils ne donnent pas lieu à une prononciation à haute voix, ils n'ont pas abandonné les sentiers de l'articulation réelle : ils ne se sont pas réfugiés dans de nouvelles chambres cérébrales. Nous sentons à chaque instant combien il est aisé de convertir les idées en actions, il n'y faut pas plus que pour rendre un sifflement sensible à l'ouïe, une pure addition de force mécanique suffit. Si l'idée tend à produire le fait, c'est que l'idée est déjà le fait sous une forme plus faible. Penser c'est se retenir de parler ou d'agir. S'il existe une disposition à bâiller, l'idée de quelque façon qu'elle soit introduite, excitera l'action. L'effort suppressif qui accompagne d'ordinaire les idées d'action, qui en fait des idées en les empêchant d'être des mouvements, est trop faible dans ce cas, et l'idée devient une répétition complète de la réalité.

Bien que nous soyons engagés dans l'étude qui doit nous expliquer l'association des sentiments musculaires, il nous semble utile de présenter quelques exemples analogues tirés des sensations passives, parce que la doctrine qui nous occupe convient à tous les états de l'esprit. Müller en a donné plusieurs qu'il a très bien choisis. « La simple idée d'un goût nauséeux, dit-il, peut exciter la sensation même jusqu'à produire le vomissement. La qualité de la sensation est la propriété du nerf sensitif qui est ici excité sans l'intervention d'aucun agent extérieur. La simple vue d'une personne qui va passer un instrument tranchant sur du verre ou de la porcelaine suffit, selon la remarque de Darwin, pour exciter la sensation bien connue de l'agacement des dents. La simple pensée d'objets susceptibles de faire frémir, quand ils sont présents, suffit pour provoquer la sensation de frisson chez les personnes habituellement irritables. Les sens supérieurs, la vue et l'ouïe, subissent rarement ce genre d'excitation pendant la veille, et très fréquemment pendant le sommeil et les rêves; en effet, les images des rêves sont vues réellement (sous l'action de l'opium, les images sont vues actuellement) et non seulement par l'imagination, chacun peut s'en convaincre sur lui-même en s'habituant régulièrement à ouvrir les yeux quand il s'éveille après un rêve. Les images du rêve sont quelquefois encore visibles, on peut les observer tandis qu'elles s'effacent graduellement. Spinoza l'avait remarqué, et j'en ai fait moi-même l'épreuve (p. 945) » Nous pouvons citer nous-mêmes un autre exemple frappant, c'est le fait que la vue d'un aliment produit chez l'animal affamé un jet de salive. Les physiologistes se procurent de la salive pour leurs expériences en plaçant un morceau savoureux sous les yeux d'un chien.

Ces exemples et d'autres qu'on pourrait citer confirment pleinement ce que nous avons dit que dans la sensation réveillée les courants nerveux retournent exactement dans les voies qu'ils ont déjà parcourues. Nous voyons que lorsque le réveil est puissant, il va jusqu'à exciter la surface de l'organe sensible lui-même par une sorte de mouvement rétrograde. L'idée d'un coup sur la main peut aller jusqu'au point d'irriter et d'enflammer effectivement la peau. L'attention fortement dirigée sur un point du corps, le gros orteil par exemple, est capable d'y produire une sensation distincte qui s'explique par la supposition du réveil d'un courant nerveux qui s'y porte, et y produit une espèce de fausse sensation, c'est-à-dire par une impression du dedans qui contrefait les impressions qui agissent en dehors dans la sensation proprement dite. (Voyez les écrits de M. Braid (de Manchester) sur l'Hypnotisme, etc...)

Les émotions et les passions qui se distinguent des sensations, tout en les accompagnant souvent, se manifestent semblables dans la réalité et dans l'idée. La colère produit les mêmes effets dans l'organisme en face d'une personne présente qui la provoque, ou au souvenir d'une personne que l'esprit se représente. On n'a jamais supposé dans ce cas que la passion idéale fût en quelque façon différente de l'actuelle, ou qu'elle eût un autre cours ou un autre siège dans le cerveau. De même pour l'affection, l'égoïsme, la crainte ou tout autre sentiment ou passion. Pareillement le souvenir d'avoir été en colère, gonflé de vanité, ou effrayé, réveillera des états identiques et mettra en jeu la même partie, quoique l'onde centrifuge qui en résultera ne soit peut-être pas assez forte pour agiter la surface aussi fortement que l'aurait fait une passion originale. Le souvenir des sentiments intenses est nécessairement plus faible que la réalité ; les souvenirs de quelques-uns des sensations et des sentiments les moins troublant. quand ils sont en action, peuvent être tout à fait égaux à la réalité. Il nous est plus facile de fournir la dépense nécessa**** au réveil des émotions douces et gracieuses.

La tendance d'une idée à devenir la réalité est une source distincte d'impulsions actives dans l'esprit. Notre principale faculté active est la volonté ; sa nature est de nous *pousser* au plaisir et de nous *détourner* de la peine. Mais la disposition à partir d'un simple souvenir, d'une simple imagination, ou d'une simple idée, pour passer à l'action qu'ils représentent, non seulement à penser un acte, mais à le faire, est aussi un principe déterminant de la conduite humaine, qui se met souvent en opposition avec l'action régulière de la volonté, telle que nous venons de la définir. La plupart du temps cette tendance est neutralisée ; dans les circonstances ordinaires même, elle ne se manifeste pas avec une grande force ; en sorte que nous pouvons ne pas la comprendre parmi les motifs des actions. Il y a pourtant des circonstances où elle joue un rôle considérable et même prépondérant dans la conduite de l'homme. Le sommeil magnétique nous en offre le plus bel exemple ; nous y voyons entre autres effets curieux que le sujet est accessible aux idées d'autrui, qu'elles s'éveillent en lui, alors que les sens et l'esprit ne sont pas susceptibles de recevoir rien du dehors, et sont complètement plongés dans le sommeil et l'inconscience. L'attention que nous portons aux objets qui nous entourent, occupe le premier rang parmi les circonstances qui règlent nos actions ; l'influence de nos idées est ordinairement subordonnée à celle des réalités présentes. Dans le sommeil l'esprit est mort à la réalité, et plus ou moins éveillé au courant des idées ; dans le somnambulisme et le sommeil magnétique, et à un moindre degré dans les rêves ordinaires, nous accomplissons nos idées jusqu'au bout, tandis que la force qui d'ordinaire fait échec au pouvoir des idées est paralysée.

Dans les moments de veille, il est de règle générale que les idées n'agissent pas elles-mêmes ; leur pression est si faible qu'elle reste toujours sujette de la volonté, et qu'elle subordonne son opération à celle des motifs de la volonté. Mais il y a des circonstances où une idée possède l'esprit avec tant d'empire qu'elle agit en opposition avec la volonté et par conséquent en opposition avec les intérêts que la volonté sert, la cessation de la peine et l'avancement du plaisir. Cette possession puissante et d'ordinaire la conséquence d'une *grande exci-*

tation qui accompagne une idée, ou qui s'empare de l'esprit plus complètement que de coutume, en vertu de laquelle l'idée ne passe pas emportée par les courants intellectuels, mais reste et prédomine sur toute autre pensée qui demande l'attention.

C'est dans les effets de la crainte qu'on voit le mieux l'empire d'une idée. Quand un objet cause de la frayeur, l'idée de cet objet s'imprime sur l'esprit avec une intensité correspondante au degré de la frayeur. Les actions de l'homme se conforment à cette idée et non à ses propres volitions. Voici une mère frappée de terreur par l'idée d'un danger qui menace son enfant ; elle n'est plus capable d'agir pour le mieux, une seule idée exagérée gouverne toute sa conduite. La force qui la fait agir n'est pas la volonté ; c'est une force purement intellectuelle, portée au paroxysme par une seule idée. L'action saine et régulière de la volonté, qui tend à la suppression de la peine et à la production du plaisir, devrait agir pour subjuguer l'état de terreur de manière à laisser l'esprit dans une condition froide et calme, où il puisse apprécier le danger à sa vraie valeur, et le mettre en balance avec les autres intérêts. Mais la passion de la crainte est trop forte pour la volonté. L'idée gouverne en despote.

Les idées purement pénibles même quand elles ne causent pas la frayeur parviennent à prédominer sur la volonté. Le simple fait qu'une idée est désagréable devrait exciter la volonté à la chasser, et nous y réussissons souvent ; mais il arrive aussi que quelquefois l'intensité de la peine est telle qu'elle l'imprime dans l'esprit et que nous ne pouvons nous empêcher de la réaliser à notre détriment même. Les dégoûts exercent souvent cette prépondérance où la volonté n'est pour rien.

La fascination qu'exerce sur l'homme la vue d'un précipice est un exemple bien connu de la même tendance. L'idée d'un corps qui tombe est suggérée avec tant d'intensité, qu'un effort de volonté est nécessaire pour préserver le spectateur de la réaliser sur sa propre personne.

On a souvent remarqué qu'un souvenir pénible poursuit une personne durant toute la vie. C'est une susceptibilité anormale à subir l'influence d'une idée, une sujétion morbide de l'intelligence à la volonté. La folie est le point culminant de cet accident. Les fous sont généralement des victimes d'une impression morbide. Accidentellement cette impression peut leur procurer du plaisir, comme lorsque les idées prennent la forme d'une vanité exorbitante ; le plus souvent pourtant l'idée est sombre, et pourtant elle domine les actions.

Nous n'avons pas d'autre moyen d'expliquer le grand fait appelé sympathie, pitié, compassion, désintéressement, que de faire intervenir cette tendance d'une idée à se réaliser. Nous pouvons concevoir les peines d'autrui par l'expérience que nous avons des nôtres; et, quand nous les concevons, nous nous sentons portés aux mêmes démarches pour les soulager que si elles nous affectaient nous-mêmes. Nous tombons sous la domination de l'idée de peine sans que rien y corresponde; et cette idée nous porte à agir comme si elle représentait une réalité de notre propre expérience. Voir quelqu'un souffrir de la faim et du froid, c'est concevoir ces états pénibles ; la force de l'idée conduit ensuite à soulager la souffrance qui l'a produite. Sans quelque idée dominante, nous ne savons rien dans l'esprit humain qui puisse nous faire sympathiser avec les plaisirs et les peines d'autrui. La volonté tend d'ordinaire à nous procurer des plaisirs et à nous éviter des peines. A la rigueur, il n'y a que cela qui nous intéresse. Tout organisme est plus ou moins formé pour travailler à sa propre conservation ; et il semblerait à première vue qu'il est indifférent d'aller au delà. La pure opération de la volonté, telle que nous l'avons toujours comprise, est limitée à la conservation personnelle. Mais l'intelligence, qui peut avoir des idées de la condition mentale des autres êtres vivants, tend à faire de ces idées des réalités, ou bien nous porte à agir comme ces idées nous porteraient à agir si les peines ou les plaisirs affectaient notre personne même. Voilà ce que sont la sympathie et l'action désintéressée, faits qui appartiennent réellement à la constitution de l'esprit, bien qu'ils ne se manifestent pas également chez les divers individus.

L'ambition et les aspirations de l'homme rentrent plutôt dans le domaine des idées fixes, que dans celui de la volonté que les plaisirs mettent en action. Il est vrai que les choses auxquelles nous aspirons sont d'ordinaire combinées en vue du plaisir que nous en devons retirer, et pourtant il nous arrive souvent de nous abandonner à des aspirations idéales irréalisables, que nous mépriserions et rejetterions si nous étions maîtres de nous-mêmes. Par malheur certaines notions de pouvoir, de richesse, de grandeur, se sont implantées dans notre esprit, y ont pris racine, et y pervertissent le cours régulier de la volonté, qui nous conduisait à renoncer à tout ce qu'on ne peut espérer de réaliser, ou qui ne vaut pas les efforts qu'il coûterait. Les expressions ambition insensée, idée fixe, fascination irrésistible, servent à désigner ce phénomène trop commun.

Les regrets que nous font éprouver les objets que nous avons perdus sont en général disproportionnés au plaisir que ces objets nous procuraient. Nous pouvons ressentir un regret sincère et profond pour la perte de quelque parent qui était pour nous un lourd fardeau sans compensation d'aucune sorte. A ne considérer que nos plaisirs et nos peines, cette perte ne devrait nous causer que du soulagement et de la satisfaction; mais il n'est pas si facile de bannir à ce point une idée familière bien que pénible; l'oubli augmenterait notre bonheur, mais ce n'est pas une raison pour que nous puissions oublier. Les pensées durent en vertu d'une loi où la volonté n'a point de rôle, et non seusement elles durent, mais elles interviennent dans le cours de nos actions et dans la poursuite de nos intérêts (1).

La doctrine que nous défendons n'est pas une spéculation vide; si elle est vraie, elle aura des conséquences pratiques importantes; elle nous sera d'une grande utilité pour décrire la pensée et l'opération de la pensée; elle nous aidera à localiser les modes de cette opération, en sorte que les expressions, qui ailleurs ne seraient que figurées, deviendront littérales. Nous pourrons dire que l'imagination des objets visibles est une opération de vision, l'imagination d'un musicien de l'audition, et que les fantaisies du cuisinier et du gourmand sont des impressions qui chatouillent le goût.

L'identité entre les sentiments actuels et les sentiments réveillés abrège notre travail en nous permettant de rapporter à ceux-ci une grande partie de la connaissance que nous avons de ceux-là. Les propriétés que nous avons reconnues dans la sensation actuelle conviennent, sauf quelques réserves, à la sensation idéale. Ainsi les qualités du sens de la vue dans une personne, comme par exemple sa faculté discriminative, appartiennent également aux idées visuelles. C'est à ce point de vue qu'on peut dire que les sens sont la clef de l'intelligence.

Revenons maintenant à l'association des sentiments du mouvement.

---

(1) A parler correctement, la détermination de l'influence des idées fixes est l'œuvre de deux forces. L'une est la tendance de l'idée d'une action à devenir action; nous l'avons étudiée dans le texte. Cette tendance se manifeste sans alliage d'aucune autre dans la perpétration d'un crime privé, et dans l'action de la sympathie en général.

L'autre force est la tendance d'une idée à persister dans l'esprit, en conséquence de son intensité, ou plutôt de l'intensité du sentiment qui l'accompagne. Dans toutes circonstances, une forte excitation mentale contrecarre le pouvoir de la volonté. Il peut être de notre intérêt de bannir une idée particulière et de donner accès à d'autres idées que nos facultés intellectuelles sont en état de nous fournir; pourtant, quand un sentiment, plaisir ou peine, ou une excitation indifférente au plaisir ou à la peine, s'est allié avec une idée, la force de l'association intellectuelle et celle de la volonté sont également impuissantes à déloger cette idée. C'est ce qui empêche l'homme en proie à la peur de suivre les indications de son propre intérêt bien entendu.

Il arrive généralement que si nous pouvons faire un mouvement actuellement, nous pouvons aussi le faire mentalement. C'est ainsi que nous pouvons suivre dans l'esprit les différents mouvements d'une danse, ou en d'autres termes les sensations des évolutions successives qui ont contracté ensemble une association, aussi bien que les mouvements eux-mêmes. Toutefois, ce n'est pas à dire que l'association des mouvements actuels et celle des mouvements mentaux se déroule d'une manière exactement parallèle et que l'une est aussi parfaite que l'autre. Il arrive fréquemment qu'un artisan est capable de faire tous les temps d'une opération, tandis qu'il est incapable de les suivre dans sa pensée; la preuve c'est qu'en les décrivant il en oublie, et qu'il ne se les rappelle que lorsqu'il opère. Dans ce cas, les actions ont plus d'adhérence entre elles que n'en ont leurs traces mentales. Il n'est pas facile de citer un cas qui prouve la contre-partie, c'est-à-dire une série d'actions qui pourrait être répétée mentalement sans pouvoir l'être physiquement ; en effet comme les actions mentales s'accomplissent dans les mêmes cercles, il suffit d'ordinaire d'une volition, et souvent seulement de la suppression d'un obstacle, pour les porter au point où elles mettent en jeu les muscles.

La voix nous fournira le plus grand nombre d'exemples de l'association des pures impressions d'action musculaire. La plupart des autres cas sont tellement compliqués de sensation qu'ils ne répondent pas au but que nous avons en vue maintenant. Le langage nous offre une succession d'actions fixées en séries par association, et qu'on peut réaliser soit actuellement, soit mentalement à volonté, l'action mentale n'étant rien qu'un murmure ou un chuchotement au lieu d'une énonciation à pleine voix. L'enfant peut réciter sa leçon aussi bien à voix basse qu'à haute voix. Nous pouvons même apprendre à parler mentalement et sans donner de la voix le moins du monde, c'est-à-dire nous pouvons nouer entre les mouvements du langage des adhérences mentales. Les écoliers ne cessent pas de le faire, car en lisant leurs livres ils ne prononcent pas les mots avec la voix ; chez eux l'association de l'articulation se fait dès le début dans les cercles de l'idéation. Les enfants qui apprennent leurs leçons à l'école doivent apprendre de cette manière la succession des mots.

En règle générale, il vaut mieux répéter les exercices verbaux à haute voix, s'ils doivent se faire à haute voix, de même que pour les autres opérations mécaniques. Le sens de l'ouïe vient en aide aux liens d'association. Quand on en vient à l'exécution actuelle, on met en jeu un courant à la fois plus énergique et d'une plus grande portée, en ce qu'il comprend la pleine opération des muscles. Dans les premières acquisitions que l'enfant fait à l'école, où chaque mot a besoin d'être prononcé à haute voix par le maître, la répétition sur l'audition est le meilleur procédé qu'on puisse employer ; plus tard, quand nous suivons uniquement par la pensée un grand nombre de mots, comme les anneaux d'une chaîne d'actions silencieuses, nous n'avons plus besoin de recourir à la parole à haute voix ; ce serait une perte de temps et d'exercices musculaires tout à fait inutile (1).

Les circonstances qui favorisent l'association des idées de mouvement en séries, sont encore celles que nous avons déjà fait connaître à propos des mouvements actuels. Il y faut une certaine répétition, plus ou moins, selon que les autres circonstances, c'est-à-dire les conditions *générales* de la concentration et de la rétentivité, et les conditions *spéciales*, la force musculaire, la spontanéité, la distinction, sont plus ou moins favorables.

Il est permis d'admettre qu'il y a chez un même individu un caractère commun à tous les organes actifs, une activité de tempérament qui se révèle dans toute espèce d'efforts, dans les membres, dans la voix, dans les yeux, dans chaque partie qu'un muscle fait mouvoir, ou bien une faiblesse paresseuse qui laisse son empreinte sur toutes les fonctions. Mais ce caractère n'exclut pas les différences spécifiques de propriétés que nous observons dans les divers membres et qui rendent les mouvements plus cohérents dans l'un que dans les autres. C'est ainsi qu'un développement spécial des organes de l'articulation, la voix, la langue et la bouche, peut être le résultat de la supériorité qui existe dans les centres correspondants.

III. — Sensations du même sens.

Association des sensations d'un même sens. — Effets de la répétition sur les sensations isolées. — Sensations du tact. — Sensations de l'ouïe, succession des sons, musique, articulation, élocution. — Sensations de la vue, formes naturelles, scientifiques, arbitraires et artistiques. — Surfaces colorées. — Conditions d'où dépend la fixation des apparences visuelles. — Union de ces conditions dans les opérations primitives de l'intelligence. — Perturbation apportée dans l'opération de la contiguïté par la diversité des combinaisons des impressions. — Difficultés qui résultent de l'étendue et de la complexité des acquisitions ; moyen de les surmonter.

Nous étudierons d'abord l'association des impressions du même

---

(1) Dans la méditation, nous ne cessons de former de nouvelles combinaisons, que nous pouvons retenir d'une façon permanente si nous y avons prêté une atten-

sens, c'est-à-dire des impressions *homogènes*, comme des tacts associés à des tacts, des sons à des sons, etc. Nous y trouverons des opérations très intéressantes, la plupart de celles qui composent la première éducation des sens.

Dans les sens inférieurs, nous n'avons pas beaucoup d'exemples à choisir. Dans les sensations organiques, nous pourrions citer l'attente d'une série de sensations pénibles d'après l'apparition d'une autre série, comme dans une maladie.

Dans le goût même, il est assez rare de trouver des sensations nettement associées. On pourrait imaginer des séries de goûts, telles que l'un d'eux suggérât les autres ; mais les exemples réels en sont rares.

De même pour l'odorat. Si nous éprouvons fréquemment une succession d'odeurs dans un ordre fixe, il se formera une association entre les diverses impressions, et, par suite, quand l'une se présentera, toutes les autres se dresseront rapidement l'une après l'autre, sans le secours de l'expérience actuelle. A force de passer dans un jardin le long du même sentier, nous pourrions acquérir une succession d'odeurs, et par l'une pressentir la suivante, ainsi que font les chiens probablement. Nous trouvons rarement dans la conscience des séries de goûts ou d'odeurs. Il nous est difficile de les reproduire pleinement ; ce que nous reconstituons surtout, c'est le sentiment agréable ou pénible qu'elles causent. Il nous faut un grand effort d'esprit pour que nous parvenions à reconstituer une odeur qui nous est très familière, celle du café ; nous réussirions beaucoup mieux peut-être si nous étions plus dépendants des idées de l'odorat ; néanmoins, il faut admettre que la restauration par la mémoire des idées de l'odorat, à l'aide d'une simple association mentale, est très rudimentaire.

Cette considération nous amène à remarquer l'effet de la répétition *pour déterminer l'adhérence d'une simple impression*. Le goût du sucre séparé de tout autre s'imprime de plus en plus dans l'esprit par l'effet de la répétition, et par suite devient graduellement plus aisé à retenir sous forme d'idée. L'odeur d'une rose, après mille répétitions, est plus près d'atteindre la faculté de persister indépendante, sous forme d'idée, qu'après vingt. Il en est ainsi de tous les sens, inférieurs ou supérieurs. Indépendamment de l'association de deux ou de plusieurs sensations distinctes en un groupe, ou en une série, il se fait une opération de fixation qui gagne du terrain chaque fois que la même sensation se

---

tion suffisante. Un orateur qui médite une harangue compte sur l'adhérence de ses séries mentales, bien qu'elles ne se composent que de pures idées, qu'il n'a point encore exprimées à haute voix.

répète, qui la rend plus aisée à retenir quand la sensation originale est effacée, et plus vive quand, par l'effet de l'association, elle vient plus tard à se reproduire sous forme d'idée. Cette opération joue un grand rôle dans l'éducation des sens. Les plus simples impressions du goût, de l'odorat, du tact, de l'ouïe et de la vue ont besoin de répétition pour durer par elles-mêmes ; même dans le sens dont les sensations ont au plus haut degré le pouvoir de durer, la vue, les impressions qui affectent l'esprit du petit enfant par exemple, et qui n'excitent pas un sentiment énergique, sont de nature à s'évanouir dès que la vue se détourne. Nous pourrions donner des exemples de cette première période de l'histoire de notre faculté rétentive, mais nous n'en connaissons aucune application importante où nous ne retrouvions aussi une opération d'association de plusieurs sensations. Il est cependant à propos de remarquer que l'affermissement des impressions séparées, qui les dispose à exister en idée, ne cesse pas de se faire tout le temps que les anneaux de la chaîne continuent de se fermer.

Dans le tact, nous avons reconnu plusieurs classes de sensations, les unes purement émotionnelles, comme les contacts doux et les contacts piquants, les autres jouant un rôle dans les perceptions intellectuelles, comme les températures, la rugosité, la dureté, le poids, le volume, etc. Toutes ces sensations sont susceptibles de tomber sous l'action du principe d'association ; nous nous bornerons cependant à suivre l'action de ce principe sur celles de la seconde classe, c'est-à-dire sur les sensations qui contribuent au développement de l'intelligence.

La sensation d'une surface, avec ses détails, est une chose complexe ; c'est un agrégat d'impressions faites sur la peau, arrangé d'une certaine manière, et doué d'une certaine intensité. La surface d'une brosse présente un grand nombre d'impressions à la fois ; ces impressions doivent contracter une certaine cohésion, pour que la sensation dans son entier survive à l'attouchement actuel. Il faut qu'elles maintiennent leur coexistence, et reparaissent *en masse* après quelque temps. Quand on compare une surface avec une autre, par exemple quand on choisit une brosse à dents, il suffit qu'une impression complexe d'une brosse survive quelques secondes tandis qu'on touche l'autre ; quand on compare une brosse avec une autre qui est depuis longtemps hors de service, il faut que la permanence de l'impression soit beaucoup plus ferme. Il en est de même des impressions des surfaces métalliques, d'étoffes, de bois, de pierre, que nous jugeons d'après les aspérités qu'elles présentent ; il faut qu'une opération d'association fonde l'impression multiple avant qu'elle puisse persister quand l'impression originale est passée. Certaines surfaces ont pour caractère un agrégat d'aspérité et de température, exemple une pierre, un morceau de métal qui nous donnent la sensation d'un contact froid ; il faut que, dans ces cas, la sensation de froid fasse corps avec les autres parties de l'impression tactile.

En s'ajoutant aux impressions reçues par la peau, les sensations musculaires et les efforts nous donnent les notions complexes du tact, celles qui combinent des sensations de poids, de volume, de forme et de situation avec la texture ou la surface. Dans ce cas il faut qu'il se fasse une association entre les impressions tactiles et celles des mouvements. Pour qu'un ouvrier reconnaisse son outil avec la main seule, il faut qu'il éprouve fréquemment le sentiment complexe qui en caractérise le contact, l'impression tactile de froid ou de chaud, de rude ou de doux, avec les impressions musculaires de poids, de volume, de forme, qualités qui sont déterminées par l'effort musculaire de la main qui le saisit. Une répétition suffisante les joindra ensemble au point que l'outil sera reconnu dès qu'il sera touché.

Dans les opérations sur les matières plastiques, ou sur des substances molles, comme la pâte, l'argile, le mortier, qui doivent recevoir une certaine consistance, il faut que l'ouvrier acquière une impression fixe des différentes qualités et des différents degrés de consistance, de façon à pouvoir connaître quand la consistance est au point convenable. Il faut pour cela que les divers éléments d'une sensation complexe de tact aient contracté une adhérence, en d'autres termes, il faut que certaines sensations de viscosité et de rudesse, et le sentiment musculaire de résistance, fassent corps en une sensation unique qui ne varie plus et ne s'efface plus. La répétition, dont l'ouvrier qui manie les substances plastiques a besoin pour distinguer le degré de cohésion de ces substances, est d'ordinaire prodigieuse, il ne faut pas moins que des centaines et des milliers de sensations de contact. Tout le monde n'a pas la même facilité de se composer des types fixes du tact par association. Il est impossible ici de ne pas reconnaître les aptitudes spéciales qui caractérisent naturellement les individus. Il y en a qui, en toute leur vie, ne peuvent acquérir la délicatesse de tact que d'autres ont acquise au bout de quelques mois. Il faut que la sensibilité musculaire se combine avec celle de la peau, et nous pouvons juger, par la nature même de l'exemple, laquelle de ces deux sensibilités occupe le premier rang. On peut reconnaître dans certaines combinaisons, outre le tact, un sens musculaire délicat. Il y a même des sensations qui sont communément comprises sous la dénomination de tact et qui n'ont rien à faire avec la peau, par exemple le poids, le volume, la forme ; la grande précision avec laquelle nous les distinguons provient uniquement des sensations musculaires, tandis que, lorsque nous jugeons de la texture d'une étoffe ou du poli d'un morceau d'acajou, la sensibilité de la peau est le critérium auquel nous recourons; mais, encore ici, elle n'est pas dégagée de tout alliage de mouvement.

Nous pouvons donc par le tact, au moyen de la fonction d'association, acquérir des notions fixes qui correspondent aux impressions que nous font les objets que nous manions. Nous implantons en nous les idées de tous les objets dont nous avons l'habitude de nous servir. C'est ainsi qu'un ouvrier se familiarise avec ses outils, et que chacun en vient à connaître les instruments et les meubles des lieux qu'il habite. Mais si nous voulons apprécier les acquisitions du tact dans ce qu'elles présentent de plus saillant, il faut recourir à l'expérience de l'aveugle qui n'a pas d'autre sensation des solides et des corps étendus que celle qu'il reçoit du tact. Les impressions de la vue l'emportent tellement sur toutes les autres par la faculté de durer et de se réveiller, qu'il nous est bien difficile de penser un corps visible autrement que l'œil ne nous le montre. Un ouvrier qui a besoin d'un marteau, s'en représente l'apparence visible, et non l'impression du contact qu'il en reçoit sur la main, bien qu'il soit tout à fait capable d'en juger sur ce dernier caractère. Mais l'aveugle est obligé de *penser* les objets comme des objets *touchés*, la sensation qui se réveille en lui est une impression qui se projette sur les mains, non sur les yeux; seul il peut apprécier la permanence naturelle des impressions cutanées, et jusqu'à quel point elles peuvent être restaurées, senties de nouveau, en l'absence de la réalité. Ses pensées, ses rêves, sont des idées du tact, non de la vision. Non seulement sa faculté de discriminative tactile est très développée, mais il peut porter à la perfection celle de se représenter les tacts passés aussi pleinement que s'ils étaient actuels, à supposer qu'il y ait des circonstances dans lesquelles cette parfaite représentation du tact soit possible.

C'est à l'aveugle aussi que nous devons demander des exemples d'associations de chaînes, de séries ou d'impressions du tact assez étroites pour qu'une seule soit en état de rappeler la série entière. Un aveugle qui tâte sa route avec la main le long d'un mur éprouve successivement différents contacts; et ceux-ci, par répétition, sont si bien fixés dans son esprit, que lorsqu'il est placé à un point quelconque, il se représente toute la série qui suit. Comme il est condamné à se diriger par le tact, il finit par posséder des séries d'impressions du tact associées, comme les hommes en possèdent qui sont composées d'impressions de la vue. Il connaît par le tact ce qui l'entoure dans une chambre, c'est par le tact qu'il mesure le progrès de son travail, s'il s'occupe de ses mains.

Dans l'acquisition des associations des sons nous avons à combattre une tendance de la voix à supplanter les sons dans les cas les plus intéressants, notamment les sons articulés et musicaux. Quand nous écoutons attentivemet un discours, nous nous laissons aller à suivre l'orateur en répétant ce qu'il dit à voix basse, nous suivons tout le discours, mais ce sont nos propres inflexions muettes que nous écoutons. Cet exemple appartient aux associations composées ou coopératives.

Comme nous l'avons observé dans d'autres sens, l'oreille, par l'effet de la répétition, se fait aux sons individuels de façon à les retenir aisément après que la cause qui les produisait a cessé d'agir.

Le son le plus simple est si bien une impression complexe qu'il faut une opération d'agglutination pour en faire tenir ensemble les parties. Une syllabe articulée, *ma, ba*, est en réalité un effet complexe, qui donne lieu à plusieurs courants nerveux ; pour les faire circuler tous ensemble de concert, il faut de longues répétitions. Nous avons déjà fait comprendre cette opération par des exemples d'agglutination de mouvements. L'adhérence des séries ou successions de sons vient ensuite, nous en avons beaucoup d'exemples, un air simple de musique en est un excellent. Nous y trouvons un certain nombre de sons enchaînés l'un à l'autre dans un ordre fixe, et en les entendant fréquemment, nous apprenons à passer de l'un à l'autre par une anticipation idéale. Après qu'on a donné un nombre de notes suffisant pour déterminer l'air, le musicien peut passer au reste. Son éducation consiste en plusieurs centaines de ces séries qu'il a édifiées graduellement à l'aide de la faculté plastique de son esprit.

Le caractère spécifique qui tient sous sa dépendance l'acquisition musicale est la qualité de l'oreille, qui se révèle par la distinction de la hauteur des sons. Cette distinction s'accompagne de rétentivité, nous l'admettons pour des raisons générales qu'aucun fait ne vient combattre ; l'une de ces facultés peut donc servir de critérium à l'autre. Quant à l'application des trois conditions générales de la rétentivité, la répétition, la concentration et l'adhésivité, c'est la première qui tient lieu des deux autres quand elles font défaut. La concentration se manifeste dans le goût naturel ; et le goût accompagne souvent, mais non toujours, le don local qui caractérise l'individu. Ainsi une bonne oreille, éprouvée par sa faculté discriminative, entraîne avec elle le goût de la musique et constitue le plus puissant motif de concentration mentale sur les sons. Les mêmes remarques s'appliqueraient à toutes les autres acquisitions, nous n'avons pas besoin de les répéter chaque fois.

Les sons articulés s'associent sous l'influence des mêmes conditions.

Une bonne oreille pour l'articulation est en quelque sorte une modification d'une bonne oreille pour la musique. Puisque les lettres de l'alphabet sont des combinaisons de sons musicaux, il faut que ces deux sensibilités soient les mêmes. Mais comme il n'en est pas complètement ainsi, nous n'avons pas le droit de dire que l'une peut servir de preuve de l'existence de l'autre.

Une troisième qualité des sons vocaux est la cadence ou l'accent; c'est le fondement de la composition oratoire rythmique, et elle constitue les variétés individuelles et nationales d'accent. L'oreille ne retient pas seulement les successions des sons articulés, elle retient aussi la cadence de leur prononciation.

Les associations de l'oreille ne sont qu'une partie des acquisitions de la musique, du langage et de l'élocution, mais sans aucun doute la plus grande partie.

Les séries associées et les agrégats de sensations de la vue composent plus que toute autre chose, et peut-être plus que toutes les autres choses réunies, les matériaux de la pensée, de la mémoire et de l'imagination. C'est surtout dans la vision, celui de tous les sens qui retient le plus, que se montre efficace et utile l'opération qui substitue l'emploi d'un sens à un autre. Aussi, les objets dont nous pensons le goût et l'odeur se présentent à la conscience actuellement sous leur aspect visuel. L'image d'une rose figure dans l'intelligence comme image visuelle, et beaucoup moins comme une impression perpétuée d'une odeur douce.

Nous savons déjà que les sensations de la vue se composent d'images visuelles et de mouvements musculaires. Une image visible est, en fait, un mouvement rapide des yeux qui se promènent sur des points lumineux, des lignes et des surfaces.

L'éducation de l'œil passe par toutes les périodes que nous avons reconnues à l'occasion des autres sens. Il y a d'abord une impression de chaque couleur séparée, qui résulte de la répétition et permet aux idées de ces couleurs de durer en l'absence des originaux, et de persister d'elles-mêmes quand une fois elles sont évoquées.

La faculté qu'ont les courants optiques de s'éveiller et de se continuer facilement, de façon à faire d'une couleur, le vert par exemple, un terme de comparaison pour les autres couleurs, est sans doute la même force plastique qui forme les agrégats d'étendue colorée où se trouvent réunies des teintes disposées en succession, comme l'arc-en-ciel, ou un coucher de soleil. Quand nous avons parcouru souvent la série de ces couleurs, l'impression de l'une suscite la suivante, celle-ci la troisième et ainsi de suite dans le même ordre. Mais nous ne pouvons guère passer d'une couleur à l'autre, dans cet exemple, sans faire jouer les mouvements de l'œil et les sensations qui s y rattachent. Nous pouvons supposer un cas où les yeux à l'état de repos ont devant eux plusieurs couleurs dans une succession fixe, qui se montrent rayon après rayon, rouge, orange, vert, bleu, violet, blanc, noir, etc. ; dans ce cas une série d'impressions optiques pures se fixera dans l'esprit, et l'apparition de la première tendra à réveiller une image de la seconde, puis de la troisième, etc., jusqu'à la dernière. Les dégradations du jour et de l'obscurité s'associent dans l'esprit de cette manière. Mais dans le cas de l'association ordinaire elles existent côte à côte, comme dans les couleurs d'un paysage ; nous remuons les yeux pour les voir et par suite nous incorporons l'acte et la sensation du mouvement avec nos sensations de lumière. Quand l'œil s'habitue à une série de couleurs, c'est par le mécanisme suivant : chaque couleur est associée à la fois à un mouvement de l'œil et à une seconde couleur ; à ce dernier mouvement et à cette dernière couleur se rattache un autre mouvement et une autre couleur, et ainsi de suite jusqu'à la fin de l'image. Supposons par exemple une série de champs de différentes longueurs et de teintes variées, l'œil se promène d'abord sur un champ de blé doré puis passe sur une prairie d'une longueur double, puis sur une plantation de bois plus longue encore. L'image du premier champ est une impression de jaune accompagnée d'un mouvement défini de l'œil et d'une durée correspondante de l'impression jaune ; l'image du second est un effet vert d'une durée double ou accompagné d'un mouvement double de l'œil ou de la tête, ou des deux ; la troisième image est une teinte différente de vert associée à un mouvement musculaire encore plus étendu. Dans ces circonstances et après une répétition suffisante, si l'œil est impressionné par la teinte jaune en même temps que s'accomplit le mouvement définitif du globe oculaire qui accompagne cette impression, l'image du premier champ sera restaurée et le mouvement mental rétabli, pour ainsi dire, dans le sentier accoutumé. L'esprit sera occupé par l'impression optique de jaune et par une étendue donnée, puis par l'impression optique d'une nuance de vert, accompagnée d'une nouvelle amplitude musculaire, et enfin, par une autre nuance de vert avec un mouvement encore plus grand. Ces impressions unies seront rappelées l'une après l'autre, comme conséquence d'un développement par contiguïté.

Nous pouvons diviser cet exemple en deux classes d'impressions, les contours et les surfaces colorées. Comme exemple des contours, supposons un anneau blanc sur un fond sombre, nous y trouvons une ligne lumineuse et un mouvement circulaire concourant à produire une impression. L'œil, en suivant l'anneau, s'imprègne de lumière par un effet continu, en même temps qu'il accomplit un mouvement circulaire. Une impression optique et une impression musculaire son unies dans un ensemble où l'impression musculaire prédomine, car l'impression musculaire ne sert qu'à guider le mouvement oculaire. La fixation des images dépend, presque exclusivement, de la cohésion des mouvements des muscles de l'œil. Or, cet exemple de l'anneau est le type d'une classe nombreuse de notions visuelles importantes. Les figures de la géométrie, les chiffres et les symboles de l'algèbre, de la chimie et des autres sciences symboliques, les plans, les diagrammes, les dessins dont on se sert dans les arts mécaniques, ne sont retenus dans la première expérience que grâce aux propriétés purement musculaires de l'œil. Le langage écrit nous offre un autre genre de formes visibles; dans les beaux-arts, la sculpture et l'architecture, la forme est le principal objet de l'étude de l'artiste.

Les circonstances qui favorisent l'acquisition de la forme sont, comme ci-dessus, en partie générales, en partie spéciales. La propriété générale d'adhésivité que possède l'organisme étant donnée, la propriété spéciale est la rétentivité des mouvements oculaires. Suivant une hypothèse que nous avons déjà faite, on verra que cette propriété accompagne la faculté discriminative spéciale que possèdent ces muscles, conséquence sans doute d'un haut développement des centres qui règlent leurs mouvements.

Après la rétentivité générale et locale, nous devons nous occuper de la concentration mentale, qui provient spécialement de l'intérêt, du goût ou de la fin recherchée. Nous avons noté trois classes différentes de dessins, tous également susceptibles d'être retenus, en tant que la rétentivité musculaire de l'œil est mise en jeu, mais dont la fixation dans l'esprit est stimulée par différents motifs. Telles sont les formes scientifiques, comme les figures d'Euclide; les formes arbitraires du langage écrit, et les formes artistiques. L'attention que nous donnons aux premières est provoquée par tous les sentiments qui constituent le goût de la science. L'intérêt que nous attachons aux fins du langage, soit pour les divers besoins de la vie, soit pour l'étude, vient en aide à l'esprit en faveur de la seconde classe, celle des formes arbitraires du langage; la sensibilité pour l'art stimule l'attention en faveur des dernières. En examinant les particularités de ces divers cas, nous pouvons noter qu'il y a une plus grande concentration de l'esprit sur les formes de la science et de l'art, qui sont peu nombreuses et importantes, que sur les symboles du langage, qui sont nombreux et individuellement sans importance en comparaison. On dirait que pour le langage et les symboles arbitraires une adhésivité toute naturelle, sans intérêt ou sans stimulant qui la détermine, a dû être nécessaire.

Un motif puissant pour concentrer l'esprit s'applique mieux aux choses peu nombreuses qu'on saisit vigoureusement qu'à une grande multitude. La faculté de se rappeler un grand nombre de signes visibles arbitraires peut être considérée comme dépendant en partie d'une faculté générale d'adhésivité, et en partie de la faculté spéciale d'adhésivité musculaire de l'organe de la vision. L'acquisition de la langue chinoise avec ses milliers de caractères en est peut-être le plus grand exemple. La mémoire qui retient les cartes de géographie est du même genre, seulement cette mémoire est peut-être servie par l'impulsion d'un plus puissant intérêt.

Revenons aux surfaces colorées, c'est-à-dire à ces effets visuels où la lumière et l'ombre, la couleur et le lustre, entrent principalement, comme dans un paysage, un spectacle, une peinture, une image, une chambre, un visage d'homme. L'objet consiste en un agrégat de masses de couleurs associées par n'importe quelle force rétentive ou adhésive appartenant aux impressions de couleur. Si nous regardons fréquemment une peinture, les différents amas de couleur qui la composent saisissent l'esprit dans leur ordre naturel, en sorte que l'une peut rappeler toutes les autres, et l'ensemble peut exister et rester sous l'attention quand l'objet actuel a cessé d'être présent. Les masses de décorations peintes, les couleurs des riches indiennes et le bariolage des vêtements d'une assemblée, sont autant d'exemples où la couleur passe avant la forme, et où la faculté rétentive est plus optique que musculaire. Pour juger d'une aptitude à retenir les impressions de couleur, il faut l'essayer sur des objets tels que ceux-là. Cet attribut n'a pas de rapport nécessaire avec la susceptibilité musculaire; chacune d'elles appartient à un organe indépendant et suit différentes lois. Les personnes bien douées pour ce qui regarde la couleur, possèdent l'une des qualités des artistes descriptifs, des peintres ou des poètes. Une remémoration ou réveil facile de scènes, d'objets, de visages d'hommes, est une faculté nécessaire à celui qui travaille à créer des groupes de ces sortes de choses.

Comme dans d'autres genres de mémoire, c'est de la combinaison de la faculté générale d'adhésivité avec une faculté locale que dépend une bonne mémoire des surfaces colorées. Un sens délicat des fines nuances prouve suffisamment l'existence de cette faculté locale, laquelle se révèle dans une faculté correspondante de rétentivité. Il n'y a aucune raison de douter que le sens de la couleur soit une propriété primaire de l'esprit. Ce sens n'est pas seulement la même chose que le pouvoir de se rappeler facilement des scènes et des peintures, ainsi que des nuances de couleur : il engendre dans l'esprit un puissant intérêt pour les notions concrètes, pittoresques, poétiques, du monde, et de la répulsion pour les notions scientifiques qui représentent la nature au moyen d'abstractions et de symboles arides. N'attendons aucune aptitude scientifique d'un esprit doué d'une exquise sensibilité pour la couleur.

Outre les conditions positives de la rétentivité de la forme que nous avons déjà énumérées, nous devons ajouter une condition négative, une susceptibilité modérée, ou même inférieure pour la couleur. L'homme de science et l'artiste qui s'occupe de formes s'avancent d'autant plus brillamment dans leur carrière que la faculté d'être impressionné par la couleur est réduite chez eux au minimum. Il semble que les limites de l'esprit humain ne lui permettent pas d'acquérir dans ces deux genres de talent, à direction divergente, un développement considérable.

Dans les premières périodes des opérations de l'esprit, il y a déjà une légère fusion des trois fonctions : distinction, ressemblance et rétentivité ou association contiguë. L'impression persistante d'une image distincte du plus simple objet, d'un anneau par exemple, s'obtient par une opération compliquée. On y trouve une série d'impressions de différence, unie avec des impressions de concordance, qui à la fin se fondent ensemble par l'effet de la propriété rétentive.

Il faut aussi remarquer que l'opération cumulative de contiguïté n'est pas continue, parce que les choses qui se présentent ensemble n'offrent pas invariablement le même rapport de conjonction ; il en résulte une nouvelle classe de phénomènes mentaux. S'il n'était présenté à la vue qu'une seule espèce d'anneau, et si la couleur de cette espèce ne nous était connue qu'avec ce seul objet, il y aurait une association contiguë inséparable de cette forme et de cette couleur ; l'une ne pourrait jamais se présenter sans l'autre. Mais presque toutes les impressions simples que nous connaissons existent unies à des relations diverses ; par exemple, nous retrouvons la couleur blanche pure dans la neige, l'écume, les nuages, etc. Par suite, la contiguïté devrait avoir pour effet de faire paraître tous ces objets quand la couleur blanche est suscitée dans la conscience. Quelquefois, en effet, il suffit, pour suggérer une foule d'objets, d'évoquer une propriété commune à tous ces objets. A d'autres moments, l'esprit distrait par le nombre et la variété des chaînons de la série n'est ébranlé par aucun, ou bien, sous une influence étrangère qui s'exerce en faveur de l'un de ces chaînons, il le choisit et néglige tous les autres (V. l'Association composée).

Nous comprenons maintenant pourquoi l'apparition de relations nouvelles d'une propriété qui nous est familière a un effet *dissolvant des associations*. L'état liquide se montre d'abord associé à d'autres propriétés de l'eau ; quand nous venons à connaître la glace, cette association se relâche en partie. Des propriétés d'abord exclusivement alliées à l'état liquide se montrent maintenant alliées à l'état solide, c'est l'origine d'une ambiguïté nouvelle. L'expérience de la vapeur nous en crée une troisième. L'état où se trouve alors l'esprit a reçu le nom d'abstraction ou d'idée abstraite ; obéissant à une tendance décevante, l'esprit a considéré la relation ambiguë comme une possibilité d'existence séparée ; de ce que la couleur blanche a de nombreux rapports ambigus, on a supposé et admis que la blancheur peut exister en dehors de tout rapport.

A tout ce que nous avons dit de l'opération d'acquisition, nous devons ajouter encore que la vaste complication des choses qu'il faut acquérir, dont le monde visible est l'exemple le plus signalé, ne peut être saisie que par un système de rapiéçage où le vieux sert à faire du neuf. Quand nous regardons de quelque hauteur une grande ville, avec la campagne qui l'environne, nous nous formons une image cohérente de l'ensemble que nous pouvons retenir même dans ses menus détails. Cela n'est possible que parce que nous avons déjà acquis des images cohérentes de rues, de clochers, de champs et d'arbres, que nous les avons reliées pour en faire des agrégats qui ne diffèrent pas beaucoup de celui que nous avons sous les yeux. Nous n'avons plus alors qu'à attacher ensemble sur un plan nouveau, d'après une occasion nouvelle, les éléments que nous possédions déjà ; et tout l'effort de la mémoire consiste à consolider le nouvel arrangement.

IV. — Sensations de différents sens.

Association de mouvements avec des sensations, langue du commandement. — Association d'idées musculaires avec des sensations, associations architecturales. — Association de sensations avec des sensations. — Proportion de l'adhésivité dans l'association d'éléments hétérogènes.

Les sensations venant toutes converger en un courant commun de confiance, sur la même route cérébrale, celles de sens différents sont susceptibles de s'associer aussi promptement que celles du même sens. Nous allons passer en revue les cas les plus remarquables qui naissent de la convergence de sensations d'origine hétérogène, et nous ne négligerons pas d'y comprendre les mouvements actuels et idéaux.

Mouvements unis à des sensations. Nous avons déjà fait remarquer qu'il y a peu d'associations parfaites de pur mouvement (p. 289), le sens de l'effet à produire étant la principale cause de l'association d'une série d'actions. Il y a donc, à chaque temps de l'accomplissement d'une opération compliquée, l'union d'un mouvement avec une sensation. Le cas simple de la marche exige que le contact attendu du pied avec le sol ferme coopère avec le stimulus moteur des mouvements associés.

Sous le même titre, nous pouvons placer l'association d'actions avec des signes sensibles, comme dans le domaine de l'acquisition du langage où les noms ont la valeur d'un commandement, d'une direction, d'un contrôle. Chaque mouvement que nous faisons est uni à une certaine forme de mots, ou à un signe particulier qui peut le produire en tout temps. L'enfant apprend à rattacher des sons vocaux à ses diverses actions, par là il devient susceptible de comprendre un commandement, de recevoir une direction ; et cette éducation dure toute la vie. Les signes qui indiquent l'action peuvent être divers : les notes du cor, les signaux de mer, les index placés sur les murs, ont le pouvoir de commander des mouvements appris dans l'éducation. La même association joue un rôle dans l'éducation des animaux : le cheval et le chien apprennent bientôt à rattacher des actions déterminées au langage, aux notes de la voix et aux regards de l'homme. Longtemps avant que les enfants possèdent la faculté de s'exprimer eux-mêmes, beaucoup de leurs actions sont associées avec les sons du langage prononcés par d'autres.

Idées musculaires unies à des sensations. Les formes permanentes, impressions ou idées du mouvement, sont associées avec des sensations ; et les deux choses se rappellent l'une l'autre. Dans les trois sens supérieurs, nous avons vu que ces deux éléments sont associés ; beaucoup de sensations du tact, de l'ouïe et de la vue, ne sont pas autre chose qu'une combinaison de ces deux éléments. Dans la vue nous rattachons les apparences visibles des objets avec leur poids, leur dureté, leur ténacité, qualités que la connaissance ne doit qu'à des perceptions de sensations musculaires. Quand nous avons l'expérience du poids d'un morceau de pierre d'une certaine apparence, nous associons l'apparence avec le poids, l'un suggérant l'autre ; de même la dureté ou la ténacité. C'est de cette manière que nous possédons une association entre les substances et leurs usages fondés sur ces propriétés. Nous acquérons un sentiment fixe de la différence du bois et de la pierre, de la pierre et du métal, et nous voulons qu'on fasse usage de ces matériaux en proportions différentes dans tous les genres de constructions et d'opérations mécaniques. On a remarqué que notre sens des proportions architecturales est fondé sur l'expérience que nous avons de la pierre, et qu'il faudrait le reconstituer si l'on substituait le fer à la pierre. Si le droit spécifique des matériaux que nous fournissent les roches du globe avait été égal à celui du plomb au lieu d'être deux fois et demie celui de l'eau, notre sens du poids de chaque morceau de pierre aurait été quatre fois plus grand qu'à présent, et nous aurions été obligés pour la satisfaction de l'œil d'adopter des proportions beaucoup plus massives dans chaque genre d'architecture (1).

La connaissance de la distance et de la direction des sons (*Ouïe*, p. 170) est en réalité une association entre des sons et des mouvements ou des idées musculaires. Ces propriétés elles-mêmes ne tombent pas sous le sens de l'ouïe, mais ce sont des propriétés locomotives qui ont pour signe dans l'esprit des sensations de son.

Sensations unies à des sensations. Sous cette désignation nous pourrions comprendre toutes les combinaisons qui naîtraient de l'association d'un sens avec chacun des autres, des sensations organiques avec des goûts et des odeurs, avec des tacts, des sons, des visions ; des odeurs avec des tacts, et ainsi de suite. Il suffira de citer les associations des sens supérieurs.

Les tacts s'associent aux sons ; quand nous frappons un corps, nous reconnaissons au son qu'il rend l'impression qu'il ferait au tact, nous pouvons distinguer ainsi la pierre, le bois, le verre, la poterie. Ce genre d'association est très fréquent et très sûr.

Les tacts sont associés aux sensations de la vue dans le fait si général qui consiste à rattacher les propriétés tactiles des choses avec leur apparence visible, en vertu de quoi l'une peut à l'instant rappeler l'autre. Nous associons les qualités tangibles de rudesse, de poli, de solidité, de liquidité, de viscosité, avec les impressions caractéristiques qu'elles font sur l'œil, et nous pouvons à chaque instant rappeler le tact par la vue, ou la vue par le tact. Nous pouvons distinguer les métaux, les pierres, le bois, les étoffes, les feuilles, les fleurs, par l'un ou par l'autre sens, et nous nouons une association entre les impressions tactiles et les impressions visibles. Chaque personne possède une grande somme de connaissances sous forme d'associations

---

(1) A supposer que la ténacité n'eût pas augmenté, c'est-à-dire que la propriété de résister à l'écrasement fût restée la même. Les bâtiments de fer sont beaucoup moins massifs que ceux de pierre, malgré la plus grande densité de la matière ; mais la ténacité plus grande de cette substance joue aussi son rôle, et l'on diminue beaucoup du poids que l'édifice doit supporter en employant des fers creux et grêles.

de la vue et du tact. Nous rattachons d'une façon analogue la forme que nous révèle le tact, avec les formes visibles, et nous faisons servir l'une à la confirmation des autres. La notion de la figure est en réalité une coalition d'impressions différentes, ce qui lui donne un caractère plus complet et plus parfait. Nous reviendrons sur ce sujet.

Les sons sont associés avec les sensations de la vue dans d'innombrables cas. Nous rattachons les apparences visibles des corps au bruit qu'ils rendent sous un choc. Nous associons un instrument de musique avec la qualité de ses notes, les animaux avec leur cri. De même pour l'homme, puisque chaque personne que nous connaissons a une voix qui la distingue. Dans l'acquisition des langues, nous trouvons deux cas d'association : celle qui rattache chaque objet visible au son de son nom, soleil, montagne, maison, etc. ; et celle qui, lorsqu'on apprend à lire, associe les sons aux caractères écrits ou imprimés.

Il est à supposer que la *rapidité de l'adhérence* des associations *hétérogènes* dont nous nous occupons, doit varier avec l'aptitude adhésive de chacun des deux sens qui entrent dans la combinaison. Ainsi, quand les sons se rattachent à des sensations de la vue, la bonté de l'oreille et la rétentivité de l'œil contribuent l'une et l'autre à l'adhérence. On peut en conclure que toutes les associations de la vue arriveront plus vite à la maturité que celles qui sont formées avec des sensations des sens inférieurs. C'est à cela que la vue doit d'être le sens représentatif par excellence. Les choses qui ont été *vues* se réveilleront plus nettement dans l'esprit qu'aucune autre. Nous aimons mieux concevoir les objets de la nature comme ils apparaissent à l'œil, plutôt que comme ils affectent l'oreille ou le tact. Une orange peut frapper les sens de bien des manières, mais la sensation qu'elle fait sur la vue, est, avant toutes, celle qui se réveille dans l'esprit, son « idée ».

V. — De la perception. Le monde matériel.

Problèmes métaphysiques qui se rattachent à la perception. — Perception des distances et des grandeurs des corps extérieurs. — Perceptions qui résultent de l'œil seul. — La distance et la grandeur nécessitent le jeu d'autres organes, théorie de Berkeley sur la vision, examen des objections opposées à cette théorie. — Signification de l'étendue. — Étendue considérée comme résultat d'une association d'états mentaux : examen des opinions opposées, théorie de Hamilton.

De la perception et de la croyance à l'existence du monde extérieur.

Questions relatives à l'existence indépendante de la matière : 1° Pas de connaissance qui ne soit relative à notre esprit ; 2° le sentiment de l'extériorité implique l'existence de notre activité ; 3° l'expérience rattache certains changements dans les sensations à la conscience de certains mouvements ; 4° l'expérience fournit les matériaux de la croyance à l'actuel ; 5° suggestions fournies par plusieurs sens en même temps ; 6° l'extériorité signifie ce qui est commun à nous et à d'autres. Le monde extérieur. sens du *sentiens* et du *sensum*. — Procédure de la perception de la distance et de la grandeur d'un objet d'après l'adaptation oculaire et l'étendue de l'image sur la rétine, expériences de Wheatstone. — L'appréciation de la distance découle du jugement de la grandeur. — Perception de la solidité, vision binoculaire. — La perception de la solidité est impliquée dans celle de la distance. — Localisation des sensations de notre corps. — Associations des différences des sensations, hypothèse pour expliquer la localisation des sensations du tact et de la vue. — Association des différences de sensations musculaires, théorie de Hamilton sur la relation inverse qui subsisterait entre la sensation et la perception.

Au point où nous sommes arrivés, nous avons à examiner la perception et la connaissance du monde matériel, que nous obtenons par les impressions musculaires et les sensations, comme par les associations qui les unissent. L'origine de cette connaissance, sa vraie nature et le degré de certitude qui s'y attache, soulèvent quelques-unes des questions les plus importantes de la métaphysique. Deux problèmes surtout demandent une solution. Le premier touche à l'origine des perceptions que nous devons à la vision, à savoir les formes et les grandeurs des corps extérieurs et la distance qui les sépare de l'œil. Depuis que Berkeley a soutenu que ces perceptions étaient non point originelles, mais acquises, elles ont été un objet de discussion entre les métaphysiciens. La seconde question est celle de la perception du monde extérieur ou matériel ; elle dérive de l'autre à la fois historiquement et naturellement ; elle a fourni au xviii° siècle le principal sujet des discussions métaphysiques.

De la perception des distances et des grandeurs des corps extérieurs.
La couleur est l'objet de la sensibilité spécifique de l'œil. La couleur est l'effet spécifique de ce sens. Mais la sensation de couleur n'implique *par elle-même* aucune connaissance d'un objet extérieur qui serait la cause de la couleur ou une chose à laquelle la couleur serait inhérente. Cette sensation est simplement un effet mental, un sentiment ou un état de conscience, que nous pourrions distinguer d'autres états de conscience, comme, par exemple, d'une odeur ou d'un son. Nous pourrions aussi montrer la différence qu'il y a entre cet état de conscience et d'autres de même espèce, plus ou moins vifs, plus ou moins persistants, plus ou moins étendus. Ce serait distinguer les différences qualitatives entre une couleur et une autre. Du plaisir ou de la peine, avec distinction d'intensité ou de durée, s'attacherait à

la sensation de couleur. Mais il n'y aurait pas de connaissance d'un corps extérieur ou matériel coloré ni de croyance à son existence.

Mais quand nous faisons intervenir la sensibilité active ou musculaire de l'œil, nous obtenons de nouveaux produits. Un coup d'œil sur un champ coloré donne une sensation d'une somme définie d'*action*, de l'exercice d'une force interne, c'est-à-dire de quelque chose qui diffère complètement de la sensation passive de lumière. Cette action a beaucoup de modes différents ; ils sont tous de même qualité, mais nous les reconnaissons et nous les sentons distinctement. Ainsi les mouvements peuvent se faire dans toute direction, horizontale, verticale ou oblique, et chacun d'eux fait une impression différente de l'autre. A ces mouvements, il faut ajouter ceux d'adaptation de l'œil déterminés par les différences d'éloignement des objets. Nous avons des sensations distinctives pour ces différentes adaptations, tout comme nous en avons pour les différents mouvements à travers le champ de la vision. Si nos yeux sont adaptés d'abord pour la vision nette d'un objet à six pouces de l'œil, et qu'ensuite leur adaptation change pour se mettre en rapport avec un objet distant de six pieds, nous avons distinctement conscience du changement et du degré ou de la qualité de ce changement. Nous connaissons que le changement est plus grand qu'il ne serait si l'adaptation s'étendait à trois pieds, et qu'il est moindre que pour une adaptation à un objet distant de vingt pieds. Ainsi, dans les changements que l'œil subit pour la vue de près et la vue de loin, nous avons une aperception distincte de la quantité ou degré, non moins que dans les mouvements à droite et à gauche, en haut et en bas. Des sensations ayant le caractère d'activité s'incorporent ainsi à la sensibilité pour la couleur, l'impression lumineuse s'associe avec l'acte qui nous est propre, et cesse d'être un état purement passif. Nous trouvons que la lumière change à mesure que notre activité change. Nous y reconnaissons une certaine connexion avec nos mouvements ; il se produit une association entre la sensation passive et la force active de l'organe de la vision, ou plutôt du corps en général ; car les changements de la vision dépendent des mouvements de la tête et du tronc, aussi bien que du roulement de l'œil dans son orbite.

Nous ne sommes pas encore arrivés à la perception ou connaissance d'une chose extérieure en tant que source de la couleur, ou en tant qu'occasion des divers mouvements et ajustements des yeux. Nous avons des sensations distinctives de couleur, des aperceptions de changements dans l'activité, et l'association de deux aperceptions de couleur et de mouvement dans un seul fait, mais rien ne révèle ou ne suggère les choses externes ; nous avons simplement les moyens de composer plusieurs états mentals. Nous ne voyons pas non plus comment, avec l'œil *seul*, nous pouvons toujours passer de l'état de conscience, interne, à la perception de l'objet extérieur, à la reconnaissance, à la connaissance de choses hors de nous, distinctes de nous, et à la croyance à l'existence de ces choses qui seraient les causes de ces états de conscience. Beaucoup ont affirmé, et beaucoup plus encore ont supposé, que cette faculté appartenait à la vision, mais en cela il nous semble qu'ils ont commis une erreur et méconnu le sens psychologique de cette perception d'un monde extérieur. C'est ce que nous allons tâcher d'expliquer.

On admet que la reconnaissance d'un monde distinct du soi est attachée à la perception de l'étendue, de la forme, de l'éloignement, qu'on appelle qualités *primaires* de la matière. La chaleur, l'odeur, le goût, la couleur, seuls, ne suggèrent pas des objets extérieurs indépendants : on les appelle pour cette raison, qualités *secondaires* des corps. Examinons donc les deux faits de la distance et de l'étendue, qui impliquent l'un et l'autre l'existence extérieure dans la mesure où nous reconnaissons l'existence d'un monde matériel distinct de l'esprit et que nous croyons à sa réalité. Pour ces deux qualités, à savoir : 1° la distance qui sépare une chose de l'œil qui la voit, et 2° les dimensions réelles d'un corps dans l'espace, nous affirmons qu'elles ne peuvent être aperçues ou connues par l'intermédiaire de la vue seule.

Prenons la première, la distance ou éloignement. Il nous semble que le *sens même* de cette qualité, la valeur entière du fait qu'elle implique, est de nature à ne pouvoir être saisie par la vue seule. En effet, qu'entend-on quand on dit qu'un objet est éloigné de quatre pas de l'endroit où nous sommes ? Selon nous, c'est entre autres choses, qu'il faudrait un certain nombre de pas pour y aller, ou pour réduire la distance de quatre pas à un, par exemple. L'idée même de distance implique la possibilité d'une certaine quantité de locomotion. L'œil pourrait constater un changement après que la distance aurait été réduite de quatre pas à un, mais il n'a par lui-même aucune connaissance de la cause ou des incidents qui accompagnent ce changement. Ce sont d'autres agents qui les mesurent, et quand les distances sont grandes, c'est l'effort locomoteur et la durée du mouvement nécessaire pour passer d'un bout à l'autre. S'il s'agit d'un objet à la portée de la main, les mouvements du bras donnent la mesure de la distance ; ils fournissent le fait concomitant qui fait que la distance est quelque chose de plus qu'une impression visible. Quand nous disons qu'une chose a été élevée d'une position de six pouces de distance de l'œil à une position de douze, nous supposons qu'avec le changement de l'effet sur l'œil, il y a un autre changement correspondant à un certain mouvement défini de la main et du bras en avant, et, à moins de supposer cette action supplémentaire, nous n'avons rien qui nous explique le changement survenu dans l'image visible. Nous disons donc que la distance ne peut être perçue par l'œil, parce que l'idée de distance, par sa nature même, implique des sensations et des mesures que l'œil ne fournit pas, et qu'il faut rapporter à d'autres organes, les membres et les autres organes de mouvement. Si la notion de distance ne nous révélait pas le fait que par tant de pas, ou par une certaine flexion du bras, ou par telle courbure du corps, nous pouvons produire un changement défini dans l'aspect de l'objet, elle ne serait pas une notion de distance, elle serait un effet oculaire, non une révélation de la distance. Nous admettons que l'œil est très distinctement affecté par tout changement dans l'éloignement d'un objet visible de six pouces à un mille, qu'il reconnaît une variation d'impression dans toute l'étendue de cet intervalle. Mais cela ne répond pas à la question de savoir de combien l'objet est éloigné à chaque variation de l'image. Nous ne voyons pas comment l'œil pourrait dire de quelle façon la chose se meut. La distance actuelle signifie tant de pouces, tant de pieds, tant de pas, et l'œil ne nous donne aucune mesure de ces choses ; elles n'ont même rien à faire avec l'œil ; elles relèvent des mouvements locomotifs ou autres, mais non des mouvements de la vue.

Pendant les efforts du corps dans la locomotion, nous avons une sensation musculaire définie : nous reconnaissons un effort comme plus grand qu'un autre ; la sensation d'un grand pas est différente de celle d'un petit ; avec six pas nous n'avons pas le même état de conscience qu'avec quatre. Nous acquérons des impressions permanentes renouvelables de ces efforts quand nous les avons souvent répétés, comme, par exemple, celui qui consiste à arpenter la longueur d'une pièce. Nous pouvons comparer les nouveaux cas avec cet ancien effort qui nous est habituel, il en résulte une aperception de plus ou de moins. Cette aperception est, à notre avis, notre point de départ dans le sentiment que nous fait éprouver la distance traversée ; c'est l'origine de l'aperception, la mesure, le type étalon, qui nous sert d'instrument de vérification quand nous arrivons à la même notion par d'autres moyens. Quand nous faisons un mouvement en avant, et qu'en même temps nous apercevons un changement rapide dans l'aspect des objets placés devant nous, nous associons le changement à l'effort locomoteur, et, après bien des répétitions, nous les rattachons fermement l'un à l'autre. Nous connaissons alors quel fait accompagne : 1° une certaine tension musculaire ; 2° une sensation définie de convergence des deux yeux ; 3° une certaine dissemblance des deux images ; 4° la clarté ou le vague des contours de l'image, et 5° une grandeur rétinienne fixe ou variable ; ces sensations oculaires (à la fois optiques et musculaires) se sont liées à l'expérience ultérieure et plus distincte d'une force locomotrice définie qui se dépense à produire un changement défini dans leur qualité ou leur degré. Sans cette association, on pourrait bien reconnaître qu'une sensation oculaire diffère des autres sensations oculaires, mais on ne pourrait avoir par l'œil des perceptions d'un autre ordre. Les sensations collectives que nous éprouvons quand le muscle ciliaire est relâché, quand les yeux sont parallèles (la vision étant distincte), quand les deux images sont les mêmes, quand une légère vapeur recouvre l'image, et quand la grandeur rétinienne des formes que nous connaissons familièrement est petite, toutes ces sensations impliquent, comme résultat de l'expérience antérieure, qu'un effort prolongé de locomotion serait nécessaire pour convertir ces sensations en sensations d'un caractère opposé ; cette suggestion d'un effort locomoteur, c'est le fait, et tout le fait, qu'on appelle la distance réelle qui sépare l'objet de l'observateur.

Telle est, traduite dans la langue de la psychologie moderne, la théorie de Berkeley sur la perception de la distance ; théorie qui a longtemps paru, à la grande majorité des savants, d'une force irrésistible, alors même que très peu se convertirent à la doctrine de la perception du monde extérieur dont la théorie de la vision ne fut que le prélude. Mais de nos jours la théorie qui explique la distance par l'*association* a été attaquée, et l'on est revenu à la doctrine opposée, qu'on appelle *instinctive*.

La plupart des objections opposées à cette théorie ne portent que sur les imperfections inhérentes à la façon dont l'auteur la formulait. De son temps la sensibilité musculaire ou active de l'organisme ne jouait aucun rôle dans l'explication des sens ; on n'en parlait qu'à propos du tact. Le langage de Berkeley, qui représente la perception de la distance comme une association de la vue et du tact, doit être abandonné comme inexact et insuffisant. Mais quand, au lieu de tact, nous disons l'agrégat de nos mouvements, nous donnons à la théorie une tout autre défense, contre laquelle on n'a pas encore lutté avec avantage.

La force des objections contre notre théorie, sous quelque forme qu'elle se présente, aujourd'hui, consiste principalement dans la grande maturité de la perception de la distance dès les premières époques de la vie, maturité qui semble hors de proportion avec l'allure habituelle de nos procédés d'acquisition. D'autre part, ses adversaires ont fait remarquer que nous n'avions ni les moyens ni les occasions nécessaires pour obtenir par l'expérience d'aussi grands résultats. Toutefois ces occasions ont été appréciées beaucoup au-dessous de leur valeur. Deux circonstances, en particulier, ont été complètement négligées.

En premier lieu, à l'expérience du tact (dans la langue de Berkeley) qui dans l'enfant est très faible à cause de l'incomplet développement des organes et surtout de la faible portée de leur action, substituons les mouvements entiers du corps, quelle que soit leur origine. La locomotion de l'enfant dans les bras de sa nourrice fournit des éléments à l'expérience de la variation de la distance. L'enfant doit éprouver des sensations musculaires quand on le porte d'un lieu à un autre, aussi bien que lorsqu'il marche de ses propres membres ; il commence donc son éducation sur la distance réelle dès le début de sa vie, et sa pratique ne s'arrête pas un seul jour. Si nous supposons qu'il est porté d'un endroit à un autre environ vingt fois dans un jour, il recevrait par an sept mille leçons d'évaluation de distance, sans compter les expériences moins importantes qu'il tirerait du mouvement de ses bras et de son corps à mesure qu'il acquerrait la faculté de se mouvoir lui-même.

Le second fait méconnu par les adversaires de la théorie de Berkeley est la délicatesse remarquable de l'appréciation des changements de la *grandeur rétinienne*. Par la finesse et la faculté descriminative, ce sens est le *premier des sens de l'homme*. Il résulte de la combinaison des impressions des deux organes les plus sensibles, la rétine et le groupe des muscles oculaires. Chaque fois que nous voulons mesurer avec une grande précision une qualité, nous la transformons en une grandeur visible, comme dans la balance et le thermomètre. Quand l'enfant est promené par sa nourrice dans une chambre, il éprouve la plus extraordinaire succession de dilatations et de contractions des images rétiniennes, effet qui s'imprime promptement dans sa mémoire en s'associant avec les expériences concomitantes, locomotives et autres. Dans l'âge mur, nous avons rarement conscience de ces changements rétiniens, puisque nous sommes accoutumés à traduire les phénomènes fluctuants en quelque grandeur réelle constante : mais nous pouvons aisément juger de leur efficacité en songeant à l'admirable fécondité de suggestion d'une échappée de vue. Or, jusqu'à ce qu'on ait pleinement déterminé les effets de l'éducation incessante pour associer les mouvements locomoteurs avec les changements saisissants de grandeur rétinienne (y compris tous les autres changements oculaires), nous ne pouvons dire en quoi l'expérience primitive de l'enfance est insuffisante pour créer les associations entre la distance et ses signes visibles. La théorie n'a jamais été discutée sur cette base.

Il serait facile de faire ressortir les nombreuses inconséquences et les hypothèques fatales où sont entraînés les avocats de la théorie des idées innées ; toutes les difficultés inhérentes aux idées innées en général se retrouvent dans la théorie de la distance. Si l'on admet que la distance est quelque chose de plus qu'une impression purement oculaire, on est conduit à l'hypothèse improbable, combattue par des faits sans ambiguïté, que deux sons sont unis par une alliance innée ; nous ne sentons pas les sons par l'odorat, pas plus que nous n'entendons les impressions du goût (1).

Le mouvement par lequel l'œil parcourt le champ de la vision pour embrasser un objet qui s'étend dans le sens transversal, nous donne une aperception distinctive, de sorte qu'un mouvement plus étendu se distingue d'un moins étendu ; mais il ne nous apprend rien de plus. Il ne nous fait rien connaître d'une chose externe ; assurément, il ne nous dit rien de l'étendue, comme grandeur réelle, par cette raison simple que l'étendue signifie un mouvement donné du corps ou d'un membre. Quand nous disons que nous avons devant les yeux une poutre de bois de 6 mètres de long, nous voulons dire qu'il faudrait un certain nombre de pas pour en parcourir la longueur : l'impression visuelle ne peut d'elle-même signifier ou impliquer un fait de cette nature, à

---

(1) M. Abbot prétend que, bien que l'œil possède la faculté de percevoir la distance, il ne peut posséder aucune idée de l'étendue de marche qu'il faut pour la parcourir (*Sight and Touch*., p. 134). M. Mill remarque avec raison que cet aveu fait tomber le débat: « Si nous voyions la distance, nous n'aurions pas besoin d'apprendre par l'expérience quelle distance nous voyons. » M. Abbot réplique: « Il serait aussi vrai de dire que parce qu'on admet qu'une personne peut apprendre à distinguer les notes avec précision, on est forcé d'admettre que ces notes ne sont pas perçues par l'oreille. Si nous entendions les sons, nous n'aurions pas besoin d'apprendre quels sons nous entendons. Certainement, nous ne sommes pas moins redevables à l'expérience pour la connaissance précise des distances que nous parcourons. » L'analogie invoquée par M. Abbot manque de justesse. La dispute ne porte pas sur la sensibilité propre de l'œil pour la couleur, etc., la seule chose qui ait de l'analogie avec la sensibilité de l'oreille pour la hauteur d'un son ; la discussion porte sur une expérience adventice ou étrangère ; la véritable analogie voudrait qu'on invoquât la faculté d'ouïr la distance, ce que nous pouvons faire, grâce à une *opération acquise*. Nous reconnaissons que nous n'avons pas besoin d'éducation pour dire de l'oreille qu'elle entend la hauteur du son, ou de l'œil qu'il voit la couleur, mais il faut que l'expérience nous informe à propos d'une autre propriété, découverte par un autre sens, que cette propriété accompagne une sensation de la vue ou du son.

La dispute est interminable et futile tant qu'on croit que la distance signifie quelque chose qui n'est pas une *locomotion possible*. Si la distance est quelque chose de plus qu'une impression de la sensibilité propre de l'œil pour la lumière, la couleur, le mouvement visible et la forme visible, et pourtant si elle n'est pas l'expérience de la locomotion, qu'est-elle donc ?

moins que l'expérience n'ait associé l'amplitude du mouvement de l'œil avec l'amplitude des mouvements des jambes, ou des autres organes doués du mouvement.

En conséquence, nous pensons que l'étendue en général est un sentiment dérivé d'abord des organes locomoteurs ou du mouvement, qu'une quantité définie de mouvement de ces organes s'associe avec l'amplitude des mouvements comme avec les adaptations et les autres effets de l'œil ; et que, lorsque la notion a acquis son plein développement, elle est une combinaison de sensations de locomotion, du tact, de la vision, dont chacune implique et rappelle les autres. Un certain mouvement de l'œil, comme celui qui consiste à embrasser la surface d'une table, nous donne l'impression de la grandeur de cette table, quand il rappelle et réveille l'étendue et la direction du mouvement des bras nécessaire pour embrasser la longueur, la largeur et la hauteur de la table. Avant cette expérience, la vue de la table serait un simple effet visible différant d'autres effets visibles par l'impression qu'elle fait sur la conscience, et ne suggérant aucun autre effet étranger ; elle ne pourrait pas suggérer la grandeur, car la grandeur n'est rien si elle ne signifie l'amplitude du mouvement des bras ou des jambes qui serait nécessaire pour embrasser l'objet, et cette notion ne peut être acquise qu'à la suite d'expériences effectives exécutées par ces mêmes organes.

Nous devons donc conclure que l'étendue, le volume, la grandeur, doivent non seulement leur origine, mais leur signification générale, leur sens, à une combinaison de différents effets associés ensemble en vertu du principe d'association qui nous occupe. L'étendue ou espace, en tant que qualité, n'a pas d'autre origine, n'a pas d'autre sens qu'une association de ces différents effets moteurs et sensitifs. La coalition des sensations de la vue et du tact avec le sentiment d'un emploi de forces motrices, explique tout ce qui appartient à la notion de grandeur étendue ou d'ESPACE.

Cette opinion a ses défenseurs et ses adversaires. Parmi ces derniers, je me borne à citer Hamilton, qui s'exprime sur ce sujet de la manière suivante : « Les opinions si généralement acceptées, que par le tact, ou par le tact et le sentiment musculaire, ou par le tact et la vue, ou par le tact, le sentiment musculaire et la vue, que par ces sens exclusivement nous percevons l'étendue, etc. ; je ne les admets pas. Au contraire, je soutiens que toutes les sensations quelles qu'elles soient, dont nous avons conscience, comme étant extérieures l'une à l'autre, nous fournissent, *eo ipso*, la condition qui nous fait saisir immédiatement et nécessairement l'étendue ; en effet, dans la conscience même de cette extériorité réciproque, est impliquée réellement une perception de différence de lieu dans l'espace, et par conséquent de l'étendue. (*Dissertations on Reid*, p. 861 (1).) La proposition de Hamilton est susceptible de deux interprétations. Dans l'une, le simple fait de la pluralité optique entraîne, comme une conséquence naturelle, la perception de l'espace, supposition entièrement gratuite. Dans la seconde, l'auteur admettrait tacitement la doctrine kantienne de l'espace comme forme *a priori*, manifestée dans la conscience quand nous avons une pluralité de sensations optiques, par exemple, deux flammes de bougie. Sans nous expliquer sur les difficultés que présente l'explication *a priori*, nous nous bornerons à présenter l'autre, l'explication *a posteriori*, d'après laquelle l'espace implique, comme sa signification même, l'expérience de la locomotion, et se compose d'une combinaison de sensations avec les sensations du mouvement, tant actuelles que possibles. Si je vois devant moi deux objets distincts, comme deux flammes de bougie, je les saisis comme deux objets différents et comme séparées l'une de l'autre par un intervalle d'espace, mais cette appré-

(1) Du moment que l'œil contient un élément actif, à savoir les nombreux mouvements que nous sentons avec précision, la vision est quelque chose de plus qu'une sensation optique. Hamilton n'y fait pas attention, et paraît soutenir qu'à l'exclusion de l'aperception du mouvement oculaire, l'œil peut être l'organe par où nous vient l'idée d'espace. Or, bien loin que cette opinion soit prouvée, on peut montrer par un exemple décisif que la sensibilité optique ne donne pas même la forme *visible*, qui est l'apanage d'une autre partie du mécanisme visuel.

En suivant un mouvement d'une grande étendue, ou en promenant la vue sur un horizon large, nous sommes obligés de mouvoir les yeux ou la tête, et probablement tout le monde accordera que, dans ce cas, les sensations du mouvement constituent une partie de la sensation de notre idée subséquente. La notion que l'œil nous fournit d'une montagne contient évidemment des sensations du mouvement oculaire. Mais, quand nous regardons un cercle d'un dixième de pouce de diamètre, l'œil peut l'embrasser dans son entier sans mouvement, et nous pourrions supposer que la sensation est dans ce cas purement optique, puisqu'on ne voit pas de nécessité de faire intervenir l'aperception du mouvement musculaire. Une impression optique caractéristique est produite ; nous devrions être en état de distinguer entre un petit cercle et un carré, ou un ovale, ou entre ce cercle et un autre un peu plus grand ou un peu plus petit, d'après la pure différence optique de l'effet produit sur la rétine. Pourquoi donc ne pouvons-nous pas dire que, par le tracé lumineux seul, nous n'avons pas la sensation de forme visible ?

Quand on fait une supposition aussi excessive, il est facile de se mettre en dehors de toute vérification directe par l'expérience. Il y a pourtant de bonnes raisons pour soutenir que dans ce cas même l'élément musculaire ne fait pas défaut. D'abord, les notions de forme que nous possédons sont acquises par des opérations des sens exécutées sur une large échelle, ou par l'examen d'objets d'une telle grandeur qu'il faut toute l'amplitude du mouvement dont l'œil est capable pour les embrasser. Nous posons les fondements de la connaissance du contour visible dans des circonstances où l'œil est nécessairement *actif*, et où son activité se combine

hension présuppose une expérience indépendante, une connaissance de l'étendue linéaire. Rien ne prouve qu'à la première vue de ces objets, et avant qu'aucune association se soit formée entre les apparences visibles et les autres mouvements, nous soyons capables d'appréhender la double apparence et la différence de lieu. Nous sentons dans notre impression une distinction, en partie optique, en partie musculaire; mais pour que cette distinction puisse signifier pour nous une différence de position dans l'espace, elle doit nous révéler, en outre, qu'un certain mouvement de notre bras porterait ma main d'une flamme à l'autre, ou que quelque autre mouvement de quelqu'un de nos organes changerait d'une quantité définie l'apparence que nous voyons maintenant. Si nous ne recevons aucune information touchant la possibilité de mouvements du corps en général, nous ne recevons aucune idée d'espace, car nous ne croyons pas posséder une notion de l'espace tant que nous ne reconnaissons pas distinctement cette possibilité. Mais comment une impression de la vue peut révéler par avance ce que serait l'expérience de la main ou des autres membres, on ne l'a jamais expliqué.

L'expérience combinée des sens et des mouvements nous semble fournir tout ce que nous savons de la matière étendue. L'association entre la vue et la locomotion, ou entre le tact et les mouvements du bras, nous dit qu'une apparence donnée implique la possibilité d'un

avec les impressions rétiniennes. L'idée visuelle d'un cercle s'acquiert d'abord en promenant l'œil autour de quelque objet circulaire d'une dimension considérable. Cela fait, nous transportons le fait du mouvement à des cercles plus petits, bien qu'ils n'exigent pas par eux-mêmes un mouvement oculaire considérable. De sorte que, lorsque nous regardons un petit corps rond, nous sommes déjà sous l'influence de la double nature de la forme visible, et nous ne pouvons plus dire comment nous la regarderions, si nous en étions à regarder un cercle pour la première fois.

Mais, ensuite, comme nous l'avons fait remarquer dans le texte à propos de la distance et de l'étendue, la *signification* essentielle de la forme visible n'est pas susceptible d'être acquise sans l'expérience des mouvements de l'œil. Si nous regardions une petite tache ronde, nous connaîtrions une différence optique qui la distingue d'une tache triangulaire, et nous reconnaîtrions qu'elle est identique avec une autre tache ronde; il n'y aurait là qu'une connaissance d'origine purement rétinienne, une distinction optique. Ce ne serait pas reconnaître une forme, parce que par forme nous n'avons jamais voulu dire si peu de chose qu'un changement de couleur. Nous entendons par une forme ronde quelque chose qui exigerait un mouvement de l'œil d'une certaine amplitude pour l'embrasser, et à moins d'identifier la petite tache avec les cercles vus précédemment, nous ne la reconnaissons pas pour un cercle. Elle peut rester dans notre esprit comme une impression purement optique, mais il nous est impossible de franchir l'abîme qui sépare une impression optique d'un effet combiné de lumière et de mouvement autrement qu'en faisant intervenir quelque expérience de mouvement.

certain mouvement ; qu'un bâtiment éloigné implique qu'une certaine continuation de nos efforts de marche en changerait l'apparence en une autre que nous appelons une vue nouvelle ; la faculté du mouvement, la carrière du mouvement, voilà toutes les propriétés de l'idée d'espace vide. Nous l'estimons d'abord par nos propres mouvements, et ensuite par d'autres mouvements mesurés dans le premier cas par notre mouvement propre, comme, par exemple, le vol d'un oiseau, la vitesse d'un boulet de canon, ou le mouvement de la lumière. La conception mentale de l'espace vide, c'est la *carrière du mouvement*, la possibilité ou potentialité du mouvement, et cette conception nous la tirons de notre expérience des mouvements. La *résistance au mouvement* est la notion de plein ou d'espace occupé ; l'*étendue de mouvement* est la mesure de l'étendue linéaire du corps ou grandeur étendue. Nulle révélation interne, nulle intuition ni suggestion innée, n'est nécessaire pour nous fournir les notions que nous possédons réellement de ces qualités.

De la perception et de la croyance à l'existence du monde extérieur.

Du moment que la connaissance et la perception sont purement mentales, on s'est demandé s'il y a quelque chose dans l'univers de plus que l'esprit et ses phénomènes, ou bien quelle raison nous avons de croire qu'il y a hors de nous des objets qui sont la contre-partie de nos sensations et qui n'en dépendent pas. Une pensée pendant l'état de veille n'est-elle pas elle-même un rêve ? A cette question, la plus intéressante de toutes celles de la philosophie, nous allons répondre par les remarques suivantes :

1. Nulle connaissance d'un monde n'est possible si ce n'est par rapport à l'esprit. Connaissance signifie un état de l'esprit ; la notion des choses matérielles est un fait mental. Nous sommes incapables de discuter l'existence d'un monde matériel indépendant, l'acte même est une contradiction. Il ne peut être question que d'un monde présenté à l'esprit. Par une illusion de langage, nous feignons de pouvoir contempler un monde qui ne fait point partie de notre esprit ; mais cette tentative se donne à elle-même un démenti, car cette contemplation n'est qu'un effort de l'esprit.

Néanmoins, nous sommes accoutumés à diviser l'acte de connaissance en deux parties, une qui connaît et une qui est connue. Dans la sensation, il semble que nous ayons un esprit qui sent et une chose sentie, *sentiens* et *sensum*. Il faut expliquer la double nature de la sensibilité et de la connaissance. Si la chose qui connaît, sent, perçoit, s'appelle l'esprit, quelle est l'autre chose qui est connue, sentie, perçue ?

2. La solidité, l'étendue, l'espace, propriétés fondamentales du monde matériel, signifient, ainsi que nous l'avons dit plus haut, certains mouvements et certaines forces de notre corps, et existent dans l'esprit sous la forme de sentiments de force alliés avec des sensations visibles et tactiles comme aussi avec d'autres impressions sensibles. Le sens de l'externe est un état de conscience de forces et d'actions particulières qui nous sont propres.

Si nous étions le sujet de sensations purement passives, comme la chaleur, l'odeur, la lumière, indépendamment de tout mouvement actif d'un membre quelconque, la connaissance que nous aurions du monde extérieur serait nécessairement très différente de celle que nous possédons maintenant. L'état de la conscience serait alors, autant que nous pouvons l'imaginer, de la nature du rêve, et la perception de l'univers serait suffisamment représentée par la theorie commune de l'idéalisme.

Mais, chez nous, la sensation n'est jamais complètement passive, et en général elle est pour une partie considérable le contraire. En outre, la tendance au mouvement existe avant le stimulus de la sensation, et le mouvement apporte un caractère nouveau à la perception. La manifestation d'une force, et la conscience de cette force, sont des faits qui diffèrent totalement de la sensation pure, c'est-à-dire de la sensation absolument dépourvue d'activité, dont nous pouvons nous former quelque idée approximative à l'aide des cas extrêmes d'impressions que nous recevons avec inertie.

C'est dans cette conscience de dépense de force que nous devons chercher le sentiment particulier de l'*extériorité* des objets, ou la distinction que nous faisons entre ce qui nous affecte du dehors et les impressions que nous ne reconnaissons pas comme *extérieures*. Toute impression sur les sens qui éveille la force musculaire, et qui varie avec cette force, nous l'appelons *externe*. Le docteur Johnson croyait réfuter Berkeley en frappant une pierre du pied. En réalité, l'acte de Johnson démontre la vraie nature de notre connaissance de l'externalité. C'était son propre effort avec les conséquences que cet effort entraînait, et non l'impression optique d'une pierre, qui lui paraissait une preuve satisfaisante de l'existence de quelque chose hors de lui. La somme totale de toutes les occasions de dépense de force active ou conception de la possibilité de cette dépense, voilà ce qu'est pour nous le monde extérieur.

D'après l'ordre que nous aurons suivi dans le premier livre de cet ouvrage, le tact est le premier sens qui nous fait décidément connaître un monde extérieur. Mais si nous étions réduits à la classe des sensations de tact doux, lisse, poli, qui nous donnent au plus haut degré le plaisir passif du tact, nous ne trouverions pas ce sens bien supérieur à l'odorat, par la somme de connaissance qu'il nous apporterait relativement au monde extérieur. C'est un *contact dur* qui suggère l'externalité, par la raison que dans ce contact nous sommes obligés de dépenser notre force propre. Plus intense est la pression, plus énergique est l'activité qu'elle suscite. Cet état mixte produit par la réaction d'un effort musculaire sur une sensation du tact, constitue le *sens de la résistance*, le sentiment qui est le plus solide fondement de la notion d'externalité. « Nul sentiment, dit James Mill, n'a pour nous plus d'importance que celui de la résistance. De tous, c'est le plus continu ; en effet, assis, couchés, debout ou en marche, ce sentiment ne cesse d'être présent dans notre esprit. Tout ce que nous touchons résiste au même moment, tout ce que nous entendons, voyons, goûtons, odorons, nous suggère l'idée de quelque chose qui résiste. C'est par l'intermédiaire de la résistance que nous accomplissons tous les actes par lesquels nous appliquons à notre usage les objets et les lois de la nature. Il n'y a guère d'état complexe de conscience, d'où le sentiment ou l'idée de résistance ne soit compris. » En réalité, nous ne cessons pas de porter partout avec nous le sentiment ou la notion de la résistance, c'est-à-dire, en d'autres termes, l'état où une sensation de tact est associée avec une dépense d'effort.

La principale considération dans cette grande question est donc que la totalité de notre esprit se compose de deux genres d'états de conscience, — la conscience-objet et la conscience-sujet: la première est le monde extérieur, le *non-moi;* la seconde est le *moi*, l'esprit proprement dit. Il est parfaitement vrai que la conscience-objet, que nous appelons externalité, est encore un mode du moi dans le sens le plus compréhensif, mais non dans le sens usuellement restreint de *moi* et *d'esprit* qui sont les synonymes du sujet à l'exclusion de l'objet.

3. Nous éprouvons certaines sensations qui reviennent uniformément et certains changements dans ces sensations, quand nous dépensons notre force de certaines manières. Ainsi l'image visible de notre demeure est une expérience permanente habituelle, et les variations qu'elle subit correspondent principalement à des mouvements dont nous avons conscience. Mais à certains moments l'image disparaît entièrement et n'existe plus que dans la mémoire ou en idée. Nous comprenons alors la différence qu'il y a entre les deux expériences, l'*idéale* et l'*actuelle*, et nous attribuons une supériorité à l'un de ces modes d'existence sur l'autre. Nous ne tardons pas à trouver que cette supériorité tient aux changements dus à nos mouvements, une simple image ou *idée* reste la même quels que soient les positions et les efforts de notre corps; la sensation que nous appelons *actuelle* est entièrement à la merci de nos mouvements, elle change de toutes les

manières possibles suivant les variétés d'action que nous traversons. Avec un mouvement en avant, l'impression visible s'agrandit; avec un mouvement en arrière elle se rapetisse. Un mouvement de l'œil la supprime, un autre la retablit. Le déplacement de la tête d'un côté à l'autre la modifie; le corps, en se courbant, l'altère d'une autre façon. Nous sommes obligés de faire une distinction entre les choses qui varient d'après nos mouvements, et les idées ou rêves qui varient d'eux-mêmes quand nous sommes au repos. Alors même que la sensation ne signifierait rien en dehors de nous, nous aurions encore à distinguer entre la sensation présente et la sensation remémorée ou réveillée; le rapport qui unit la première à nos mouvements volontaires, et l'autre à des causes qui ne la modifient point de la même manière, nous obligerait à tracer entre elles une différence essentielle, et y voir deux classes de faits. La constance du rapport entre certaines apparences et certains groupes de mouvements est telle que nous pouvons par l'un prédire l'autre. Nous savons que dans une certaine position, par exemple quand nous sommes couchés dans un lit, un mouvement des membres nous procurera la sensation d'un contact solide au pied, qu'une autre série de mouvements nous procurera une image visuelle particulière, qu'un troisième nous donnera à l'oreille le son d'une cloche, et ainsi de suite. Nous reconnaissons tous ces effets sensibles, mis en jeu uniformément par une série régulière d'actions volontaires pendant l'état de veille, comme totalement différents de nos idées, de nos souvenirs, de nos rêves.

4. Nous croyons à l'externalité des causes de nos sensations, c'est-à-dire nous croyons que certaines de nos actions mettront en jeu des sensations, ou les affecteront d'une manière connue; cette croyance nous est tacitement fournie par l'expérience, elle ne dépasse pas ce que notre expérience nous autorise à admettre. Nous avons senti toujours et toujours qu'un arbre devient plus grand pour l'œil à mesure que nous nous mouvons, que ce mouvement amène à la fin une sensation de tact, que cette sensation de tact varie avec les mouvements de notre bras, et beaucoup d'autres circonstances concomitantes; la répétition de toutes ces expériences la fixe dans l'esprit, et par la vue seule nous pouvons prévoir les autres. Nous savons alors que nos mouvements amèneront tous les changements et toutes les sensations que nous venons d'énumérer, et nous ne savons pas davantage; mais cette connaissance est pour nous celle de l'existence externe, la seule chose, selon nous, que l'exercice externe puisse signifier. La croyance à la réalité externe est une induction d'un effet donné à un antécédent donné; les effets et les causes sont les divers mouvements et les diverses sensations qui nous appartiennent en propre.

5. Quand un groupe de mouvements met en jeu en même temps des *sensations de divers sens*, comme lorsque en approchant d'un verger nous avons des sensations de la vue, de l'ouïe, du tact, du goût et de l'odorat, la notion que nous avons de *la dépendance qui lie la sensibilité à l'action ou au mouvement* grandit, le monde extérieur devient, pour ainsi dire, plus riche, l'action plus féconde en sensations. De plus, quand les mouvements successifs amènent de nouvelles sensations infiniment variées, nous sentons que l'abondance de l'effet est une conséquence de notre mouvement. Nous voyons l'immensité du monde possible en la comparant avec l'apparence de ce qui est à nous, l'étendue de notre propre corps, qui nous sert toujours de type de comparaison. Que les causes des apparences soient externes ou non pour notre esprit, nous sommes en tout cas certains qu'elles sont extérieures à notre corps, car il est possible de comparer le monde et le corps de l'homme, tandis qu'entre le monde et l'esprit il n'y a aucune comparaison possible, les termes n'étant pas de même nature. Nous risquons de tomber dans l'absurdité de convertir l'esprit en une substance qu'un autre esprit contemple, quand nous parlons de notre faculté de perception comme d'une chose étendue. Mais nous pouvons comprendre un mouvement qui s'étend au delà de notre personne ; nous entendons par là que le mouvement qui traverse le corps doit être multiplié bien des fois pour traverser le monde, en un mot pour faire apparaître toute la série des changements possibles de sensation.

6. Quand nous communiquons avec d'autres êtres et que nous découvrons par les signes de communication qu'ils passent par la même expérience que nous, nous sentons grandir encore l'idée de la constance de l'association qui unit nos sensations aux forces actives correspondantes. Nous constatons qu'au moment où nous ne sommes pas affectés par une sensation particulière, comme celle de la lumière, d'autres personnes en sont affectées. Par suite, nous généralisons davantage la sensation, et nous formons pour nous une *abstraction* qui comprend toute notre expérience, passée et présente, et toute l'expérience d'autrui, une abstraction qui est la conception suprême à laquelle nos esprits peuvent s'élever touchant un monde extérieur et matériel. Aussi souvent que nous tenons les yeux ouverts, nous avons la sensation de lumière (les exceptions n'ont point d'importance pour le cas qui nous occupe). Là-dessus nous associons cette sensation avec cette action, et nous attendons que, dans toute la durée de l'avenir, l'action conduira à la sensation. D'autres personnes nous disent la même chose ; là-dessus nous affirmons comme fait général qu'un sentiment optique suivra toujours un certain sentiment musculaire, chez nous comme chez les autres êtres doués de sensibilité ; nous ne pouvons

rien affirmer de plus, et rien de plus ne peut nous intéresser. L'affirmation que la lumière et le soleil ont une existence indépendante a pour base et pour signification, que nous avons eu et que tous les autres êtres avec lesquels nous avons eu commerce ont éprouvé une certaine sensation optique en conjonction avec certains mouvements ou efforts dont nous avons eu, ou dont ils ont eu conscience, et que nous attendons, comme ils le font aussi, la même coïncidence dans l'avenir. L'existence externe d'un mur de pierre signifie une association entre certaines impressions optiques accompagne d'un effort locomoteur particulier, et une association nouvelle et encore plus décidée entre le tact et un autre effort, à savoir ce que nous appelons le sens de la résistance. Comme nous trouvons que la même série existe par rapport à tous les autres êtres, nous généralisons le fait jusqu'aux dernières limites, et nous affirmons qu'il a toujours été ainsi dans le passé, et qu'il sera toujours ainsi à l'avenir. Notre langage est à même d'aller au delà; avec toutes les expériences *particulières* (qui seules constituent la preuve réelle de la proposition), nous fabriquons une expérience *abstraite*, fiction du genre le plus anormal, qui va jusqu'à affirmer que la sensation arrivera sûrement non seulement à la suite des actions appropriées qui jusqu'ici l'avaient amenée, mais que les actions aient ou n'aient pas lieu. Il semble que nous n'ayons pas d'autre manière de nous assurer et d'assurer les autres qu'à la suite du mouvement accompagné de conscience qui consiste à ouvrir les yeux, il y aura toujours un état de conscience qui sera une sensation de lumière, qu'en disant que la lumière existe comme fait indépendant, qu'il y ait ou non des yeux pour la voir. Mais à le bien considérer, nous verrons que cette assertion est fausse, non seulement parce qu'elle se met au-dessus de toute preuve possible, mais aussi parce qu'elle implique contradiction. Nous affirmons qu'il y a en dehors de la conscience une existence que nous ne pouvons connaître qu'en tant qu'elle est dans la conscience. En paroles, nous affirmons une existence indépendante, tandis que par cette affirmation même nous nous donnons un démenti. Un monde possible implique un esprit possible qui le perçoive, exactement comme un monde actuel implique un esprit actuel. L'erreur qui s'attache aux expressions usitées dans cette question, est celle qui consiste à supposer que les abstractions de l'esprit ont une existence indépendante, c'est-à-dire la doctrine des idées ou formes de Platon, lesquelles loin d'être dérivées des faits et des réalités par une opération de l'esprit, leur confèrent tout ce qu'ils ont de commun. D'après cette doctrine, les cercles actuels de la nature tireraient leurs propriétés mathématiques de l'idée préexistante du cercle abstrait; les hommes actuels devraient leurs traits communs à l'homme idéal. En sorte qu'au lieu de considérer la doctrine d'un monde extérieur et indépendant comme une généralisation et une abstraction fondée sur nos expériences particulières, qui résume le passé et prédise l'avenir, nous en sommes venus à soutenir que cette abstraction est une réalité indépendante, le fondement, la cause, l'origine de toutes ces expériences.

La distinction tracée entre le *sentiens* et le *sensum* est en fait une distinction entre les deux modes opposés de notre conscience. Avec le sentiment passif nous sommes dans un mode d'existence; avec la manifestation de la force active, nous passons dans un autre mode. Une sensation est, à proprement parler, un *sensum*, une phase de notre conscience *objective*. Quand nous disons qu'à ce *sensum* doit correspondre un *sentiens*, nous voulons dire que le même être, maintenant toute sensation, existe aussi dans une autre phase, celle des sentiments passif ou idées; que ce qui est sensation en ce moment peut être idée au moment suivant, et peut se rencontrer dans le même courant de conscience avec des idées et des sentiments. Nous avons une double vie composée d'états objectifs et d'états subjectifs. Le *sentiens* ou l'esprit qui sent est une partie de la totalité de notre être; le *sensum*, la chose sentie, est l'autre partie, l'opposée, celle dans laquelle nous émettons de la force actuelle. Pour que le contraste soit réel, il n'est pas nécessaire que nous soyons sujet et objet en même temps; le principe de la relativité essentielle de toute connaissance ne suppose pas que les deux éléments contrastés de tout couple soient toujours présents. Il suffit que l'un soit présent et que l'autre ait été présent auparavant (plus cette présence préalable est récente, mieux cela vaut). Nous sommes rarement dans un état purement objectif; mais en beaucoup d'occasions, nous sommes dans un état purement subjectif, tout entier composé d'éléments passifs et d'idées.

La relation fondamentale que soutiennent l'esprit sans étendue et le monde extérieur étendu n'est pas la seule relation du sujet à l'objet qui serve à mettre en lumière la dépendance qui rattache le *non-moi* au *moi*, la nécessité d'un *sentiens* pour accompagner chaque attitude d'un *sensum*. Moi, le sujet, je puis être à certains moments un objet; je puis faire de mes propres états mentaux, de mes sentiments passifs, de la succession de mes pensées, la matière d'une étude, comme dans la science mentale. A proprement parler, en ce moment je suis tout sujet; je me suis abstrait si complètement de la cognition du monde objectif, que nulle partie de moi n'est un objet au sens propre du mot, c'est-à-dire le *non-moi*, le monde matériel étendu. Mais dans la sphère du sujet, où je suis exclusivement pour le moment, je suis comme partagé en deux, le souvenir de mes sentiments ou états de conscience que je suis occupé à étudier et l'acte de les étudier; l'une de ces parties de moi, le fait étudié, est en quelque sorte un objet; l'autre, l'effort pour étudier, est le sujet. Ainsi quand je suis absorbé dans la remémoration, je suis tout sujet, puisque ce que je remémore est une idée ou plusieurs idées, et mon acte de remémorer est aussi appelé une partie de mon *moi*. On voit par là ce qu'il y a du *moi* dans le *sentiens*, en tant que quelque chose qui accompagne le *sensum*. Le moi, dans ces exemples, est un *effort ou un acte volontaire;* et tous les actes volontaires analogues sont provoqués par quelque *sentiment*, c'est-à-dire, au sens rigoureux du mot, par quelque plaisir ou quelque peine. Toutes les fois que nous sommes affectés par un sentiment, nous sommes dans un état subjectif; et par suite nos perceptions externes, ou nos sensations du monde objectif, participent du sujet en ce qu'elles sont mises en jeu par quelque état véritablement subjectif. Ce n'est pas une nécessité absolue invariable; nous pouvons par pure activité spontanée ou par habitude prendre connaissance des choses extérieures, sans qu'il y ait une volition en propre forme; et, en l'absence d'idées ou de sentiments passifs, ou de quelque satisfaction spéciale de plaisir ou d'exercice, nous serions tout *sensum* et nullement *sentiens*. Si l'on affirmait encore un *sentiens* comme impliqué dans le fait du *sensum*, cela voudrait dire uniquement ceci, que le *sentiens* et le *sensum* sont inhérents au même être qu'ils se partagent, et qu'ils ne sont jamais longtemps séparés. En effet, il faut aller plus loin et avouer que l'absence d'une véritable manifestation du *sentiens* dans une attitude du *sensum* est un fait rare et exceptionnel. Toutes les fois que la perception en tant qu'acte volontaire existe, la subjectivité en tant que sentiment doit être présente pour fournir le motif. En outre, toutes les fois qu'une sensation est sentie comme passant à l'état d'idée, c'est-à-dire quand nous quittons l'état actif d'attention et d'effort, et que nous passons à l'état de remémoration de ce que nous venons de percevoir, nous nous relâchons de notre attitude de *sensum* pour prendre un mode du *sentiens*.

C'est cette participation du sujet dans chaque acte de la *volonté*, qui nous permet de faire une légère distinction entre un sujet et un objet, quand une partie quelconque de notre *moi* est étudiée par nous, comme par exemple quand nous nous rappelons que nous raisonnons, que nous imaginons, opérations qui toutes rentrent pleinement dans la subjectivité. Puisque nous sommes spécialement dans un état subjectif quand un motif de la volonté est présent, nos penchants volontaires sont, relativement à nos sentiments et idées remémorés, des états d'une subjectivité plus prononcée, et les états remémorés eux-mêmes sont les objets corrélatifs. Ainsi tandis que *sentiens* et *sensum*, ou *percipiens* et *perceptum*, marquent la grande et essentielle distinction du sujet et de l'objet, de l'esprit et de l'étendu, *cognoscens* et *cognitum* peuvent exprimer une distinction en objet et sujet faite dans le sujet même, distinction d'une importance beaucoup moindre, d'une nature passagère, fondée sur le caractère particulièrement subjectif des états qui mettent en jeu la volonté, comparés avec d'autres états qui n'ont aucune efficacité motrice actuelle. Il y a le même élément de subjectivité pure dans le *cognoscens* que dans le *sentiens*, et nous poussons l'analogie jusqu'à nous partager en deux dans l'un et l'autre cas ; mais la division n'a pas une aussi grande importance dans la cognition intuitive, que lorsqu'elle donne le *sensum* ou *perceptum* de l'Étendu. (Voyez l'*Appendice*. Note E.)

Après avoir dit un mot des disputes métaphysiques qui naissent des questions relatives à l'origine primitive et à la signification exacte des notions de distance et d'étendue, nous devons porter notre attention sur l'opération psychologique à l'aide de laquelle nous prenons connaissance, par la vue, de propriétés que ce sens ne peut saisir directement. Nous avons à étudier les relations que soutiennent entre eux les quatre faits distincts, l'adaptation oculaire à la vision, l'étendue de l'image rétinienne, la distance et la grandeur réelle de l'objet; car dans un œil dont l'éducation est faite, ces faits se suggèrent réciproquement. Pour cette étude, nous nous servirons des observations de Ch. Wheatstone présentées dans sa *Bakerian Lecture*, et insérées dans les *Philosophical Transactions* de 1852. La question est de savoir comment il se fait que nous rattachions une certaine sensation de l'œil avec une connaissance de la distance et de la grandeur de l'objet qui la cause, comme par exemple quand nous disons qu'un candélabre est à vingt pieds de nous, ou qu'un bois est séparé de nous par une distance de trois ou quatre milles. Quand le regard est fixe, l'impression optique n'implique que ces deux faits, un effet de lumière et de couleur, et une adaptation des yeux isolément ou conjointement ; quand le regard se promène, des mouvements et des changements d'adaptation s'ajoutent à ces deux faits.

« Dans les conditions ordinaires de la vision, dit Ch. Wheatstone, quand un objet est placé à une certaine distance devant l'œil, plusieurs circonstances correspondantes demeurent constantes, et quand la distance varie, ces circonstances varient dans le même ordre. Ainsi, à mesure que nous approchons de l'objet, ou à mesure qu'il se rapproche de nous, la grandeur de l'image rétinienne augmente; l'inclinaison des axes optiques nécessaire pour que les images tombent sur des points correspondants de la rétine devient plus grande; la divergence des rayons de lumière venant de chaque point de l'objet, et qui détermine l'adaptation des yeux à la vision distincte de ce point, augmente ; et la dissemblance des deux images projetées sur la rétine devient plus grande. Il est important de remarquer de quelle manière la perception de la grandeur et de la distance des objets dépend de ces diverses circonstances, et de rechercher lesquelles ont la plus grande influence, lesquelles la moindre, dans nos jugements. Pour porter cette étude au delà du point qu'elle a déjà atteint, il ne suffit pas de nous contenter de tirer des conclusions d'observations sur les circonstances naturelles de la vision, comme l'ont fait le plus souvent les auteurs qui m'ont précédé; mais il est nécessaire de recourir dans une plus large mesure aux méthodes qu'on a si heureusement employées dans les sciences inexpérimentales, et de chercher, partout où on le pourra, non seulement à analyser les éléments de la vision, mais aussi à les combiner d'une façon inusitée, en les associant dans des conditions qui ne se présentent jamais naturellement. » (P. 2.)

En conséquence, Ch. Wheatstone imagina un instrument qui est une modification de son stéréoscope réflecteur, au moyen duquel il peut présenter des images aux deux yeux de telle sorte que la distance puisse changer tandis que la convergence des deux yeux reste la même, ou que la convergence varie tandis que la distance reste la même, dissociant ainsi deux effets qui vont toujours ensemble dans la vision ordinaire. Le résultat des expériences fut de montrer l'influence que chacune des deux circonstances, à savoir la convergence des yeux et la grandeur de l'image sur la rétine (grandeur qui augmente quand l'objet se rapproche), exerce sur le jugement de la distance. Ch. Wheatstone a trouvé que, la distance de l'objet restant la même, une convergence plus grande des deux yeux fait paraître l'objet plus petit, la vision ordinaire exigeant une augmentation de la convergence quand les objets sont rapprochés. Il en résulte donc que lorsque la grandeur rétinienne n'est pas changée, une convergence plus grande donne la perception d'un volume plus petit. D'autre part, en ne changeant rien à l'inclinaison des axes et en rapprochant les images, ce qui augmente l'image rétinienne, nous avons une perception d'une augmentation de volume de l'objet. « Donc la grandeur d'un objet, pour la perception, diminue à mesure que l'inclinaison des axes augmente, tandis que la distance reste la même ; et elle s'accroît quand l'inclinaison des axes reste la même, tandis que la distance diminue. Quand ces deux conditions varient en raison inverse, comme dans la vision ordinaire alors que la distance d'un objet varie, la grandeur perçue reste la même. »

Ainsi, pour ce qui est de la perception ou de l'appréciation de la *grandeur réelle* des objets vus par l'œil, l'association rattache une certaine grandeur, constatée par d'autres moyens que la vue, et une certaine inclinaison des axes optiques avec un volume donné de l'image de la rétine. La figure d'un homme dont nos mouvements musculaires et notre expérience préalable nous ont donné une certaine mesure, fait sur la rétine une image d'une grandeur particulière, quand elle est regardée sous une certaine inclinaison des axes optiques ; à cette inclinaison et à cette dimension de l'image, nous associons l'appréciation musculaire d'un objet de six pieds de haut, etc. La rencontre de ces deux conditions suggère toujours une grandeur ou une étendue semblable de la chose saisie par la vue. Et si l'inclinaison optique devient plus petite, c'est-à-dire si les axes des yeux se rapprochent du parallélisme, tandis qu'en même temps l'image sur la rétine diminue d'une manière correspondante, comme quand on éloigne l'objet à une plus grande distance, il y a toujours une perception de la même dimension, c'est-à-dire que la même appréciation musculaire est toujours suggérée à l'esprit. Nous possédons une association de la grandeur d'un homme avec un grand nombre de combinaisons différentes de ces deux circonstances, que produit la variation de la distance réelle.

Vient ensuite l'examen de la perception et de l'estimation de la *distance*, ou la suggestion d'un acte locomoteur donné avec une apparence visuelle. Sur ce point, Ch. Wheatstone ne s'accorde pas complètement avec les idées reçues. Il croit que l'appréciation de la distance, au lieu de précéder celle de la grandeur, la *suit*. « On croit généralement, dit-il, que la sensation qui accompagne l'inclinaison des axes optiques suggère immédiatement la distance, et que la perception de la grandeur d'un objet est un jugement qui naît de l'impression que fait sur la conscience sa distance et la grandeur de son image sur la rétine. D'après mes expériences, je crois que l'effet que suggère immédiatement la sensation qui se rattache à la convergence des axes est une correction de la grandeur rétinienne qui la fait accorder avec la grandeur réelle de l'objet, et que la distance, au lieu d'une simple perception, est un jugement qui naît d'une comparaison de la grandeur rétinienne et des grandeurs perçues. Quoi qu'il en soit, à moins que d'autres signes n'accompagnent la sensation de convergence, la notion de distance que nous en tirons est incertaine et obscure, tandis que la perception de changement de grandeur qu'elle occasionne est claire et ne prête à aucune méprise. » D'après cette manière de voir, *la distance est associée plus étroitement avec la grandeur rétinienne* qu'avec les autres circonstances de l'inclinaison optique. Quand nous regardons un objet qui s'éloigne, une voiture par exemple, le changement de la distance nous impressionne davantage par la diminution du volume de l'image rétinienne que par la tendance des axes optiques vers le parallélisme. Nous n'en sommes pas du tout surpris, parce que le changement de dimension de la grandeur rétinienne est beaucoup plus évident et plus distinct que le changement très léger d'inclinaison des axes qui y correspond. Quand nous avons une fois constaté la grandeur réelle d'un corps, nous en mesurons très facilement le rapprochement ou l'éloignement par le changement de l'image. Or, suivant Ch. Wheatstone, *l'inclinaison des axes, associée à une grandeur rétinienne concomitante donnée, suggère d'abord la grandeur, puis avec la grandeur véritable que nous connaissons de la sorte, et la grandeur rétinienne, nous inférons la distance* (1). La formule de Wheatstone est la

(1) Quand un objet connu est agrandi par une lentille, nous le supposons rapproché de nous, parce qu'alors la grandeur rétinienne s'accroît, tandis que la convergence reste la même.

Nous n'avons pas parlé d'une façon spéciale dans le texte des signes de la distance que nous fournissent la couleur et l'apparence des objets. Ce point a été bien mis en lumière par Reid. (*Inquiry*, VI, sect. 22.)

« A mesure que les objets sont plus éloignés, dit Reid, leurs couleurs deviennent moins vives, et l'azur de l'atmosphère s'y mêle en plus grande quantité ; en outre, les parties délicates sont moins distinctes et les contours moins exactement dessinés. C'est surtout par ces moyens que les peintres peuvent, sur la même toile, représenter les objets à des distances très différentes. La diminution de la grandeur d'un objet ne suffirait pas pour le faire paraître à une grande distance, sans cette dégradation des couleurs et ce vague des contours et des détails. Si un peintre plaçait dans son tableau une figure humaine dix fois plus petite que les autres, mais avec d'aussi vives couleurs que les autres, et avec des contours et des détails aussi soigneusement dessinés, il ne ferait pas l'image d'un homme vu dans l'éloignement, mais celle d'un pygmée ou d'un Lilliputien.

« Quand un objet présente des couleurs variées et qui nous sont familières, la distance où il est placé est plus clairement indiquée par l'effacement graduel des couleurs qui se fondent, que lorsqu'il est d'une couleur uniforme. Dans le clocher qui s'élève à quelques pas de moi, j'aperçois distinctement les joints des pierres ; la couleur grise de la pierre et la couleur blanche du mortier tranchent l'une sur l'autre. A une distance plus grande les joints disparaissent complètement et la variété de la couleur s'évanouit.

« Dans un pommier en fleurs à douze pieds de moi, je puis distinguer la forme et la couleur des feuilles et des pétales, des parties plus ou moins grandes de branches qui apparaissent dans les intervalles du feuillage, et dont les unes sont éclairées par les rayons du soleil, et les autres sont dans l'ombre ; enfin voir à travers le feuillage quelques points du ciel. Si je m'éloigne pas à pas, l'apparence, même celle de la couleur, change à chaque minute. D'abord, les plus petites parties, puis les plus grandes, se mêlent et se confondent peu à peu. Les couleurs des feuilles, des pétales, des branches et du ciel se fondent l'une dans l'autre, et la couleur de l'ensemble devient de plus en plus uniforme. Ce changement de l'aspect correspondant aux diverses distances, nous exprime plus exactement la distance que si l'objet avait une seule couleur.

« Le docteur Smith nous fait part dans son *Optique* d'une observation très curieuse que Berkeley fit pendant son voyage d'Italie et de Sicile. Il remarqua que les villes et les palais vus à une grande distance lui paraissaient toujours de plusieurs milles moins éloignés qu'ils ne l'étaient réellement ; il en attribua très judicieuse-

plus forte preuve possible de notre première thèse, que la perception de la distance est une faculté acquise.

La perception de la *solidité*, malgré la clarté qu'a jetée sur cette question la découverte du stéréoscope, en la rattachant à l'action des deux yeux, ne paraît pourtant pas complètement expliquée à Ch. Wheatstone. Nous avons toutefois des raisons de croire que les nouvelles expériences qu'il a faites, depuis la publication de son travail, en vue d'éclaircir ce qui restait encore douteux, l'ont conduit à l'idée que *le fait optique est dominé par un effet psychologique*, que le fait psycholo-

---

ment la cause à la pureté de l'air d'Italie et de Sicile qui donne aux objets très éloignés le même éclat et la même netteté que, dans l'air plus épais de la Grande-Bretagne, possèdent les objets plus rapprochés. On a dit que la pureté de l'air d'Italie était la raison pour laquelle les peintres italiens ont donné à leurs ciels une couleur plus vive que ne l'ont fait les flamands. Ne devaient-ils pas par la même raison donner moins de dégradation aux couleurs, et plus de netteté aux détails, quand ils représentaient des objets très éloignés ?

« Il est certain que si dans un air d'une pureté exceptionnelle, nous sommes portés à croire que les objets visibles sont plus près et plus petits qu'ils ne le sont généralement, de même, dans un air exceptionnellement brumeux, nous sommes portés à croire qu'ils sont plus éloignés et plus grands qu'ils ne le sont en réalité. En me promenant un jour sur les bords de la mer, par un brouillard épais, je vis un objet qui me parut être un homme à cheval à une distance d'environ un demi-mille. Mon compagnon, qui avait meilleure vue que moi, ou qui était plus habitué à voir de ces objets dans un tel milieu, m'assura que c'était une mouette, et non un homme à cheval. Je regardai une seconde fois et je me rendis immédiatement à son avis. Cette fois, je voyais une mouette à la distance de soixante-dix à quatre-vingts yards seulement. L'erreur que je commis en cette occasion et la correction que j'y fis furent si subites, que je ne sais si je dois les appeler *jugement* ou *simple perception*.

« Il n'y a pas lieu de disputer sur les mots, mais il est évident que ma croyance, tant la première que la dernière, fut produite plutôt par des signes que par des arguments, et que mon esprit tira la conclusion dans les deux cas par habitude et non par raisonnement. Il me semble qu'il procéda de la manière suivante. D'abord, ne connaissant pas, ou ne songeant pas à faire intervenir l'effet d'un air brumeux sur l'apparence visible des objets, celui que je voyais me parut offrir la dégradation de couleurs et le vague des contours que les choses ont à un demi-mille. Prenant cette apparence pour un signe, j'en conclus immédiatement que l'objet était à un demi-mille. Ensuite je pris ensemble cette distance et la grandeur visible pour un signe de la grandeur réelle, qui, pour une distance d'un demi-mille, devait être égale à celle d'un homme à cheval. Voilà ce qui amena l'erreur. Mais quand on m'assura que c'était une mouette, la grandeur réelle d'une mouette et la grandeur visible à ce moment me suggérèrent immédiatement la distance, qui, dans ce cas, ne pouvait être de plus de soixante-dix ou quatre-vingts yards ; le vague de l'image me suggéra pareillement que la brume de l'air en était la cause, et toute la chaîne des signes et des choses signifiées me sembla plus forte et plus serrée qu'elle ne l'avait été auparavant ; le demi-mille s'évanouit pour faire place aux quatre-vingts yards, le cavalier se réduisit à une mouette ; j'eus une perception nouvelle et je

gique se superpose au fait optique, et donne une perception en réalité différente de la sensation effective. Le sens de la solidité qui résulte de l'action combinée de deux images dissimilaires d'un objet présenté aux yeux, n'est pas autre chose qu'une suggestion qui rappelle à l'esprit qu'une partie de l'objet est plus éloignée qu'une autre, d'après l'estimation de nos organes du mouvement ; en d'autres termes, que l'impression ravive en nous une idée de mouvement allant du côté de l'œil, ou s'en écartant en compagnie de l'image. Quand les deux yeux regardent la perspective d'une rue, nous sentons surgir l'idée d'une certaine quantité d'effort de marche, ou quelque autre mesure de la nature de la locomotion, comme faisant partie de la perception qui en résulte. C'est ainsi que lorsque les deux yeux regardent un tabouret de

m'étonnai d'avoir eu la première comme de l'avoir perdue, car elle était passée et je ne pus plus la restaurer.

« Il est bon de remarquer qu'un air brumeux ou un air clair ne sauraient produire ces sortes d'illusions, à moins qu'il ne soit exceptionnellement clair ou brumeux. Car nous apprenons par l'expérience à tenir compte des variations de l'air que nous avons coutume d'observer et que nous connaissons. Berkeley se trompait donc quand il attribuait l'apparente grandeur de la lune à l'horizon à la faiblesse de sa lumière qui baisse en traversant une portion plus étendue de l'atmosphère ; car nous sommes si accoutumés à voir la lune à tous les degrés d'une lumière brillante ou faible, depuis le plus grand jusqu'au plus petit, que nous apprenons à en tenir compte, et que nous ne nous imaginons pas sa grosseur augmentée ou diminuée quand sa lumière nous paraît affaiblie. En outre, il est certain que quand nous regardons la lune à l'horizon à travers un tube qui nous cache le sol et tous les autres objets terrestres, elle ne garde rien de cette apparence extraordinaire. »

Dans les alinéas suivants, Reid fait voir le rôle des *objets intermédiaires* pour faciliter la perception de la distance.

« Nous percevons souvent la distance des objets par le moyen de quelques autres objets intermédiaires ou contigus, dont la distance et la grandeur nous sont pareillement connues. Quand j'aperçois certains champs ou certaines parties du sol entre moi et un objet, il est évident que ces parties de terrain peuvent devenir pour moi des signes de sa distance. Bien que je n'aie aucune information sur la grandeur de ces champs, ils ressemblent à d'autres que je connais, et cela suffit pour me suggérer leur étendue.

« Nous sommes si habitués à mesurer de l'œil le terrain que nous parcourons, et à comparer les jugements de distance portés par la vue, avec notre expérience ou les informations que nous avons reçues, que nous apprenons par degrés, de cette manière, à juger plus exactement de la distance des objets terrestres, que nous ne pourrions le faire par tout autre moyen déjà mentionné. Un objet placé sur le faîte d'un bâtiment élevé, nous paraît plus petit que s'il était placé sur le sol à la même distance. Quand l'objet est sur le sol, le terrain intermédiaire sert de signe à sa distance, et sa distance combinée avec sa grandeur visible sert de signe à sa grandeur réelle. Mais quand l'objet est placé sur un point élevé, le signe de sa distance est supprimé, les autres signes nous conduisent à le rapporter à une distance moindre, et cette distance moindre combinée avec la grandeur visible devient le signe d'une grandeur réelle moindre. »

pieds, nous avons des idées qui nous représentent les parties de cet objet chacune avec un éloignement différent. Or, la difficulté consiste à expliquer pourquoi deux images dissimilaires projetées sur deux rétines donnent naissance à la perception d'un objet en relief. « On peut supposer, dit Ch. Wheatstone, que nous ne voyons qu'une portion d'un champ de vision au même instant, à savoir celle sur laquelle les axes optiques sont dirigés, tandis que tous les autres points se présentent d'une manière si peu nette, que nous ne savons s'ils sont simples ou doubles, et que nous apprécions la figure en dirigeant le point de convergence des axes optiques successivement sur un assez grand nombre de points pour que nous puissions juger exactement la forme de l'objet. » Mais l'observation ne confirme pas la supposition que les parties sur lesquelles les yeux ne sont pas ajustés font des impressions confuses. En regardant une vue stéréoscopique par exemple, nous obtenons une image claire et nette de l'ensemble, alors même que les yeux restent immuablement fixés sur un point, et pourtant, d'après la supposition de Wheatstone, tous les points éloignés ou rapprochés ne devraient être perçus que confusément et imparfaitement. C'est cela qui a conduit Wheatstone à adopter l'idée d'une suggestion mentale qui nous présente une idée claire et parfaitement formée, malgré l'image optique qui ne ferait pour beaucoup de ses points qu'une impression double et confuse. Quand l'esprit est une fois accoutumé à des images de tout genre pleinement formées, ces images se réveillent en vertu de l'association, lorsque la principale circonstance qui les détermine se présente à l'esprit ; nous voulons parler de la double image que notre expérience a toujours rattachée à l'effet d'un solide sur la vue, ou à l'effet qui résulte de la combinaison de l'étendue latérale et de la variation de la distance (1). Cette hypo-

(1) On a beaucoup étudié en Allemagne la question de la vision binoculaire, et il y a pour le moment deux opinions opposés qui prétendent l'une et l'autre expliquer comment nous obtenons une perception unique avec deux images dissemblables. Volkmann soutient qu'on obtient l'unité quand l'esprit néglige les parties des deux images qui ne s'accordent point, et ne porte son attention que sur celles qui s'accordent. Il regarde la dissimilarité comme un embarras qu'il faut rejeter, un obstacle qu'il faut surmonter. Wundt, d'autre part, croit que la dissimilarité, bien loin d'être un obstacle, est l'instrument à l'aide duquel l'esprit arrive à la notion de solidité ; c'est après la variation de la grandeur rétinienne, de tous les signes optiques des trois dimensions, celui qui exerce sur l'esprit l'action suggestive la plus puissante. Plus la dissimilarité est prononcée, et plus nous sentons fortement la solidité et les variations de la distance.

Dans nos remarques sur la vision double, en traitant du sens de la vue, nous avons adopté l'opinion de Wundt comme la plus conforme aux faits. Il semble que Volkmann se préoccupe beaucoup de la double image, comme si elle dût nécessai-

thèse attend la sanction d'un fait mental qui en soit incontestablement la *vera causa*.

Nous devons nous borner à remarquer que les mêmes circonstances qui nous permettent d'apprécier les distances des différents objets, nous permettent d'apprécier la solidité ou l'identité d'un objet à des distances différentes. Le changement défini de l'inclinaison des axes, concourant avec un changement défini et proportionnel de la grandeur rétinienne (la tendance au parallélisme des axes accompagnant une décroissance de la grandeur rétinienne) suggère l'idée que la largeur réelle d'une rue est la même partout; partant de là, la diminution de l'image nous affirme que les parties de la rue sont disposées l'une après l'autre dans un ordre où l'éloignement va grandissant.

On a discuté la question de savoir comment nous percevons par l'œil la direction d'un objet. Nous devons répéter que la direction n'est pas une perception de la vue seulement : le sens même de ce mot exclut

rement nous troubler par deux représentations du même objet. On se figure que l'œil voit une image complète en lui-même, et que l'esprit a besoin de mettre d'accord ces deux images avant d'arriver à l'unité de perception. Mais on a tort d'envisager ainsi cette question. Chaque œil ne voit pas l'image complète, mais seulement une partie de l'image, l'autre œil voit l'autre partie. Nous pourrions disposer un corps entre les deux yeux de telle façon qu'un œil en vit un côté et l'autre œil un autre côté; dans ce cas l'impression *double* ne serait évidemment que l'image. L'expérience nous dit que lorsque, comme dans ce cas, les deux yeux concourent pour donner toute l'étendue de l'image, ou bien quand nous voyons plus de parties par les deux yeux que par un seul, c'est qu'il y a devant nous un objet dont certaines parties sont en retraite, c'est-à-dire un effet de solidité. Il n'est pas plus nécessaire que les deux yeux donnent deux images complètes et séparées de l'esprit, qu'il n'est nécessaire que les deux mains suggèrent l'idée de deux boules quand elles en embrassent une seule, ou que le pouce et un doigt qui tiennent une plume donnent l'idée de deux plumes. Les yeux sont faits pour s'entr'aider et se compléter, non pour se contredire. Dans les grandes distances, chaque œil suffit pour embrasser la vue, l'action combinée des deux yeux n'y ajoute rien. C'est le signe d'une perspective éloignée. Au contraire quand l'objet est aussi rapproché que possible, les deux images n'ont rien de commun.

Il est très probable qu'un seul œil mène la vision, et que l'autre se borne à fournir les images complémentaires qui constituent l'impression visuelle de la solidité ; c'est ainsi que pour tâter une chose nous nous servons d'une seule main, la droite ou la gauche, et que nous prêtons attention à ses indications, tandis que l'autre ne fait que corriger et compléter la notion. Nos idées visuelles se réduiraient ainsi à la sensation d'un seul œil tandis que l'autre n'y donnerait, chez le même individu, aucune sensation séparée, et se bornerait à donner à l'image du premier cette étendue qui sert à compléter l'impression visuelle d'un objet solide. Carpenter a fait cette remarque, au sujet du microscope binoculaire. L'observateur fait principalement usage d'un œil ; il est à désirer que l'instrument soit aussi parfait que possible pour cet œil, puisque l'autre ne sert qu'à fournir l'effet stéréoscopique.

cette hypothèse. Il suppose qu'un mouvement locomoteur ou autre nous conduirait en présence de l'objet, ou apporterait quelque changement défini dans son aspect. Mais il y a toujours dans l'appréciation de la direction quelque chose qui est fourni par le sens optique, comme dans l'appréciation de la grandeur ou de la distance; il est intéressant de savoir ce que c'est. Or, il paraît très probable que la ligne de direction visible passe par le lieu de l'impression que fait un objet sur la rétine, et par le centre du cristallin (1) : par suite nous associons un effet sur le centre de la rétine avec une direction dans le centre de l'axe de l'œil, tandis qu'une impression à droite de ce point suggère une position à gauche de l'axe. Mais sans l'expérience que fournissent nos organes moteurs, nous ne connaîtrions ni le sens de la direction, ni le fait qu'une certaine impression de la rétine implique que nous devons aller de tel ou tel côté pour prendre connaissance de l'objet. Si la loi optique eût été totalement différente, si, par exemple un objet devait être placé dans une direction inclinée de 45° sur le plan de son image rétinienne, nous saurions également bien retrouver sa direction; l'expérience rattacherait l'appréciation que nous tirons des sensations de locomotion aux impressions visuelles aussi complètement qu'elle le fait maintenant. La question a beaucoup d'analogie avec celle de la vision renversée que nous avons déjà discutée; en quelque point et de quelque manière que l'effet optique se produise, l'association y rattache la véritable perception. En réalité, quand nous faisons notre toilette devant notre miroir, nous accomplissons une série d'inversions, très difficiles d'abord, mais à la fin aussi faciles que celles qui ne réclament que la vision directe.

Localisation des sensations du corps. — La localisation de nos sensations est un effet de perfection acquise qu'il est intéressant d'étudier. Avant l'expérience, nous n'avons pas de notion du siège d'une sensation locale, comme par exemple d'une douleur dans l'épaule ou dans l'orteil. Il est impossible que nous ayons une telle notion par intuition, il faut que nous rattachions le sentiment interne que nous éprouvons à une image oculaire de la partie où cette sensation prend naissance, ou à une appréciation du tact qui nous apprend la situation de cette partie.

Notre corps est une chose exposée à tous nos sens et à la portée de nos mouvements, comme une table, une statue, un fusil de chasse. L'œil peut en embrasser presque toutes les parties, la main peut le parcourir, l'oreille entendre les sons qui en viennent, la bouche et la

1) Brewster prétend que cette ligne passe par le centre de l'œil.

langue peuvent comme la main s'y appliquer. Les yeux en apprécient la couleur, le contour, la solidité ; l'esprit, accoutumé à la perception du volume et de la distance, peut concevoir l'éloignement des parties et la grandeur de l'ensemble avec le concours des divers mouvements propres du corps.

Jusqu'ici le corps est pour nous un objet extérieur; mais c'est aussi le siège de divers genres de sensations que nous rapportons d'ordinaire à quelque lieu, à la tête, aux bras, à la poitrine, etc. Comment avons-nous la connaissance du lieu de la sensation? Par l'expérience et l'association d'après la distinction des fibres nerveuses qui desservent les diverses parties. (Voyez le *Tact*, p. 132.) Un pincement à l'orteil ne diffère pas beaucoup d'un pincement aux doigts, mais s'ils se produisaient en même temps, nous aurions une sensation de deux actions et non d'une seule action devenue plus forte. Cela tient à ce que les nerfs qui desservent le doigt et l'orteil sont distincts, ce qui permet de former avec chaque sensation des associations séparées. Je peux associer une douleur avec la vue de mon doigt, une autre avec la vue de mon orteil, et une troisième avec la position de mon bras qui détermine le sommet de ma tête. Au début, un enfant ne sait où chercher des yeux la cause d'une irritation quand quelque chose le touche ; avec le temps, il note une coïncidence entre une sensation et une pression qui s'opère sur quelque partie de son corps; c'est ainsi qu'une sensation de la main s'associe dans son esprit avec la vue de la main ; de même pour les autres membres.

Quand la sensation est plus interne, par exemple quand c'est une sensation de l'intérieur du tronc, nous avons plus de peine à en préciser le siège, souvent nous sommes incapables de le faire. Dans ce cas, nous devons nous en rapporter à des indications qui se montrent à la surface, ou à l'effet d'une pression superficielle sur les parties profondes. Quand nous recevons un coup sur les côtes, nous apprenons à rattacher les sensations internes de la poitrine avec le point correspondant de la topographie du corps; nous pouvons ainsi faire des expériences sur les organes profonds et apprendre à saisir leurs indications. Mais plus les parties sont inaccessibles, plus nous avons d'incertitude à déterminer le siège de leurs sensations ; si de plus ces parties ne sont pas desservies par des nerfs bien distincts, la difficulté est encore plus grande. Le foie, la rate, les reins ne nous offrent pas des sensations qu'il soit facile de localiser. Sur les régions du corps où les unités sentantes sont séparées par de grands intervalles, comme dans le dos, le mollet, etc., nous ne pouvons jamais connaître avec une délicate précision le lieu de la sensation ; la limite où les nerfs cessent d'être distincts est la limite de la perception acquise.

Cette association, qui unit une impression interne et la vue ou le tact de la localité où elle a pris naissance, agit par réciprocité, et produit des effets singuliers. En fixant l'œil sur une partie du corps, comme la main, et en la regardant attentivement pendant quelque temps, nous pouvons réellement y faire naître une sensation, par une sorte de courant de retour : l'*idée*, qui pour nous est le réveil d'une expérience passée dans les mêmes voies nerveuses, tend à ramener la réalité. Dans le sommeil artificiel appelé état mesmérien, ce genre d'influence rétrograde va très loin. M. Braid s'en est servi pour diriger des actions médicatrices sur des organes malades, on peut aussi s'en servir pour produire des désordres dans la santé.

Différences associées dans les sensations. — Nous avons vu que la faculté discriminative est une propriété fondamentale de l'intelligence, et que nos sensations méritent le nom d'intellectuelles dans la mesure où nous pouvons y noter des différences. Même pour le plaisir et la peine, la distinction délicate des qualités par lesquelles une espèce s'élève au-dessus ou s'abaisse au-dessous d'une autre est un acte intellectuel. Lorsqu'une personne est sensible à des nuances de plaisir ou de peine qui échappent à une autre, on la dit supérieure à celle-ci par l'intelligence. La faculté discriminative est la base de toute connaissance ; car connaître les choses c'est recevoir l'impression des sensations qui leur servent de *caractères*. Nous ne connaîtrions aucun des êtres humains s'ils faisaient tous des impressions identiques sur nous. Un botaniste voit dans un pré vingt espèces d'herbes où une autre personne n'en remarque que trois ou quatre. A mesure que la faculté discriminative s'étend, la connaissance et ses conséquences s'étendent aussi.

Il y a des sensations qui, en elles-mêmes, ou telles que nous les sentons originellement, sont exactement identiques, mais qui, en contractant différentes associations, deviennent aussi différentes pour l'esprit que le doux et l'aigre pour le goût, l'aigu et le grave pour l'ouïe, le rouge et le vert pour la couleur. Pour le sens du tact, par exemple, considérez les deux mains ; comparons la sensation du tact dans la main droite avec le même genre de contact dans la gauche ; ces deux impressions sont absolument identiques comme sensations, mais pour l'esprit, elles sont tout à fait distinctes ; elles peuvent s'engager dans des associations complètement différentes. Au tact de ma main gauche, j'associe tout un tableau que je vois à ma gauche ; au tact de ma main droite j'associe un autre tableau que je vois à ma droite. Si quelqu'un pince ma main droite, je tourne la tête et je dirige les yeux à droite ; si ma main gauche est pincée exactement de la même manière, mes mouvements se tournent vers ma gauche. Les sensations semblent identiques partout excepté par l'association. La possibilité de servir d'attache à des associations différentes prouve qu'il y a une différence réelle dans les sensations, qu'elles ne se confondent pas dans le cerveau, bien que nous ne puissions pas retrouver cette différence dans la conscience immédiate. L'association seule la manifeste (1).

On peut procéder de même pour expliquer la localisation des sensations musculaires. La sensation d'un muscle pendant la contraction présente par tout le corps un caractère uniforme, lorsque le degré de tension et toutes les autres conditions restent les mêmes. Nous ne dirons rien des états musculaires des deux bras, ou des deux jambes, ou de la rotation du corps en des sens opposés, ce serait répéter ce que nous avons dit pour le tact, mais nous pouvons supposer qu'un poids supporté par les bras donne la même quantité de sensation musculaire qu'une pression exercée par le pied : les deux sensations ne présenteraient aucune différence, ni à titre de sensation, ni à titre de volition stimulante; pourtant l'expérience montre que l'esprit les distingue. Des nerfs différents rendent les deux tensions musculaires sensibles à la conscience ; là-dessus l'esprit est en état de bâtir et de conserver des associations distinctes, bien qu'il ne puisse constater de différence, ni de qualité ni de quantité, dans les sensations considérées en elles-mêmes. Nous avons déjà attiré l'attention du lecteur sur l'espèce *d'articulation*

(1) Notre faculté de localiser des sensations du tact et de la vue a reçu des explications différentes. On croit en Allemagne (Lotze, Wundt et autres), d'après des expériences, que les sensations tactiles des deux mains, et celles de la peau sur tous les points du corps, diffèrent *qualitativement*, et que cette différence de qualité nous aide beaucoup à distinguer les diverses localités. Pour répondre à l'objection fondée sur ce que nous ne reconnaissons pas habituellement une distinction qualitative dans les sensations du tact des différentes parties du corps, on allègue, sans doute justement, que nous sommes d'habitude tellement absorbés par les perceptions objectives, que nous ne faisons plus aucune attention aux différences subjectives. Néanmoins, il se peut que ces différences aient été assez marquées, aux premières périodes de la vie, pour devenir la base de notre faculté de distinguer les lieux.

Les partisans de cette doctrine éprouvent quelques difficultés à déterminer, pour le tact, l'espèce de qualité dont la variation est perceptible sur tout le corps. Mais dans la vue, il n'y a pas de difficulté. On admet, sur la foi de l'expérience, que la sensibilité de l'œil pour la couleur n'est pas partout la même ; en effet, si l'on fait passer la même couleur de la tache jaune aux parties de la rétine qui en sont le plus éloignées, elle ne paraît plus la même, mais différente, et la variation de la nuance est un signe du lieu de la rétine où l'impression tombe. Cette expérience nous fournit un point de départ ; nous pouvons instituer des recherches pour savoir si la distinction de la différence des nuances de couleur est assez délicate pour correspondre à la délicatesse de la vision.

Avec cette hypothèse, il serait difficile d'expliquer comment nous distinguons une

qui caractérise le sens du tact, et qu'il tient de ce que les nerfs de la peau se distribuent à toute la surface du corps en conservant leur indépendance ; cette remarque convient également aux nerfs qui animent des muscles différents. Nous reconnaissons comme différente la même espèce de sensation qui vient de différentes parties, parce qu'elle entre dans des associations différentes. Avant qu'aucune association soit nouée, la différence reste latente ; après le développement des associations distinctes, la différence ne peut plus être méconnue. La faculté de localiser nos sensations, d'assigner un lieu à chacune d'elles, repose sur cette distinction des nerfs qui arrivent de différentes parties. Si une piqûre à la jambe et une piqûre au bras n'étaient pas plus susceptibles d'être distinguées par leurs autres caractères que par le pur sentiment de la douleur, nous ne pourrions jamais rattacher l'une à la notion de la jambe, et l'autre à la notion du bras, ou à toute autre particularité distinctive de la jambe, ou du bras.

L'œil vient à l'appui de notre doctrine. Le lieu de la rétine que vient effleurer un rayon lumineux n'a, en général, aucune importance pour la sensation de lumière même, mais au point de vue intellectuel il y a entre les impressions faites sur les divers points de la rétine une différence réelle que produit, comme partout, l'association. C'est ainsi que nous distinguons la droite et la gauche, le dessus et le dessous, le centre et la circonférence dans le champ visuel, dès que des actions ou

succession réelle de couleurs avec la même couleur qui passe sur des fibres différentes. Je ne dis pas que cet obstacle fût insurmontable, si l'on pouvait montrer que l'aptitude à distinguer de fines dégradations de couleurs s'étend jusqu'aux limites connues de la délicatesse de la vision. Entre la tache jaune et un point de la rétine qui en est éloigné de 10 degrés, nous devons intercaler au moins plusieurs centaines de nuances de rouge passant au vert ou au bleu. Nous n'avons pas les moyens d'affirmer que cette distinction soit impossible à l'œil primitif ; mais elle n'est guère compatible avec ce que nous savons des facultés de l'œil, même chez des personnes dressées à distinguer les couleurs. Pourtant cette hypothèse vaut la peine qu'on la soutienne ; à quelques égards, peut-être, elle présente moins de difficulté que celle d'un sens qui constaterait des différences dans des sensations qualitativement identiques, hypothèse qui ne se soutient que parce qu'elle est suffisante pour expliquer les faits de distinction des lieux.

Il semble qu'on devrait étendre aux muscles l'hypothèse qui admet des différences qualitatives latentes dans des cas où l'on ne constate d'ordinaire que l'identité. Il faudrait montrer qu'il y a une différence dans les sensations musculaires de deux bras qu'on fait jouer exactement de la même manière. Quand les muscles sont de grandeur et de grosseur très différentes, comme le deltoïde de l'épaule et le biceps du bras, le diaphragme et l'orbiculaire des lèvres, on peut supposer que nous sommes affectés différemment par leur contraction ; la difficulté consiste à assigner une particularité caractéristique à la sensation de force dépensée dans deux muscles en tout semblables, comme ceux des deux côtés du corps, et dans d'autres dont la forme et le volume sont à peu près identiques.

des conséquences caractéristiques viennent se rattacher aux diverses portions de la rétine affectées par les diverses positions externes des rayons lumineux. A cet égard, la rétine est comme la peau ; elle contient un grand nombre de fibres nerveuses indépendantes dont chacune transmet des impressions de même qualité (à moins qu'on n'admette la théorie des différences qualitatives), mais pour les porter à des points différents du centre commun des impressions visuelles, de manière à constituer le point de départ d'une série parfaitement distincte d'impressions concomitantes. Un observateur de télégraphe, au temps de l'ancien système, voyait le même bras revenir sous son regard, mais à l'image du bras sur la partie inférieure de la rétine il unissait une certaine action, et à la même image sur la partie supérieure une autre action. Telle est la faculté de distinguer qui a pour base l'association (1).

VI. — Associations du sentiment.

Le sentiment peut contracter des associations avec les objets. — Associations des émotions spéciales avec les objets : objets d'affection ; objets de haine et de colère ; associations de l'émotion égotiste. — Amour de l'argent ; passion des formalités. — Théorie du Beau d'Alison : distinction entre les effets primitifs et les effets associés; sublimité et beauté des sons ; effets associés des formes : aisance du jeu d'un mécanisme. — Lecture de l'expression émotionnelle : la signification du sourire ou du froncement des sourcils est une connaissance acquise ; plaisir qui résulte de la vue du bonheur d'autrui. — Sentiments d'approbation et de désapprobation morales.

Le sentiment, plaisir ou peine, considéré à ce point de vue, est un élément qui s'associe aux états les plus intellectuels de l'esprit, comme, par exemple, les perceptions des choses qui n'ont ni le caractère du plaisir ni celui de la peine et que nous venons d'examiner. L'alliance

(1) *Théorie de Hamilton sur le rapport inverse des sensations et de la perception.* Hamilton l'a formulée de la manière suivante : *Quoiqu'une perception ne soit possible qu'à la condition d'une sensation, il arrive pourtant qu'au-dessus d'une certaine limite, plus la sensation ou conscience subjective est intense, plus elle est vague.* Par le mot sensation, il faut entendre ici l'impression considérée comme plaisir ou peine ; par le mot perception, nous entendons, nous, ce que nous avons appelé dans le texte discrimination intellectuelle ; il y a entre ces deux sens la même différence qu'entre l'excitation produite par l'éclat du soleil et la distinction de deux échantillons d'histoire naturelle. Hamilton croit que ces deux effets soutiennent un rapport inverse, c'est-à-dire que l'un est d'autant plus fort que l'autre est plus faible. Nous sommes disposés à admettre la vérité de cette doctrine pour la plus grande partie. Mais il me semble que même en regardant cette loi comme correcte, parce qu'elle exprime bien le caractère prédominant de la relation

ou association du sentiment avec les images de l'esprit donne lieu à des phénomènes nombreux et intéressants dons nous allons rapporter quelques-uns à titre d'exemples d'un nouveau genre d'association.

Dans les plaisirs et les peines qui proviennent de divers sens et des organes du mouvement, des associations se forment avec des choses qui frappent au moment même l'esprit, et qui sont les causes ou le milieu de ces sensations. C'est ainsi que nous rattachons les plaisirs du repos avec l'idée d'une chaise commode, d'un sofa, ou d'un lit, et les plaisirs du sport avec un cheval ou une voiture. La vue de l'aliment rappelle une certaine partie du plaisir de manger. La représentation de fleurs odoriférantes dans une peinture qui n'affecte que les yeux, a le pouvoir de raviver en partie les plaisirs que nous donneraient dans la réalité ces mêmes fleurs par le sens de l'odorat. C'est encore l'association qui évoque les plaisirs de la musique, dans la mesure où l'on peut en jouir par l'imagination.

Nous avons vu que certaines sensations sont plus susceptibles que d'autres d'être réveillées sous forme d'idées ; les plaisirs de la musique et ceux du théâtre par exemple sont plus susceptibles d'être rappelés que ceux de l'exercice, du repos, de la chaleur et de la satiété. Quand ces sentiments supérieurs se réveillent, par association, ils se rapprochent beaucoup plus que les autres du degré d'intensité qu'ils possédaient dans la réalité.

qui unit la sensation et la perception, elle ne tient pas suffisamment compte de la complexité des faits.

« Si nous passons en revue les sens, dit Hamilton, à l'appui de sa doctrine, nous trouverons que, dans la mesure exacte où chaque sens fournit une sensation idiopathique plus ou moins susceptible d'arriver au maximum du plaisir ou de la peine, mais en raison inverse, la perception objective se montre plus ou moins distincte. Dans les sens de la vue et de l'ouïe par opposition à ceux du goût et de l'odorat, on constate manifestement l'existence de proportions inverses ; ces sens gagnent au point de vue objectif, comme instruments de connaissance, exactement ce qu'ils perdent au point de vue subjectif, comme source de plaisir ou de peine. Pour un chien, par exemple, chez qui le sens de l'odorat est si vif, toutes les odeurs semblent être indifférentes par elles-mêmes. Dans le tact la même analogie se retrouve ; en effet, comme ce sens se montre partout dans le corps, la proportion de ses valeurs objectives et subjectives varie dans les différentes parties. Les parties les plus sensibles subjectivement, celles qui sont le plus susceptibles de donner du plaisir ou de la peine, sont aussi les organes les plus obtus du tact; les organes les plus délicats du tact arrivent à peine, s'ils y arrivent, à une sensibilité subjective d'intensité moyenne. Les expériences de Weber ont montré la différence considérable qu'il y a dans les facultés tactiles des diverses parties de la peau. Si l'on répétait ces expériences avec des compas à pointes un peu aiguës, de sorte qu'une légère pression suffit pour exciter une sensation sur la peau, on verrait du même coup que les observations de Weber sont correctes en ce qui

Il n'est pas hors de propos de choisir quelques exemples de l'association des émotions les plus profondes de l'esprit avec les notions que nous avons des choses extérieures, laquelle permet de ramener dans la conscience ces émotions en l'absence de leur stimulus propre. Les émotions de tendresse, de suffisance, d'irascibilité, de terreur, etc., quand elles viennent à se reproduire en présence de quelque objet, contractent avec cet objet une association dans l'esprit, en vertu de laquelle les deux éléments associés peuvent se réveiller mutuellement, l'objet rappelant l'émotion, et l'émotion rappelant l'objet.

L'émotion de la tendresse naturelle se manifeste principalement à l'égard d'êtres doués de sensibilité, et après quelque temps se montre d'ordinaire en rapport avec certaines personnes ou certains animaux, qu'on appelle objets d'affection ou d'attachement. Ce sentiment déborde même les lieux et les choses ; nous jetons de tendres regards sur la nature inanimée. Les associations avec le foyer de famille, le lieu de la naissance, les objets auxquels s'attachent des souvenirs de l'amitié, les restes de ceux qui ne sont plus, se fortifient par toutes les causes qui donnent de la force au lieu de la contiguïté. Une grande disposition naturelle à l'émotion, la répétition, une faculté éminente d'association, le goût de cette classe d'associations, sont autant de causes qui concourent à fortifier le lien en vertu duquel les personnes et les choses répandent de tendres sentiments sur l'esprit. Il est permis de supposer que certains esprits ont une faculté naturelle qui leur per-

touche à la différence remarquable que présente la faculté discriminative dans les diverses parties, et aussi une chose qu'il n'a point observée, c'est-à-dire que ces mêmes parties ne présentent pas une différence analogue en ce qui touche à leur sensibilité pour les piqûres superficielles, les égratignures, etc. On trouverait au contraire que, dans les endroits où, objectivement, le tact est le plus vif, le sentiment subjectif est au premier moment moindre, quelque peu affaibli, et que les parties les plus obtuses, quant à la distinction du double contact des pointes, ne sont pas les moins vives quand il s'agit de sentir la pression des pointes.

« Par exemple, la pointe de la langue est *cinquante* fois, la face inférieure du médius *vingt* fois plus sensible que le bras pour distinguer le double contact. On trouvera au contraire que le bras est plus sensible à l'application légère d'une pointe, que la langue ou le doigt, et au moins aussi sensible au contact d'un corps très léger, comme un cheveu, un fil, une plume, qu'on passe à sa surface. Sur les diverses parties de la peau les phénomènes de sensibilité varient de la manière suivante: Dans les parties où le tact proprement dit prédomine, une pointe subaiguë légèrement pressée sur la peau, détermine une sensation dont on peut à peine dire si elle est pénible ou agréable, et qui reste à peu près limitée à l'endroit où la pression est faite. » (Hamilton's *edition of* Reid, p. 863.)

Au sujet de ces dernières expériences, nous ferons remarquer d'abord que la langue n'est pas un organe bien choisi, et qu'on ne peut la comparer avec la peau, puisque les deux téguments n'ont pas la même nature, ce qui est pour beaucoup dans la production d'une excitation agréable ou pénible, et qu'il conviendrait mieux

met de retenir des émotions spéciales exactement comme il y a des intelligences qui ont celle de retenir les tableaux, la musique ou les langues, mais cette faculté n'est pas la même chose que celle de sentir fortement l'émotion dans la réalité. Ces personnes auraient les qualités nécessaires pour porter très loin les associations où entrent les sentiments, pour tirer du plaisir de la mémoire d'un attachement, ou des objets qui en restent, et pour faire de ce plaisir une fin désirable.

Il en est de même pour les objets de la haine et de l'aversion, aussi bien que de la colère. Cette passion s'attache aux personnes, aux lieux, aux choses, aux événements, etc., et peut être réveillée par des objets qui n'ont pas d'eux-mêmes la propriété de l'exciter. Nous pouvons éprouver de l aversion pour les lieux où nous avons souffert de cruelles injures, et pour les innocents instruments des malheurs ou des maux que nous avons subis.

L'émotion égoïste et l'égotiste se répandent sur toutes les choses qui se rapportent au moi ; tous les objets dont l'homme s'entoure sont autant de miroirs où se réfléchit le sentiment de sa dignité et de son importance. Suivant qu'on s'abandonne à ce sentiment, des associations se rattachent à un grand nombre de choses diverses. Propriétés, emplois, produits du travail, symboles du rang, tout s'enfle par l'effet de cette association et rayonne sur l'esprit le sentiment, la satisfaction de soi et de l'importance. Les membres d'une famille ne sont pas seulement les objets d'une affection tendre, mais aussi ceux de la satis-

---

de conduire l'expérience en comparant deux régions de la peau l'une avec l'autre.

En second lieu, si nous comparons la joue avec d'autres parties, nous ne retrouvons pas la proportion inverse dont parle Hamilton. La joue est aussi sensible à la piqûre ou à un coup violent que toute autre partie de la peau; mais il est certain qu'elle n'occupe pas le dernier rang dans l'échelle où Weber a rangé les régions de la peau d'après leur faculté discriminative. En réalité, la joue y occupe un rang élevé à côté de la paume de la main et de l'extrémité du gros orteil, au-dessous seulement de la langue, des lèvres et des doigts. Le rapport inverse de la sensibilité et de la faculté discriminative ne s'y retrouve donc pas.

En comparant la joue et le dos de la main à la paume, on pourrait dire que la sensibilité pour la douleur varie avec la texture de l'épiderme, tandis que la faculté discriminative dépend uniquement de la richesse en nerfs de la région. Que l'épiderme devienne plus épais, comme à la main et au pied, et les parties deviendront plus obtuses. Mais dans les régions où l'épiderme est mince, la peau est, en conséquence, sensible et susceptible d'irritation pénible ou agréable. On dit généralement que ceux qui sentent vivement les chocs ou les coups ont la *peau fine*, c'est une croyance populaire, vraie ou non au point de vue scientifique. En outre, nous inclinons à croire que les parties les plus rapprochées du cerveau sont plus sensibles que les parties les plus éloignées. Les douleurs atroces du mal aux dents, de la névralgie faciale, des maladies du nez et de l'oreille, sont plus intenses que celles qui peuvent provenir de semblables irritations aux extrémités inférieures. Si cela provient d'une

faction de soi-même ; il en est de même des amis et de tout ce que nous admirons. Il est impossible d'aimer et d'admirer sans cesse une chose, sans en venir à la rattacher à soi-même. L'émotion désintéressée qui d'abord nous attire vers les personnes, devient, quand on s'y abandonne, une affection intéressée.

Le plaisir de *l'argent* est aussi un fait remarquable de sentiment associé. Tout ce qu'on peut acheter contracte dans l'esprit une association avec l'instrument universel des achats, et celui-ci devient une fin désirable. D'abord, nous sommes stimulés par les autres plaisirs que l'argent procure, mais à la fin il se développe un véritable amour de l'argent. Ce changement a lieu au moment où nous sommes tellement absorbés par la *poursuite* de la richesse, que nous cessons de faire attention aux fins plus éloignées, des plaisirs qu'on achète ; l'esprit ne s'attache plus qu'à l'objet qui mesure le succès de nos efforts. Une poursuite modérée qui laisse l'esprit libre de s'attacher aux plaisirs et aux avantages que l'argent procure n'engendre pas cette passion intense pour l'or, qui le considère comme le seul but de notre activité et qui constitue la forme la plus honteuse de l'avarice.

Nous voyons encore l'association déplacer la cause et la fin première du sentiment dans l'absorption des affaires par les *formes*. La tenue des écritures, les formalités légales, la procédure technique, ne sont inventées que pour faciliter les transactions en affaires. En elles-mêmes elles ne sont rien, mais elles ont une grande importance par l'assistance qu'elles nous fournissent pour atteindre des résultats matériels, et nous contractons à leur égard un sentiment de respect qui n'a pas d'autre origine. Comme l'argent, ce sentiment de seconde main, nous détache des fins primitives, et nous prenons plaisir à conserver des formalités que le temps et le changement ont réduites à n'être plus que des formes vides de sens.

règle générale, la peau de la face devrait être plus sensible que la peau du bras ou de la main, et celle-ci plus que celle de la jambe ou du pied.

S'il s'agissait des différences de la sensibilité et de la faculté discriminative qui dépendent de l'*esprit*, la théorie de Hamilton serait plus rigoureusement vraie. Il est évident pour nous que si l'esprit et l'attention sont concentrés sur une sensation considérée comme source de plaisir ou de peine, il n'y aura pas d'attention pour la qualité intellectuelle. Mais il est possible que l'esprit saisisse les deux qualités, et l'une à l'occasion de l'autre. Il en est ainsi dans une certaine mesure de l'intensité de la sensation (p. 57).

M. H. Spencer a critiqué la doctrine de Hamilton (*Psychology*, p. 279) et résumé sa critique en cette phrase : « En généralisant les faits, il semblerait non pas tant que la sensation et la perception varient en raison inverse, mais qu'elles s'excluent mutuellement avec différents degrés de rigueur. »

Théorie du beau d'Alison. — Cette doctrine célèbre nous montre les effets de l'association par la contiguïté dont nous nous occupons en ce moment, en tant que nous sommes disposés à admettre les applications que son auteur en fait. On peut reconnaître qu'il a souvent porté cette théorie de l'association du plaisir plus loin que de raison. Nous avons déjà vu que tous les sens nous donnent des sensations en elles-mêmes agréables, indépendamment de toute association. Il y a des odeurs suaves, des sons doux, des effets agréables de lumière et de couleurs, où le plaisir naît immédiatement de l'action des objets sur les organes des sens, et ces sensations agréables ne manquent jamais de se reproduire quand nous sommes dans des conditions qui permettent d'en jouir. Il n'y aurait rien d'agréable d'une façon permanente ou générale, si nous n'avions pas un certain nombre de ces sources primitives de jouissance.

Mais la doctrine d'Alison explique d'une manière satisfaisante les effets puissants que produisent souvent sur notre esprit des sensations et des objets, par eux-mêmes indifférents, ou tout à fait insuffisants pour ces effets. On peut citer quelques faits de ce genre comme exemples d'une émotion d'emprunt ou due à l'association. « Tous les sons, dit Alison, sont en général *sublimes*, quand ils sont associés aux idées de grande puissance : le bruit d'un torrent, la chute d'une cataracte, le tumulte d'une tempête, l'explosion de la poudre à canon, le mugissement des flots, etc. » La plupart de ces sons peuvent par eux-mêmes faire une forte impression par leur intensité et leur volume, et l'effet qu'ils produisent sur l'esprit n'est pas dû complètement à l'association. En voici de mieux choisis. « Chacun sait que les cris de certains animaux sont sublimes ; le rugissement du lion, le grondement de l'ours, le hurlement d'une bande de loups, le cri de l'aigle, etc. Ce sont des notes jetées par des animaux remarquables par leur force et terribles par leur férocité. » — L'auteur nous présente aussi des exemples d'association avec le sentiment dans la beauté : « Le bêlement de l'agneau est beau par un beau jour de printemps ; le mugissement des bœufs dans le lointain parmi les détails d'un paysage champêtre en été ; l'appel de la chèvre dans les rochers est d'une beauté saisissante comme expression d'une indépendance sauvage ; le bourdonnement du hanneton est beau par une belle soirée d'été, et s'harmonise bien avec la tranquillité et le repos de cette agréable saison ; le gazouillement de l'hirondelle est beau le matin, et semble exprimer la gaieté de cette partie du jour. Les couleurs et les tableaux qui s'offrent aux yeux nous fourniraient d'autres exemples. » La forte émotion qu'éveille le tonnerre peut être évoquée par l'éclair fugitif que nous voyons à travers la fenêtre, effet banal, mais susceptible encore de rappeler les grands traits des phénomènes, et par là l'émotion du sublime. Les traces d'un orage, le désordre et les ruines qu'il a causés réveillent le sentiment de la fureur avec laquelle il sévit. La description de ces phénomènes, quand elle est faite avec art, suffit pour en réveiller les émotions par la seule force de l'association.

Alison étend cette doctrine aux formes et aux mouvements auss bien qu'aux sons et aux couleurs et fournit de nombreux exemples à l'appui de ses idées. Nous croyons qu'ici encore, il a souvent présenté des effets directs pour des effets d'associations ; mais néanmoins il a mis hors de doute que le principe d'association dote les objets *indifférents* du pouvoir d'éveiller et de mettre en mouvement l'esprit du spectateur.

Il y a, nous en sommes convaincu, une influence *primitive* dont la fonction est de produire une certaine somme d'émotion du genre qui entre dans les œuvres d'art. Les lignes courbes et les mouvements ondulés donnent, d'eux-mêmes, un certain plaisir par la sensibilité musculaire de l'œil. Nous devons pourtant ajouter à cette influence originelle une autre influence, celle de l'association, à savoir le rapport qui unit l'aisance et l'abandon à la ligne courbe, et la gêne à la ligne droite. Les mouvements naturels et libres du bras décrivent des figures circulaires ; pour faire une ligne droite il faut un effort.

Un outil, une machine, présentent certains aspects agréables à contempler en ce qu'ils suggèrent la convenance et l'aisance dans l'application à la fin voulue. Le poli de l'acier produit cet effet, la rouille au contraire fait un effet pénible, parce qu'elle suggère l'idée de quelque chose d'aigre et de discordant. L'absence de bruit dans le jeu d'une machine nous donne l'agréable sentiment d'une action facile, et d'un jeu moelleux.

Lecture de l'expression émotionnelle. — Un cas intéressant d'association où le sentiment entre comme élément, c'est l'interprétation des signes du sentiment chez nos semblables, à l'aide de laquelle nous pouvons connaître l'état de leur esprit, et en tirer pour nous-mêmes une cause puissante de plaisir ou de peine. L'influence du sourire ou d'un regard courroucé, si grande dans la vie humaine, tire toute sa puissance d'une association. Il n'y a rien dans la nature des traits et des lignes du visage qui explique le plaisir causé par le sourire. Accidentellement, il peut se produire parmi les traits du visage des lignes et des courbes gracieuses sur lesquelles viennent se répandre de belles couleurs, mais alors le concours de ces deux circonstances produit un nouveau plaisir.

C'est dès les premiers temps de l'enfance que nous apprenons la signification du sourire et que nous en connaissons l'aimable influence. L'enfant observe que cette expression accompagne le plaisir réel. Le sourire de la mère, ou de la nourrice, veut dire pour l'enfant tout ce qu'il aime : le lait, le jeu, l'excitation du mouvement, la compagnie. Le regard sévère est toujours associé à la privation et à la peine. Une association durable se noue entre un autre arrangement de traits, et toutes les choses agréables de la vie, et une autre association entre un autre arrangement et tous les maux que l'homme peut infliger ; la première a le pouvoir de répandre une influence joyeuse, l'autre inspire l'abattement et la tristesse. Toute la vie nous sommes soumis à l'influence qu'exercent les associations où l'émotion entre comme élément. C'est ainsi que certaines notes de la voix peuvent causer du plaisir ou de la peine par l'effet de le suggestion. Toutefois, il faut reconnaitre qu'il y a dans les notes employées pour arriver à ces effets une certaine puissance intrinsèque. Pour inspirer l'amour ou l'approbation, nous choisissons les notes douces ; pour les sentiments contraires nous choisissons, aussi bien par l'effet et la passion que par un choix délibéré, les notes pénibles et aigres.

Nous éprouvons beaucoup de plaisir à voir autour de nous des êtres heureux, surtout ceux qui ont la faculté d'exprimer leurs plaisirs d'une façon vive. Les enfants et les animaux, quand ils expriment leur bonheur, communiquent de la gaieté à ceux qui les regardent ; qu'ils prennent un air malheureux, et qu'ils gémissent, ils jettent du froid et de la tristesse sur la compagnie. Il y a du plaisir rien qu'à contempler ou même rien qu'à imaginer le tableau d'un grand bonheur ; il est probable que ce sentiment joue un rôle dans la disposition qui nous porte à rendre hommage à la richesse, à la puissance, à la gloire, au succès.

Les associations où entrent des émotions favorisent le développement de la *sympathie* pour les sentiments d'autrui. Il nous faut apprendre les signes du sentiment pour nous approprier les états des autres. Mais ici comme partout nous constatons de grandes différences chez les divers individus, il en est qui les apprennent très vite et possèdent un fonds très riche de sympathie.

Nous ne devons pas oublier de mentionner les sentiments importants d'*approbation* et de *désapprobation morales*. On admet de toutes parts que ces sentiments sont en grande partie le résultat de l'éducation ; on ne peut contester un fait aussi notoire. L'enfant bien élevé entend constamment parler de certains actes avec une désapprobation marquée, il entend dire qu'ils entrainent des peines ; cela suffit pour donner à la désapprobation sa signification ; il unit en conséquence en une association étroite ces actes et les sentiments de crainte et d'aversion. Une faculté puissante se forme en lui qui le détourne de mentir, de voler, d'exercer des cruautés, de négliger ses études et de faire certains actes défendus. Voilà un côté de l'éducation morale de l'enfant ; l'autre consiste aussi, de la même manière, en des associations entre certaines actions et la louange, l'approbation, la récompense ; celles-ci déterminent le sentiment acquis de l'approbation morale. Les hommes qui ont affaire aux rebuts de la société savent combien peu l'on a de chance de rencontrer ces sentiments chez les individus auxquels on n'a pas pris la peine de les inculquer.

L'allure du progrès dans l'éducation morale dépend de plusieurs circonstances. D'abord, il se peut que les penchants qui portent à transgresser les lois soient puissants, comme il se peut qu'ils soient faibles en vertu d'une disposition naturelle. Mais, en second lieu, il faut attacher une bien plus grande importance à l'aptitude à retenir vivement l'idée de la pénalité, de la désapprobation et du mal. Il semble que cette mémoire du bien et du mal soit un mode spécial et local de rétentivité, tout aussi bien que celle de la couleur et de la musique, elle n'accompagne pas toujours une intelligence supérieure, et elle est parfois forte quand la mémoire des autres choses est faible ; elle appartient sans doute au groupe de sentiments où prennent place la prudence et la sympathie, car la prudence et la sympathie sont des éléments nécessaires d'un sens moral bien développé.

Un grand nombre de nos goûts, comme de nos antipathies, rentrent dans la classe des influences réfléchies. La vue du sang affecte quelques personnes jusqu'à les faire évanouir, ce qui ne tient pas uniquement à la vue du sang ; en dehors de toute association, sa belle teinte rouge devrait en faire un objet agréable à l'œil.

VII. — Associations de la volition.

Le pouvoir de la volonté considéré dans ce qu'il tient de l'acquisition ; facultés impliquées dans le commandement volontaire des organes du mouvement. — Observations faites sur les premiers mouvements de deux agneaux. — Exemples de ce que la volonté doit à l'acquisition tirés de l'imitation : 1° l'imitation fait défaut dans la première enfance ; 2° la faculté d'imitation est progressive ; 3° au début, les efforts d'imitation sont irréguliers ; 4° imitation des actes de l'enfant par d'autres personnes ; 5° l'imitation suit la spontanéité ; 6° elle progresse avec les habitudes acquises ; 7° elle dépend de la délicatesse des sens. Importance d'acquérir la faculté d'attention.

Nous avons déjà signalé l'erreur commise par Reid quand il a affirmé que l'action volontaire de nos membres et de nos organes actifs était instinctive. Nous n'avons qu'à observer les mouvements de l'enfance, et nous voyons que pendant bien des mois, il n'y a rien qui ressemble à une obéissance des membres actifs en vue d'une fin présente à l'esprit. Un enfant peut bien avoir une intelligence suffisante pour former un souhait, sans être pour cela capable d'exécuter les mouvements les plus simples pour atteindre le but désiré. Quand il veut saisir quelque chose avec la main, par exemple une cuiller, nous le voyons faire les mouvements les plus maladroits, évidemment parce qu'à cet âge les membres ne savent pas agir dans une direction définie. C'est une chose qu'il faut apprendre, et une des conquêtes les plus laborieuses et les plus difficiles que l'homme ait a faire. Il faut que nous apprenions d'abord à accomplir les mouvements simples, à l'aide desquels nous pourrons, à un âge plus avancé, apprendre des mouvements plus complexes; mais nous avons à faire nous-mêmes notre première éducation. Jusqu'à ce qu'un enfant puisse de son propre mouvement porter la main sur un objet placé devant ses yeux et le saisir, ce qu'il ne peut pas faire durant les premiers mois de sa vie, tous les efforts qu'il tente pour diriger sa main échouent, et, tant qu'il n'a pas de lui-même appris à mouvoir son corps, comme il voit autre chose se mouvoir, il n'est pas encore susceptible d'éducation.

Le commandement des mouvements par la volonté implique les conditions suivantes : 1. La faculté de *continuer* ou d'*arrêter* un mouvement en cours d'exécution, pour obéir à un sentiment présent, comme lorsque l'enfant tette tant que son appétit reçoit satisfaction, et cesse de téter quand il est rassasié. Nous avons rattaché cette faculté à une loi primitive de l'organisme, en vertu de laquelle les plaisirs s'accompagnent d'un accroissement, et les peines d'une diminution des forces. Jusqu'ici la volition est un instinct. — 2. La faculté de *choisir* un mouvement pour élever ou abaisser l'intensité d'un sentiment présent, comme quand l'enfant dirige sa tête et sa bouche pour saisir le mamelon, et qu'il commence à téter. Il peut y avoir quelques mouvements instinctifs de ce genre, mais en général ils sont acquis, et leur production est déterminée par une association. La coïncidence du mouvement et du sentiment doit être d'abord accidentelle ; le mouvement naissant spontanément, et se trouvant capable de dominer le sentiment, ils s'unissent, après quelque temps, d'une manière si intime, que l'un suggère l'autre. Ainsi le mouvement des yeux et celui de la tête est d'abord spontané, mais les sensations agréables de lumière qu'ils procurent en provoquent la continuation, et le plaisir vient s'associer à ces mouvements; en sorte que lorsque ces sensations agréables sont présentes à l'esprit à l'état de désir, elles provoquent les efforts nécessaires à leur propre satisfaction. C'est ainsi qu'un enfant apprend à chercher une lumière dans une chambre; il apprend à tourner les yeux vers le feu, ou la fenêtre, ou quelque visage qu'il a commencé à trouver agréable. — 3. L'accomplissement d'actions *intermédiaires* en vue d'un plaisir, comme lorsqu'on prend quelque chose avec la main pour le porter à la bouche, et que des animaux, découvrant leur proie à quelque distance, se mettent en mouvement pour s'en emparer; ces actions intermédiaires sont évidemment, chez l'homme du moins, le résultat de l'expérience. Il faut d'abord développer la faculté de la locomotion, l'exercice de la faculté s'associe ensuite avec ses diverses conséquences, et entre autres celle de rapprocher l'individu de l'objet de ses désirs. — 4. La faculté d'*imitation*, celle qui permet d'accomplir des actions après les avoir vu faire. Cette faculté nécessite l'établissement d'un trait d'union entre un certain tableau que l'œil contemple et les mouvements des organes correspondants dans l'individu qui imite. Dans l'imitation vocale, un son est l'antécédent d'une émission de la voix, chaque son qu'on entend s'associe à des mouvements distincts de la poitrine et du larynx combinés avec les attitudes de la bouche. On a souvent supposé que l'imitation tant des sons que des actions est instinctive, mais nous croyons que cette opinion est fausse. 5° La faculté de mouvoir nos organes, seulement par le *désir* de les voir en mouvement : comme quand je regarde ma main et que je veux l'élever. Dans ce cas il y a une association formée entre la vue d'un membre ou l'idée laissée par cette vue et le mouvement de ce membre. Enfin, nous pouvons faire un mouvement sur l'*appel du nom* de la partie que nous devons mouvoir, comme quand on nous dit, « levez la tête, à bas les mains, », etc. C'est un effet de l'association qui s'est nouée entre certains noms ou sons et une certaine classe de mouvements. Toutes ces actions diverses figurent dans les efforts les plus élémentaires de la volonté pour dominer le corps. On en pourrait citer d'autres où la volonté sort du domaine de l'action pour dominer les passions et le cours des pensées (1).

Nous prendrons pour exemple la faculté d'imitation, afin de montrer que ces diverses actions volontaires, à l'exception de la première, sont

---

(1) Nous donnons ici des notes prises sur les premiers mouvements de deux agneaux durant l'heure qui suivit leur naissance, et à des époques postérieures ; ils venaient tous les deux de la même mère et leurs actions étaient à peu près semblables.

Au moment de sa naissance, l'un des agneaux fut pris par le berger et posé à terre sur ses quatre genoux. Pendant un instant assez court, certainement pas plus d'une minute, il resta tranquille dans cette attitude. Sans doute, le berger avait employé quelque force à le mettre dans cette position; le premier effort que fit

bien le produit d'une acquisition. Si nous parvenons à prouver d'une manière satisfaisante que l'imitation n'est pas instinctive, mais requise, il ne restera aucun doute sur les autres facultés.

1. Le premier argument contre l'origine instinctive de l'imitation, c'est que l'enfant n'en présente aucun exemple durant les premiers mois de sa vie. Autant que nos observations nous le rappellent, il y en a fort peu pendant la première année. Mais une impulsion primitive devrait apparaître beaucoup plus tôt. Les mouvements instinctifs dont nous avons parlé dans la Première partie se manifestent dès le début de la vie. Il n'y a ni manifestation, ni développement d'une faculté nouvelle au moment où le penchant à l'imitation se montre : il n'y a rien d'analogue par exemple aux changements physiques qui se produisent à la puberté, en même temps que se développent les senti-

---

l'animal avec sa propre force fut de se dresser sur ses pattes, ce qu'il fit après un moment d'arrêt qui ne dépassa guère une minute. Je ne puis expliquer la force que l'animal manifesta dans ce mouvement que comme une explosion spontanée de la force de locomotion, déchargée en même temps dans les quatre membres, en vertu de l'organisation nerveuse qui fait des quatre membres un groupe uni par une relation. L'animal se tenait sur ses jambes, les pattes très écartées afin d'élargir sa base d'appui. La force qui l'avait fait lever continua de se dépenser pour conserver l'attitude debout, et l'animal eut sans doute conscience de cette dépense comme de sa première expérience. Il resta une minute ou deux au repos complet dans cette posture. Après vinrent les commencements du mouvement locomoteur. D'abord un membre fut levé, puis baissé, puis un second mouvement, élargit la base de l'animal sans changer sa posture. Ensuite, il y eut un mouvement plus complexe avec deux jambes, qui paraissait porter l'animal de côté ; puis un autre mouvement complexe le porta en avant. Mais au commencement il semblait qu'il n'y avait rien pour décider en faveur d'une direction plutôt que d'une autre, car les premiers mouvements étaient un mélange confus de poussées sur les côtés, en avant ou en arrière. Il semblait pourtant que l'animal eût le pouvoir de faire les mouvements alternes que nécessitait la marche en avant. Il ne paraissait pas que la sensation y eût quelque influence, et il était évident que le point de départ des actions de l'agneau était en lui-même. Les yeux étaient largement ouverts et la lumière devait nécessairement stimuler le cerveau. Le contact avec la terre solide et les sensations de poids et de mouvement étaient les premières de toutes les sensations. L'agneau était dans cet état, changeant à peine de place, sans direction arrêtée, quand il fut saisi et porté près de sa mère. Cela ne changea rien à son attitude jusqu'au moment où son nez fut mis en contact avec la toison de la mère, ce qui fit naître une nouvelle sensation. Il se produisit alors un contact évidemment volontaire. Il y avait évidemment chez l'agneau une tendance à se maintenir au contact de sa mère, à frotter son nez contre le flanc et le ventre de la brebis. Il trouvait qu'un certain mouvement avait cet effet, et il continuait ce mouvement, en nous donnant un exemple de ce que nous considérons comme le fait primitif de la volition. Quand il perdait le contact, il n'avait aucun moyen de le recouvrer par une action directe, car à cette période de son existence, les indications de la vue n'avaient aucun sens. L'animal continuait ses mouvements irréguliers spontanément, pendant un moment ils furent sans résultat jusqu'à ce que par un hasard favorable le con-

ments nouveaux de cette période la vie. On voit l'enfant faire pendant longtemps de grands efforts de lui-même pendant ces mois où il ne possède pas la faculté d'imiter. Il lui serait extrêmement utile à ce moment de posséder le pouvoir de répéter les actions d'autrui ; cela lui éviterait bien des essais infructueux : on ne peut voir en lui à cette époque la plus faible tendance à l'imitation. D'autres observateurs ont peut-être observé un développement plus précoce de la faculté d'imitation, mais cela ne change rien à la portée de notre argument.

2. En second lieu, l'imitation au début est lente et ne progresse que

tact fut reproduit et ce contact put manifestement conserver la posture ou le mouvement qui le causait. L'agneau passa la première heure tout entière à exécuter ces divers mouvements autour de la mère ; les actes de la locomotion devenaient évidemment plus faciles, et il pouvait diriger sa tête de manière à conserver la sensation de tact qui lui donnait du plaisir. Une seconde heure se passa de même ; dans le cours de la troisième, l'animal, qu'on avait totalement laissé à lui-même, se rapprocha du bout de la mamelle et le mit dans sa bouche. Les actes spontanés de la bouche fournirent alors une nouvelle sensation, qui les anima et les entretint ; inopinément l'animal se trouva en possession d'un nouveau plaisir ; d'abord la satisfaction de mâchonner l'objet, puis peu à peu le plaisir de tirer le lait ; l'intensité de ce nouveau plaisir fut sans doute un aiguillon intense pour les mouvements coexistants et les entretint énergiquement. Une impression nouvelle et importante était produite, qui restait après l'acte même et stimulait des efforts capables de la reproduire.

Six ou sept heures après la naissance, l'animal avait fait de notables progrès. La locomotion était facile, l'animal préférait aller en avant, mais il n'exécutait pas moins les mouvements dans les autres directions. En moins de vingt-quatre heures il put à la vue de sa mère s'avancer pour la rejoindre ; déjà une image visible particulière s'était associée à un mouvement défini. Ce qui frappait le plus dans les premiers mouvements de la vie de l'animal, c'était l'absence d'associations de ce genre. Il pouvait maintenant se rapprocher de la mamelle et teter, guidé uniquement par son désir et par la vue de l'objet. Il jouissait du plein exercice de la faculté locomotive, et de très bonne heure on le vit se mouvoir, le nez près du sol au contact de l'herbe, préliminaires de l'acte de brouter.

Nous ne pouvons pas préciser avec une exactitude minutieuse les périodes des divers développements de l'éducation que l'agneau se donnait lui-même, mais ce que nous venons de rapporter est ce qu'il y a de plus certain dans nos souvenirs. L'observation prouvait nettement : 1° l'existence d'une action spontanée comme premier fait de l'histoire de l'animal ; 2° l'absence de toute inclination avant toute sensation ; 3° le pouvoir que possède la sensation de conserver le mouvement qui coïncide avec elle, ce qui constitue un acte volontaire dans la forme initiale. Ce qui était aussi très remarquable, ce fut la marche de l'acquisition, ou la rapidité avec laquelle toutes les associations entre sensations et actions se fixèrent. Une faculté que l'animal ne possédait pas naturellement fut acquise à fond en quelques heures ; avant la fin de la semaine, l'agneau était capable de faire presque tout ce qui appartenait à la sphère de son existence ; en quinze jours il n'y avait plus de différence entre lui et les membres les plus âgés du troupeau. (Voyez l'*Appendice*, note C.)

graduellement, ce qui est le caractère de l'acquisition et non de l'instinct. Par exemple dans le langage, l'imitation est d'abord limitée à une ou deux articulations, les autres viennent peu à peu à des intervalles considérables. S'il y avait quelque connexion primitive dans le cerveau entre un son qui frappe l'oreille, et la reproduction de ce son avec la voix, il en devrait être ainsi aussi bien pour une lettre de l'alphabet que pour l'autre. De même pour le mouvement de la main ; pourquoi l'un serait-il possible, tandis que l'autre, qui ne présente en lui-même pas plus de difficulté, ne le serait pas.

3. Très souvent l'imitation échoue, même après avoir une fois réussi. Un enfant a attrapé un son, il le reproduit, et à un autre moment il lui est impossible de le donner. Ce fait se montre constamment dans les premiers efforts des enfants. C'est en vain que nous leur répétons un son, une lettre, ou une syllabe qu'ils se sont montrés capables de prononcer ; l'association entre l'impression acoustique et l'effort vocal spécifique n'est pas encore pleinement formée ; elle n'est donc pas instinctive. L'enfant a, parmi les mouvements articulés qu'il exécute spontanément, rencontré le son *hum*, ce son une fois prononcé reviendra probablement dans le cycle de ses actions spontanées ; mais émettre la syllabe au moment où une autre personne la prononce, c'est quelque chose de plus. Dès que l'on considère cette faculté comme acquise, on peut s'en rendre compte. Le son prononcé est aussi entendu ; outre l'effort vocal, il y a au même moment une impression sur l'oreille ; une association s'établit entre l'effort et la sensation, et après un temps suffisant l'un peut rappeler l'autre. De quelque manière qu'elle se produise, la sensation reproduit l'effort ; et quand on entend répéter la syllabe familière par quelque autre personne, l'acte vocal suit l'audition. Nous croyons que l'expérience démontre que le temps écoulé entre le moment où l'on devient capable d'émettre un son, et celui où l'on peut l'émettre immédiatement après l'avoir entendu, correspond au temps nécessaire à la formation d'une association entre les deux éléments hétérogènes, dont l'un est un acte spontané et l'autre une sensation. Les premiers sons qu'émet l'enfant sont plus fréquemment spontanés qu'ils ne sont l'effet du stimulus de l'imitation, ce qui prouve que l'emploi du son précède la faculté de l'imiter.

Si l'imitation était instinctive, il devrait y avoir des milliers de relations instinctives entre les sensations et les actions. Il faudrait que le son de chaque lettre de l'alphabet, de chaque mot, fût rattaché par un lien primitif à des mouvements définis du larynx, de la poitrine et de la bouche. Il faudrait de toute nécessité que les mouvements de la main fussent associés aux images visibles des mêmes mouvements chez autrui. Nous serions obligés de soutenir l'évidente absurdité que les associations peuvent se former entre des choses qui ne sont pas encore tombées sous l'expérience, entre des sons et des images ou des actions, longtemps avant d'avoir rien entendu, vu ou fait.

4. Tout le monde sait que les nourrices font plus pour imiter les enfants, que ces petits êtres pour imiter leur nourrice. Quand l'enfant fait une fausse articulation, tous ceux qui l'entourent s'en emparent et la répètent à l'envi, en sorte que l'enfant se familiarise avec le son comme provenant d'autres voix aussi bien que de la sienne. Cette circonstance doit incontestablement favoriser le développement de l'association.

5. L'imitation dépend de la richesse de l'activité spontanée, et varie avec elle, se montrant plus puissante où la spontanéité se présente sous des formes plus variées. Un enfant apprendra à imiter le chant dans la mesure où de lui-même il rencontre facilement les notes musicales. Son chant instinctif paraît le premier : la perfection de ce chant sera une condition qui lui permettra d'acquérir le chant d'autrui. En quelque genre qu'un individu montre une facilité spontanée, il montrera de l'aptitude à imiter et à apprendre.

6. L'imitation progresse avec les habitudes acquises. Voici un jeune homme qui apprend la danse, il ne possède pas d'association entre ses propres mouvements et la vue de ceux de son maître, il a beaucoup de peine à apprendre les premiers pas. Dès le début, il ne forme pas naturellement les premiers mouvements qu'il a besoin de faire. Il fait certains mouvements; il possède un pouvoir suffisant de commander par la volonté aux membres du corps, c'est-à-dire d'émettre une action d'un certain genre; les premières sont tout à fait mauvaises, elles manquent d'une qualité nécessaire, elles ne coïncident pas, il en résulte de nouveaux efforts; ceux-ci échouant, d'autres essais se renouvellent jusqu'à ce que l'attitude soit bien saisie. La grande opération du tâtonnement amène la première coïncidence entre un mouvement et l'image de ce mouvement chez autrui; la répétition, en constituant un lien d'association, rend en définitive l'imitation aisée. Sur cette acquisition s'en édifient d'autres de même genre, et le perfectionnement de l'imitation s'accélère. C'est ainsi que dans tous les arts, nous avons à apprendre un alphabet d'imitation, la partie la plus difficile de l'opération est celle qui consiste à fixer les premiers chaînons de l'association.

7. L'imitation dépend pareillement de la délicatesse du sens qu' perçoit l'effet. Cette règle est en harmonie avec tout ce que nous venons de dire.

Ce n'est pas ici que nous devons traiter à fond le sujet de l'imitation, c'est-à-dire les acquisitions qui rentrent dans le domaine de la volition en général. Il suffit pour le moment de montrer que le principe d'association y joue un rôle aussi nécessaire que partout ailleurs. Toutes les conditions déjà indiquées qui influencent la marche de l'association s'y retrouvent avec la même influence. Le caractère principal de ces conditions résulte des circonstances où elles ont commencé. Ce sont les points de départ de toutes les autres branches d'éducation, aussi faut-il qu'elles trouvent leur voie à travers les luttes et les accidents, les essais et les échecs. Elles ont pour base le lien qui rattache la conscience à l'action présente, le plaisir ou la peine au genre d'activité qui existe au même moment, aussi en viennent-elles à fournir des relations définies entre nos sentiments et nos actions, à l'aide desquelles non seulement nous pouvons régler un mouvement quand il s'opère, mais appeler des actions à l'existence sur la demande du désir actuel.

De toutes les circonstances qui affectent la marche des associations volitionnelles, le travail cérébral ou l'attention concentrée est la plus importante. Cette condition nécessaire à tout âge paraît le plus importante dans les premiers mois de la vie. Il semble en général que le moment d'une acquisition est celui où, par un accident heureux, l'attention est éveillée par l'action, et l'esprit absorbé à la contempler; si une impression ne reste pas fixée quelque temps par l'influence de quelque sentiment, elle n'a pas d'effet. Quand l'enfant réussit à exécuter un exercice qui lui donne du plaisir, ce qui le conduit à répéter le même acte, avec une application soutenue, il ne peut manquer de faire des progrès sensibles dans l'enchaînement de tous les détails de cet exercice.

VIII. — Objets naturels. — Agrégats de qualités naturelles (1).

Les objets extérieurs nous affectent par plusieurs sens; importance de l'adhésivité des données des sens; le naturaliste. — Objets utiles.

Un des principaux éléments de l'intelligence est la connaissance permanente que nous avons du monde extérieur ou objet tel qu'il frappe nos sens.

Les choses externes nous affectent par plusieurs de nos sens. Le galet du rivage de la mer se peint dans l'œil en tant que forme et couleur. Nous le prenons à la main, et nous obtenons l'impression de forme

(1) Voyez l'*Appendice*, note F.

unie à l'impression tactile de surface. Nous le choquons contre un autre galet, et nous percevons un son caratéristique. Pour retenir l'impression d'un tel objet, il faut qu'il y ait une association de ces différents effets. Quand cette association est suffisamment complète et solide, elle constitue notre idée de l'objet, c'est par elle que notre esprit saisit le galet.

Passons au monde organique et cueillons une rose, nous avons les mêmes effets, une forme pour l'œil et pour la main, c'est-à-dire, une couleur et une sensation du tact, et de plus une odeur et une sensation du goût. Il faut un certain temps pour que toutes ces qualités fassent corps entre elles, pour composer un seul agrégat, de manière à nous donner l'image persistante de la rose. Une fois que l'esprit est en possession de ce groupe, une quelconque de ces impressions qui le composent peut réveiller toutes les autres; l'odeur, la vue, le tact, le pédoncule épineux, chacun de ces caractères fera apparaître l'impression tout entière. Disséquons la fleur pour en examiner tous les organes, et nous obtenons de nouvelles impressions qui prennent place dans l'agrégat commun.

C'est en associant rapidement ces qualités, en d'autres termes, par une prompte adhérence des sensations de la vue, du tact, et des autres sens, qu'on se familiarise complètement avec les minéraux, les végétaux et les animaux. Dans l'esprit du naturaliste, ce sont spécialement les sensations de la vue et du tact qui doivent s'associer promptement. Ce qu'il faut surtout, c'est une puissante faculté générale d'association aidée par des aptitudes locales ou spéciales; et de plus la concentration de l'esprit sous forme d'intérêt pour l'étude. Toutefois, nous faisons au sujet de cette dernière condition une restriction importante. Quand une branche d'études contient une grande masse de détails, l'attention disséminée sur une immense étendue ne peut se concentrer fortement sur aucun point; la concentration doit porter sur des sujets étrangers qui n'excitent aucun intérêt. La faculté d'association naturelle et spontanée, qu'elle vienne d'une qualité générale ou locale, est une condition indispensable au succès dans l'étude de l'histoire naturelle et dans celle des langues.

Une faculté d'observation toujours fraîche et prête au travail, une énergie cérébrale qui se dépense en sensations tactiles et visuelles, sont les caractères du naturaliste et de tous les hommes qui s'occupent des choses externes au concret; comme l'ingénieur, le chef militaire et le poète. Dans ces choses qui font aussi appel aux autres sens et qui s'en nourrissent, il y a un motif nouveau qui naît de l'intérêt spécial qu'elles présentent. Ainsi, à ces conditions peut s'ajouter dans certains esprits un charme particulier de nature artistique, une préférence pour tous les objets susceptibles de flatter les goûts esthétiques. Mais le naturaliste doit se tenir au-dessus de ces goûts ; pour lui tout objet de la nature présente un intérêt modéré, aucun n'absorbe la part d'attention qui revient aux autres ; ce n'est que par cette modération que le naturaliste peut suffire à la multitude et à la variété des objets qu'il a à embrasser.

Des objets du monde que nous appréhendons par l'impression qu'ils font sur nos sens, nous passons à un groupe d'agrégats plus complexes, dont les propriétés ne sont pas toujours présentes à la vue. Par exemple, une coupe, pour être complète, doit être conçue comme *contenant* quelque chose, comme servant à ceci ou à cela. Nous devons associer aux qualités sensibles permanentes cette autre qualité de l'utilité pour quelque *fin*, qui a un intérêt spécial pour vivifier notre souvenir de l'ensemble. Les meubles, les instruments et les outils de toute espèce, possèdent cette qualité surnuméraire, qui, toutefois, n'accable pas la mémoire, mais plutôt facilite la tâche en apportant à l'esprit l'aiguillon d'un intérêt spécial. Tous les objets mentionnés se fixent mieux dans la mémoire que ceux qui ne l'ont pas été, particulièrement si la relation est intéressante. Un monarque fait une impression plus profonde qu'un simple particulier ; une meule de moulin se fixe mieux dans la mémoire qu'un bloc sans utilité qui gît au milieu d'une lande. Quand un individu s'intéresse vivement à tout ce qui touche à la production industrielle, tous les genres de machines arrêtent ses regards et font sur lui une vive impression ; exemple de l'attention spéciale et élective qui concentre l'esprit sur certaines choses pour négliger les autres, par un contraste frappant avec les tendances compréhensives de l'esprit du naturaliste. Non seulement elle considère les objets à un point de vue étroit, mais encore elle s'occupe des propriétés avec une attention plus limitée. Quand un instrument a un bon tranchant, son poids spécifique est indifférent, quand une carrière fournit d'excellentes pierres à bâtir, son propriétaire laisse à d'autres le soin d'en déterminer la composition et l'époque géologique.

IX. — Conjonctions naturelles et habituelles. Nature morte.

Tableaux diversifiés de la nature, importance de la rétentivité du coloris. — Agrégats constitués par des représentations artificielles, cartes, figures, dessins. — Conjonction des objets avec leurs propriétés scientifiques.

Les choses qui nous entourent, qui occupent des positions fixes et conservent des relations constantes, soutiennent en idée les mêmes rapports que dans la réalité, c'est ainsi que nous conservons une représentation fantasmagorique de tout ce qui nous entoure. La maison où nous demeurons, avec ses meubles et ses arrangements, la rue, la ville, le spectacle que nous présente chaque jour la campagne à force de nous frapper la vue, composent des souvenirs persistants, dont un élément quelconque ramène aisément le reste sur le premier plan. Nous associons pareillement les hommes avec leurs demeures, leurs habits, leurs occupations, et tout ce que nous remarquons constamment avec eux.

Les objets étrangers au cercle quotidien de nos observations nous présentent une occasion meilleure d'éprouver l'adhésivité naturelle de l'esprit pour les tableaux d'ensemble. Une maison que nous avons visitée une fois ou deux, une rue d'un quartier étranger, une scène nouvelle, mettent à l'épreuve la persistance des images visuelles dans l'esprit. Cette qualité se résout en celle de retenir les impressions colorées et en celle qui conserve les formes visuelles, mais le principal rôle appartient à la faculté qui retient la couleur. Si ce sentiment de la couleur n'est pas très puissant, le coloris ne peut plus être rappelé à la mémoire ; il en est de même d'une collection hétérogène et sans ordre de curiosités et d'ornements. L'intérieur d'une chambre implique une forme, et peut rester dans l'esprit comme forme, mais si le sentiment de la couleur est nul, l'impression restaurée ne sera qu'un dessin incolore. Un jardin, un arbrisseau, une file de champs, laissent un souvenir dont le principal élément est fondé sur la faculté de retenir la couleur. Plus les contours des objets sont irréguliers, plus nous avons besoin de la faculté par laquelle l'esprit retient les impressions colorées.

Ainsi la première condition sans laquelle nous ne pouvons pas retenir facilement l'image du monde dans toute la richesse de ses mille couleurs, c'est une faculté puissante de fixer la couleur par association. C'est elle qui donne à l'esprit l'aptitude d'embrasser les tableaux, le goût de la nature au point de vue concret, et tous les penchants qui en sont la conséquence. Nous venons de voir que c'est la principale qualité du naturaliste, c'est aussi celle du peintre et du poète ; en effet si le poète, comme le peintre, doit faire, parmi les innombrables détails qui s'offrent à lui, choix de ceux qui intéressent son art, il peut cependant retenir tout ce qui frappe ses yeux, beau ou non. Une imagination luxuriante suppose la facilité de retenir les scènes de tout genre ; il ne faut pas moins pour entretenir la veine d'un grand poète. Tous les objets ne peuvent pas être beaux ou pittoresques. Il n'y a rien pourtant qui ne puisse figurer dans quelque œuvre d'art ; pour qu'un peintre mérite en même temps le nom de poète, il faut qu'il possède une rétentivité puissante et désintéressée pour tout ce qu'il voit. Celui qui n'aurait que cette qualité ne serait qu'un naturaliste, mais quand le sentiment poétique vient à son tour mettre en relief les objets beaux, grands, touchants, le naturaliste fait place à l'artiste. Avec un sens artistique puissant mais sans la faculté qui permet d'embrasser la nature tout entière même dans ce qui ne présente pas d'intérêt, on peut être un véritable artiste d'un goût exquis, mais on n'a que de maigres conceptions, beaucoup de goût, peu d'invention.

Il semble donc que la faculté d'association s'exerce à peu près de même sur les conjonctions habituelles des choses que sur les choses considérées individuellement. La rétentivité du sens de la vue est le principal appui de ces deux facultés ; quand il s'agit d'objets petits et à notre portée nous employons le tact et les autres sens ; quand il s'agit d'objets éloignés et de vastes tableaux, nous en incorporons les impressions dans des associations de sensations visuelles seulement.

Parmi les agrégats qui reconnaissent cette origine il faut comprendre les représentations artificielles destinées à faciliter la conception du monde extérieur, comme par exemple les cartes, les figures, les dessins. Ces procédés de représentation sont d'une grande utilité, la puissance de l'intelligence et l'adresse dépendent de l'aptitude à les embrasser et à les retenir. La géographie du globe est résumée dans un globe artificiel ou dans une série de cartes avec des contours, des ombres, de la couleur, qui correspondent aux différences des terres et des mers, des montagnes et des plaines. Tous les individus ne possèdent pas au même degré l'aptitude à retenir une carte. Une autre condition importante est l'adhésivité pour la couleur. Après les cartes nous mentionnerons les dessins d'histoire naturelle dont la grande variété dépend surtout des différences de couleur. Les dessins anatomiques et ceux des machines sont de même nature, tout en se rapprochant un peu de ceux des sciences abstraites, où l'attention se concentre sur quelques traits peu étendus. Quand nous arrivons aux figures d'Euclide, la couleur a disparu, elle ne fait plus partie de la conception ; la faculté de retenir les tableaux ne sert plus de rien. La forme est tout, et encore cette forme, loin d'être variée, est limitée, et d'une extrême importance. Rien mieux que cette opposition ne fait ressortir la faculté de saisir les agrégats et les concrets de la nature, où mille impressions distinctes doivent prendre leur place et faire corps aisément en un temps très court. La foule qui remplit un théâtre et la quarante-septième figure d'Euclide sont également des objets pour l'œil, comme ils en sont aussi pour l'esprit qui les conçoit, alors que les sens n'en sont plus affectés, mais la région du cerveau qui détermine la fixation de l'image ne saurait être la même dans les deux cas ; dans l'un, nous avons de la couleur et une forme variée, dans l'autre un petit nombre de formes régulières sans aucune couleur.

Il y une classe intéressante de conjonctions artificielles où les apparences naturelles des choses s'associent à d'autres que produisent la manipulation et l'expérimentation. Les propriétés d'un minéral, la notion complète que nous en pouvons former est une combinaison de la vue et du tact avec les apparences artificielles qu'on obtient en mesurant ses angles, en le cassant, en le rayant, en le chauffant au chalumeau, ou en le traitant par des acides. L'association de ces impressions diverses fixe une impression complexe dans l'esprit ; et au bout de quelque temps une quelconque de ces propriétés peut réveiller la conception totale du minéral. De même en chimie, la conception d'une substance n'est pas seulement l'ensemble des impressions qu'elle produit d'elle-même, mais elle comprend encore celles qu'on obtient quand on la traite par d'autres substances et qu'on la soumet à diverses températures. Pour le chimiste, la notion du soufre est un immense ensemble de sensations produites de diverses manières ; en réalité, c'est la notion d'une grande collection de substances, les composés du soufre, comme l'odeur de la fleur de soufre brûlé, l'huile de vitriol, les sulfates, les sulfures, etc. De même les propriétés d'une plante ne sont complètement résumées et agrégées dans l'esprit, que lorsqu'aux notions qu'elle fournit par elle-même s'ajoutent toutes celles qui dérivent de la dissection. Cet exemple présente une analogie complète avec celui que nous avons mentionné plus haut, en parlant des outils et des machines : dans un cas comme dans l'autre, l'impression du moment doit être unie à d'autres impressions qui naissent dès que l'on considère les usages pratiques.

Avec ces agrégats minéraux et chimiques, nous sommes à l'aise pour prouver la puissance de l'association par contiguïté, mais plus encore pour éprouver la tendance à s'appesantir sur les combinaisons *artificielles*, résultats d'une analyse antérieure ou d'une séparation forcée des conjonctions naturelles. La science, comme nous aurons plus tard l'occasion de le faire voir, répugne à l'esprit naturel, par la nécessité qu'elle impose de *dissocier* les apparences qui se présentent naturellement et facilement ensemble, de renoncer à l'aspect total d'un objet qui intéresse agréablement tous les sens, pour s'arrêter à quelques traits qui n'ont rien d'intéressant pour l'œil du vulgaire. Les composés du soufre qu'il faut réunir à la substance simple pour compléter l'idée, sont considérés par le chimiste au seul point de vue de la composition et de la décomposition dans leur contact avec d'autres corps; l'apparence d'une substance quelconque, telle qu'elle résulte de l'impression sur l'œil, peut n'être d'aucun intérêt pour le chimiste.

X. — Successions.

Successions et changements de la nature, cycles, évolutions. — Une fois commencés, les mouvements de l'esprit persistent naturellement, influence de cette persistance sur la restauration des successions. — Successions de cause et effet; les actions humaines en tant que causes. — Action et réaction de l'homme sur l'homme. — Rôle de ces successions dans la connaissance que nous avons des êtres vivants, sensibilité pour la présence de l'homme.

A l'exception des mouvements musculaires complexes et coïncidants, comme aussi du concours simultané de sensations reçues par des sens différents, toutes les associations sont successives pour l'esprit, puisque nous devons passer de l'une à l'autre, tant dans l'expérience originelle que dans le souvenir qui la suit. Les détails d'un paysage ne peuvent être aperçus que par des mouvements successifs de l'esprit, de même qu'ils ne peuvent être aperçus que par des mouvements successifs de l'œil. Mais, à ces successions uniformes qui donnent en définitive le simultané, nous opposons maintenant les variations ou changements d'aspect des choses, les successions proprement dites.

Notons d'abord les successions qui forment un cycle, sans interruption, comme le jour et la nuit, les phases de la lune, le cours des saisons. Les différents aspects que revêtent, dans le cours de la journée, le ciel au-dessus de nos têtes et le monde qui nous entoure, s'associent dans l'esprit dans leur ordre régulier; nous pouvons les annoncer à l'avance. Ces changements lents et, pour ainsi dire, insensibles s'associent à peu près sous les mêmes conditions que les aspects de la nature morte que nous voyons se succéder en exécutant des mouvements qui changent nos relations avec eux. En eux-mêmes les deux ordres de successions sont très différents, mais pour l'esprit les choses qui sont simultanées dans la réalité sont successives dans l'idée. Le courant de la nature *mouvante* fournit des associations dans une direction constante, tandis que l'association mentale de la nature *morte* se fait dans tous les sens; et pourtant c'est la même faculté mentale qui noue toutes ces associations.

Ensuite viennent les successions d'*évolution*; comme le développement d'une plante, d'un animal, à travers toutes ces périodes depuis le germe jusqu'à la décadence. Les associations de ces évolutions, telles qu'elles se présentent dans la nature, constituent la connaissance de l'histoire des êtres vivants. Nous rencontrons dans ces évolutions un caractère particulier, la continuité et l'identité du principal objet, et la ressemblance qui persiste au milieu du changement : deux circonstances qui concourent à imprimer les différentes époques de son histoire dans notre mémoire. Si nous possédons déjà une image durable d'un plant de sapin, nous n'aurons pas de peine à le concevoir agrandi dans toutes les dimensions, la forme et la texture restant la même ; de même pour toute autre plante ou tout animal. Quand un être subit une transformation radicale, comme cela arrive au papillon ou à la grenouille, nous avons à réunir deux apparences différentes. En réalité, nous apprenons plus fréquemment les périodes de l'évolution en les contemplant simultanément sur différents sujets, dans une plantation d'arbres par exemple, ou dans la société humaine, où nous pouvons observer un mélange de tous les âges. L'évolution des êtres vivants, plantes ou animaux, dans leur développement et leur décomposition, excite d'ordinaire l'attention et l'intérêt, qui concourent à en fixer les périodes dans la mémoire. Il en est de même des évolutions historiques ; c'est encore ce but qu'on vise, en décrivant les évolutions artificielles d'un drame ou d'un roman. Un puissant intérêt s'attache aussi aux périodes successives d'une opération de construction, d'un procès qui se déroule devant une cour de justice, ou à la marche d'une maladie. Un esprit naturellement doué d'adhésivité pour les impressions sensibles, profite des occasions d'observer qui se présentent, pour rassembler un riche butin de successions ; mais ce qui aide le plus puissamment, c'est le penchant à concentrer l'esprit sur quelques-unes d'entre elles de préférence aux autres. L'un s'absorbe dans l'observation des progrès d'une culture ou d'un jardin, depuis le moment de la semence jusqu'à celui de la récolte ; l'autre considère avec un intérêt particulier le développement humain dans le corps ou dans l'esprit.

A part une circonstance d'intérêt spécial au point de vue du déroulement de l'avenir, les associations de l'évolution ne diffèrent pas essentiellement des conjonctions de la nature morte, qui sont aussi nécessairement successives. Les pages d'un livre ou les maisons d'une rue existent simultanément, mais elles ne peuvent être contemplées que successivement. L'esprit habitué à associer après quelques répétitions les fleurs d'un parterre, peut pareillement retenir les différentes phases du développement de la plante.

Nous devons signaler à l'attention un fait du système nerveux qui se rattache à la faculté mentale de la mémoire des successions d'images : le mouvement mental une fois commencé tend à continuer et s'entretient lui-même. Nous pouvons remarquer que l'œil a une tendance à persister dans un mouvement une fois commencé, comme par exemple pour suivre un projectile, ou parcourir la bordure de l'horizon. La vigueur spontanée des organes du mouvement les emporte dans la direction où ils sont entrés par hasard, puis le stimulus de la sensation vient s'ajouter à la spontanéité du système nerveux pour soutenir le mouvement commencé. C'est ainsi que l'œil suit naturellement une échappée de vue ou le cours d'un ruisseau. En voyant le commencement d'une ligne droite, ou une partie d'un cercle, nous nous sentons portés à concevoir les autres parties que la vue n'embrasse pas. Un haut sommet emporte le regard en haut sur des sommets qui le dépassent, tandis qu'un courant qui descend entraîne vers les profondeurs le regard du corps et l'attention de l'esprit. De même que nous continuons à marcher par un mouvement presque mécanique, ou que nous manions un outil sans y songer, quand une fois nous sommes en train, de même notre vue prend un mouvement et le suit d'elle-même sur la ligne qui lui est tracée. Quand l'œil parcourt la longue ligne d'une procession, il acquiert la faculté de persévérer dans ce mouvement au point qu'il est en état d'en franchir la limite quand il est arrivé à la fin. Une succession d'objets animés d'un mouvement très rapide, un train de chemin de fer par exemple, fait sur notre œil une impression persistante anormale, et nous sentons tout se mouvoir autour de nous. Comme toutes les autres actions du cerveau, cette persistance a une allure modérée et régulière, qui tombe facilement, et une allure précipitée et anormale que nous ne pouvons faire disparaître qu'avec beaucoup de peine.

Or, quand nous nous rappelons les termes d'une succession sous la pression de ceux qui ont déjà passé, le souvenir est aidé par cette tendance qui nous fait sauter du terme en vue au moment même, à celui qui le suit immédiatement. Cette impulsion en avant, qui ne s'arrête jamais, ne suffirait pas d'elle-même pour rappeler le terme suivant, s'il n'y avait entre eux un lien d'association, mais elle compte pour quelque chose dans l'acte qui nous fait retrouver un Objet qui nous manque dans la série ; elle détermine surtout le degré de rapidité de l'action mentale, et par là imprime un cachet au caractère ; elle ne donne pas la force intellectuelle, mais c'est d'elle que vient la rapidité de la perception, qualité dont nous avons souvent l'occasion d'apprécier les avantages.

Les successions appelées *cause* et *effet* sont fixées dans l'esprit par contiguïté. L'exemple le plus simple est celui où notre activité joue le rôle de cause. Nous frappons un coup, un bruit se fait entendre, une cassure se produit. La force volontaire émise dans cet acte s'associe en conséquence avec le son et la cassure. Il n'est pas d'association qui mûrisse plus rapidement que celle qui relie nos propres actions avec les effets sensibles qui en découlent. Les circonstances qui favorisent la concentration de l'esprit sur cette succession ne font pas défaut.

D'abord, ces effets sont souvent violents, saisissants et émouvants. Les plus puissants sont ceux qui produisent quelque changement frappant dans la marche tranquille des choses. Un coup de canon dans le calme de la nuit, un incendie qui s'allume, la vie qui s'en va, sont des impressions qui excitent fortement le système nerveux, et absorbent l'esprit par cette excitation. Pour rattacher à jamais un de ces événements frappants à son antécédent immédiat, qu'on appelle sa cause, une seule occasion suffit. Quand les effets sont plus légers et plus lents à se produire, le lien qui les unit aux causes ne se fixe pas aussi rapidement dans l'esprit. Mais en règle générale, la causalité, quand elle est bien évidente, c'est-à-dire quand l'esprit constate clairement et embrasse les deux membres de la série, la causalité s'imprime dans l'intelligence plus fortement que les successions des détails d'un paysage, ou les périodes du développement d'une plante ou d'un animal. Il y a chez l'homme un goût naturel pour la connaissance des effets, qui provient de ce qu'ils stimulent l'esprit par un certain genre d'excitation, laquelle contribue puissamment à alimenter le plaisir de vivre.

En second lieu, nous devons remarquer que les impulsions actives de l'esprit humain, qui dans un grand nombre de cas sont les causes des effets que nous voyons, et que nous prenons pour types des autres causes, s'impriment rapidement sur la mémoire ; en d'autres termes, nous nous rappelons aisément la notion d'une action émanant de nous, qui a joué un rôle dans la production de quelque changement saisissant. Nos membres ne nous quittent jamais, les mouvements qu'ils exécutent sont des faits les plus familiers de notre expérience ; nous n'avons pas de peine à nous rappeler un coup de pied ou toute autre action aussi commune. Par suite, quand l'esprit est rendu attentif à une succession de deux termes, dont l'un est une action familière émanant de nous, et l'autre un effet qui frappe vivement nos sens, le premier est déjà devenu une idée permanente par l'effet de la répétition, et l'attention se fixe sur le second. Les deux termes sont donc sûrement et rapidement fixés. Les actions que nous n'avons pas l'habitude de considérer comme des causes ne reviennent pas promptement à la mémoire ; un mécanisme compliqué ne fait pas sur notre mémoire une impression durable si on ne l'a pas vu fonctionner bien des fois.

Quand on veut se figurer les causes d'effets inconnus, la première à laquelle on pense est le pouvoir de l'homme, par suite de la facilité avec laquelle l'esprit descend dans cette cause, et du plaisir qui découle de l'idée de la force humaine et de ses effets. De là vient la tendance universelle à personnifier les formes de la nature.

L'action et la réaction d'un homme sur un autre est un exemple remarquable de cause et d'effet, sous des conditions favorables à la remémoration. La cause et les effets y sont également des manifestations de la force de l'homme, que nous concevons promptement parce que nous avons été nous-mêmes fréquemment mis en jeu de la même manière. Lorsque, par exemple, nous sommes témoins d'une lutte, la provocation qui la commence et la riposte qui la continue sont des actions que nous sommes à même de retrouver dans la mémoire de notre expérience passée. Dans ce cas, comme dans ceux que nous avons déjà présentés, l'excitation qui fait passer l'homme du repos à une action énergique est un effet saisissant qui arrête l'attention du spectateur. Nous avons, pour la plupart, l'occasion d'observer ces changements subits dans l'expression des êtres vivants qui constituent la plus grande partie de l'intérêt que nous prenons à la société et au drame. En notant ces divers mouvements d'expression, et en les rattachant à leurs causes, nous recevons l'impression d'innombrables successions de cause et d'effet ; les souvenirs qui en résultent composent une grande partie de la connaissance que nous avons des procédés et du caractère des hommes.

Les esprits qui sont le plus vivement frappés par les effets de ce genre, c'est-à-dire les éléments de l'expression des hommes et des animaux, y portent toute la force de leur attention, et les conservent dans leur mémoire ; par suite, ils acquièrent une connaissance exceptionnelle de la nature humaine ; en même temps ils ne prennent pas un moins vif intérêt aux actes des êtres vivants.

L'impression que nous gardons d'un homme ou d'une femme se compose de leur image permanente, et des divers mouvements qu'ils accomplissent dans un grand nombre de situations ou de circonstances diverses. Quand nous avons vu un individu se mettre en colère, nous rattachons la circonstance qui a donné lieu à la colère, avec l'expérience que nous avons de cette passion dans notre propre esprit ; et ce lien devient un trait de la connaissance que nous possédons désormais du caractère de cette personne. Quand la colère se présente à nos regards, nous nous rappelons ce qui la cause ; quand c'est la provocation, nous nous rappelons la colère. Nous pouvons nous servir de la connaissance de cette succession soit pour éviter, soit pour produire l'effet de la cause, nous pouvons le reproduire sous forme dramatique ; nous pouvons le généraliser comme un fait de la nature humaine en général ; nous pouvons nous en servir pour expliquer la colère d'autrui. Nous notons de même d'autres successions, et avec le temps suffisant et des occasions propices, nous pouvons associer ensemble la cause et l'effet dans tout le cycle des actions ordinaires d'un individu. On dit alors que nous connaissons le caractère de cette personne. La connaissance que nous avons des animaux est de même nature.

L'aptitude à recevoir des impressions par suite de la présence de l'homme provient de diverses sources : 1° Toute image visible fait une vive impression sur un esprit qui a du goût pour l'histoire naturelle, la face humaine comme le reste ; 2° l'aptitude à saisir et à retenir les mouvements visibles est un élément distinct, auquel se rattache le sens des formes et en particulier de la forme humaine ; 3° le penchant à la sympathie, par opposition au penchant à l'égoïsme, qui nous absorbe dans l'attention de nous-même, favorise le même résultat en nous faisant remarquer et retenir les manières d'autrui ; 4° le sens artistique trouve dans l'homme la plupart des éléments qu'il met en œuvre, aussi est-il sensible à tout ce qui vient de l'homme ; 5° à toutes ces causes de l'attention que nous portons aux phénomènes humains, il faut ajouter les passions vives qui agitent nos semblables, ce qui nous fait voir pourquoi l'étude de l'humanité se porte naturellement sinon exclusivement sur l'homme. La nature en elle-même est froide au prix de l'homme, aussi les séries qu'elle nous fournit jouent-elles un rôle moins important dans la production des idées de causation dans la généralité des esprits, que celles que nous offrent les membres de l'humanité.

Dans l'exposé que nous terminons, nous n'avons pas fait mention de la *causalité scientifique*.

XI. — Acquisitions mécaniques.

Conditions de l'acquisition mécanique : 1° l'organe actif, les muscles ; 2° les sens en jeu ; 3° le goût ou le plaisir comme motif de la concentration de l'attention. — Méthode de l'éducation mécanique ; instruction des recrues dans l'armée, instruction des apprentis dans les arts manuels.

Nous avons indiqué les principaux genres d'association par contiguïté. Il nous reste à montrer comment se fait l'association dans les diverses branches des acquisitions intellectuelles.

Sous le nom d'acquisitions mécaniques, nous comprenons tout ce qui se rattache à l'adresse et au travail des mains, aussi bien qu'à l'usage que nous faisons de nos membres dans les actions les plus en vue et les plus communes de la vie ordinaire. L'éducation militaire, les exercices du sport, les divers jeux, le maniement des outils dans tous les genres d'opérations manuelles, sont autant d'associations acquises ou artificielles d'actions avec des actions, ou d'actions avec des sensations, par l'effet de la contiguïté.

Le premier élément des acquisitions mécaniques gît dans la qualité de l'instrument actif, les *muscles*. Tout ce qui favorise l'association des mouvements, la force musculaire, la spontanéité, la délicatesse de la faculté discriminative, concourt à l'avancement de nos acquisitions musculaires.

Ensuite nous devons tenir compte de la délicatesse des *sens* employés dans l'ouvrage exécuté. Si l'opération consiste à faire une pâte, ou à finir un poli, le tact est l'organe d'épreuve, et doit avoir la délicatesse nécessaire. Si l'ouvrage doit être jugé par la couleur, il faut que l'œil soit doué d'une sensibilité convenable ; s'il faut jouer d'un instrument, l'oreille doit distinguer les nuances du son. Quelque flexible et puissant que soit l'instrument actif, il ne peut jamais dépasser le sentiment de l'effet produit. Les doigts les plus délicats ne servent à rien pour l'exécution d'un morceau de musique, quand l'oreille n'a pas le degré de délicatesse qu'il faut pour percevoir les nuances musicales que les doigts peuvent rendre (1).

En troisième lieu, nous avons à évaluer les *motifs de la concentration de l'attention;* le principal motif est un goût ou un intérêt pour l'occupation même, l'idée d'une fin agréable que l'attention doit nous faire atteindre vient après. Le goût prononcé pour les travaux manuels que manifestent certains tempéraments est un sentiment complexe. Toutefois une portion de ce goût, peut-être la plus grande, provient

---

(1) Dans plusieurs genres d'opérations mécaniques, la sensibilité musculaire compte double, c'est une propriété de l'organe et aussi une propriété du sens. Ainsi quand on manie de la pâte, ou qu'on tend une corde, le sens en jeu est le sens musculaire, et l'adaptation délicatement graduée du bras et de la main à l'effet qu'on veut produire est aussi une discrimination musculaire. Par suite, le tact manuel, ou l'adresse à manier les outils et les instruments, dépend doublement de la propriété musculaire. Alors même que l'effet n'est pas jugé d'après les impressions tactiles, ou d'après le sens de la résistance, mais par l'œil, l'oreille ou le goût, la flexibilité et l'adaptation graduée avec mesure de l'organe actif impliquent le sentiment qui distingue la force dépensée, sentiment propre au système musculaire, et qui se manifeste sans doute inégalement dans différentes constitutions.

BAIN.

des aptitudes mêmes des muscles et des sens ; et lorsque ces aptitudes sont supérieures, elles peuvent produire des effets extrêmement agréables. Il suffit de posséder les deux facteurs de l'adresse, la main et le sens, pour avoir du plaisir à se livrer à une occupation manuelle ; et cela ne vient pas seulement de ce qu'on constate sa propre supériorité, ce qui n'est pas un motif d'une valeur médiocre, mais par l'effet combiné d'un sentiment d'une certaine intensité et d'une aptitude éminente. Si nous possédons un organe puissant et flexible, nous avons du plaisir à le mettre en jeu. Il en est de même des sens ; on ne peut pas avoir une oreille délicate et juste, susceptible de faciliter les acquisitions musicales, sans goûter vivement le plaisir de la musique ; la même chose est vraie de la couleur.

Les sentiments les plus généraux de l'esprit qu'implique l'aptitude mécanique, sont le plaisir de manifester sa force en produisant des effets, et la satisfaction des besoins et des désirs qui sont le but final de l'occupation manuelle. Nous ne parlons pas des travaux qui ont pour but le gain ou l'entretien de l'ouvrier, mais de ceux où un assez grand nombre de personnes trouvent un intérêt puissant, sans doute parce qu'elles possèdent les aptitudes requises. Il y a des gens qui passent leurs heures de loisir à jardiner, à faire le charpentier, à tourner, comme d'autres à faire de la musique. Le goût de Louis XVI pour le travail du serrurier est un fait historique.

Il nous reste à considérer celles des circonstances qui facilitent l'acquisition mécanique, qui dépendent de la manière de travailler et non de facultés natives. Dans l'armée anglaise, on fait aux recrues l'instruction trois fois par jour, pendant une heure et demie ou deux heures chaque fois, et l'on place entre chaque exercice un repas et une période de repos. On a fait un choix très judicieux des moments où la vigueur du corps est la plus grande ; et l'on ne continue pas l'exercice trop longtemps. Quand les muscles et le cerveau sont fatigués, on ne gagne plus rien à continuer, la faculté plastique de l'association cesse de fonctionner. Enfin les leçons ne sont pas trop courtes ; car il faut un certain temps pour donner au corps le pli que nécessite l'exercice enseigné. Un exercice de moins d'une demi-heure ne se rend pas suffisamment maître de l'organisme. C'est à l'instructeur à déterminer la durée de la leçon et à bien saisir le moment où le corps est tout à fait en train et celui où la fatigue deviendrait excessive. Dans l'armée, où le temps des soldats est à la disposition des instructeurs, le système des trois leçons quotidiennes, séparées par des intervalles de repos pendant lesquels le soldat se restaure, est en somme la meilleure combinaison ; mais on n'y tient pas compte du dégoût de l'esprit qui résulte de la monotonie du travail. Dans les premiers temps de l'instruction, il y a plus de variété et d'intérêt, et il est possible d'occuper à peu près la moitié du jour sans interruption.

La règle à suivre pour un élève ou un apprenti est très différente de celle que suit un ouvrier à son travail. Pour celui-ci l'application longtemps soutenue et continue vaut mieux. Mais pour celui qui apprend, l'attention fatigue vite le cerveau; en outre, les organes n'étant pas habitués à une opération, sont moins capables de la soutenir. Toutefois, quand l'ouvrier possède à fond la routine de son métier, et que ses organes ont acquis de la vigueur par une longue pratique, il vaut mieux qu'il continue de travailler plusieurs heures de suite.

On ne traite pas le jeune apprenti comme une recrue ou un écolier, il travaille le même temps qu'un ouvrier; mais on adopte à son égard une autre méthode. Comme il faut qu'il fasse son apprentissage pas à pas, quand il a appris à faire quelque partie, il la répète avant d'en apprendre une autre, et la reproduit longtemps comme un ouvrier formé. Son éducation prend beaucoup de temps, mais dans ce temps l'ouvrage qu'il fait par routine prend beaucoup de place. C'est ce qu' lui permet de supporter durant toute une longue journée cette situation. C'est surtout quand l'instruction est poussée vivement, et qu'on néglige la production, qu'il importe de couper le travail par de longs intervalles de repos. Il est cruel et à bien des égards absurde, de demander à un apprenti de travailler le même temps qu'un ouvrier formé.

Ici, comme ailleurs, le progrès de l'instruction dépend de la liberté d'esprit de l'apprenti, comme de tout élève; il ne faut pas qu'il soit aborbé par une passion ou par une étude qui le détourne; cette condition est aussi importante que peut l'être l'entraînement d'un goût spécial.

XII. — Acquisitions de la voix et du langage.

Acquisitions en musique vocale. — Discours ou langage parlé. — Langues mères, langues étrangères. — Acquisitions oratoires.

Les acquisitions des organes de l'articulation des sons, dans la parole et les langues, suivent les mêmes lois générales que les autres acquisitions mécaniques. Mais elles constituent une branche trop importante de l'intelligence humaine pour que nous ne leur consacrions pas un examen particulier. Voyons d'abord l'exercice de la voix dans le chant.

L'acquisition des airs de musique et des harmonies par la voix dépend des organes vocaux et de l'oreille, et aussi de certaines sensations spéciales qui viennent probablement par une autre voie que l'oreille.

Les conditions que les organes vocaux doivent présenter sont celles qui constituent les aptitudes musculaires en général : la vigueur et la spontanéité, auxquelles il faut ajouter l'étendue naturelle ou flexibilité, si toutefois cette qualité n'est pas impliquée dans les deux premières. Mais la condition la plus essentielle pour une exécution délicate est une faculté discriminative d'une grande précision, qui fournit en outre la meilleure pierre de touche de la mémoire vocale.

L'oreille est le régulateur des effets produits par la spontanéité de la voix. Nous avons déjà montré que l'oreille doit juger la hauteur des sons qui la frappent et par conséquent distinguer les harmonies et les désaccords. C'est ce genre de sensibilité qui guide l'action de la voix et ramène l'émission irrégulière de la voix à des modes réguliers qui produisent des effets musicaux.

Nous admettons aussi qu'une oreille qui distingue doit aussi retenir, autant du moins que la retentivité dépend de la qualité du sens. Ici, comme partout, le plaisir que donne l'art est un motif d'attention.

L'acquisition de la musique instrumentale dépend des mêmes conditions, seulement l'action des mains ou de la bouche remplace celle de la voix, toutes les autres circonstances restant les mêmes.

On pourrait aisément constater avec précision l'aptitude acquisitive des diverses personnes pour la musique, en fixant des points de repère pour juger de leurs progrès, et en comptant le nombre de fois que chacune doit répéter une mélodie pour l'apprendre.

La parole nous offre pareillement un exemple d'exécution vocale guidée par l'oreille, avec quelques différences qui tiennent à l'action et au sentiment. La faculté d'articuler comprend une nouvelle série de mouvements, ceux de la bouche; mais on n'y retrouve pas la dépense finement graduée de la force de la poitrine, ni la tension des cordes vocales, nécessaires dans le chant. La sensibilité de l'oreille pour les sons articulés concorde en partie avec le sens musical et en partie en diffère.

La première période du langage est l'émission de simples voyelles ou de simples consonnes avec une voyelle, comme *ra*, *ma*, *pa*, *um*. Le son *ah* est le plus facile de tous; les autres voyelles *e*, *i*, *o*, *u*, sont plus difficiles. Les consonnes labiales, *m*, *p*, *b*, précédent d'ordinaire mais non toujours les dentales et les gutturales, parce que l'occlusion des lèvres n'exige qu'un effort très facile. Les dentales *d*, *n*, *t*, *l*, et les gutturales *k*, *g*, sont peut-être aussi aisées; les aspirées sont plus complexes et plus difficiles. Parmi les sons vibrants, on apprend plus vite l'action sifflante de l'*s* que celle de l'*r*, l'enfant la remplace souvent et assez longtemps par l'*l*.

La combinaison de deux consonnes dans une même émission présente de nouvelles difficultés, par exemple dans les syllabes qui commencent et finissent par une consonne. Quelques-unes sont plus aisées que d'autres; *mam* est plus aisé que *man*, et *man* que *mug*, parce qu'il est moins difficile de combiner deux labiales qu'une labiale et une dentale, ou une gutturale. On en voit les effets dans les mots composés de toutes les langues.

Il y a deux périodes dans l'acquisition des sons articulés; la première est celle des émissions spontanées, et la seconde celle de l'imitation. Dans l'une comme dans l'autre, la flexibilité naturelle des organes doit se combiner avec la délicatesse de l'oreille pour produire des effets articulés, afin que les progrès soient rapides.

L'union des syllabes et des mots en un langage continu, met en jeu un nouveau mode du principe d'association.

L'intonation et la cadence sont des accessoires de l'effet musical, qui ne ressemblent guère aux conditions principales de la musique, à savoir la hauteur avec ses harmonies, et la mesure. Quand on parle, a hauteur de la voix s'élève et s'abaisse, mais sans observer une gradation délicate; la voix appuie sur certaines syllabes, monte et baisse tour à tour pour baisser à la fin de la phrase. Telle est la cadence ou la musique de la parole. Certaines personnes possèdent une aptitude remarquable pour l'intonation; celles qui joignent à cette aptitude une articulation flexible possèdent le don de la déclamation.

Les premières acquisitions purement verbales, formules familières abrégées, prières, vers et contes, sont des exemples d'association purement composée de mots, elles dépendent des mêmes conditions qui favorisent la mémoire des mots durant toute la vie. Si nous voulions ranger ces diverses conditions d'après leur importance, nous mettrions d'abord en tête l'oreille articulée, ensuite la dextérité de l'articulation vocale, parce qu'il est de règle que la réceptivité et la rétentivité sont plus grandes du côté sensitif du système cérébral que du côté actif. Nous supposons que les conditions générales de la retentivité sont toujours les mêmes. Nous avons déjà donné les raisons pour lesquelles la mémoire des mots exige spécialement une puissante adhésivité. Les motifs qui portent à la concentration de l'esprit sont nombreux et divers; mais ils sont principalement fournis par l'objet que le nom représente, ce dont nous allons parler. Toutefois, indépendamment de cet objet, les exercices de l'articulation peuvent donner beaucoup de plaisir et d'agrément; mais il faut surtout qu'une éducation également perfectionnée de la voix et de l'oreille les lie par des associations sans que l'attention ait besoin d'intervenir.

La mémoire qui retient de longs poèmes, comme celle des anciens bardes (ceux qui récitaient et non ceux qui composaient), et celle qui constituait la science des druides, la mémoire de quelques personnes qui peuvent reproduire par cœur de longs discours, celle enfin qui constitue la connaissance des langues, sont autant d'exemples d'une mémoire qui ne porte que sur les mots. Nous en retrouvons les effets dans les talents littéraires de tout genre. Si l'on veut apprécier convenablement le génie de Shakespeare, il faut commencer par reconnaître que ce grand poète possédait une rare aptitude à retenir les mots.

L'acquisition de la langue mère suppose non-seulement une longue série de mots entendus et émis, mais aussi l'association des noms avec les choses, c'est-à-dire le sens. Nous associons les noms feu, table, Jean, avec les objets mêmes. Nous allons plus loin, nous associons des groupes de mots, des phrases et des séries de phrases avec des objets, des situations, des actions, des desseins, des sentiments, etc., en suivant la loi de l'association hétérogène d'après laquelle l'association de deux choses dépend de la ténacité respective ou de la persistance de chacune d'elles ; par exemple, l'esprit disposé au pittoresque se rappelle mieux les noms des objets visibles. Tout ce qui contribue à l'intérêt ou à l'effet que l'objet produit sur l'esprit, accroît la facilité avec laquelle la mémoire retient les noms. L'effort de la diction nous conduit comme par un fil aux objets qui ont arrêté l'attention de l'esprit. Swift aurait pu acquérir la magnifique langue de Milton, et Milton aurait pu s'exprimer en termes aussi grossiers que Swift, ce qui lui est arrivé quelquefois dans ses écrits en prose ; ce n'était pour l'un et l'autre qu'une affaire de mots à apprendre ; mais la composition de leur vocabulaire dépendait des objets que chacun d'eux préférait.

Le langage écrit fait intervenir un nouveau genre d'association, celle qui unit les formes visibles aux mots : c'est un puissant adjuvant de la mémoire des mots, très utile dans l'acquisition de la langue maternelle, et le principal instrument de la mémoire dans l'étude des langues classiques.

Quand nous apprenons les langues étrangères par les méthodes usuelles, nous avons plus affaire aux associations purement verbales.

que dans notre propre langue. Nous ne rattachons pas d'ordinaire les noms d'une langue étrangère aux objets, mais aux noms que nous avons déjà appris. Nous pouvons rattacher un son à un son, comme lorsque nous recevons un enseignement oral, une articulation à une articulation, un signe visible à un signe visible. Ainsi *Domus* et *Maison* peuvent s'associer comme deux sons, deux articulations, deux images ; nous avons d'ordinaire ces trois moyens à notre disposition. Si nous comptons encore l'acte de coucher les mots par écrit, ce qui les associe à des états des nerfs du bras et de la main (sans parler de la concentration de l'œil), il n'y a pas moins de quatre voies d'association, impliquant deux sens et deux modes d'activité mécanique.

Faute d'un lien ferme d'association par contiguïté pour les objets indifférents au point de vue du sentiment, tels que les sons et les symboles arbitraires, les acquisitions relatives aux langues sont nécessairement pénibles.

L'acquisition des qualités oratoires comprend un élément nouveau : la cadence, en partie effet d'un rythme original, indépendamment de la hauteur du ton qui modifie le flux spontané de la voix, de manière à charmer l'oreille de celui qui parle, mais pour la plus grande partie produit d'une habitude que l'on contracte en entendant parler les autres. L'orateur doit pouvoir orner son langage des cadences les plus variées et les plus propres à charmer, comme le chanteur doit avoir à son service un grand nombre de mélodies vocales. Il doit s'appliquer à donner à sa voix le mouvement et les chutes de l'articulation musicale. Nous n'avons pas de moyen artificiel d'exprimer ou de représenter le rythme oratoire, de manière à conserver les procédés d'un grand orateur, ou de marquer les différences des cadences dont il fait usage ; la notation des manuels d'élocution n'est pas assez avancée pour cela. Mais nous pouvons aisément consigner les conditions générales de l'acquisition oratoire. Ce sont une voix puissante et flexible, qualités qui dépendent de la constitution de l'orateur, d'une oreille délicate, l'exemple d'un grand nombre de maîtres habiles dans l'art de la déclamation, enfin un goût prononcé pour les effets oratoires ; mais il y faut aussi le concours d'une adhésivité puissante.

Bien que la cadence soit à proprement parler un effet du langage parlé, on la retrouve dans les œuvres écrites. Nous adoptons naturellement les cadences qui s'adaptent le mieux à la marche naturelle de nos organes vocaux, et qui possèdent pour nous le plus grand charme.

La forme de langage qu'on appelle le mètre, cause du plaisir à l'oreille ; certains esprits ont une telle sensibilité pour le mètre qu'ils se rappellent surtout les compositions en vers.

XIII. — Rétentivité en science.

<small>Sciences objectives, sciences abstraites et sciences concrètes. — Sciences subjectives, l'esprit, nature de l'aptitude pour l'étude de l'esprit, obstacles élevés par les tendances anti-subjectives.</small>

Par science, nous entendons le symbolisme artificiel nécessaire pour exprimer les lois et les propriétés du monde, en tant que distinguées des apparences actuelles des choses que l'œil embrasse et dont nous avons déjà parlé sous le nom de conjonctions naturelles, successions, etc. Un traité d'astronomie est un ensemble de calculs algébriques et de tables numériques. Rien ne ressemble moins aux phénomènes du soleil, de la lune et des planètes, tels que nous les voyons, que les formules et les tables qui expriment les relations de ces grands corps.

Les sciences objectives touchent d'une part aux sciences rigoureusement abstraites et symboliques, telles que les mathématiques, d'où la nature sous sa forme purement sensible est exclue, et d'autre part aux sujets plus concrets de l'histoire naturelle, où une partie au moins des acquisitions scientifiques consiste en des collections de phénomènes communs tels que nous les observons sur les animaux, les plantes et les minéraux. C'est ainsi que la mécanique théorique, l'astronomie et l'optique, rentrent dans les mathématiques. Les portions expérimentales de la chimie, de la physiologie et de l'astronomie se rapprochent des sciences qui occupent l'autre extrémité de la chaîne : dans ces dernières, l'adhésivité qui caractérise l'esprit bien doué pour les sciences naturelles, en vertu de laquelle il saisit et retient les propriétés et les phénomènes sensibles des êtres de la nature, joue le plus grand rôle.

Pour aborder les sciences plus *abstraites*, qui représentent la science, parce qu'elles sont le plus opposées aux images vulgaires et aux notions des choses communes qui nous entourent, c'est-à-dire pour saisir les symboles de l'arithmétique et des mathématiques en général, les symboles et la nomenclature de la chimie, les nomenclatures et les abstractions de la physiologie, il faut une intelligence appropriée à cette acquisition. Ces diverses sciences ont entre elles des rapports si étroits, elles semblent si bien être les fragments d'une même unité, que la faculté d'association qui convient à l'une n'est point insuffisante pour les autres. Ce sont des collections de formes pures assez peu nombreuses, qu'il faut retenir obstinément dans l'esprit, et considérer comme les seuls représentants des phénomènes. L'abnégation qui permet de s'enfoncer dans les symboles algébriques, d'y concentrer toute la puissance de l'esprit, à l'exclusion de tous les objets qui excitent agréablement les sens et les facultés affectives, cette abnégation, qui renonce à tout ce qui intéresse l'homme, constitue le caractère *moral* du mathématicien. Il n'est pas nécessaire qu'un esprit mathématique soit tout à fait dépourvu de goût pour le beau, pour la couleur, pour le pittoresque, pour la musique ; mais il ne peut se dispenser de leur refuser toute attention, pour s'attacher aux symboles artificiels qui expriment les importantes vérités de la nature. L'intérêt qui s'attache à la découverte des lois positives du monde, est le motif qui attire l'esprit au fond de ce froid labyrinthe rempli de figures bizarres. Mais cet intérêt ne suffit pas : il faut qu'à ce motif s'ajoute la faculté naturelle de fixer dans l'esprit les symboles arbitraires, c'est-à-dire une adhésivité qui, si elle provient pour une partie de causes locales, dérive en grande partie de la faiblesse de la sensibilité propre de l'œil, le sens de la couleur. Comparés aux mots d'une langue, les symboles d'une science sont peu nombreux, mais il faut qu'ils fassent une impression bien plus profonde. Un cercle dans une figure d'Euclide fait une impression plus forte qu'un cercle dans l'alphabet. Au cercle d'Euclide, viennent s'associer d'innombrables lignes, des constructions qui ne peuvent pas sans doute se présenter toutes à l'œil au même moment, mais qui doivent adhérer fermement sous forme d'idées, et se tenir prêtes à apparaître sur un signe ; au cercle de l'alphabet ne se rattache aucune clientèle d'idées, on le conçoit comme on l'écrit, et on n'aperçoit que la forme qui le distingue des autres lettres du même alphabet. C'est cette complication de figures visibles, accompagnées d'une multitude d'autres qui s'y rattachent, lesquelles ne peuvent pas apparaître à l'œil toutes en même temps, et qui pourtant restent toutes aux ordres de l'esprit, qui confère aux raisonnements scientifiques un caractère intellectuel aussi éminent.

Il faut que le géomètre retienne avec le cercle, et comme s'y rattachant, toutes les constructions du III⁰ livre d'Euclide, et au besoin, toutes celles qui précèdent et sur lesquelles celles du III⁰ livre s'appuient ; il faut aussi qu'il garde dans sa mémoire toute la langue qui représente par des mots ce qui ne peut être présenté à l'œil par des images. Tout cela fait subir une épreuve sérieuse à l'adhésivité rétentive de l'esprit pour les formes sèches. Il faut en outre que ces formes se fixent rapidement dans l'esprit à chaque pas, autrement les premiers chaînons d'une déduction seraient perdus avant que les suivants eussent pu se fixer. Dans un problème d'algèbre, où x représente une chose et y une autre, l'élève doit par la force d'une simple répétition se rappeler tout le temps que ces lettres représentent telles et telles choses. Les personnes sur qui ces relations ne font pas rapidement impression ne sont pas propres aux mathématiques.

En arithmétique, les chiffres, les additions, les soustractions, les multiplications et la numération décimale rentrent dans les associations des formes symboliques, et exigent que l'esprit se concentre fixement sur des signes arbitraires, en ne considérant que le but auxquel ils servent. En algèbre, la même opération devient bien plus complexe, mais le mécanisme n'y change pas de nature. En géométrie, il faut se rappeler une foule de définitions, c'est-à-dire qu'il faut associer une ligne, un espace, un carré, un cercle, avec d'autres lignes, d'autres constructions, à l'aide du langage. Un cercle est une ligne partout également distante d'un point central. Nous avons dans cette définition une association entre l'image visible du cercle avec son point central, et une ligne allant du centre à la circonférence, ligne tout idéale, et qu'on pourrait tirer sur n'importe qu'elle partie de la figure. Le principe de cette représentation idéale appartient entièrement au domaine intellectuel, car à côté de l'objet sensible vient s'ajouter un fait, ou une multitude de faits, qui ne peut devenir apparent à l'œil au même moment.

Dans les sciences *expérimentales* et *concrètes*, comme celle de la chaleur, de l'électricité, la chimie, l'anatomie et l'histoire naturelle en général, la considération des phénomènes sensibles actuels se mêle dans une grande mesure à celle des symboles artificiels et des abstractions ; aussi une adhésivité puissante qui saisit et fixe la couleur, la forme, les qualités tactiles et même celles qui affectent le goût et l'odorat, a-t-elle un grand rôle dans ces sciences, dont elle sert à en rassembler les objets. L'esprit mathématique y serait tout à fait incompétent, de même que l'esprit doué pour l'histoire naturelle est impropre à s'occuper des sujets des mathématiques. En anatomie, par exemple, où il faut se rappeler un immense catalogue d'os, de ligaments, de muscles, de vaisseaux sanguins, de nerfs, etc. ; l'adhésivité pour la couleur joue un grand rôle, comme lorsqu'il s'agit de retenir une carte ou la peinture d'un paysage. L'adhésivité tactile sert en anatomie, comme dans les autres branches de l'histoire naturelle, où nous manions les objets aussi bien que nous les voyons. Il y a donc pour les sciences objectives deux classes d'esprits scientifiques, représentés par les termes extrêmes, les mathématiciens et les naturalistes, ceux qui traitent de l'abstrait ou artificiel, et ceux qui s'occupent du concret ou réel. Ces deux grandes classes se subdivisent par suite de l'intérêt et de l'attrait qui portent l'esprit à y trouver des objets particuliers d'attention : ainsi, dans les mathématiques pures, l'algèbre et la géométrie ont leurs fidèles, les mathématiques appliquées à la mécanique, à l'astronomie, à l'optique, etc., ont aussi les leurs ; d'autre part, le groupe des sciences naturelles se sépare de la physique et de la chimie expérimentales, et se fractionne en sciences distinctes, la minéralogie, la géologie, la botanique, la zoologie.

Le sujet, monde subjectif, est aussi la matière d'une science très étendue, appelée science de l'esprit, philosophie mentale, psychologie.

Quoique la science de l'esprit comprenne beaucoup de phénomènes d'un caractère objectif, à savoir tous les phénomènes extérieurs qui accompagnent l'esprit, et toutes les manifestations extérieures de l'action, de la pensée et de la sensibilité humaine, elle repose pourtant essentiellement sur la conscience que chacun de nous possède de ses propres états. Prendre connaissance des faits de notre propre esprit, comme des phénomènes qu'il faut connaître et étudier, tel est l'acte qu'on appelle *conscience*; il vaudrait mieux l'apeler conscience de soi, ou faculté d'aperception interne. Locke l'appelle réflexion ; on lui a aussi donné le nom de sens intime, parce qu'elle est pour le monde subjectif ce que les sens externes sont pour le monde objectif.

Certains individus ont une aptitude spéciale pour ce genre de connaissance. Une mémoire riche d'états subjectifs, c'est-à-dire de sentiments et d'idées considérés dans leurs rapports avec les états de l'esprit qui les accompagnent est la condition dont ne peuvent se passer ni le psychologue, ni les personnes dont la profession exige la connaissance de l'esprit, comme les poètes, les historiens, les orateurs, les hommes d'Etat, les professeurs, les prédicateurs. Il n'est pas facile de formuler les vraies conditions intellectuelles qui favorisent l'acquisition des phénomènes de l'esprit. Nous ne pouvons pas invoquer le témoignage objectif d'un organe, comme pour la mémoire des tableaux, ou pour celle de la musique ; et pourtant nul ne contestera que certaines personnes n'aient plus d'aptitude que d'autres pour distinguer, identifier et remémorer les sentiments et les successions d'idées, considérées comme connaissance (1).

Une puissante adhésivité générale aidée d'un motif qui concentre l'attention sur les lois de l'esprit, est évidemment une excellente condition de progrès. Mais si nous voulons aller plus loin et rechercher les conditions auxquelles nous devons une faculté spéciale de retenir les états subjectifs dans la mémoire, comme une sensibilité exquise

(1) Voyez l'*appendice*, note G.

pour la couleur est la condition du souvenir des images visibles, nous ne trouvons que des conditions *négatives*. Étant donnée une certaine force plastique de l'esprit, elle se portera ou bien sur le monde objectif, ou sur le monde subjectif, ou sur l'un et l'autre en proportions différentes. Si le penchant qui l'entraîne à l'extérieur l'absorbe presque entièrement, la conscience subjective ou le monde interne n'attirera que le minimum d'attention. Si le monde extérieur ne nous attire que par un intérêt médiocre, il restera au profit de la conscience subjective un excès considérable de force. Or il n'est pas difficile de dire les forces et les dispositions qui constituent nos relations avec l'objet. Ce sont les conséquences rigoureuses de l'activité du côté objectif de notre être, à savoir le mouvement d'abord, et ensuite les sensations qui, par leur connexion intime avec le mouvement, deviennent pour nous des propriétés objectives.

La principale condition qui incline l'esprit du côté de l'objectif est probablement une puissante faculté pour l'action musculaire sous toutes ses formes. Chez quelques individus, les forces de l'esprit sont tournées sans réserve vers le mouvement corporel et l'activité. Il en résulte que l'esprit s'attache surtout à l'objet et peu au sujet. La vie subjective ne fait défaut à aucun être sensible; tous reconnaissent le plaisir et la peine et réagissent pour les modifier. Mais il peut arriver que cette existence subjective ne contienne guère que du plaisir ou de la peine, réduits au rôle de motifs de la volonté. La tendance nouvelle qui les fait considérer comme la matière d'une étude, rencontre un obstacle insurmontable dans l'autre penchant qui favorise énergiquement le mouvement du corps. Quand ce dernier est faible, l'existence purement subjective occupe un plus grand espace; les sentiments et les idées absorbent l'attention, l'esprit les connaît et les relient mieux.

Personne n'ignore que lorsque la vigueur du corps est considérable et que les dispositions à l'exercer sont très grandes, la conscience de soi dans toutes ses formes reste à un degré très inférieur. Réciproquement, l'âge, la maladie, tout ce qui tend à déprimer les forces, rejettent l'esprit sur lui-même, favorisent l'attention des phénomènes subjectifs, qui a pour effet une connaissance plus étendue des sentiments humains, une plus vive sympathie pour autrui, une tendance moralisatrice, et un examen de soi-même sous la direction de l'idée de devoir.

Après la disposition à l'exercice du corps, nous devons citer parmi les tendances anti-subjectives les sensations des sens supérieurs, la la vue, l'ouïe, le tact. Une sensibilité vive pour la forme, pour la couleur, ou pour les divers phénomènes vocaux, favorise l'attention pour l'objet ; si cette sensibilité ne s'élève pas au-dessus de la moyenne, ou si elle reste au-dessous, dans un esprit d'une grande portée, une partie de l'attention se jettera sur les états subjectifs. Il n'est pas possible de supprimer l'attention pour l'objet ; il n'est même pas bon qu'elle tombe trop bas, l'étude de l'esprit en souffrirait ; l'esprit, en effet, ne révèle ses facultés qu'en travaillant dans l'attitude objective.

L'esprit subjectif dispose d'une attention plus qu'ordinaire en faveur de ses états *organiques*, qui rappellent très peu l'objet. Ces sentiments nous conduisent tout au plus au corps lui-même, qui est sans doute un objet, puisqu'il fait partie de l'étendue, mais dont la contemplation ne nous entraine pas hors du moi d'une manière aussi tranchée que celle d'autres objets. Nous pouvons même, en fixant le regard sur quelque partie sensible de notre corps, produire une nouvelle sensibilité subjective grâce aux associations qui rattachent si étroitement ces parties à nos sentiments (1).

XIV. — Affaires, vie pratique.

Les branches élevées de l'industrie, ou affaires, offrent aux forces de l'intelligence un champ immense, le plus vaste après celui de la science pure. Les formalités et le mécanisme des affaires, la tenue des livres, le calcul, les comptes, la banque, les contrats, les actes judiciaires, les actes législatifs, etc., comprennent des éléments artificiels secs, assez semblables aux formules scientifiques, mais plus étroitement liés aux choses d'un intérêt usuel. En réalité, les branches supérieures de l'industrie, le commerce, les manufactures, le gouvernement, etc., sont des occupations qui conviennent parfaitement à la majorité des esprits les plus serieux. Les peines que la richesse

---

(1) Les tendances qui portent l'esprit à s'absorber dans la sensation, ou l'actuel, sont opposées à deux choses, l'une et l'autre appelées du même nom, réflexion. Une personne peut s'adonner à la réflexion (en prenant le mot dans le sens de contemplation ou de méditation) sur les phénomènes du monde extérieur. Dans ce sens, tout homme qui pense sérieusement à quelque chose ou sur quelque chose, pratique la réflexion. C'est en réfléchissant à l'avance que nous nous évitons la peine de faire des essais dans beaucoup de circonstances. Le tempérament irréfléchi et actif préférera l'essai. Un mathématicien, un physiologiste, un politique, un ingénieur, un général, un poète, ont besoin de réfléchir beaucoup ; ils ont une connaissance certaine des faits du monde extérieur, et ils doivent penser sur ces faits en les combinant de diverses manières suivant le but qu'ils se proposent.

L'autre sens du mot réflexion (celui de Locke), veut dire aperception interne, ou conscience de soi. Hamilton l'appellerait la faculté présentative de la connaissance de soi.

détourne, et les plaisirs qu'elle procure, sont assez variés et assez puissants pour servir de mobile à la masse des hommes ; un petit nombre, au contraire, s'éprend de l'amour de la vérité abstraite et s'y abandonne.

Le maniement des hommes, qui constitue la portion la plus importante des affaires de la vie, dépend de deux conditions, de certaines qualités actives qui donnent l'influence et l'ascendant sur les hommes, et d'une connaissance de leurs habitudes et de leur tempérament. A moins de posséder cette connaissance, les patrons d'ouvriers, les professeurs, les législateurs, etc., ne peuvent prétendre à la réputation d'habileté. Il y faut un genre d'observation que rendent difficile les causes mêmes qui font de l'homme un objet d'intérêt pour l'homme ; en effet, ces sentiments passionnés qui arrêtent nos regards sur nos semblables, ferment l'esprit à tout jugement froid. Il n'est pas aussi aisé de déchiffrer un homme ou une femme que de déterminer un minéral.

Une personne qui a commencé un travail doit naturellement être attentive à la *fin*, car c'est cette fin qui conduit sa main. Un maçon voit que son mur élève le fil-à-plomb et le niveau ; mais quand nous traitons avec les hommes pour les instruire, les gouverner, les persuader, leur plaire ou les servir, nous ne sommes pas aussi capables de sentir le résultat précis de nos efforts que lorsque nous agissons sur le monde matériel ni d'adapter promptement nos mouvements à la fin que nous poursuivons.

XV. — Acquisitions dans les beaux-arts.

Nature des beaux-arts, qualité de l'artiste : adhésivité pour la matière de l'art sensibilité spéciale pour les effets appelés artistiques ; analogie de l'artiste et de l'ouvrier.

Dans les beaux-arts, il y a des combinaisons, des agrégats, des arrangements, des successions poétiques, de nature à faire naître en nous l'effet spécifique qu'on appelle beau, sublime, pittoresque, harmonieux, etc., la faculté qui perçoit ces effets s'appelle le goût.

L'artiste, dans un domaine quelconque, doit s'élever à la faculté de produire ces combinaisons. Cette faculté résulte de la spontanéité, dirigée par le sentiment de l'effet produit : c'est un mode de la manifestation naturelle des forces de la voix ou de la main, comme au commencement de toute espèce de faculté active. Le premier musitien donna carrière à sa voix au hasard, puis il en corrigea graduellement l'action d'après son oreille. Quand cette émission naturelle eut pris une forme définie et agréable, ce fut une mélodie, un chant, qu'on apprit par imitation et qu'on se transmit d'âge en âge.

Le talent de l'artiste est nécessairement en grande partie le résultat de l'acquisition, ou l'effet de la force de contiguïté. L'artiste apprend les combinaisons de ses devanciers, il fixe dans son esprit celles qu'il produit en lui-même, et peu à peu il parvient à donner à son exécution le maximum de perfection dont il est capable. Les conditions de cette acquisition sont les suivantes, que le lecteur ne trouvera pas tout à fait nouvelles :

1. Une sensibilité vive et une adhésivité pour l'élément ou la *substance* que l'artiste met en œuvre. L'oreille du musicien doit être sensible aux sons et aux successions de sons, ce qui lui permet d'apprendre un très grand nombre de mélodies. Le sculpteur doit avoir un sens très vif de la forme et du contour ; le peintre, de la forme et de la couleur ; l'acteur, des mouvements dramatiques ; le poète, du langage et des sujets ordinaires de la poésie.

2° Une sensibilité spéciale pour *l'effet propre de l'Art* ; le sens de la mélodie et de l'harmonie en musique ; des belles courbes et des proportions en sculpture et en architecture, de ces deux éléments unis à la couleur dans la peinture, etc. Nous admettons que le beau n'est pas arbitraire, qu'il y a des effets qui plaisent à l'humanité tout entière. L'artiste a pour ces effets une préférence marquée, et, en vertu de cette préférence, il saisit mieux les conditions qui les produisent, que celles qui ne les produisent pas. Le poète a besoin d'une faculté qui embrasse indifféremment et fixe tous les faits concrets de la nature et tout ce qui est de l'homme, mais cela ne suffit pas ; avec toutes ces connaissances il ne serait encore qu'un pur naturaliste ; il faut qu'il subisse un entraînement spécial vers les choses qui ont un intérêt poétique, de façon à modifier les proportions de sa sensibilité, et à donner la prépondérance à un genre particulier de phénomènes. Tous les arbres, toutes les montagnes, toute la végétation, toutes les manifestations des sentiments humains, ne feront pas des impressions semblables sur un peintre et sur un poète.

3° Un artiste est plus ou moins *un ouvrier qui fait un travail mécanique*, et qui pour se perfectionner dans son art a besoin d'en acquérir l'adresse manuelle nécessaire. Le chanteur, l'orateur, l'acteur, doivent cultiver leur voix. Le peintre, le sculpteur, doivent se hâter d'apprendre la pratique manuelle de leur art dans un atelier. Le poète, pourtant, comme le penseur, n'est point assujetti à cette condition.

XVI. — Histoire et récit.

Événements constatés, mode d'adhérence qui leur est propre. — Événements donnés dans le langage.

L'histoire se compose de successions d'événements survenus dans les affaires humaines, que la mémoire conserve et que l'on se transmet par des récits.

Les événements auxquels nous avons nous-mêmes assisté, se fixent dans notre esprit à titre d'images d'hommes et de femmes vivants, des diverses actions qui leur sont propres, et des choses qui les entourent. C'est ainsi que nous retenons l'impression d'une assemblée, d'un spectacle militaire, d'une pièce de théâtre, ou de quelque détail de notre cercle privé ou des affaires publiques. L'esprit doué de la faculté de retenir les tableaux, y porte une profonde attention et témoigne d'une grande sensibilité pour ces spectacles; il prouve son aptitude par la facilité avec laquelle il les retient. La faculté rétentive est aidée par l'intérêt général qu'inspirent les affaires humaines, et par l'intérêt particulier et personnel que nous trouvons aux événements. Le sentiment militaire attache l'esprit aux batailles, aux revues, aux mouvements de troupes; le commerçant porte son attention sur les marchés et les entreprises commerciales; l'homme d'État ne perd pas de vue les congrès diplomatiques et les débats politiques; l'esprit du sportman se dirige toujours vers le champ de courses; l'intérêt de famille appelle l'attention sur les incidents du cercle domestique.

Un simple fait auquel nous avons assisté délibérément est souvent de nature à s'imprimer sur la mémoire pour toute la vie. Il semble que les événements humains fassent exception à la loi de répétition, c'est-à-dire qu'il ne soit pas nécessaire qu'une chose passe plusieurs fois devant l'esprit pour s'y fixer. Nous pouvons rendre compte de cette anomalie apparente. En effet, ces événements sont lents, ils occupent longtemps l'attention avant de se terminer; une simple course de chevaux, avec ses préparatifs, occupera l'esprit pendant une heure; certaines affaires occupent l'esprit des jours et des mois, et absorbent fréquemment l'attention durant ce temps. Mais, ce qui vaut mieux encore, un grand nombre d'événements passés reviennent souvent à l'esprit; chacun de ces retours est une répétition du même événement dans l'esprit. Quand nous avons assisté à un spectacle excitant, nos pensées restent souvent occupées des détails; quand nous y revenons, nous portons notre attention sur des choses qui n'avaient d'abord reçu qu'un regard perdu, quand elles nous ont affectés pour la première fois. La répétition des événements dans l'esprit, après que la réalité s'est effacée, est un moyen puissant de fixer les événements de notre expérience personnelle. L'intérêt plus ou moins grand qui s'y attache manifeste sa puissance par le nombre plus ou moins grand des répétitions mentales qu'il provoque. Ce qui est indifférent s'efface, et l'on n'y revient plus ; ce qui nous a excités autrefois, nous excite encore dans le souvenir, et occupe une grande place dans nos méditations. Tout est donc disposé pour fixer et affermir dans la mémoire une série de circonstances qui ne sont pas susceptibles de se reproduire dans la réalité. Nous devenons capables de nous rappeler, au bout de plusieurs années, les événements qui s'accomplissent maintenant autour de nous ; nous sommes en état de raconter les incidents relatifs à notre famille, à notre village, à notre ville, à l'école, où nous avons été élevés, aux lieux où nous traitions les affaires, où nous trouvions nos récréations, où nous pratiquions notre culte ; nous pouvons faire revivre dans les plus petits détails les scènes qui ont eu pour nous dans le temps un intérêt puissant, agréable ou pénible.

Les événements que nous connaissons par ouï-dire, ou par les récits d'autrui, nous font une impression quelque peu différente. Nous n'avons plus devant les yeux les scènes réelles. Il n'y a que des mots qui les représentent ; le souvenir est modifié par les circonstances qui affectent l'association verbale. Si, par une supposition extrême, l'auditeur d'un récit se reporte par la pensée aux scènes et aux événements mêmes et peut les concevoir à peu près avec autant de force que des scènes vivantes, les choses se passent alors comme dans le cas précédent : les mots servent à faire apparaître les scènes, puis ils passent. Mais peu de gens possèdent cette faculté de concevoir vivement dans leur réalité les détails des récits. D'ordinaire la succession des mots d'un récit sert à faire tenir ensemble les événements qui y sont rapportés, et le souvenir d'un récit est un mélange d'associations, d'images et mots.

Une bonne mémoire peut retenir l'histoire écrite. Quand le fil des images des événements s'est rompu, la succession des mots ou des pages du livre peut suffire à le renouer ; la faculté du souvenir se compose de ces deux éléments irrégulièrement combinés.

XVII. — Notre vie passée.

Série qui compose l'existence individuelle. — Nos actions propres. — Le courant complexe de notre vie passée. — Observations générales sur la force d'adhésion par contiguïté : 1° preuves de l'existence de l'adhésivité générale ; 2° supériorité de la plasticité mentale de l'enfance ; 3° adhésivité temporaire.

Le cours de notre existence passée, dans son ensemble, se fixe dans l'esprit par contiguïté et nous pouvons nous le rappeler avec plus ou moins de précision suivant la force de la mémoire que nous en conservons. Dans tout sujet compliqué de détails, il n'y a d'ordinaire que quelques traits saillants qui se fixent, comme, par exemple, les parties frappantes d'un paysage, ou les incidents d'une histoire ; il en est de même du grand courant mêlé qui compose l'existence indididuelle de chacun de nous.

Ce courant se compose des éléments énumérés tout le long de ce chapitre ; il comprend toutes nos actions, toutes nos émotions, toutes nos sensations, toutes nos volitions, dans l'ordre où elles sont produites. C'est le sentier suivi par chaque individu dans le monde durant le séjour qu'il y fait, c'est-à-dire tout ce qu'il a senti et tout ce qu'il a fait.

Nous n'avons encore parlé que du courant de l'histoire, ou du courant des événements qui passent devant les yeux d'un spectateur qu'on suppose passif ; mais ce courant ne constitue qu'une partie de ce que contient la mémoire de notre existence ; il y manque la série de nos propres actions. Notre histoire n'est complète que lorsqu'elle contient ce que nous avons *fait*, à côté de ce que nous avons *vu* et *senti*.

Ce qui distingue cette seconde partie, le sujet que nous traitons en ce moment, c'est le souvenir de nos propres actions suivant qu'elles sont arrivées. Quelle est la nature du lien qui unit les choses dont nous sommes les auteurs et non simplement les spectateurs ?

Un grand nombre de nos mouvements consistent à modifier le spectacle qui nous entoure, ou à produire une série d'images visuelles ou d'effets sur les sens en général. Ainsi, quand nous marchons, nous faisons passer devant nos yeux un courant de maisons, de boutiques, de rues, de champs ; l'impression de la marche, la trace fixe qu'elle laisse dans le cerveau est en partie au moins composée d'images, comme si nous étions restés tranquilles spectateurs des scènes déroulées dans le même ordre. Ainsi, nous nous bornons souvent à reproduire comme apparences sensibles ce que nous avons vu et ce dont nous nous souvenons. La journée de travail d'un laboureur se résume dans le champ ouvert par la charrue dont l'image reparaît dans son esprit, quand le soir il revient sur ce qu'il a fait. Les actions que nous nous rappelons peuvent donc, dans un très grand nombre de cas, se ramener à des images remémorées ; jusqu'ici le souvenir de notre vie ne diffère pas des souvenirs dont nous avons déjà parlé.

Toutefois il est évident qu'il doit y avoir un souvenir de nos actions aussi bien que des changements qu'elles opèrent dans le spectacle que nous avons devant les yeux. Nous avons positivement un souvenir de nos propres états actifs en tant qu'actifs ; nous pouvons décrire les mouvements que nous faisons, les sentiments que nous font éprouver un exercice agréable, un effort laborieux, le repos après la fatigue, états par où nous avons passé successivement un certain jour, une certaine semaine, un certain mois.

Nous avons montré (par. II de ce chap.) que les idées de mouvement et d'action sont formées par le rétablissement de l'activité dans les cercles du mouvement, mais par l'effet d'un stimulus insuffisant qui n'aboutit pas à l'action ; le souvenir de frapper un coup ne manque en réalité que de la répétition de l'acte qu'on ne peut quelquefois arrêter qu'au prix d'un effort considérable. Or, les actions successives s'associent à la fois comme actions et comme idées ; nous pouvons ou bien accomplir une action sur-le-champ, ou nous arrêter à la simple idée, au vestige de l'action. Une bonne partie de notre vie se dépense à passer en revue des souvenirs et les idées d'actions ; et quand nous nous rappelons un acte que nous avons fait, simplement au point de vue historique, et non pour le faire de nouveau, ce qui passe dans les sentiers de l'intelligence, c'est le vestige, l'idée de cet acte. Ces vestiges de mouvement exécuté sont aussi réellement et aussi véritablement des possessions de l'intelligence, ou des idées, que les souvenirs des images du monde extérieur que l'œil nous a fournies. Nous pouvons raviver les unes comme les autres dans la forme idéale ; et comme nos sensations sont inévitablement mêlées à des mouvements, nos souvenirs sont un mélange de sensations et de mouvements.

Or, quand nous nous rappelons une série de mouvements, comme, par exemple, une danse, simplement pour le plaisir que nous cause ce souvenir, image du plaisir que nous trouvons dans la réalité, nous ne faisons que raviver ces vestiges ou courants affaiblis qui suffisent à l'effet d'une remémoration. Cette reviviscence, c'est notre histoire qui recommence en idée. Quand nous avons acquis la faculté de *nommer* tous les mouvements variés qui se succèdent, les idées, à mesure qu'elles reprennent possession des organes qui ont coopéré à ces mouvements, suggèrent les noms des différents temps de ces actes, et nous pouvons les raconter par le langage. C'est cette faculté de raconter que nous appelons habituellement le souvenir d'un évènement, et qui constitue l'histoire. Il arrive de plus que les souvenirs de ce que nous avons fait ne se présentent pas comme de pures idées des actions et des scènes mêmes, mais comme un mélange d'idées et de descriptions verbales, lesquelles sont toujours prêtes à se glisser dans nos souvenirs, lors même que nous ne nous occupons pas de les transmettre par le langage.

L'association permanente des idées et des vestiges de nos mouvements actifs est un effet de la contiguïté des états musculaires, comme l'association des actions elles-mêmes dans l'acquisition de nos habitudes machinales. Il ne nous est pas possible d'assigner à l'association des idées de mouvements une autre loi que celle de l'association des mouvements actuels. Ce que nous avons déjà dit des circonstances qui favorisent l'association des séries d'états musculaires convient aussi à l'association des idées de ces états. Les personnes qui ont de la facilité à acquérir des habitudes machinales, doivent posséder une égale facilité à se rappeler les temps d'une action quelconque qu'ils ont faite. Le plus suppose le moins ; l'association des mouvements dans leur entier suppose l'association des courants qui ne vont pas jusqu'au mouvement.

L'introduction du langage ou de l'expression dans l'association y produit, nous l'avons déjà remarqué, un changement ; dans la mesure où nous comptons sur cet élément, le souvenir sera facile suivant que notre faculté de fixer le langage est forte ou faible. Cet exemple n'est pas le seul où les impressions qui n'ont pas une forte tendance à s'associer, s'associent par le secours d'un troisième élément et se fixent dans la mémoire.

Nous pouvons considérer notre vie passée comme un vaste courant d'action, de sentiment, de volition, de désir, de spectacle, entremêlé et compliqué de toute façon, et dont le lien consiste dans sa continuité ininterrompue. Toutefois, il est impossible d'associer également tous les détails de manière à les rappeler à volonté ; les faits les plus frappants restent seuls reliés ensemble dans le souvenir. Les grandes périodes de temps et les incidents saisissants arrivent vite à la mémoire, quand nous remontons à certains points de départ ; tandis que le simple lien de la succession dans le temps ne suffit pas à rappeler les événements de moindre importance, et il faut pour les évoquer la présence d'autres circonstances qui les relient au présent. C'est notre habitude, quand nous nous souvenons du passé, de fixer les événements dans de nouveaux rapports, comme par exemple lorsqu'en racontant l'histoire de sa première éducation, nous choisissons dans ce courant mêlé les incidents qui s'y rapportent. Notre histoire personnelle se rompt ainsi en plusieurs récits partiels, et quand nous voulons en reconstituer le cours dans son entier, il faut que nous rassemblions ces fragments en une longue série arrangée rigoureusement d'après la succession dans le temps.

Nous avons présenté un grand nombre d'exemples de l'opération de la faculté rétentive, ou adhésive, de l'intelligence. En avançant, nous trouverons de nouvelles occasions d'ajouter d'autres exemples. Nous réservons l'étude des habitudes ou des acquisitions morales pour le moment où nous nous occuperons de la volonté. Nous n'avons plus maintenant qu'à faire quelques remarques sur la nature de cette grande force adhésive.

Partout, nous avons admis que la supériorité dans l'acquisition dépendait en partie de conditions générales, la répétition, la concentration, et l'adhésivité de l'esprit dans son ensemble, et en partie de facultés spéciales et locales. Le seul point douteux est la part qui revient à la rétentivité générale et aux facultés locales des sens et des organes du mouvement. Il est certainement permis d'admettre que malgré l'intime connexion et la dépendance réciproque qui relie les sens et l'intelligence, il existe entre eux un contraste réel. L'anatomie nous porte à croire que les sens et l'intelligence ont des sièges distincts ; les sens étant plus intimement liés aux ganglions cérébraux, l'intelligence aux circonvolutions des hémisphères.

En outre, il y a des personnes qui peuvent bien ne pas réussir également dans tous les genres d'étude, mais que distingue une aptitude merveilleuse pour tous les genres d'acquisition, aptitude qu'on ne peut rattacher aux facultés des sens spéciaux. Quand nous rencontrons un homme à peu près également supérieur dans les arts mécaniques, les beaux-arts, la connaissance des langues, les sciences, les affaires, nous expliquons cette universalité d'aptitudes par la faculté rétentive générale, et non par un ensemble de facultés spéciales dont les sens seraient doués. Enfin, beaucoup d'animaux, comme le chien, possèdent des sens exquis. Si nous jugeons d'après le propre critérium d'un sens, c'est-à-dire d'après la délicatesse de la discrimination, ces animaux peuvent être mis sur le même rang que l'homme pour la vue et l'ouïe, et lui sont supérieurs par l'odorat. Mais chez eux la mémoire ne s'élève pas au même niveau, et l'infériorité de cette fonction s'explique par celle de l'intelligence, ou de ce qui constitue la faculté rétentive en général.

Tout le monde sait que la plasticité de l'organisme et de l'intelligence sont plus grandes dans les premières années. Il est impossible de déterminer avec quelque exactitude l'intensité relative du développement de cette faculté aux différents âges, mais il n'y a aucun doute sur la décroissance graduelle qu'elle subit depuis l'enfance jusqu'à la vieillesse. Les acquisitions corporelles sont le plus aisées quand les organes sont encore flexibles, indépendamment de l'adhésivité plastique du cerveau. Aussi fixe-t-on un maximum d'âge au delà duquel on n'admet pas de recrues dans l'armée anglaise : ce maximum est fixé aujourd'hui à vingt-trois ans. Jusqu'à cet âge l'homme contracte aisément toute sorte d'habitudes corporelles ; la discipline morale de l'obéissance est aussi relativement facile. Quand l'esprit et le corps ne sont pas détournés par des penchants ou des occupations, l'âge de vingt-cinq ans est très propice pour l'étude des affaires, des langues ou des sciences. Par contre, nous sommes plus maîtres de notre attention dans l'âge mûr.

Enfin, il y a une adhésivité temporaire qui se distingue de celle qui persiste. Nous portons un jour un long message d'une pièce à une autre, et le lendemain nous ne pouvons plus le reproduire. La persistance de la première impression, alors que l'esprit en est complètement absorbé, ne nous garantit pas que nous la retiendrons jusqu'au mois prochain.

Dans le cours de ce chapitre, nous avons surtout présenté des exemples d'acquisitions durables. Pour nous, l'aptitude à retenir une impression a toujours été le pouvoir de la rappeler plus tard à quelque époque que ce fût. Mais nous devons aussi tenir compte de la tendance de toutes les acquisitions à se détruire à la longue par une dissolution plus ou moins rapide suivant les circonstances, et surtout par l'effet de l'affaiblissement du cerveau. On a observé que les impressions qui survivent, dans l'extrême vieillesse, sont celles des premières années.

Pour préserver les acquisitions de la destruction, il faut les réveiller de temps en temps. Une langue apprise dans les premières années se perd quand on n'en fait pas usage ; tandis que si on la conserve jusqu'à l'âge mûr, elle reste fixée dans la mémoire pour la vie. La première éducation exige surtout une pratique soutenue; les acquisitions des enfants sont très exposées à se décomposer, si elles ne sont pas entretenues par l'exercice, et par de nouveaux accroissements. On n'a jamais constaté de lois précises dans ce domaine de l'esprit.

On peut rassembler des acquisitions temporaires, quand on ne tient pas à leur durée, par un système d'éducation qu'on a exprimé par le mot *bourrer*. Les cerveaux excitables, susceptibles d'appliquer une grande concentration de force sur un sujet, seront proportionnellement impressionnés pour un temps par l'application de ce système. En tirant des lettres de change sur la force de l'avenir, nous pouvons retenir une grande quantité d'impressions diverses, grâce à l'exaltation des facultés cérébrales que nous obtenons par l'excitation. L'occasion passée, le cerveau reste paresseux pendant un temps qui correspond à la fatigue subie, et, durant lequel une partie des impressions s'efface graduellement. Ce système ne vaut rien pour obtenir des acquisitions permanentes ; pour s'assurer ce genre de conquêtes mentales, il faut ménager soigneusement la force du cerveau, et ne lui demander que des efforts modérés. Toute excitation anormale et fébrile entraine après elle une destruction considérable de la force plastique de l'esprit.

CHAPITRE II

CONCORDANCE. — LOI DE SIMILARITÉ.

Formule de la loi. — La connaissance implique la conscience de la ressemblance aussi bien que celle de la différence. — Relation mutuelle de la contiguïté et de la similarité. — La similarité implique un défaut d'identité. — Nature de ce défaut, faiblesse et diversité des impressions. — Variations individuelles de la faculté de reconnaître le semblable au milieu du dissemblable.

Les actions, sensations, pensées, émotions *présentes* tendent à rappeler les impressions ou états de l'esprit qui leur sont SEMBLABLES.

La CONTIGUÏTÉ unit ensemble les choses qui se présentent ensemble, ou qui, par l'effet de quelque circonstance, se présentent *en même temps* à l'esprit, comme par exemple, lorsque nous associons la chaleur avec la lumière, un corps qui tombe avec une secousse. Ce n'est pas tout, nous observons encore qu'une chose, en vertu de la similarité, en rappelle une autre dont elle est *séparée dans le temps*, comme lorsqu'un portrait rappelle l'original.

La seconde propriété fondamentale de l'esprit, appelée aperception de la concordance, ou similarité, est une faculté de reproduction mentale, ou un moyen de restituer les états mentaux passés. Aristote la compte au nombre des liens qui assurent la succession des pensées.

Au point de vue de la *connaissance*, ou perception des choses, la conscience de la concordance ne le cède qu'à la faculté de discrimination, ou conscience de la différence. Quand nous connaissons une chose, c'est par ses rapports de ressemblance et de différence. Nous connaissons pleinement la couleur rouge quand nous l'avons comparée avec toutes les autres couleurs, ainsi qu'avec elle-même et ses diverses nuances. La connaissance que nous avons d'un fauteuil se compose de toutes nos expériences des différences qui distinguent un fauteuil des autres pièces d'ameublement, etc., et de la ressemblance avec les autres fauteuils. Tout acte complet de connaissance suppose l'emploi de ces deux facultés, et ne suppose l'emploi d'aucune autre, à l'exception, toutefois, de la rétentivité qu'elles impliquent l'une et l'autre. La connaissance de l'homme est la somme de tous les points de contraste qui distinguent l'homme de toutes les autres choses, et la somme de tous les points d'identité qui résultent de la comparaison des hommes entre eux. L'accroissement de la connaissance se fait constamment dans ces deux directions: nous notons de nouvelles différences et aussi de nouvelles ressemblances entre nos expériences. Nous ne devenons conscients qu'à la condition de recevoir l'impression d'une différence; et nous ne pouvons faire l'analyse de nos états de conscience, qu'on appelle reconnaissance de la pluralité, de la combinaison ou de la complication, qu'à la condition de découvrir des ressemblances, et de rapporter chaque partie de l'impression à celles qui lui ressemblent parmi nos impressions préalables. Percevoir c'est proprement reconnaître ou identifier.

Il est nécessaire d'expliquer la nature de la relation qui subsiste entre les deux principes de la contiguïté et de la similarité, afin de nous mettre en garde contre les erreurs, et surtout de nous préserver de l'erreur de croire que ces deux facultés existent séparément dans l'organisme mental. Quand le lien d'association qui unit deux actions, deux images contiguës, s'est affermi par la répétition, il est évident que l'impression présente doit raviver la somme totale de l'impression passée, ou rétablir la situation de l'esprit dans l'état complet où l'avait laissé l'impression précédente. Ainsi quand je m'exerce à tracer un rond avec la main, l'effort que je fais présentement doit rappeler l'état d'action musculaire et nerveuse, c'est-à-dire la disposition exacte qui se trouvait acquise à la fin de l'effort précédent; celui-ci de son côté doit restaurer aussi la disposition qui marquait la fin de l'effort qui le précédait, et ainsi de suite. C'est seulement de cette manière que la répétition peut servir à consolider une habitude du corps, ou à composer un agrégat intellectuel. Mais le rétablissement d'une condition première par un acte présent de même genre, est réellement et proprement un effet de l'opération du principe associant de la similarité, c'est-à-dire de la loi d'après laquelle le semblable rappelle le semblable. Nous voyons clairement que sans ce rappel l'association des choses contiguës serait impossible. C'est pour cela que durant toute l'exposition de la loi de contiguïté, nous avons dû admettre tacitement la loi de similarité; nous avons partout considéré comme vrai, qu'une présentation actuelle d'un objet rappelle l'impression totale faite par toutes les présentations préalables, et ajoute son effet à la somme totale.

Mais, quand nous supposons tacitement que toute chose présente a la propriété de restaurer les impressions passées de la même chose, nous ne voulons parler que des cas où la restauration est certaine, et en réalité des cas seulement où le présent et le passé sont absolument identiques. Tels sont ceux dont nous nous sommes occupé dans le chapitre précédent. Nous avons toujours supposé que le mouvement nouveau, ou l'image nouvelle, étaient exactement *identiques* avec l'ancien, et ne faisaient que rétablir et graver plus profondément les impressions déjà faites. Nous devons maintenant quitter ces exemples où l'identité est supposée parfaite, pour en aborder de nouveaux où l'identité n'est que partielle, et susceptible par conséquent d'être méconnue ; où la restauration, au lieu d'être sûre, est douteuse ; dans lesquels, surtout, elle a un effet bien plus important que la simple répétition ou l'affermissement de l'impression déjà produite. Chaque fois qu'un état mental, quel qu'il soit, est restauré dans la conscience, c'est par l'action combinée des deux lois de similarité et de contiguïté ; dans certains cas, la similarité est un élément évident, mais on peut se demander si la contiguïté y joue un rôle ; dans les autres, l'action de la contiguïté est certaine, mais on a à vérifier si la force attractive de la similarité s'exerce. Quand je rencontre une personne que j'ai déjà vue, et que je tâche de me rappeler son nom, le succès de mes efforts dépend de la solidité d'un lien d'association par contiguïté. Je n'éprouve aucune difficulté à me rappeler, par l'effet de l'impression présente, l'impression passée ; mais après avoir remémoré la totalité des impressions passées, il peut arriver que je sois dans l'impossibilité de me rappeler la *circonstance concomitante* du nom ; la contiguïté peut être en défaut, bien que la similarité fasse son œuvre complètement en restaurant ma conception première de l'extérieur de cette personne. Si, d'autre part, je vois un homme dans la rue, et si j'ai déjà vu un portrait de cet homme, il n'est pas certain que la réalité vivante me rappelle le portrait ; le doute n'a pas pour objet la contiguïté ou l'association de ses parties et des détails qui l'entourent, si je puis me rappeler le portrait, mais sur la chance que j'ai de me le rappeler. Quand les choses sont identiques, la similarité par laquelle l'impression présente ravive l'impression ancienne est tellement certaine qu'on n'en fait même pas mention, et que l'on ne parle que de la fixité du lien d'association entre les parties remémorées et celles qui les accompagnent, comme si la contiguïté suffisait à expliquer le fait tout entier de la restauration. Pour compléter la théorie jusqu'ici incomplète que nous avons donnée, mais qui ne pouvait être claire qu'à la condition de rester partielle, nous allons étudier à part, en lui donnant la première place, l'élément que nous avons laissé dans l'ombre, et cesser de nous occuper de celui que jusqu'ici nous avions considéré exclusivement (1).

Quand il y a identité parfaite entre une impression présente et une impression passée, celle-ci est restaurée et fondue avec la présente, instantanément et sûrement. L'opération s'accomplit si rapidement que nous n'y faisons pas attention ; nous constatons rarement l'existence d'une association de similarité dans la chaine de la série. Quand je regarde la pleine lune, je reçois instantanément l'impression de l'état qui résulte de l'addition des impressions que le disque de la lune a déjà faites sur moi ; cette restauration paraît si naturelle et si nécessaire, que nous réfléchissons rarement au principe qui y est impliqué, c'est-à-dire à la propriété que possède le nouveau stimulus de mettre en jeu les courants nerveux, avec toute l'énergie acquise dans le cours de plusieurs centaines de répétitions de la même excitation visuelle. Mais, quand au lieu d'être parfaite, l'identité est imparfaite ou partielle, nous ne tardons pas à constater l'existence de ce lien d'attraction qui rapproche les semblables, car nous trouvons que parfois la restauration n'a pas lieu ; il y a des cas où la similitude ne nous frappe pas ; entre les nouveaux courants et les anciens, l'étincelle ne jaillit pas. C'est surtout à l'*identité imparfaite* qu'il faut attribuer l'échec de la restauration des anciens courants par le nouveau stimulus. Lorsque dans une impression nouvelle d'une chose, la forme originale est voilée, obscurcie, déformée, déguisée, ou en quelque façon modifiée, il est chanceux que nous la reconnaissions ; la quantité de ressemblance qui reste jouit d'une force restauratrice d'un certaine intensité, mais les points de différence ou de dissemblance ont une action qui résiste au rétablissement de l'ancien état, et tend à raviver des objets qui *leur* ressemblent. Quand j'entends un air auquel je suis habitué, l'impression nouvelle réveille naturellement l'ancienne ; mais si l'air vient frapper mon oreille accompagné d'harmonies et d'accompagnements compliqués, il est possible que l'effet de ces additions m'empêche de reconnaître la mélodie ; les circonstances dissemblables peuvent s'opposer au rétablissement de l'expérience ancienne avec une puissance plus grande que la force attractive

(1) Nous pourrions dire, en empruntant le langage des mathématiques, que dans le chapitre précédent la contiguïté a été considérée comme l'élément *variable*, et la similarité comme l'élément *constant* ; tandis que, dans le chapitre présent, nous supposons la similarité variable et la contiguïté constante.

des ressemblances qui subsistent ; peut-être ne trouverai-je dans cet air aucune ressemblance quelconque avec un air que je connaissais, ou irai-je jusqu'à l'identifier avec un air tout à fait différent. Je possède faiblement le caractère essentiel de la mélodie, si je suis déconcerté par des accompagnements nouveaux, il y a toute vraisemblance que je n'éprouverai pas la restauration de mon impression acoustique passée de l'air en question, et que je ne reconnaîtrai pas le morceau que j'entends exécuter.

Les obstacles qui s'opposent à la réviviscence des impressions passées par l'effet de la similitude se rangent sous deux titres ; faiblesse et diversité. Dans certains cas, une impression nouvelle est trop *faible* pour arriver jusqu'aux anciens courants de la même impression et les remettre en mouvement, comme par exemple quand nous ne pouvons pas reconnaître le goût d'une solution très faible, ou discerner un objet au demi-jour. Les cas les plus nombreux et les plus intéressants appartiennent à l'ordre de la diversité ; la ressemblance et la dissemblance y sont mêlées, comme par exemple quand nous rencontrons une personne de connaissance habillée d'une façon nouvelle, ou bien dans des circonstances où nous ne l'avions encore jamais vue. Les modes de diversité sont sans nombre et l'on ne peut en faire une classification. Il serait même possible de faire rentrer la faiblesse dans la diversité, puisque la faiblesse n'est qu'une différence de *degré*, quand ce n'est pas l'effet de quelque autre différence ; mais nous aimons mieux examiner à part les obstacles qui résultent de la faiblesse, après quoi nous aborderons le domaine plus vaste des différences d'autre nature.

La difficulté ou la facilité de la réviviscence d'une condition passée, sur la suggestion d'une similitude présente, dépendra tout à fait de la *possession* que l'impression passée a acquise ; une impression nouvelle ravive bien plus facilement une image familière qu'une qui ne l'est pas. Nous aurons donc à considérer cette condition dans le cours de l'étude que nous allons faire des applications de la loi de similarité.

Nous avons à examiner jusqu'où le caractère naturel, propriété primitive de l'intelligence, entre dans la faculté de réveiller les semblables, ou de réunir les choses semblables en dépit de la dissemblance des accessoires. Il reste encore beaucoup de choses à expliquer dans les préférences que montrent les différents esprits pour les objets qu'ils remémorent le plus aisément ; ces préférences déterminent les variétés de caractère ; c'est par elles qu'un esprit est scientifique et un autre artistique. Nous avons commencé à expliquer ces différences par la loi de contiguïté, mais, si nous ne nous trompons, il reste encore une portion du caractère qu'on peut rapporter à l'existence des divers modes et degrés de susceptibilité de l'esprit pour les effets de la similarité. D'après nos observations, les deux forces d'association par contiguïté et d'attraction des semblables ne montent ni ne baissent parallèlement dans le caractère ; nous pouvons les trouver combinées à tous les degrés et dans toutes les proportions. Nous croyons en outre qu'il existe une faculté puissante qui reconnaît la *similarité en général*, et que cette faculté est très féconde en conséquences remarquables. Nous allons aborder l'exposition détaillée de cette propriété de l'intelligence et nous espérons que nous ferons partager notre conviction au lecteur.

I. — Similarité dans la faiblesse de l'impression.

Explication des différences individuelles dans les actes d'identification ; conditions locales : *délicatesse naturelle* du sens, *habitude préalable* d'un certain genre de sensation, habitude de porter l'attention sur ce genre de sensation, ou *délicatesse acquise* du sens, — condition générale, *faculté générale de similarité*. — Identification des sensations de la vie organique. — Identification des odeurs. — Ouïe, influence de l'habitude des sensations de l'ouïe. — Identification des objets de la vue au demi-jour. — Acuité des sens des Indiens. — Flair du chien.

Quand une impression nous frappe avec un certain degré de faiblesse, elle ne peut pénétrer jusqu'à la voie qu'elle a ouverte la première fois qu'elle s'est produite. Quand une influence extrêmement faible, au moment présent, réveille les courants anciens, il faut admettre que l'action restauratrice de la similarité s'exerce avec une vigueur exceptionnelle dans l'esprit qu'elle affecte, ou pour ce genre d'impressions. Si, par exemple, nous voyons qu'une faible solution de sel dans l'eau, telle que nous en rencontrons dans beaucoup de sources de la campagne, fait sur la langue une impression qui suffit pour réveiller chez une personne l'état d'esprit passé produit par l'acte de goûter le sel, tandis que cette impression ne produit pas le même résultat chez une autre personne, nous dirons que la première l'emporte sur la seconde par la force attractive de similarité en ce qui concerne le goût. Toutefois cette supériorité paraît tenir à diverses circonstances. 1° L'acuité naturelle du goût, telle qu'elle se montre dans la finesse de la discrimination, doit se manifester aussi dans une plus grande promptitude à reconnaître une impression faible ; 2° une personne peut être familiarisée avec ce goût particulier, par suite de la répétition des impressions et des autres circonstances qui favorisent la rétentivité ; 3° il y a aussi une autre condition, distincte de celle qui précède, bien qu'elle concoure avec elle ; c'est l'habitude de concentrer l'attention sur le sens du goût, par suite de quelque intérêt ou motif spécial ; 4° ces trois conditions n'impliquent pas une plus grande force de similarité, mais nous avons des raisons de croire, par analogie avec ce que nous avons dit des conditions de la force rétentive, que tout le monde ne possède pas au même degré la faculté de percevoir la similarité. Il y aurait alors une quatrième explication du fait en question.

Au lieu de cet exemple pris au hasard, nous pourrions présenter de nombreux exemples empruntés aux sensations des divers sens. (Les mouvements considérés à part des sensations n'en offrent guère.) Dans les diverses sensations de la vie organique, nous rencontrons des exemples où la restauration est difficile à cause de la faiblesse de l'impression qui la suggère. Il m'arrive d'éprouver une sensation pénible, que je ne peux définir ni reconnaître, parce qu'elle est trop faiblement marquée pour reproduire l'ancienne impression de la même chose à laquelle je suis accoutumé. Ce peut être un dérangement de l'estomac, du foie, ou du cerveau, comme j'en ai déjà éprouvé de semblables, mais qui n'est pas assez prononcé pour pénétrer jusqu'aux voies de l'ancienne impression ; il ne me rappelle rien, et je ne puis dire ce qu'il est. Peu à peu il augmente légèrement, et devient assez fort pour restaurer une image passée qui lui ressemble ; alors je le reconnais. Les conditions qui favorisent cet effet sont, comme nous l'avons déjà dit, une grande finesse de la sensibilité organique, l'habitude d'un certain genre de dérangement et celle de porter attention aux états organiques du corps, concourant toutes avec la faculté générale de similarité. Une sensibilité organique aiguë est le caractère de certaines constitutions, qui rend les individus très attentifs aux divers changements de leurs états organiques, et les conduit à l'hypocondrie aussi bien qu'à cet autre état d'esprit qui consiste à passer tour à tour de l'espérance à la crainte au sujet de la santé. Ce caractère prend quelquefois une acuité morbide, par exemple chez ces individus qui ne passent jamais une heure sans se tâter, et sans s'enquérir de la mortalité. La faiblesse du sentiment de ce qui se passe dans les diverses parties de notre corps entraîne une négligence dangereuse ; au contraire un excès non justifié de souffrance, et un luxe inutile de précautions peuvent être le résultat d'une sensibilité trop grande, qu'elle ait son origine dans les sens organiques ou dans l'intelligence.

Nous avons déjà cité un exemple tiré du sens du goût. Il en est de même au fond pour l'odorat. Quand on reconnaît une odeur très faible, c'est que, malgré la faiblesse de l'impression, le souvenir des sensations de même nature que nous avons déjà éprouvées a été ramené dans la conscience. Si deux personnes sont exposées à l'impression d'une odeur particulière, par exemple lorsqu'elles marchent ensemble dans un jardin, et que l'une la découvre, tandis que l'autre ne s'en aperçoit pas, il faut demander l'explication de cette différence, comme nous l'avons déjà fait, soit à la faculté générale de similarité, soit à une ou plusieurs des trois conditions locales, à savoir une délicatesse ou une acuité plus grande de l'organe du sens, une habitude plus grande de la sensation en question, ou une habitude de concentrer l'attention sur les odeurs en général, ou sur celle-ci en particulier. Si nous parvenions à constater que ces deux personnes possèdent un odorat d'une délicatesse et d'une pénétration égales, il nous resterait, pour expliquer la différence qu'elles présentent, à recourir aux deux autres conditions locales, une habitude plus grande de la sensation en question, ou l'habitude de l'attention, ou encore à la faculté de similarité en général. Si nous savons que deux personnes possèdent ces deux qualités locales à un égal degré, ce qu'il est assez facile de constater, puisqu'il est probable qu'elles marchent de concert, la supériorité que l'une de ces personnes révèle prouverait une plus grande délicatesse de l'organe, ou s'expliquerait par la faculté de similarité en général.

Le sens du tact ne paraît fournir aucun fait où la restauration de l'impression passée soit rendue difficile par la faiblesse de l'impression actuelle, car nous pouvons d'ordinaire rendre la sensation de contact aussi intense que nous voulons. Mais nous trouvons des exemples parmi les sensations de l'ouïe. Il arrive souvent que les sons sont si faibles qu'ils peuvent à peine être discernés; alors nous observons qu'une personne les entend et qu'une autre n'y prend pas garde. La différence de l'acuité doit être rapportée, comme nous l'avons déjà fait, à la délicatesse de l'oreille, à l'habitude de la sensation, à la délicatesse du sens qu'engendre l'habitude de l'attention, ou enfin à la faculté générale de similarité. Les sons, plus que tout autre genre de sensations, démontrent l'influence de l'habitude qui nous familiarise avec elles. Que l'on compare par exemple l'impression que les mots de notre langue maternelle font sur l'ouïe avec celle des mots d'une langue étrangère; tout le monde sait combien il est facile d'attraper un mot de la langue maternelle, même quand il est prononcé à voix basse, et combien il est difficile de saisir dans les mêmes circonstances le mot de la langue étrangère. Nous retrouvons un contraste analogue entre une voix qui nous est familière et la voix d'un étranger; les personnes dures d'oreille reconnaissent le langage des gens de leur entourage, et ne peuvent comprendre les autres personnes qui parlent sur le même ton. Ce fait se retrouve dans toutes les parties du domaine des associations par similarité; plus l'esprit est complètement habitué à une impression, plus peut être légère l'excitation nécessaire pour la réveiller.

Nous pourrions présenter des exemples du même ordre empruntés au sens de la vue. Il y a un moment, au demi-jour du crépuscule, où les objets commencent à faire des impressions douteuses, et ne parviennent plus à restaurer les impressions antérieures correspondantes qui pourraient les faire reconnaître. Le brouillard et la distance produisent le même effet. Dans ces conditions, une personne reconnaît un objet, tandis que d'autres aussi bien placées pour le discerner ne peuvent l'apercevoir. L'habitude de voir un objet et l'habitude professionnelle de concentrer l'attention sur cet objet suffisent souvent à expliquer cette différence; comme par exemple quand un marin reconnaît dans un point à l'horizon un navire d'une forme particulière. Dans les autres cas, il faut pour expliquer comment une personne discerne mieux qu'une autre, invoquer, soit la sensibilité de l'œil, soit la force de similarité en général.

Quand nous observons dans un sens une acuité très prononcée, comme chez les Indiens, qui peuvent discerner le pas des chevaux à une grande distance, en appliquant l'oreille sur le sol, et qui possèdent aussi une merveilleuse portée de vue, nous devons expliquer cet avantage par les deux conditions qui jouent un rôle dans l'éducation de l'œil, l'habitude de voir souvent le même objet et celle de concentrer l'attention. Il se peut que l'acuité naturelle des sens soit héréditaire chez les Indiens; mais il ne faut pas douter que la pratique ne soit la principale cause de cette remarquable différence qui distingue les tribus sauvages du reste des hommes. L'éducation ne consiste pas simplement dans une répétition fréquente de ce genre de sensations, de l'impression du pas des chevaux ou des hommes sur l'oreille; il faut de plus qu'en ces occasions les forces du cerveau se concentrent sur le sens, et déterminent cet effort intense d'attention qui accompagne d'ordinaire l'acte d'écouter. Le degré de l'attention volontaire donnée à une observation rend la sensation plus aiguë; l'habitude d'absorber l'attention donne naissance à une délicatesse de sens permanente, aux dépens de l'attention pour les autres choses. Un peintre est d'autant plus impressionné par un paysage qu'il reste sourd au chant des oiseaux, au bourdonnement des insectes, ou au murmure du vent; l'âme tout entière passant dans un sens en augmente la puissance, et affaiblit tous les autres.

On peut expliquer de même l'acuité des sens chez les animaux. Le flair du chien n'est autre chose que la faculté de reconnaître une impression extrêmement faible. Une exhalaison qui affecte les narines d'un chien d'arrêt, réveille chez cet animal l'impression de l'odeur d'un lièvre, tandis que la même exhalaison n'affecte en rien l'odorat de l'homme. Cette différence ne vient ni de l'éducation, ni de la force de l'association par similarité, mais de la délicatesse de l'organe de l'odorat. Une odeur quelconque produira une plus forte impression sur un chien que chez un homme. Si par exemple une odeur est assez forte pour être sentie par le chien et par l'homme, comme quand l'homme et le chien sont assez près d'un lièvre pour que ce dernier animal affecte l'odorat de l'homme, celui-ci reste calme, tandis que le chien s'agite et semble fou. Cet exemple nous fait voir que l'organisation de l'organe de l'odorat du chien est telle que les impressions qui l'affectent passent agrandies au cerveau ; il nous montre de plus qu'il est possible que le cerveau reçoive d'une certaine classé de sensations de l'odorat une excitation particulière ; il n'y a rien dans la constitution humaine qui corresponde à cet effet.

La longue portée de la vue des oiseaux dépend de l'adaptation de leurs yeux à la vision des objets lointains. C'est une faculté qui a de l'analogie avec celle des personnes habituées à regarder des objets éloignés, ou avec celle qui chez l'homme est le résultat des modifications séniles des milieux réfringents de l'œil.

Dans les exemples que nous venons de citer, nous avons signalé, comme conditions qui affectent le rappel d'impressions passées par une impression présente, une faculté générale. et trois propriétés locales. Il est probable que dans tous ces exemples, les conditions spéciales ont beaucoup plus d'importance que la générale; mais nous n'avons pas la prétention de décider laquelle de la délicatesse naturelle ou de la délicatesse acquise d'un sens joue le plus grand rôle.

II. — Similarité dans la diversité. Sensations.

Ressemblance associée à des accessoires dissemblables. — Mouvement: langage, souvenir par similarité dans la diversité: quatrième condition locale de la remémoration. — Sensations de la vie organique. — Goûts. — Reconnaissance d'un effet commun à des causes différentes; classification. — Sensations du tact. — Sensations de l'ouïe. — Sensations de l'oreille dans leurs rapports avec le langage. — Sensations de la vue; reconnaissance des couleurs, lustre, généralisation des formes, figures mathématiques, formes arbitraires, langage écrit, mémoire des mots, formes artistiques, mouvements visibles. — Propriétés communes aux sensations de différents sens.

Nous arrivons maintenant aux états de l'esprit qui contiennent les

applications les plus intéressantes, nous voulons parler de ceux où la similarité se trouve masquée par l'intervention d'éléments étrangers, où le semblable est caché parmi le dissemblable. Il y a souvent une très grande difficulté à reconnaître un objet qu'on connait pourtant fort bien depuis longtemps, à cause des modifications qu'il a subies. Quand après plusieurs années nous revenons dans une localité où nous avons déjà passé, nous trouvons les rues, les champs, les personnes si changées que nous ne les reconnaissons pas tout d'abord, les différences qui ont recouvert les traits persistants sont, dans bien des cas, assez fortes pour les empêcher de restaurer les anciennes impressions. Quand la diversité noie à ce point la ressemblance, il est douteux que l'attraction des semblables réussisse à réveiller les anciennes impressions au moyen des nouvelles. Dans ces cas où la restauration des anciennes impressions est difficile et douteuse, on peut observer de grandes différences dans les aptitudes des individus : sur plusieurs personnes placées dans des conditions semblables, quelques-unes seront frappées par la similarité, l'identité se fera entrevoir, et le passé se réveillera et viendra se placer à côté de son image voilée qui apparait au moment présent ; d'autres au contraire ne verront pas de ressemblance ; chez eux l'attraction de la nouvelle impression pour l'ancienne restera dominée par la diversité, et ne produira aucun effet.

La théorie des opérations de la force attractive de la similarité dans ses luttes avec les obstacles que lui opposent ses accessoires dissimilaires, est l'un des problèmes les plus intéressants de la science mentale ; et nous espérons que, dans le cours de l'exposition qui occupera le reste de ce chapitre, nos lecteurs se convaincront de la vérité de notre opinion. Sans doute il est plus difficile de suppléer par un moyen artificiel à un défaut naturel dans ce lien de reproduction que dans le cas de la contiguïté, mais nous verrons qu'il y a aussi des circonstances soumises à notre volonté qui nous aident à trouver le moyen de réveiller l'effet de la similarité.

Avant de passer aux sensations, nous devons considérer le seul cas des mouvements où nous trouvions des exemples intéressants de l'opération de la loi de similarité ; c'est l'action articulée ou le langage. Dans les séries nombreuses et variées de mouvements d'articulation qui constituent notre éducation en ce qui concerne l'acquisition du langage, il y a beaucoup d'exemples où la ressemblance se montre au milieu de la dissemblance, et ranime le passé par le présent. Nous ne manquons pas de nous rappeler des mots que nous avons faits ou qui nous viennent d'autrui, des passages d'auteurs que nous avons lus, quand nous tombons sur des phrases identiques alors que nos pensées courent dans des voies tout à fait différentes. Une épithète suffit quelquefois à rappeler toute une file de mots. Grâce à la suggestion opérée par les mots vulgaires nous allons d'un passage à un autre, par les détours les plus éloignés, en suivant une série indéfinie de rémémorations. Le caractère de l'esprit détermine celui des mots rémémorés : chez l'un ils seront poétiques et élégants, un autre aura de la préférence pour la belle prose, un troisième reproduira aisément les épigrammes et les saillies, un quatrième les adages de la sagesse et de la prudence. Les mots et les passages qui nous ont frappés durant notre éducation reparaissent grâce aux phrases du langage ordinaire ; la faculté générale de similarité dans l'esprit, modifiée par la qualité de la sensibilité pour les sons articulés en particulier, détermine la richesse du langage qui s'épanche dans les expressions de l'individu. La force de la contiguïté accorde dans l'esprit les mots qui ont été prononcés ensemble : la force de la similarité fait apparaître les souvenirs de temps, de circonstances, de relations différentes, et compose une série nouvelle avec des éléments empruntés à des séries anciennes. J'ai appris autrefois un passage de Milton, à une autre époque un extrait de Pope, plus tard un morceau de Campbell ; grâce aux effets de la contiguïté, je peux répéter l'un quelconque de ces morceaux dès que je me rappelle les mots du commencement ; mais, par l'effet de la similarité, je peux passer à l'un de ces morceaux ou dans tous, tout en parlant sur un sujet bien différent. Je tombe par hasard sur deux ou trois mots qui ressemblent à une expression de l'un de ces morceaux, et, en dépit de la diversité du contexte, le courant ancien du souvenir se reconstitue, et le passage entier se déroule dans ma mémoire. L'attraction de l'identité se manifeste par la victoire qu'elle remporte sur la répulsion de la diversité. Je prononce une série de mots liés les uns aux autres par un rapport, et parmi ces mots, un, deux, ou trois reproduisent par hasard l'écho d'une cadence d'un ancien discours ; aussitôt je me sens transporté dans le courant du passé, je m'en empare et je m'en sers au profit de ce que je veux dire au moment même. Ni la dissemblance du contexte, ni la nature totalement étrangère du sujet, n'arrête l'action restauratrice dans un esprit prompt à saisir les effets de l'articulation de la voix. De même que l'excellence de l'adhésivité par contiguïté se mesure au petit nombre de répétitions qu'il faut pour fixer dans la mémoire un discours, de même la similarité se mesure par l'intensité de la répulsion ou de la disparité que nous pouvons vaincre en faisant reparaître une ancienne série par l'effet d'une nouvelle.

La dissemblance des circonstances et des situations n'est pas un obstacle à la reviviscence des expressions passées, pas plus que la différence du contexte des paroles et le sujet. Un mot dit au hasard dans quelque circonstance présente rappelle souvent un courant de souvenirs et d'événements depuis longtemps accomplis, où ce mot figurait accidentellement au point le plus saillant. Il n'est guère possible de rencontrer la phrase : « Que chacun fasse son devoir », sans retrouver le souvenir de la dernière victoire de Nelson. De même le mot devoir peut en tout temps ramener l'idée du duc de Wellington. Ces coïncidences verbales nous rattachent par un lien puissant à nos états de conscience passés, elles nous ramènent de temps en temps à quelque vieil incident de notre histoire. Plus nous sommes prompts à subir l'influence des mots, plus grand est le rôle qu'ils jouent dans la restauration des souvenirs. Ce n'est pas seulement par les organes de l'articulation que nous avons prise sur le langage, mais aussi par la vue et l'ouïe ; il est aussi sous la dépendance des émotions. Nous aurons à revenir sur ce point en diverses occasions ; l'importance du rôle du langage dans des opérations de l'esprit nous autorise à y revenir fréquemment.

Outre la faculté générale de la similarité, les trois conditions spéciales ou locales qui favorisent le réveil des impressions anciennes quand l'impression présente est faible, jouent le même rôle, quand l'impression présente est rendue douteuse par la diversité ; mais il faut ajouter une quatrième condition. Quand un objet présent rappelle un objet passé qui lui ressemble et en diffère tout à la fois, il y a évidemment une lutte entre des similarités attractives. Un certain passage que nous avons dans l'esprit peut évoquer du fond du passé un autre passage qui lui ressemble par l'expression, mais qui en diffère par le sens ; ou un passage qui lui ressemble par le sens et en diffère par l'expression : ces deux particularités possèdent la propriété attractive, chacune en faveur de son genre, bien que l'une l'emporte, et par suite s'appelle l'attraction la plus forte. A B C est susceptible d'évoquer A D E, la ressemblance portant sur A, ou de rappeler B F G à cause de la ressemblance en B, ou C H I, d'après la ressemblance en C. Pour que la réminiscence A D E soit assurée, il faut que l'attraction de B pour les combinaisons où il entre et celle de C pour les combinaisons où il est engagé soient vaincues par A. Or, moins B et C sont puissants, plus A l'emportera aisément et effectuera la remémoration ; c'est-à-dire, si les conditions locales ci-dessus spécifiées sont peu efficaces pour ce qui est de B et de C, tandis qu'elles le sont beaucoup pour A, les chances en faveur de A seront en proportions très grandes. Il y a donc une condition additionnelle, la quatrième, qui s'applique spécialement à la similarité dans la diversité, à savoir *une susceptibilité peu développée, ou insensibilité relative, pour les points de différence*. Un discours rappelle de préférence d'autres discours qui lui ressemblent par le débit, si l'auditeur est plus sensible à l'influence du langage qu'à celle du sens ou du sujet.

Nous arrivons aux sensations. Dans la vie organique, il arrive souvent qu'une sensation reparaît accompagnée d'accessoires nouveaux qui servent à en déguiser le caractère, et qui l'empêchent de rappeler les premiers cas des mêmes impressions. Il arrive souvent aussi que le même état organique est produit par des causes très différentes. Un accès de douleur, un excès de plaisir ou de fatigue, la perte du repos durant deux ou trois nuits, peuvent avoir pour résultat un même genre de mal de tête, de stupeur, ou le même sentiment de malaise; mais la grande différence qui sépare les antécédents nous empêche de reconnaître les causes. Le dérangement causé par la douleur rappellera plutôt une occasion où nous avons déjà éprouvé une douleur pareille, qu'il ne suggérera l'instant où a eu lieu un excès de plaisir; dans cette comparaison, l'identité des états organiques est annulée par la répulsion des circonstances concomitantes contraires; un état de douleur ne nous permet pas de nous rappeler un instant de plaisir et d'y attacher notre attention. Nous ne pouvons donc pas identifier l'état de dépression organique en question avec toutes les occasions où le même état s'est produit; à moins toutefois qu'une éducation scientifique ne nous ait appris à connaître que les mêmes effets physiques peuvent résulter des causes les plus dissemblables.

Le goût nous fournit des exemples du même genre. Un goût peut être si bien déguisé par un mélange, qu'il n'y ait pas moyen de le discerner, c'est que les autres substances introduites dans le mélange neutralisent la force restauratrice de celle que nous voulons reconnaître. Nous aurions de la peine à découvrir une petite quantité de sucre dans une solution de sel d'Epsom; c'est que l'amertume salée du sel domine le goût du sucre. Quand la bière s'aigrit nous n'y pouvons plus reconnaître le goût alcoolique, le goût acide domine l'autre sensation; et si malgré cela une personne y discerne encore le goût de l'alcool, alors que les autres ne le perçoivent plus, c'est que sa mémoire a été impressionnée d'une manière spéciale par l'alcool.

Jusqu'ici nous avons parlé de sensations qu'on reconnaît par la ressemblance actuelle, et dont la reconnaissance n'est empêchée que par l'intervention d'autres sensations.

Un cas plus compliqué et plus important nous est offert quand des sensation différentes en réalité possèdent un élément commun que nous ne pouvons saisir directement. Prenons pour exemple les goûts des difféférents vins, ils sont tous différents, et si la similarité ne révélait son action que par l'identité absolue, le porto ne nous rappellerait que le porto, le bordeaux que le bordeaux, le madère que le madère.. Mais il y a si bien un élément commun dans le goût de tous les vins, que l'un quelconque peut nous en rappeler un grand nombre, et qu'à mesure qu'ils reviennent à la mémoire, nous marquons les points de différence qui les distinguent. C'est grâce à cet élément commun et à la propriété de suggestion qu'il possède, que l'homme a pu créer ce qu'on appelle une classe ou un genre *vin* qui comprend un grand nombre d'individus très différents. L'identification de la ressemblance au milieu de la dissemblance, en d'autres termes, d'une propriété commune, est l'essence de cette opération de classement. Une *classe* se distingue d'une *nomenclature* par une ressemblance commune qui se détache sur le fond de la diversité. La classe des vins reconnus par leur goût commun rentre dans une classe plus étendue quand nous apprenons à connaître les liqueurs spiritueuses. Nous reconnaissons une ressemblance entre l'effet principal de ces liqueurs sur le système et l'effet des divers membres du groupe des vins. La classe s'est étendue, mais pour la raison qu'il y a certains caractères communs aux vins qui n'appartiennent pas aux esprits, les vins continuent à former un groupe distinct, subordonné au groupe plus étendu, c'est-à-dire comme une espèce d'une autre espèce qu'on appelle un genre. Si nous introduisons les bières dans la comparaison, la ressemblance s'étendra encore plus loin, la classe s'agrandira et deviendra celle des substances qui se suggèrent mutuellement par une qualité qu'elles possèdent en commun, celle de causer l'ivresse. Comme ces bières ont entre elles plus de points de ressemblance qu'elles n'en ont avec les vins et les esprits, elle forment dans le genre compréhensif des boissons enivrantes une petite espèce.

Tant qu'on n'avait pas découvert que cette influence commune à tant de substances tirées de produits naturels divers (le raisin, la canne à sucre, l'orge, l'avoine, le riz, etc.) provenait d'un seul élément qui s'y retrouve engagé dans diverses combinaisons, l'identification ne pouvait s'appuyer que sur l'influence commune des liqueurs enivrantes sur l'organisme, et non sur une connaissance de l'élément commun, l'alcool. Si le groupement eût été basé sur cette connaissance, l'opération eût été exactement la même que dans les cas dont nous avons parlé plus haut, où un goût ou bien une odeur s'identifient au milieu d'un mélange avec d'autres goûts ou d'autres odeurs. On réunit ces liqueurs enivrantes dans la même classe, sans savoir si c'était par la raison que ces différentes liqueurs avaient la même action sur le corps, ou parce qu'il y avait dans ces liqueurs une substance commune à laquelle seule on devait rapporter l'ivresse. On établit la généralisation sur un sentiment ou un attribut interne commun, et non sur un objet externe commun.

Nous trouvons dans les odeurs piquantes un exemple qui a de l'analogie avec celui que nous venons de présenter. On connaît si bien l'effet des diverses espèces de tabac sur le nez que nous reconnaissons promptement cette substance malgré les différences des aromes. D'après cette ressemblance, nous faisons un groupe de tous les variétés, c'est-à-dire une classe de corps, qu'on peut employer l'un pour l'autre quand on veut produire l'effet piquant qui est leur propriété commune. On pourrait sans doute aussi identifier les espèces de tabac en se fondant sur leur origine commune, la plante de tabac, comme les vins d'après le raisin. Mais, en considérant la sensation subjective du tabac, nous trouvons qu'elle ressemble à une sensation produite par d'autres corps ; l'odeur des sels peut rappeler celle du tabac, et les deux substances différentes peuvent se présenter ensemble à l'esprit. Si nous avons une fois senti l'impression de la corne de cerf, cette impression pourra aussi être rappelée par sa ressemblance avec les deux autres ; nous aurons donc trois expériences distinctes provenant de différentes circonstances et de différentes époques de notre vie passée, qui nous suggèrent trois substances différentes appartenant à trois règnes différents de la nature, mais pourtant réunies pour l'esprit en ce moment en vertu de l'action commune qu'elles exercent sur l'odorat. Si nous connaissions encore plus d'odeurs piquantes, nous pourrions en adjoindre d'autres au groupe que nous venons de former, et nous rassemblerions, de près ou de loin, une multitude de souvenirs réunis par le lien commun d'une ressemblance, et ces souvenirs formeraient un groupe, ce que nous appelons une classe, un genre ou une généralisation d'objets qui se ressemblent.

Dans le groupe dont nous venons de nous occuper, nous n'avons pas un élément commun auquel attribuer l'effet piquant ; la classification repose simplement sur la sensation commune de l'odeur. Les sels odorants et la corne de cerf se ressemblent en ce qu'ils dégagent l'un et l'autre de l'ammoniaque, mais l'exhalaison du tabac n'est pas de l'ammoniaque, bien que sa composition chimique ressemble à celle de cette substance.

Ces diverses identifications servent de pierre de touche à la force de similarité chez les différents individus. Tandis que les uns les saisissent, d'autres les laissent passer parce qu'ils manquent de quelqu'une des cinq conditions que nous avons déjà énumérées, la délicatesse naturelle du sens même, une habitude préalable de la qualité, une délicatesse acquise, une aptitude médiocre à saisir les différences, et la faculté générale de similarité. Il se peut aussi que ces individus n'aient jamais eu de raison ni de désir de saisir ce genre de ressemblance.

Le tact nous offrira de très nombreux exemples de l'action de la loi de similarité.

Au nombre des sensations intellectuelles du tact nous comprenons celles de température, de pluralité des pointes, et de muscularité jointes à celles du tact proprement dit. Tous les objets que nous touchons avec la main pour en discerner les propriétés tactiles affectent tous ces genres de sensibilité ; ces sensations forment par leur union les combinaisons les plus variées, et elles s'entr'aident quand il s'agit de découvrir la ressemblance unie avec la dissemblance. Nous reconnaissons le contact doux et chaud de la laine, le froid poli de la pierre, le contact rude de la ficelle, sous les formes, les volumes et avec les poids les plus variés. Nous reconnaissons sans trop de peine les degrés de poids à moins d'être distraits par quelque autre sensation concomitante très aiguë, comme le froid ou le chaud. La distinction que nous pouvons faire des propriétés diverses devient connaissance quand elle est complétée par le sens de la ressemblance ; une température élevée actuelle se distingue d'une température basse récente, et s'identifie aux expériences préalables de températures élevées au même degré ; nous avons alors une notion complète de cette qualité. C'est ainsi que nous possédons des classes de choses fondées sur le retour de chaque attribut que nous sommes en état de reconnaître au milieu des accessoires les plus variés.

L'analyse des sons nous a montré la complexité des caractères de chaque son individuel, et à quel point l'identité d'un de ces caractères peut être déguisée par la différence que présentent les autres. Par exemple, nous reconnaissons parfaitement une note donnée par la voix, ou par un instrument qui nous est familier, mais nous sommes moins capables de la reconnaître quand elle provient d'un instrument inconnu. Le changement de qualité de la note, la force plus ou moins grande, la durée différente du son, comme lorsqu'on compare la note donnée par le piano avec celle de l'orgue, tout tend à déguiser la hauteur du son, en sorte que pour la discerner il faut une oreille plus délicate et plus cultivée. Entre une note soupirée par le violon et la même note lancée avec des roulements retentissants par l'orgue, il y a une différence de force qui confond une oreille peu délicate par la dissemblance de l'effet, et étouffe le sentiment de l'identité.

C'est mieux encore dans une suite continue de sons, comme dans l'exécution d'un morceau de musique ou un discours. Les effets sur l'oreille étant plus variés, il est bien plus facile d'y découvrir des ressemblances, et il y a aussi plus d'occasions pour la diversité d'offusquer la similarité. Nous pouvons d'ordinaire reconnaître un air que nous avons une fois entendu, sur quelque instrument qu'on le joue, qu'on le joue seul ou qu'on le fonde dans quelque harmonie. Mais il arrive que des personnes peu exercées à la musique ne reconnaissent pas un air joué par un orchestre complet, tandis qu'elles le reconnaissent tout de suite quand il est joué sur un seul instrument. Les musiciens peuvent dire la clef d'un morceau, quoique ce point de ressemblance soit plus que tout autre dissimulé par de très grandes différences. Nous sommes aussi accoutumés à rapporter une émotion commune à plusieurs compositions, nous disons qu'un air est martial, gai, solennel, sacré, mélancolique, etc., nous le classons. S'il y a quelque réalité dans ces distinctions, elle provient d'un effet de similarité, qui nous rappelle des exemples passés et épars d'une impression que nous recevons à présent. Les compositions d'un même maître nous présentent une ressemblance plus réelle.

La propriété des sons articulés est très souvent déguisée par des accessoires étrangers, au point de ne pouvoir être reconnue. Notre oreille se forme à l'articulation d'abord d'après les voix des personnes qui nous entourent; nous reconnaissons aisément qu'une lettre ou un mot est prononcé par elles; en réalité les caractères fortuits de leur manière d'articuler se fondent pour ainsi dire dans notre sens des articulations mêmes. Un enfant du Yorkshire acquiert une oreille pour les voyelles et les consonnes de l'alphabet telles qu'on les prononce dans le Yorkshire. Passons dans le Middlesex, nous y trouvons des articulations qui correspondent aux premières sans leur être identiques, et nous aurons quelquefois de la peine à retrouver les mots du Yorkshire sous la prononciation du Middlesex. L'expérience montre si l'oreille saisit bien la qualité essentielle de la forme articulée, comme les épreuves dont nous avons déjà parlé montrent le degré de délicatesse de l'oreille pour la hauteur d'une note. Il y a telle oreille qui n'est que peu susceptible de saisir la distinction des articulations, ou la différence essentielle entre une voyelle et une autre, et entre une consonne et celles qui s'en rapprochent. Si cette oreille arrive à être très sensible aux qualités des voix différentes, et aux différences de la force de l'émission, elle sera plus fortement affectée par les dissemblances que par les ressemblances.

La prononciation, l'accent, le patois, la cadence et le débit, prennent une grande part dans l'impression de la voix articulée : nous devons y ajouter les gestes et l'attitude qui frappent la vue. Un seul trait de la voix articulée peut, en se combinant avec les effets de ces diverses causes, donner lieu à une multitude infinie d'exemples d'une restauration rendue difficile par la dissemblance des accessoires. La voix, la prononciation, l'accent, la cadence et la gesticulation sont inséparables de l'articulation ; et nous nous accoutumons à trouver dans le son des mots tout un cortège d'effets différents de ces divers accessoires de la voix. Souvent même nous saisissons le sens d'après l'attitude. Par suite, lorsque nous prêtons l'oreille à des étrangers, à des gens d'une autre province ou d'une autre nation, nous éprouvons de la peine à reconnaître l'articulation parmi des combinaisons auxquelles nous ne sommes point habitués. La bonté de l'oreille pour l'articulation proprement dite est soumise à une épreuve qui la juge, comme celle de l'oreille pour la hauteur du son se juge d'après la facilité avec laquelle elle saisit le son d'un instrument qu'elle n'a pas l'habitude d'entendre. C'est quand nous voulons acquérir une langue étrangère que l'épreuve est le plus difficile et le plus décisive. Il faut que l'oreille sente vivement l'effet de l'articulation des voyelles et des consonnes malgré les effets perturbateurs d'une foule d'autres circonstances. Rien ne prouve plus péremptoirement la bonté de la sensibilité de l'oreille pour les sons articulés que la facilité à suivre la parole d'un étranger qui s'exprime dans sa langue maternelle. La faculté de reconnaître ce qu'il y a d'essentiel dans l'articulation parmi la diversité des autres éléments s'y montre dans toute sa plénitude. Toutefois, on rencontre des personnes plus sensibles que d'autres à des accessoires qui n'ont pas trait au sens des mots ; l'oreille qui est très sensible à la cadence et à l'accent, et qui se laisse absorber par les différents mouvements des modulations et de la force de la voix, en devient plus insensible à l'articulation et au sens des mots. La résonance d'une cadence inaccoutumée couvre le sens des paroles. Aussi une oreille très délicate pour saisir l'éloquence est un grand obstacle à l'acquisition des langues ; de même un œil qu'affectent trop vivement les gestes de la personne qui parle. Quand nous entendons parler notre langue de la façon dont nous avons l'habitude, tous les accessoires sont des adjuvants, ils concourent très puissamment à nous donner le sens ; mais quand ils ont un caractère tout autre, par exemple quand nous les entendons dans la bouche d'un étranger, nous sommes aussi gênés pour reconnaître l'articulation que nous y étions aidés dans l'autre cas.

Quand nous remémorons un discours que nous avons entendu, c'est une série d'impressions auditives que nous reproduisons. Ce genre de souvenir peut être rappelé par similarité du milieu de la diversité. Nous ne pouvons guère écouter un discours sans nous rappeler plusieurs discours passés, par l'effet des phrases que nous entendons, des sons et des particularités qui nous introduisent dans une voie où nous avons déjà éprouvé des impressions auditives. Plus grande est notre susceptibilité pour la qualité articulée qui tient sous sa dépendance la distinction du sens des mots, plus promptement nous nous rappelons des discours antérieurs dont les expressions correspondent à celui que nous entendons. Si nous sommes plus prompts à saisir le ton, l'accent, la cadence, ces qualités favoriseront le souvenir des occasions passées où nous avons été auditeurs. C'est ainsi que nous arrivons à découvrir les ressemblances d'attitude et de langage chez les divers orateurs ; nous démasquons les imitations, et nous établissons des comparaisons entre les divers styles de discours. Les différences qui tendent à gêner l'effort restaurateur de la ressemblance peuvent exister, soit dans le contexte des phrases qui d'ailleurs se ressemblent, soit dans les détails qui n'ont aucun rapport avec le sens, soit encore dans le sujet ou le sentiment du discours. De même que dans les premiers cas, nous disons que l'attraction de la similarité est puissante quand elle se fait jour à travers une grande dissemblance, et que la dissemblance est grande quand elle fait échec à l'effort restaurateur de la similarité ; en fait, nous devons mesurer chacune de ces forces, par l'opposition qu'elle surmonte. Si une ressemblance verbale a pour effet d'introduire quelque ancien souvenir dans un sujet qui ne s'accorde pas avec lui, nous disons que les conditions adjuvantes de la similarité verbale sont puissamment développées, ou que l'attention pour le sujet a été faible, ou que l'une et l'autre de ces deux causes ont concouru au résultat.

Les sensations de la vue nous fournissent d'aussi nombreuses occasions de reconnaître la ressemblance dans la diversité que nous pouvions nous y attendre d'après la grande portée de ce sens. Nous pouvons reconnaître les *couleurs* malgré les différences des nuances ; nous avons des classes de nuances bleues, de rouges, de jaunes. L'existence de ces classes implique à la fois l'identité et la différence, le nom de la classe est dérivé de l'identité, c'est-à-dire de l'effet commun que produisent sur nous tous les individus de la classe. Quand une couleur est intermédiaire aux deux couleurs principales, comme entre le jaune et le rouge, nous ne pouvons la classer ni avec le rouge ni avec le jaune, puisque nous ne sommes pas frappés d'un sentiment de ressemblance, nous formons alors une nouvelle couleur, l'orange. Il peut arriver aussi qu'à un individu la couleur paraisse rouge, et à un autre jaune, suivant l'impression ancienne qu'elle réveille le plus promptement.

Une substance vernie ou polie, une couche d'humidité, un ruisseau clair, un couvercle de verre, font sur nous un effet commun par le *lustre* ; et si le pouvoir de la similarité est suffisant, chacun de ces objets peut rappeler les autres et servir à évoquer dans la mémoire une grande quantité de choses très différentes par l'aspect, mais s'accordant toutes à produire une même impression particulière. En regardant une tablette de cheminée en marbre d'un poli éclatant, tel individu ne se rappelle que des pierres polies de divers genres; tel autre, s'affranchissant des différences, comparera cet effet avec celui du poli métallique ; allant plus loin encore, une troisième personne songera à des objets encore plus différents, aux surfaces vernies ; de celles-ci, elle passera aux tissus luisants de soie ou au cuir lustré, et par un effort encore plus marqué elle comparera avec l'effet en question l'effet du fond sablé d'un ruisseau limpide d'eau courante. Mais pour trouver une ressemblance entre toutes ces choses, il ne suffit pas d'éprouver simplement l'effet du brillant du lustre, il faut encore posséder la notion qui la fait dépendre d'une couche transparente étendue au-dessus de la couleur de l'objet. Cette notion, venant s'ajouter au sentiment de l'effet, permet de se dégager de l'influence de la grande différence qui distingue une tablette de cheminée en marbre d'une mare d'eau.

Dans les combinaisons de la couleur avec la forme visible et le volume, c'est-à-dire des impressions optiques avec les impressions musculaires de la vision, nous trouvons encore des occasions de démêler la ressemblance parmi la diversité. Nous reconnaissons une couleur commune sur les objets les plus variés, grands, petits, ronds, carrés, droits, courbes, ici, là, n'importe où. Ainsi nous avons dans l'esprit une notion générique pour chaque couleur, une impression commune de blanc, de rouge ou de bleu, que nous tirons de plusieurs objets différents. Le nombre, la profondeur, la permanence de ces effets communs, c'est-à-dire les nuances distinctes conservées dans notre mémoire, varient suivant notre susceptibilité pour la couleur. La perception de la différence commence l'œuvre, la perception de la ressemblance l'achève ; ces deux fonctions concourent à former des impressions durables de couleurs. Nous reconnaissons chaque nuance parmi les différences de substance, de forme, de volume et de milieu.

La reconnaissance et la généralisation des *formes*, au milieu de toutes les différences possibles de couleur et de dimension, nous ouvre un champ où nous pouvons recueillir de nouveaux exemples. Nous reconnaissons dans certains corps un contour circulaire, dans d'autres la forme ovale, nous formons une infinité de classes d'après la forme, y compris non seulement les figures régulières de la géométrie, mais encore toutes celles qui se reproduisent dans la nature et dans l'art : nous connaissons la forme ovale, en cœur, en poire, en coupe, en fer de lance, etc. Ces comparaisons résultent de l'identité dans l'attribut de la forme, saisie à travers la diversité à d'autres égards. La plupart du temps la constatation de l'identité est assez facile pour frapper tout observateur, mais il se présente des cas où un certain nombre d'esprits seulement sont frappés de la ressemblance, c'est-à-dire éprouvent le réveil de l'ancienne impression à propos de la nouvelle. Ainsi dans les descriptions de la botanique, nous représentons souvent les formes des feuilles et des fleurs par des comparaisons qui sont loin de s'offrir à un observateur vulgaire, et qui n'ont un sens que pour le botaniste. Dans les descriptions anatomiques, nous rencontrons souvent ce même défaut de ressemblance évidente.

Les faits importants de ressemblance dans la diversité que nous offrent les mathématiques et les figures artificielles sont un peu plus compliqués que les exemples qui nous occupent dans ce chapitre. La généralisation des formes mêmes, de triangle, de carré, de parallélogramme, d'ellipse, etc., malgré les différences du sujet, c'est tout ce que nous pouvons citer en fait de reconnaissance de la ressemblance dans nos sensations de la vue. Et nous ferons remarquer ici que, comme dans une autre circonstance, une sensibilité vive pour les autres propriétés des choses, c'est-à-dire pour leurs couleurs, leurs dimensions, leur matière, leurs usages, leurs influences sur les sentiments, etc., est un obstacle à la reconnaissance de la forme mathématique. Ce n'est pas avec les figures du cône que l'on trouve dans un livre de géométrie qu'un volcan embrasé suggère la comparaison, mais avec des images de conflagrations et d'explosions.

Les figures non mathématiques sont l'alphabet et les autres signes artificiels ou symboles employés tant dans les affaires que dans la science. Quand nous déchiffrons une mauvaise écriture, nous reconnaissons l'identité dans la diversité, de même que dans l'articulation douteuse dont nous avons parlé à propos de l'ouïe. Un sens vif des points qui constituent la différence caractéristique de chaque lettre, et une faible tendance à saisir les traits de plume insignifiants, telles sont les qualités qu'il faut posséder pour bien déchiffrer. Plus un lecteur se laisse distraire par les ornements de l'écriture, moins il a la faculté de s'attacher au sens. Ce que nous disons ici a une analogie parfaite avec ce que nous avons dit des effets d'une sensibilité excessive pour la cadence oratoire.

La reviviscence du langage dont nous avons parlé deux fois, à propos de l'articulation de la voix et du sens de l'ouïe, trouve encore place ici, puisque le langage écrit s'adresse à l'œil et se fixe dans l'esprit sous forme d'impression de la vue. Ce que nous avons déjà dit de la résurrection de discours et de sentences que nous avons entendus jadis, quand nous écoutons quelqu'un parler, s'applique aussi à ce qui se passe en nous quand nous lisons un livre. Les formes de langage et les phrases qui frappent l'œil rappellent du passé leurs semblables, et se font jour à travers une dissemblance plus ou moins grande, de manière à suggérer en même temps des sujets écrits en des lieux différents et en des occasions différentes. Quand l'œil s'arrête volontier sur les mots et en reçoit une vive impression, il est éminemment propre à ce genre de reviviscence ; mais quand les symboles écrits ne sont pour nous que le véhicule d'idées ou d'informations, la tendance à la restauration des purs symboles est très bornée. Nous trouvons ici, comme plus haut, l'occasion de constater l'aptitude de l'esprit *à retenir les mots* comme contraste à la connaissance qu'il prend des choses qui sont la matière du langage, quelles qu'elles soient, science, histoire, poésie, affaires, etc. Chez un homme doué de l'aptitude à reconnaître les formes verbales, nous pouvons remarquer les caractères suivants : 1° une faculté d'articulation bien développée, qui se révèle dans l'acquisition facile de tous les mouvements de l'organe de la voix et de la bouche, nécessaires au langage ; 2° une oreille propre à saisir l'articulation et à en distinguer les effets avec une grande finesse ; 3° un œil prompt à saisir les formes visibles arbitraires, comme dans la composition alphabétique ou écrite ; 4° une faculté générale de rétentivité, ou d'association par contiguïté, sans laquelle une acquisition d'une variété si grande serait impossible ; 5° un plaisir réel, résultat des exercices de la parole, de l'ouïe, de la lecture, indépendamment des fins qu'ils procurent, et qui par retour inspire et entretienne l'exercice des fonctions du langage. A ces caractères positifs, il faut ajouter un adjuvant négatif, l'indifférence pour le sujet. C'est la seule chose qui soit nécessaire pour lâcher la bride à la faculté du langage, comme nous le voyons parfois chez les hommes et les femmes.

Dans les formes artistiques, la ressemblance réside en partie dans l'impression visuelle du contour, et en partie dans l'effet du contour sur l'esprit, c'est-à-dire dans une impression de beauté ou de grâce. Cette dernière condition est le trait essentiel, c'est elle qui évoque les ressemblances du passé. Ainsi, en voyant la draperie d'une statue, nous reconnaissons un effet qui nous a déjà frappés, et, sous l'impulsion de cette ressemblance, le premier objet reprend sa place dans l'esprit ; il ne ressemble en rien à celui qui a été l'occasion de la suggestion, ni par le dessin, ni par les courbes, ni par les plis, mais la ressemblance esthétique se dégage de toutes les différences et ramène dans la mémoire une série d'œuvres d'art. Un sentiment puissant de la forme mathématique serait antipathique aux tendances de l'artiste.

Nous retrouvons tous les degrés de la difficulté du souvenir dans la reconnaissance d'une scène de la nature, suivant que la ressemblance où la différence y dominent et suivant que l'esprit a de la tendance à subir l'impression de l'une ou de l'autre. Si l'identité est dans la forme et le dessin, dans la distribution des montagnes, des vallées et des rivières, l'effet reviviscent de la similarité met en jeu l'attraction de l'esprit pour les formes et les groupements symétriques, ce qui constitue l'un des caractères de l'esprit compréhensif du naturaliste. Si la ressemblance de la scène actuelle avec des scènes passées vient de la richesse du coloris et de la puissance des contrastes, la corde qu'elle frappe est autre ; ces scènes se raviveront dans un esprit prompt à saisir ces effets, nonobstant peut-être de très grandes différences dans le groupement ou les arrangements des éléments de la scène.

Les mêmes observations s'appliquent à tout autre objet mixte de la vue, c'est-à-dire à tout spectacle. Quand un costume, un uniforme, en rappellent d'autres, quand la *mise en scène* d'une représentation dramatique suggère des souvenirs de spectacles analogues, quand un visage en rappelle un autre par ressemblance, ou quand un tableau fait souvenir de l'original, l'intérêt, au point de vue que nous examinons, consiste à remarquer quels sont les détails qui ne concordent pas ; c'est d'après cela que nous pouvons qualifier l'esprit où se fait la reviviscence à la suite de la suggestion d'un attribut donné.

La faculté générale de similarité s'exercerait de même sur tous les genres de formes et sur toutes les variétés d'objets, réveillant avec une égale rapidité le semblable dans la couleur et dans la forme. Mais cette faculté générale se modifie par l'acuité du sens aussi bien que par l'éducation spéciale, qui approfondit la connaissance que nous avons d'une certaine classe d'impressions, et nous rend plus aptes à nous en souvenir. Par suite, il n'arrive jamais qu'un individu soit capable de restaurer aussi facilement la ressemblance dans la couleur, dans la forme géométrique, dans le symbole et dans l'effet esthétique.

La dernière classe d'objets qui rentrent dans le groupe des sensations de la vue se compose des *mouvements visibles*. Nous prenons ceux qui se ressemblent par un ou plusieurs points et nous leur donnons des noms qui indiquent la ressemblance. Le vol des projectiles présente un caractère commun au milieu de beaucoup de différences. Pareillement nous avons des mouvements circulaires, elliptiques, rectilignes, uniformes, accélérés, des mouvements de rotation autour d'un axe, des mouvements de pendule, des mouvements ondulés, en zigzag, des chutes d'eau, des explosions, etc. Nous y découvrons de grandes divergences dans l'amplitude comme dans la vitesse, aussi bien que dans la nature de la chose mise en mouvement. Les mouvements des animaux nous présentent beaucoup d'autres variétés chez les quadrupèdes, la marche, le trot, le galop, une allure traînante ; chez les oiseaux de nombreuses formes caractéristiques de vol, etc... Par l'effet remémoratif de la similarité, nous réunissons pour en former des classes un grand nombre de cas qui se montrent isolément, et nous les fixons à l'aide d'un nom générique. Nous généralisons les grandes variétés du nagement, du vol, de la locomotion bipède, etc., et dans chacun de ces genres nous établissons des groupes moindres d'après une ressemblance encore plus étroite. Dans l'action flexible et variée de l'homme nous trouvons des types de mouvements et d'attitudes. L'allure dans la marche, l'action dans la parole, le tour de main dans l'exécution d'un ouvrage, les mouvements sur la scène, sont autant d'objets qui s'emparent de notre attention et s'implantent dans l'esprit comme souvenirs permanents. Les mouvements collectifs des foules, soit en ordre et avec une précision militaire, soit en désordre et avec confusion, s'impriment dans la mémoire et reparaissent plus tard comme souvenirs. La nature vivante sur la surface du globe et dans nos habitations est plus intéressante pour nous que la nature morte ; elle nous fournit une plus ample matière à l'émotion, et devient l'objet d'une attention spéciale à la fois dans la réalité présente et dans l'existence idéale.

Cependant la force de la similarité trouve dans les mouvements un champ très vaste où elle s'exerce. Le retour de la ressemblance au milieu d'une diversité plus ou moins grande de tous ces mouvements conduit plus ou moins facilement à la reconnaissance. Nous reconnaissons un style dans le jeu d'un acteur, une danse, une allure, bien que les circonstances où nous l'observons soient bien différentes de celles que nous reproduisent les exemples consignés dans la mémoire. Si la ressemblance n'est pas rigoureuse, si elle consiste dans un effet général, la remémoration des cas du passé trouvera un obstacle dans un sentiment puissant de l'exactitude des détails. Si nous sommes très sensibles aux effets existants du mouvement en général, nous ne sommes guère propres à reconnaître les modes spéciaux de mouvement. Les mouvements peuvent être divisés en trois groupes comme les formes; en mouvements *mathématiques*, ou réguliers (rectilignes, elliptiques circulaires, etc.), comprenant tous les mouvement continus des machines et tous ceux qu'on peut calculer numériquement ou tracer géométriquement ; en mouvements *symboliques*, c'est-à-dire ceux qu'on peut employer comme signes arbitraires, à savoir les gestes qui accompagnent une indication de direction, le commandement, l'instruction, etc., les signaux télégraphiques, l'alphabet des sourds-muets, l'allure caractéristique et les mouvements qui nous servent à distinguer les personnes et les animaux ; enfin en mouvements *esthétiques*, à savoir ceux qui affectent le sentiment du beau et les émotions intéressantes. Nous n'avons pas tous la même susceptibilité pour ces trois genres de mouvements, et nous en reconnaissons une de préférence aux autres. Le sens esthétique est une condition de la reviviscence des mouvements esthétiques et fait obstacle à la disposition à classer les mouvements d'après leur caractère mathématique, ou leur signification arbitraire. La susceptibilité la plus vraie et la plus désintéressée est celle qui se montre en faveur des mouvements symboliques et arbitraires, auxquels ni la régularité soumise au calcul, ni la beauté artistique ne prêtent aucun attrait. Les signaux du télégraphe, ceux usités avec les sourds-muets, comme les chiffres et les lettres de l'alphabet, sont des objets où la constatation de la ressemblance et de la différence est purement intellectuelle ; il faut les observer et les comparer exactement avec ceux qu'on connaît déjà ; les différences y sont arbitraires comme les ressemblances. L'aptitude à les reconnaître dépend surtout d'une bonne mémoire des formes visibles et de l'absence de préférences de nature émotionnelle.

Les attributs communs aux sensations des différents sens présentent quelque intérêt. Les impressions qui arrivent à l'esprit par les différentes avenues des sens possèdent pourtant un caractère commun dans le sentiment ou l'émotion, caractère qui s'accompagne nécessairement de la différence qui résulte des diverses voies par où les impressions atteignent le cerveau. Par exemple beaucoup de goûts et d'odeurs possèdent le caractère que nous appelons *doux*, mais il y a aussi des effets sur l'oreille et sur l'œil qui ont si bien le même caractère, que nous leur appliquons la même épithète. De même le caractère *piquant* est commun à des sensations de tous les sens ; dans le goût, il appartient aux mets poivrés ; dans l'odorat, au sel volatil ; dans le tact à une chaleur brûlante ; dans l'ouïe à la musique du tambour et du fifre ; dans la vue à un éclairage intense. La ressemblance de ces diverses sensations est telle que l'une d'entre elles rappelle les autres. La qualité que nous exprimons par le mot *délicat* a pour origine une sensation du tact, mais par l'effet de la ressemblance elle devient comme un mode de sensation des autres sens. Nous faisons des comparaisons entre les images et les sons, à la suite desquelles les langues des deux arts de la musique et de la peinture font des échanges. On dit qu'une peinture a un certain *ton* et, par une figure moins usitée sans doute, qu'un morceau de musique a un riche coloris. Le sentiment de la chaleur s'étend à des effets qui n'ont aucune connexion avec la température ; nous parlons de couleurs chaudes, d'affections chaleureuses Malgré la grande dissemblance qu'il y a entre une sensation actuelle de chaleur, et une couleur ou une affection tendre, il y a pourtant un degré de ressemblance qui suffit à se dégager de la dissemblance aux autres points de vue, et à suggérer l'identification. Quand nous appelons une classe de sensations pénible, et une autre agréable, c'est que nous reconnaissons un caractère commun au milieu d'une grande diversité ; mais ces qualités sont d'ordinaire si bien marquées dans l'esprit, puisqu'elles sont en réalité les premiers moteurs de nos actions, que nulle accumulation de différences ne peut nous empêcher de reconnaître l'une ou l'autre ; assurément une peine qui ne serait pas reconnue comme telle, c'est-à-dire qui n'évoquerait pas nos expériences pénibles passées, ne serait réellement pas une peine.

Ces généralisations construites avec des éléments empruntés à nos différents sens nous révèlent l'existence d'effets mentaux communs qui résultent de causes externes très différentes et constituent en réalité autant de découvertes dans la nature de notre esprit. Elles s'éclairent mutuellement, en fournissant les unes et les autres des exemples aux descriptions des sentiments, aussi bien dans les conversations de société, que dans les nobles descriptions des poètes et que pour les besoins de la science. Quand nous voulons faire connaître à quelqu'un un état de sentiment qu'il n'a pas éprouvé, nous lui présentons la représentation d'un état identique ou analogue qu'il a éprouvé. C'est un artifice auquel les poètes ont souvent recours pour éveiller de nouvelles émotions dans l'esprit. C'est ainsi que le duc d'Illyrie explique le sentiment que la musique a éveillé dans son âme par des images empruntées à d'autres sens.

> Oh ! elle a effleuré mon oreille comme une douce haleine
> Qui souffle sur un tapis de violettes
> Dérobant et laissant des parfums (1).

III. — Agrégats par contiguïté. — Conjonctions.

Classification vulgaire des objets naturels ; classification nouvelle des choses déjà classées. — Choses qui affectent plusieurs sens. — Combinaisons de la sensation et de l'association, reconnaissance des objets d'après leur *usage* ; invention en mécanique, la machine à vapeur. — Reconnaissance des objets naturels d'après leurs propriétés scientifiques, découvertes de la chimie. — Classification du naturaliste Linné, analogies découvertes par Gœthe et Oken. — Le règne animal : classifications perfectionnées, homologies du squelette, l'esprit d'Oken, accroissement de la connaissance par la découverte d'identités réelles.

En étudiant la loi de contiguïté nous avons eu à remarquer que des impressions provenant de sources très différentes s'associent par l'effet

(1) Shakespeare, *Twelfth Night*. Act. I, sc. 4.

de leur proximité, parce qu'elles frappent l'esprit en même temps. Nous avons montré l'effet de l'association des sentiments de mouvement et des sensations, dans ces notions que les objets extérieurs créent en nous, comme par exemple dans l'idée complexe d'une pomme ou d'un anneau. Nous avons de plus fait remarquer que pour beaucoup d'objets l'impression mentale déborde l'impression immédiate sur les sens, comme par exemple pour les outils et les instruments auxquels sont associés des *usages*, c'est-à-dire des relations, actives et réactives, avec d'autres corps. Nous avons trouvé des agrégats semblables d'impressions associées dans cette connaissance plus approfondie des choses de la nature qui est le résultat des sciences expérimentales; par exemple l'idée du soufre pour le chimiste.

Or, partout où les impressions des choses extérieures sont variées et compliquées, il y a lieu de rechercher s'il n'y a pas quelque ressemblance cachée au milieu de la diversité. Un objet agit sur quatre sens différents; l'effet sur un sens est identique avec un effet déjà senti, mais les effets sur les autres sens sont tout à fait différents. Je prends à la main une boule de verre; au tact elle ne fait pas une autre impression qu'une boule de pierre polie, et elle pourrait m'en rappeler le souvenir, si l'occasion m'en avait fait connaître une; mais quand je la regarde et que j'entends le son qu'elle rend lorsque je la frappe, la dissemblance se manifeste sur ces deux points, et m'empêcherait probablement de m'engager sur les traces laissées par la boule de marbre. L'impression la plus vive que fait cet objet, c'est-à-dire un effet brillant sur l'œil, m'aurait probablement déterminé à la reconnaître, et empêché de songer à un objet tout à fait dépourvu de cette qualité. Toutefois il pourrait y avoir des circonstances qui détournassent mon attention de ce brillant; alors le tact d'un corps rond et poli s'élèverait au rang d'impression déterminante du souvenir.

Dans les classifications des objets qui nous sont familiers, nous voyons habituellement à l'œuvre cette opération de reconnaissance. En regardant un paysage, nous observons une élévation du sol partant du niveau commun pour aboutir à une hauteur, à un sommet; nous notons cet aspect que nous retrouvons associé à un grand nombre de formes diverses et dans des situations différentes; la dissemblance ne nous empêche pas de reconnaître la ressemblance; et tout objet qui la présente restaure l'ancienne impression. Nous réunissons ainsi dans l'esprit un groupe d'objets épars dans la nature, nous leur donnons un nom commun, montagne; nous affirmons de chaque exemple nouveau les particularités que nous avons reconnues aux précédents; et enfin nous savons, sans recourir à l'expérience, que si nous faisions l'ascension de l'une d'elles nous verrions un horizon étendu, nous sentirions une diminution de température, et nous rencontrerions une autre végétation.

C'est de la même manière et avec des conséquences semblables que nous classons d'autres groupes nombreux d'objets naturels : des villes, des mers, des lacs, des rivières, des forêts, des champs cultivés, des quadrupèdes, des oiseaux, des poissons, etc. L'histoire naturelle perfectionne les classifications vulgaires ; elle fouille le globe pour en connaître les matériaux et les soumet à une comparaison attentive. Le progrès de l'histoire naturelle s'est fait en deux sens : en partie par l'accroissement du nombre des objets découverts, en partie aussi par la substitution de ressemblances *profondes* à des ressemblances superficielles. Au temps d'Aristote on classait les animaux d'après l'élément qu'ils habitent ; une classe demeure sur la terre, une autre dans la mer, une troisième dans l'air : ce point de ressemblance était si frappant qu'il arrêtait l'attention de tous. On pouvait subdiviser chaque classe pour en faire des groupes plus petits, fondés sur des ressemblances plus intimes : ainsi on avait sur la terre les bipèdes, les quadrupèdes, les reptiles, etc. ; chacun de ces groupes étant l'assemblage d'un certain nombre d'individus remémorés en vertu de ressemblances spéciales. Ainsi, dans l'air, la multitude des insectes se distinguait aisément des tribus d'animaux à plumes. Il n'était pas difficile de former deux classes, les insectes et les oiseaux. Mais une étude plus approfondie a développé les traits d'idenfication et constaté des ressemblances plus profondes portant sur des points d'une plus grande valeur pour la science, que ceux qui servaient de base aux anciennes classifications. Maintenant, on reconnaît les oiseaux, non pas à ce qu'ils volent dans l'air, mais parce qu'ils pondent des œufs, parce qu'ils ont la peau couverte de plumes, et un sang chaud, etc. Au lieu de l'ancien groupe des quadrupèdes, nous avons les mammifères, qui allaitent leurs jeunes, c'est-à-dire une classe qui comprend les quadrupèdes, l'homme, et certains habitants des mers et de l'air.

L'opération de la similarité dans ces classements et ces reclassements présente un grand intérêt, elle met en lumière les œuvres du génie et les phases par lesquelles ont passé l'histoire de la science et l'esprit humain. Mais comme le lecteur n'est pas encore complètement préparé à recevoir cette explication, il est nécessaire de lui présenter en premier lieu les cas les moins compliqués. Nous pourrions suivre d'abord l'ordre adopté dans le développement de la loi de contiguïté, et spécifier des cas de l'agrégation des impressions des divers sens : **la sensibilité organique avec le goût, l'odorat, le tact, l'ouïe, la vue**, et il nous serait facile d'y saisir beaucoup d'exemples d'identité dans la diversité. Les choses qui affectent le goût de la même manière peuvent cependant différer par le tact ou par la vue, par exemple les différentes variétés des substances alimentaires, le pain, le beurre, la viande, etc. Les objets identiques à l'œil peuvent différer par le goût et l'odorat, comme l'eau, l'alcool, et le vinaigre blanc. Nous formons une classe fondée sur le caractère commun, et nous y mettons une étiquette qui ne désigne que ce caractère et rien de plus. Si, pourtant, nous prenons le goût ou l'odorat pour points de ressemblance, nous ne mettons pas ensemble le vinaigre et l'eau, mais nous plaçons le vinaigre à côté d'autres corps aigres, comme les acides.

Laissons-là les exemples des agrégats formés d'impressions tirées de plusieurs sens, et occupons-nous des combinaisons des sens avec des associations. Les outils, les instruments, les machines, et tous les objets d'une utilité pratique, composent une classe qui peut servir de premier exemple à ce genre de combinaison. Un couteau n'est pas simplement un objet pour les sens, c'est quelque chose de plus. A côté de la sensation qu'il produit sur le tact et sur la vue, il y a une impression de l'usage auquel il sert ou de sa qualité tranchante, impression qui est unie à celle des sens par un lien d'association, en sorte que nous ne pouvons considérer le couteau abstraction faite de cette qualité. L'apparence d'un couteau posé sur une table n'est pas tout le couteau ; l'apparence du couteau dans la main au moment où nous en sentons la forme et les dimensions, c'est-à-dire au moment où nous unissons les deux impressions de la vue et du tact, n'est pas encore tout le couteau ; ce ne sont tout au plus que des signes, des caractères particuliers qui reveillent dans l'esprit, par association, la notion complète de l'objet. Nous avons donc dans ce cas une combinaison des sens et de l'intelligence, d'impressions faites par un objet actuel, avec des impressions idéales ou associées qui proviennent de conjectures préalables où nous avons vu le couteau servir à son usage. Cette association d'une apparence sensible avec un usage, qui ne se révèle dans la réalité que par occasion, et qui par conséquent existe la plupart du temps en idée ou en puissance, nous impose fréquemment l'obligation de démêler la ressemblance dans la diversité. Il nous arrive d'observer la similarité dans la forme unie à la diversité de l'usage, et la similarité de l'usage unie à la diversité de la forme. Une corde suggère l'idée d'autres cordes ou de cordages si nous ne regardons qu'à l'apparence ; mais si nous regardons l'*usage*, elle peut suggérer l'idée d'un câble de fer, d'un échalas de bois, d'un cercle de fer, d'un lien de cuir, d'une pièce d'angle. En dépit de la diversité de l'apparence, la suggestion porte sur ce qui répond à une fin commune. Si nous sommes fortement attirés par les apparences sensibles, nous éprouverons plus de difficulté à nous souvenir des choses qui ne concordent que par l'usage. Si, par contre, nous sommes très sensibles au seul fait de l'utilité pratique de l'objet considéré comme instrument, nous ne remarquerons guère les détails qui ne sont point essentiels à l'usage qu'on en fait, et nous serons toujours portés à nous souvenir des objets que nous avons connus, et qui répondent au même usage que celui dont nous nous occupons en ce moment, bien qu'ils en diffèrent par toutes les autres qualités. Quand l'esprit est possédé par l'unique idée du pouvoir moteur, il oublie la différence qui sépare un cheval d'une machine à vapeur, et d'une chute d'eau. La diversité de ces objets a eu sans doute il y a longtemps la force de retarder leur identification ; des esprits obtus l'eussent toujours jugée impossible. Il a fallu qu'une forte concentration de l'esprit sur l'unique particularité de la force mécanique, et un peu d'indifférence pour l'extérieur des choses, conspirassent avec la force intellectuelle de reviviscence par les semblables, pour réunir dans la même conception trois organismes aussi différents. Nous allons voir par un exemple analogue comment il peut se former dans l'esprit inventif d'un mécanicien des idées d'applications nouvelles d'un mécanisme existant. Quand pour la première fois un esprit capable de réfléchir s'aperçut que l'eau possède une propriété identique avec la force de l'homme ou de l'animal, la propriété de mettre en mouvement d'autres masses dont elle surmonte l'inertie ou la résistance, quand à la vue du courant, s'éveilla dans cet esprit, par l'effet de cette ressemblance, l'idée de la force de l'animal, la liste des sources primitives de mouvement se trouva augmentée, et à partir de ce moment, quand les circonstances le permirent, cette force put être employée à la place des autres. Aujourd'hui que nous sommes familiarisés avec les roues hydrauliques, il nous semble que ce genre de similarité était évident. Mais si nous nous reportons à cet état primitif de l'esprit, où l'eau courante ne l'affectait que par sa surface brillante, son murmure et les dévastations qu'elle cause de temps en temps, il nous sera facile de comprendre que la comparaison de cet effet avec la force musculaire de l'animal ne sautait pas aux yeux. Sans doute, quand se rencontra une intelligence insensible à la configuration naturelle des choses, à leur aspect superficiel, aussi bien que capable d'un grand effort d'identification, cette comparaison devint possible. Nous pouvons pousser plus loin cet exemple et arriver à la découverte de la force de la vapeur, ou à l'identification de la force expansive de la vapeur avec les sources de force mécanique déjà connues. Pour l'œil d'un observateur vulgaire, la vapeur n'était qu'un amas de nuages dans le ciel, ou un sifflement au bout du bec d'une bouilloire à quelques pouces duquel se formait un nuage tourbillonnant. Il se peut aussi qu'on eût observé le soulèvement du couvercle de la bouilloire par la vapeur. Mais combien n'a-t-il pas fallu de temps avant que quelqu'un fût frappé de l'analogie de cet effet avec celui d'un coup de vent, d'un jet d'eau, ou d'un effort musculaire? La dissemblance était trop grande pour s'effacer devant cette chétive ressemblance. Toutefois, il s'est rencontré un esprit où l'identification s'est faite, et qui l'a suivie dans ses conséquences. D'autres avaient été déjà frappés de la ressemblance, mais n'en avaient pas aperçu les résultats : ils s'étaient, à quelques égards, élevés au-dessus de millions de leurs semblables, et nous tâchons en ce moment d'expliquer ce qui faisait leur supériorité. L'esprit de Watt contenait tous les éléments qui permettent un grand effet de similarité; il devait à la nature aussi bien qu'à l'éducation une susceptibilité vive pour les propriétés mécaniques des corps; il avait beaucoup de science, et il était indifférent aux effets superficiels des choses. Non seulement il est possible, mais il est très probable que beaucoup de gens ont possédé avant lui ces qualités; elles ne dépassent pas le niveau des aptitudes communes; elles portent naturellement à l'étude des questions de mécanique. Mais si la découverte de la machine à vapeur n'a pas été faite plus tôt, c'est qu'il fallait quelque chose de plus; il fallait une aptitude merveilleuse à saisir la ressemblance sous le voile de la différence, c'est-à-dire la faculté d'identification qui est le propre de la similarité en général. Ce que nous savons du caractère intellectuel de l'inventeur de la machine à vapeur s'accorde avec notre théorie.

Voyons maintenant les objets de la nature tels qu'un naturaliste les considère, quand il veut les classer et en décrire complètement les propriétés et les rapports. Les règnes minéral, végétal et animal, considérés comme objets de curiosité pour l'esprit, et comme problèmes que la raison doit résoudre, présentent dans chaque individu un mélange de sensations actuelles et d'associations idéales, dont nous avons vu déjà un exemple à propos des outils et des machines. Chaque minéral, chaque plante, chaque animal, est un faisceau d'impressions dont la totalité ne saurait être présente en même temps, puisque la conception de ce minéral, de cette plante ou de cet animal contient une série d'actions sur d'autres individus, actions qui d'ordinaire sont unies ensemble par le lien du langage. Cet exemple nous présente un peu plus de complication que le précédent. Dans les minéraux, nous observons la rencontre de nombreux attributs dans chaque individu, les uns sensibles, les autres révélés par l'expérimentation, et c'est sous l'influence défavorable d'une grande diversité que toutes les classes ont été faites. Par exemple prenons les métaux : il y en a plusieurs qui ont entre eux beaucoup de ressemblance, l'étain, le zinc, l'argent, le plomb ; de même il y a beaucoup de ressemblance entre le cuivre et l'or, entre le fer et le manganèse ; mais quand nous arrivons au mercure, nous voyons surgir un point saisissant de dissemblance, l'état liquide. L'influence de cette différence qui nous reporte à l'eau et aux liquides de toute espèce, empêcherait l'esprit de songer aux métaux, n'était l'effet de deux qualités : le mercure possède l'éclat métallique et une pesanteur spécifique, qui par eux-mêmes rappelleraient la ressemblance de l'argent, du plomb, de l'étain. Cette rencontre de deux points de dissemblance aussi frappants domine l'influence trompeuse de l'état liquide, et place le mercure sous le regard de l'esprit à côté des métaux. Ce n'est pas tout, on a pu même identifier ces corps en dépit de différences bien autrement grandes. Quand Humphrey Davy émit l'idée que des substances métalliques sont contenues dans la soude, la potasse et la chaux, l'identification qu'il opérait s'appuyait sur des ressemblances purement idéales, que ne soutenait aucun témoignagne des sens, et qui ne résultaient que de spéculations sur des symboles techniques. M. Davy était en présence de corps qui avaient entre eux une ressemblance étroite et qu'on appelait sels ; il vit que certains de ces sels se composaient d'un acide et d'un oxyde métallique, comme le sulfate de fer, le nitrate d'argent ; que d'autres se composaient d'un acide et d'une substance appelée un alcali, comme le sulfate de soude, le nitrate de potasse. Un certain nombre de corps se trouvaient unis dans l'esprit par une ressemblance générale ; un oxyde métallique dans ces corps suggérait par similarité de *fonction* une substance alcaline, l'un et l'autre ayant la propriété de neutraliser un acide et de former un sel ; il était donc impossible de ne pas classer ensemble dans un groupe toutes les substances pourvues de cette propriété, ce qu'on avait fait avant Davy, sous le nom de *bases*. Davy s'avança hardiment à affirmer que cette propriété commune de neutraliser les acides et de donner naissance à des sels, est la conséquence d'une ressemblance encore plus étroite, à savoir d'une composition commune, en d'autres termes que *les alcalis sont aussi des oxydes métalliques*, et que les bases contiennent toutes un métal et de l'oxygène. A la vérification, l'hypothèse se trouva juste ; des substances métalliques susceptibles de prendre l'état caractéristique furent effectivement extraites de la soude, de la potasse, etc., et l'identité fut démontrée aux sens aussi bien qu'à la raison. Mais pour la découverte de ce genre d'identités, il fallait l'intervention des plus hautes conceptions de l'intelligence ; il fallait considérer les sels non comme des corps relevant du tact, du goût et de la vue, mais comme formés d'éléments représentés à l'esprit par des noms, des figures et des symboles. Si l'on n'avait connu la couperose que telle que nous la trouvons dans une boutique de droguiste, on n'aurait pu, en la comparant avec les autres sels, aboutir à des identifications comme celle dont nous venons de parler. Il fallait savoir que ce corps est formé d'une combinaison d'acide sulfurique avec un oxyde de fer, ou qu'elle répondait au symbole SO^3+FeO, pour apercevoir l'analogie qui la rapproche du sel de Glauber pareillement représenté par le symbole SO^3+ soude. Les identités scientifiques dérivent de *conceptions* scientifiques, c'est-à-dire de moyens artificiels d'exprimer par des noms, des nombres et des symboles, les faits que l'expérimentation fait naître. La même voie de recherche a conduit à une identification qui aurait été absolument impossible si l'on n'avait eu recours qu'aux données de l'œil, nous voulons parler de l'assimilation de l'hydrogène aux métaux, c'est-à-dire d'un gaz à des corps solides, de la substance la plus légère avec les plus denses. On trouve l'hydrogène en des relations qui suggèrent l'idée d'un métal par l'effet de la similarité ; en effet, il se combine avec l'oxygène et se comporte dans des composés supérieurs à la façon d'un métal. Le désaccord qui existe entre les propriétés physiques ou plus immédiatement sensibles de l'hydrogène (état gazeux et légèreté) et les propriétés des métaux, retarda quelque temps, mais n'empêcha pas à la fin l'identification basée sur la propriété de se combiner chimiquement de même manière que les métaux. L'identité est telle, dans les représentations artificielles des formules chimiques, qu'elle saisit l'esprit très rapidement ; mais cette représentation est elle-même la conséquence de la connaissance qu'on possède de la similarité de fonction dans les deux cas. Un acide est aujourd'hui représenté chimiquement sous la même forme qu'un sel ; l'hydrogène représente dans l'acide le métal du sel. L'acide sulfurique s'exprime par HO,SO^3, le sulfate de fer par FeO,SO^3.

On peut identifier les plantes par beaucoup de points. La même plante rentre dans des groupes différents suivant le trait qui prédomine dans l'esprit et détermine le souvenir. Tel trait qui a fini par servir de base à d'excellentes classifications, est resté au début masqué par des dissemblances. Dans la première classification des plantes, les arbres des forêts étaient groupés ensemble, parce que des points de ressemblance imposants et saillants rendaient l'assimilation aisée. Les arbrisseaux devaient former une autre classe identifiée par la même ressemblance superficielle. Les identifications en apparences superficielles de Linné n'apparaissent pas à un observateur vulgaire, et ne pouvaient se dégager que d'une dissection minutieuse des plantes qui mit en évidence les traits de ressemblance cachés dans les organes de la floraison. La classification de Linné fut proprement un artifice pour faire sortir l'identité du milieu de la dissemblance la plus complète. Linné ne put triompher des difficultés de cette tâche qu'en fermant les yeux aux caractères qui subjuguent les autres esprits, et en consacrant une étude minutieuse aux détails de structure intime. Il faut que la puissance de similarité de l'esprit de Linné, ait été d'un ordre supérieur pour déterminer un si grand changement dans la façon de considérer le monde végétal, pour faire tomber en désuétude toutes les anciennes classifications, et imposer l'adoption de classifications nouvelles toutes différentes.

Le monde végétal nous offre un autre exemple d'attraction pure de la similarité. L'analogie de la fleur et de la plante frappa d'abord l'esprit poétique de Gœthe, et fut considérée par les botanistes comme une suggestion lumineuse. Gœthe vit, dans l'arrangement des feuilles autour de la tige, une analogie avec l'arrangement circulaire des pétales de la fleur, en dépit de la grande différence de l'apparence générale. De même, dans la feuille, Oken reconnut la plante. Les ramifications des veines de la feuille sont, en fait, une miniature du végétal tout entier, avec la tige mère, ses branches et ses rameaux. Nous trouvons dans ces identités, la première fois qu'elles furent suggérées à l'esprit, un des plus beaux exemples de l'affranchissement de la similarité du milieu de la diversité. De telles identifications (quand elles sont vérifiées et qu'elles n'ont plus rien d'apparent ni d'imaginaire) éclairent le sujet d'un nouveau jour, simplifient ce qui est complexe, et nous guident facilement dans une région qui nous semblait impénétrable.

Dans la classification des animaux, la révélation de l'identité a porté d'abord sur une seule classe d'attributs, par exemple dans les divisions en quadrupèdes, oiseaux et poissons; mais un examen plus attentif conduisit à la découverte de ressemblances plus intimes; on retira de la classe des poissons des animaux qui habitent les mers, comme la baleine, le phoque, le marsouin; et de celle des oiseaux, certains animaux qui volent dans l'air, comme la chauve-souris. La nouvelle classification, comme la réforme de Linné dans la botanique, fut le résultat de découvertes dans la structure des animaux, et de l'indifférence de l'esprit pour les dissemblances saisissantes qui arrêtent l'observateur vulgaire. Œuvre des anatomistes du siècle dernier, elle est maintenant fixée pour toujours dans l'esprit des hommes par le langage qui représente les divisions et les subdivisions du règne animal.

Sous le nom d'*homologies*, on a établi de nombreuses et intéressantes comparaisons entre les diverses parties du corps des animaux considérés individuellement. Une des premières paraît due au génie inventif d'Oken. Un jour qu'il se promenait dans une forêt, il rencontra un crâne de daim ; il le prit et en examina l'arrangement anatomique ; tout à coup un éclair traversa son esprit, il venait de reconnaître une identité originale. Le crâne, dit-il, est formé de la réunion de quatre vertèbres ; de fait, la tête n'est que la continuation de la colonne vertébrale, mais tellement élargie et déformée que les traits de ressemblance se perdent au milieu des dissemblances. Dans un esprit admirablement préparé à la découverte de cette ressemblance, ce voile de différences venait de se déchirer par l'effet d'un tour de force de similarité. Il paraît en outre qu'Oken croyait fermement à la simplicité de la nature, c'est-à-dire à la répétition de la même disposition, à de nouvelles applications du même plan sous des formes infiniment variées et en apparence les plus éloignées. Ses convictions sur ce point dépassèrent de beaucoup les résultats de l'expérience ; en effet, de plusieurs centaines d'homologies qu'il consigna dans son unique ouvrage *Physio-philosophie*, il n'y en a peut-être pas vingt qui soient vraies. La faculté de similarité ne trouvait chez lui rien qui la contrôlât. Il ne prenait jamais la peine de vérifier la réalité des identifications qu'il proposait. L'effort de similarité qui unit pour la première fois les choses que l'on regardait auparavant comme engagées dans des rapports tout différents, est le premier temps d'une découverte, mais ce n'en est que le premier. Il faut après cela que l'inventeur se donne la peine de comparer minutieusement toutes les choses différentes dont la ressemblance est impliquée dans l'identification ; et la découverte n'est parfaite que lorsque cet examen est complet et affirmatif. De là le problème « qui prouve découvre ». Il revient de l'honneur à celui qui a lancé la première suggestion d'une découverte, si cette idée est capable de pousser quelqu'un à entreprendre la vérification ; mais le monde doit toujours considérer cette dernière opération comme le couronnement de l'œuvre.

Les homologies du squelette supposent un ordre considérable de similarités qu'il faut découvrir sous le voile le plus épais de diversité. Pour affirmer l'identité de structure de tous les animaux de l'embranchement des vertébrés, mammifères, oiseaux, reptiles et poissons, la correspondance des bras de l'homme avec la jambe de devant des quadrupèdes, l'aile de l'oiseau et la nageoire antérieure du poisson, il faut une connaissance intime des détails anatomiques, et la faculté de mettre de côté les premières apparences. La ressemblance des segments du même squelette, depuis le sommet de la tête jusqu'au bout de la queue, constitue la série d'homologies qui complète la découverte d'Oken sur le crâne du daim. La découverte de ces homologies représente les luttes de l'intelligence humaine contre les énigmes du monde. Il est rare que les premières explications des phénomènes de la nature soient correctes. Les ressemblances superficielles rassemblent des choses qui n'ont aucune ressemblance intime de structure : il en résulte qu'elles ne s'éclairent pas mutuellement. La comparaison d'un saumon avec un phoque ne peut que nous tromper; celle d'un phoque avec une baleine nous permet de mieux connaître l'un et l'autre. Quand une ressemblance superficielle de deux objets, une ressemblance de quelque trait saillant, est le signe d'une ressemblance profonde ou d'une ressemblance d'un grand nombre d'autres traits tous très importants, nous pouvons appliquer au second objet tout ce que nous savons du premier ; c'est-à-dire qu'en étudiant l'un des deux, nous les connaissons l'un et l'autre, et que nous économisons notre travail. Si je trouve qu'une chauve-souris n'est pas un oiseau, mais un mammifère, je transfère à cet animal tout ce que je sais des caractères communs des mammifères ; mais si j'assimile une chauve-souris à un chat-huant, je ne gagne rien, car la ressemblance qui les rapproche, c'est-à-dire leurs habitudes nocturnes, est superficielle et sans lien avec leurs autres caractères respectifs. Le progrès de la vraie découverte consiste à saisir ces ressemblances dominantes et à négliger les autres. Souvent où l'on trouve le plus de ressemblance réelle, on voit le moins de ressemblance apparente ; ce qui montre suffisamment que le vulgaire se contente d'une vue très superficielle des choses.

IV. — Phénomènes de succession.

Modes divers de succession : — Identités réelles, identités explicatives. — Identification des diverses classes de successions. — Cycles, évolutions. — Successions de l'histoire de l'humanité, comparaisons historiques. — Comparaisons des institutions. — Science de la société. — Causalité dans la science. — Newton ; découverte de la gravitation universelle ; esprit de Newton.

Dans le chapitre consacré à la loi de contiguïté, nous avons classé et expliqué par des exemples les différents genres de successions qui se présentent autour de nous. Il en est qui sont cycliques ou périodiques, comme celle du jour et de la nuit, celle des saisons, des phénomènes célestes en général, des marées, des vents, des révolutions d'une machine, enfin la routine de la vie. D'autres sont des successions d'évolution, comme celles du développement des êtres vivants et des constructions de l'industrie humaine. Un grand nombre sont caractérisés par leurs effets, c'est-à-dire par la production de quelque sensation saisissante, d'un changement subit, d'un coup, d'une explosion, d'une scène dramatique. En dehors de ces manifestations saillantes, nous trouvons les successions plus compréhensives de cause et d'effet dans les sciences. Enfin l'histoire est un vaste *ensemble* de successions dont les aspects varient à l'infini.

Les identifications qu'on a faites parmi ces variétés de successions, et qu'on a liées ensemble à l'aide du langage, condition commune aux hommes civilisés, ont considérablement augmenté la somme de connaissance et la portée de la puissance de l'homme, en même temps qu'elles lui donnaient des plaisirs plus raffinés. On peut en faire deux grandes classes, mettre dans l'une les réelles, et dans l'autre les explicatives, les unes impliquant une identité dans le sujet actuel ou la qualité intrinsèque de la série, les autres une ressemblance dans quelques modes ou *aspects* de ce sujet. A la première classe appartiennent les identités scientifiques et pratiques ; les secondes sont celles qui servent d'intermédiaire pour faciliter l'intelligence d'une chose, ou d'ornement artistique. Quand nous appelons certains mouvements de l'atmosphère des marées aériennes, pour les assimiler aux marées de l'Océan, nous faisons une comparaison rigoureuse et scientifique, car ces deux phénomènes sont les effets d'une même force naturelle, la gravitation ; mais quand nous parlons d'une marée dans les affaires humaines, l'identité n'est pas réelle, elle n'est qu'explicative à l'aide d'une certaine ressemblance d'aspect. Le flux et le reflux de la prospérité humaine ne dépendent pas de la gravitation, mais de forces naturelles tout autres.

Toutefois les comparaisons explicatives ne sont pas exclusivement du domaine des successions ; on en trouve à faire aussi parmi les objets dont nous avons parlé précédemment sous le nom d'agrégats, de conjonctions, d'aspects de la nature morte. C'est pour cela que nous aimons mieux traiter séparément de l'explication, et nous nous bornerons, à propos des successions, à présenter un petit nombre d'exemples d'identification de la ressemblance, considérée comme réelle, ou tenue pour réelle. Nous commencerons par les séries cycliques ou périodiques. Les révolutions de l'année se ressemblent trop pour constituer un cas d'identification difficile qui soit par elle-même un sujet d'intérêt. Dans le lever et le coucher des étoiles, il y a un point de ressemblance qui pouvait échapper longtemps à l'observation, par suite des dissemblances qui l'enveloppent : les étoiles se lèvent constamment sous le même angle, et cet angle est la colatitude du lieu ; à la latitude de 60° l'angle est de 30°, à la latitude de 50° l'angle est de 40°. Or, il y a dans le lever et le coucher des diverses étoiles deux différences qui masquent la ressemblance ; l'une touche à la hauteur maximum où parvient l'étoile, l'autre au moment du lever qui change toute l'année pour la même étoile. Il faut un coup d'œil sûr, une prompte appréciation des éléments mathématiques (celui de l'angle au moment du lever) et une faculté d'identification puissante, pour saisir un caractère commun de ce genre, au milieu d'une scène éblouissante d'éclat et de diversité. Il est nécessaire aussi de ne pas avoir le sentiment poétique.

Dans le règne végétal tel que nous le voyons dans les pays froids et tempérés, on arrive vite à la généralisation de l'alternance de la vie et de la mort, dans le cycle de l'année. Nonobstant la variété et la diversité infinie de la nature végétale, ce fait de la croissance en été et de la décadence en automne, est trop saillant pour se déguiser sous les différences qui séparent une fleur de jardin et un chêne des forêts. En conséquence, cette notion doit être une des premières généralisations de la race humaine au nord et au sud des tropiques. La même remarque s'applique à l'alternance du sommeil et de la veille, dans la vie des animaux. L'identification du repos quotidien des hommes et des animaux en général avec l'hibernation de quelques espèces doit être moins évidente, mais elle ne présente pas de difficulté à un esprit observateur, à moins toutefois qu'on n'en crée une en comparant le sommeil à la mort, ou à l'hiver de la végétation, et en y habituant l'esprit.

La généralisation des planètes, c'est-à-dire la découverte d'un caractère commun à ces astres en dépit de la dissemblance qui l'accompagne, nous offrirait un grand intérêt si nous pouvions en restituer l'histoire. Il n'était pas facile de découvrir que les mouvements circulaires que les planètes décrivent dans les cieux sont communs à toutes, quand on ne considérait que les petites planètes, Mercure et Vénus ; les esprits devaient être détournés de l'étude du mouvement de ces planètes par des circonstances d'une moindre portée, comme par exemple par le fait qu'elles sont près du soleil, et qu'elles sont les étoiles du matin et du soir.

Nous observons les successions d'évolution surtout chez les êtres vivants. Chaque plante et chaque animal, dans le cours de son existence, nous offre une série de phases successives. Les grands faits saisissants de la naissance et de la mort sont une conquête facile de la faculté d'identification. On peut découvrir des modes spéciaux de croissance dans des groupes définis, et là-dessus en faire des classes ; comme par exemple chez les animaux, les ovipares et les vivipares. Les successions dans la vie des insectes sont plus compliquées. Il faut une observation approfondie pour faire jaillir ces ressemblances, il faut aussi l'absence de cette admiration vulgaire des gens étrangers à la science, de l'illusion poétique, de toute prévention enfin. La branche de la physiologie qu'on appelle embryologie comprend la connaissance des premières évolutions des animaux, et repose tout entière sur la faculté d'identifier les modes de croissance d'animaux qui diffèrent beaucoup les uns des autres, comme le poulet et l'enfant. La difficulté que nous y trouvons c'est de prouver qu'une identité apparente est réelle, en sorte que l'on puisse admettre pour l'un des termes de la comparaison ce qu'on sait de l'autre. Au lieu que dans d'autres cas la découverte est difficile et la preuve aisée, dans celui-ci la découverte est aisée et la preuve difficile. Quant aux moyens qu'on emploie pour constater l'exactitude et la réalité d'une identité révélée par le coup d'œil intellectuel de la similarité, c'est-à-dire la *logique* de la preuve, nous n'avons pas à nous en occuper pour le moment.

Les successions qui composent l'histoire de l'humanité nous offrent de nombreux cas de similarité. Nulle part on ne rencontre plus de comparaisons bonnes ou mauvaises. Plutarque n'est pas le seul auteur qui se soit occupé de tracer des parallèles historiques. Dans les situations des affaires publiques qui prennent naissance à tel ou tel moment, dans les problèmes qu'il faut résoudre, dans les issues des périodes critiques, et dans les catastrophes qui bouleversent les empires, l'intelligence qui observe et scrute les hommes, découvre de nombreuses ressemblances. Tantôt nous comparons le passé au présent, tantôt une période du passé avec une autre, rarement ces comparaisons sont un effort stérile de la faculté d'identification ; d'ordinaire on y a recours en vue de fournir des exemples, ou pour transporter par induction tous les avantages d'une situation à une autre. Voilà des écrivains qui comparent le développement de l'empire britannique à l'histoire des grands empires de l'antiquité; ils se proposent par cette comparaison de compléter l'analogie et de prédire à l'Angleterre une décadence pareille. L'analogie qui représente le gouvernement populaire comme conduisant à l'anarchie et aboutissant au despotisme a été exploitée *ad nauseam*. Telles ne sont pas heureusement les comparaisons qui expliquent l'opération du principe que nous discutons en ce moment, ou qui montrent ce que peut l'identification pour l'agrandissement de la portée de l'intelligence humaine. Nous devons choisir plutôt comme exemples des comparaisons qu'on a faites dans des périodes historiques plus courtes. Plus le champ de nos observations est étroit, plus nous avons de chance de mettre le doigt sur une comparaison instructive. Nous allons en emprunter une à l'*Histoire de la Grèce* de Grote. En exposant les changements qui furent à Sparte les effets des institutions de Lycurgue, l'historien discute la prétendue répartition des terres de l'État entre les citoyens. Il montre que cette mesure n'est pas consignée dans les auteurs qui sont les premières autorités, et qu'elle ne paraît avoir été acceptée qu'après les mesures révolutionnaires d'Agis et de Cléomènes au III° siècle avant J.-C.; il croit qu'à cette époque cette idée prit naissance parce qu'elle était puissamment suggérée par le désir qui régnait alors de faire une division nouvelle des biens sur la base de l'égalité. « Ce fut sous l'empire du sentiment public qui donna naissance à ces projets d'Agis et de Cléomènes à Sparte, que la fiction historique inconnue d'Aristote et de ses prédécesseurs, d'après laquelle Lycurgue aurait institué l'absolue égalité des biens, gagna du terrain. On n'a pas besoin de dire combien une telle croyance favorisait les systèmes d'innovation ; et, sans supposer qu'elle fut le résultat d'une imposture préméditée, nous ne serions pas étonné que les patriotes enthousiastes eussent interprété selon leurs propres tendances une législation oubliée, datant de plus de cinq siècles. La discipline de Lycurgue tendait forcément à suggérer à l'esprit l'*idée* de l'égalité des citoyens, c'est-à-dire la négation de toute inégalité qui n'était pas fondée sur quelque attribut personnel, puisqu'elle prescrivait les mêmes habitudes, les mêmes plaisirs au riche et au pauvre; l'égalité qui existait de la sorte dans les idées et les tendances semblait proclamer la volonté du législateur ; les derniers réformateurs en firent une institution positive que Lycurgue avait jadis réalisée, et dont les Lacédémoniens dégénérés s'étaient écartés. C'est ainsi que des fictions, un désir ardent, des suggestions indirectes du présent, prirent le caractère de souvenirs d'un passé historique, primitif, obscur et périmé. Il se peut que le philosophe Sphérus du Borysthène, ami et compagnon de Cléomènes, et disciple de Zénon le stoïcien, auteur d'ouvrages aujourd'hui perdus sur Lycurgue et Socrate, et sur la constitution de Sparte, ait contribué à donner cours à cette hypothèse. Nous n'avons pas de peine à croire qu'une fois lancée, cette idée se soit aisément emparé des esprits, quand nous nous rappelons combien des *fictions semblables* ont été en vogue *dans les temps* modernes, beaucoup plus favorables à l'exactitude historique, combien les sentiments politiques de nos jours falsifient les événements de l'histoire de temps déjà anciens, tels que le Witenagemote saxon, la Grande-Charte, la naissance et le développement de la Chambre des Communes, ou même la Loi des Pauvres sous Élisabeth. » Les comparaisons contenues dans la dernière phrase suggèrent l'explication déjà donnée par Grote de la naissance de la croyance en question, et la rend probable. Cet illustre historien a heureusement expliqué le corps des légendes grecques en les comparant à celles de l'Église romaine au moyen âge. Il faut à un historien critique, qui veut porter la lumière sur les points obscurs d'un passé dont il ne reste que des souvenirs informes, une science d'une grande étendue, et une intelligence douée d'une puissante faculté d'identification. La justesse et l'exactitude de ces comparaisons dépendent d'une aptitude mentale tout autre, c'est-à-dire d'un jugement exact ou de la faculté logique. Nous trouvons chez les historiens, non moins que chez les inventeurs en zoologie, les facultés caractéristiques de l'esprit d'Oken.

Les institutions politiques et sociales des nations et des races, présentent souvent des points de ressemblance au milieu de grandes différences ; et un esprit pénétrant, ou, en d'autres termes, un esprit doué d'une puissante faculté d'identification peut grouper les caractères semblables en les séparant des caractères dissemblables qui les enveloppent comme un nuage. Il est facile, par exemple, de reconnaître le fait du gouvernement comme appartenant à toute tribu d'hommes unis pour agir ensemble ; de même, il n'est pas difficile à un absolutiste de nous mettre sous les yeux tous les exemples d'absolutisme qui ont à diverses époques frappé l'esprit de quelqu'un ; de même pour les gouvernements libres et responsables. Par cette opération de groupement, nous faisons diverses classifications d'institutions semblables qui s'éclairent mutuellement, et dont l'ensemble concourt à produire cet effet lumineux que nous appelons la notion générale de gouvernement, d'absolutisme, de constitutionalisme, etc. Ainsi se simplifie la variété en apparence infinie des institutions humaines ; l'ordre naît du chaos dès que la similarité commence à réunir les éléments ressemblants disséminés dans la masse hétérogène. Les grands écrivains qui ont traité les problèmes de la société, Aristote, Vico, Montesquieu, Condorcet, Hume, Millar, James Mill, Tocqueville, ont montré un tact admirable dans ce genre d'histoire comparative, et révélé tout ce que donne de lumière et de portée à l'intelligence la comparaison heureuse de ressemblances éloignées. Ce que l'historien fait accidentellement, l'écrivain politique le fait systématiquement ; il fouille le monde pour y découvrir des analogies, et il trouve le moyen de classer chaque variété qui se présente à lui. Les formes de gouvernement, de législation, de justice, de modes, d'industrie, la distribution de la richesse et la hiérarchie des rangs, les institutions domestiques, la religion, les amusements, etc., sont identifiés et classés d'après leurs ressemblances, avec mention de leurs différences ; avec les *cas particuliers* que recueille un esprit doué d'une puissante faculté d'identification se constituent, par une espèce de cristallisation, des *notions générales,* et la raison humaine fait un pas de plus dans l'accomplissement de la tâche qui lui est dévolue d'embrasser ce vaste sujet (1).

(1) Voy. MILLAR, *On Ranks*. L'examen des institutions des Hindous, dans l'*Histoire de l'Inde* de MILL, fournit aussi des exemples frappants.

www.ingramcontent.com/pod-product-compliance
Lightning Source LLC
Chambersburg PA
CBHW051837230426
43671CB00008B/992